研究生课程思政优秀教学案例

马海涛　主编

中国财经出版传媒集团
中国财政经济出版社
北京

图书在版编目（CIP）数据

研究生课程思政优秀教学案例／马海涛主编．--北京：中国财政经济出版社，2023.12
ISBN 978-7-5223-2490-6

Ⅰ.①研… Ⅱ.①马… Ⅲ.①研究生-思想政治教育-教案（教育）-中国 Ⅳ.①G643.1

中国国家版本馆 CIP 数据核字（2023）第 167493 号

责任编辑：马　真　　　　责任校对：张　凡
封面设计：北京兰卡绘世　　责任印制：党　辉

中国财政经济出版社 出版
URL：http：//www.cfeph.cn
E-mail：cfeph@cfeph.cn

社址：北京市海淀区阜成路甲 28 号　邮政编码：100142
营销中心电话：010-88191522
天猫网店：中国财政经济出版社旗舰店
网址：https：//zgczjjcbs.tmall.com
北京虎彩文化传播有限公司印刷　各地新华书店经销
成品尺寸：185mm×260mm　16 开　28.5 印张　609 000 字
2023 年 12 月第 1 版　2023 年 12 月北京第 1 次印刷
定价：98.00 元
ISBN 978-7-5223-2490-6
（图书出现印装问题，本社负责调换，电话：010-88190548）
本社质量投诉电话：010-88190744
打击盗版举报热线：010-88191661　QQ：2242791300

本书编委会

主　编： 马海涛

成　员： 李　涛　白彦锋　张学勇　肖　鹏

陈运森　刘明旭

目　录

案例 1：中国三千年财税历史透视

——《中外财税史》课程思政教学案例

马金华
（中央财经大学财政税务学院教授）

一、基本信息

课程名称：中外财税史

授课对象：财政税务学院博士研究生

知 识 点：中西方历史分野、中西方财税史发展路径差异、中国三千年财税历史透视、财税与西方主要大国崛起、世界文明演进与财税制度发展、近代中国财税与国家转型、中国共产党百年财税治理、西方财政理论中国化

主讲教师：马金华

二、教学目标

（一）知识目标

坚持古今贯通，中西比较。中国特色社会主义的道路自信、理论自信、制度自信和文化自信，来源于中国改革开放40余年来积累的雄厚的物质基础以及对世界经济增长作出的巨大贡献；来源于我国财税实力、国家能力的显著增强；来源于我国的国家治理优势，来源于中国共产党的伟大使命、长远战略定力、集中力量办大事的动员能力、民主的广泛性等方面所具有的优势；来源于中华文明五千多年的文明史。“四个自信”也来源于中国和西方发展道路、发展模式在世界影响力的此长彼消。因此，从这个角度讲，《中外财税史》课程旨在通过中西对比的角度开展“四个自信”的思政课堂教学。下面列举几个专题的知识传授和思政元素。

（1）讲述东西方大分流，阐释中国和西方历史上几次分野，中西方财税发展路径的不同，惟其如此，我们才能理解什么是中华民族的伟大复兴，中国制度的优越性，理解历史为什么会选择中国共产党，坚定中国的制度自信。

（2）讲述中国三千年财税历史的基本图景，提出一个以制度和国家能力为核心的分析框架，惟其如此，我们才能理解为什么财政是国家治理的基础和重要支柱。深刻理解中国家国同构的文化基石和国家共治的理念，激发学生的国家认同感，坚定中国的文化自信。

（3）讲述战争与外国财税历史演进，理解财税与西方民主国家的诞生之间的关系，惟其如此，我们才能理解西方主要大国崛起的路径，理解西方公共财税的演变，激发学生的民族自豪感，坚定中国的道路自信。

（4）讲述中国共产党百年财税治理。从财税的角度，反映中国共产党的百年历史；激发同学们爱党爱国情怀，理解中国的国家—政党—财政一体化体制特色和中国财政学理论创新的使命，坚定中国的理论自信。

（二）能力目标

师生互动，培养学生能动性。在《中外财税史》的课程里，有两个核心目标被牢牢锚定。一是将个人研究中基于国家制度与治理能力的历史解释传达给学生，建立起一个不同于传统叙事，但又与传统叙事互相补充的崭新历史观，通过增强理论的说服力来树立起大学生对于中国特色社会主义制度的坚定信心。二是培养学生完成学术论文的能力。课程不会给学生限制题目，不会让同学们写命题作文。如果学生提出的观点跟老师的理念不一样，老师绝对不会反对，也不会先入为主地告诉学生要做什么。写论文就是一个实事求是的过程，学生们需要从史料和数据中发现规律、提炼规律、总结规律，培养同学们的批判性思维能力。宽松的学术讨论氛围，热烈的小组研讨给予课程思政新鲜的活力，在历史中触摸真实，用真实为必然佐证。

（三）育人目标

始终把树立“四个自信”贯穿于课程始终。《中外财税史》课程致力于中西财税历史与国家治理路径差异，致力于在中国三千年财税历史透视中明晰历史为什么最终选择中国共产党，致力于中国共产党百年财税治理成就，结合社会主义财政建设的伟大成就，建立道路自信；结合中国财政发展的屡次经验和教训，建立责任意识；结合财税与国家治理，中外财税路径比较，以建立爱国情怀，牢固树立制度自信和文化自信；结合财税腐败事件，做好警示教育；结合中国财政理论的伟大实践，论述西方财政理论的本土化，牢固树立中国的理论自信。

三、教学重点与难点

《中外财税史》课程思政建设重点：

第一，学理与事实相结合，引导学生独立思考。本课程以“大历史观”分析中外财税发展路径差异、当代中国财税发展中的各个重要环节，辩证客观地讲好中国故事。这种基于学理和历史的教学方法，能够有效引导学生们客观、冷静分析当下中国发展的道路选择。

第二，在方法论上做到“四个打通”，即理论与实践打通、中西方打通、历史与现实打通、学术知识与思政元素打通。“四个打通”对任课老师的知识储备提出了挑战，对此老师做了充分准备。在讲课过程中把历史与现实打通，把学理和做人相结合，润物细无声，避免了课程陷入形式主义。

第三，与时俱进，自我驱动。本课程在内容设置上一直坚持与时俱进，每年的课程内容都有30%左右的更新。例如，在党的十八大后增加财政是国家治理基础和重要支柱的解读，党的十九大之后，增加对我国社会基本矛盾变化的解读。2021 年增加中国共产党百年财税治理的解读。最新的财税政策第一时间与同学分享，增加了课程的吸引力，避免了“鸡汤式”的教学。

第四，教学相长，与学生共情。本课程积极开展大班、小班，线上和线下等多种形式互动课。例如新冠疫情来临后，积极做好线上课程的授课录课，习题设置和答疑工作。再比如，在讨论课主题设计方面，曾设计主题“今年政府工作报告中有关财税部分你最感兴趣的部分是什么?”。这样一个富有公共性和开放性的主题，极大地激发了学生的讨论热情。举一反三，引导学生不局限于财税学分析方法，以客观、冷静的态度，看待政治、经济、文化、社会、生态等中国国家治理问题，做到了课程内容与党和国家大政方针政策、经济社会发展形势相结合。

总而言之，《中外财税史》在教学实践中坚持育人的价值性、包容性、多元性。将课程的专业知识与思政精髓相融合，坚持古今贯通，中西对比，立足中华民族伟大复兴的战略全局、世界百年未有之大变局、经济社会发展大局的框架下，基于学理、基于事实、基于科学认知，将课程讲深讲透，并实践出一套“课程思政”的教学方法论。

《中外财税史》课程思政建设难点：

一是课程思政如何做到以学术前沿为根本。因本课程是博士生课程，所以课程以财税史领域学术前沿为教学根本，具体探讨中外财税发展路径、文明演进与财税制度发展、中国财政思想与财政制度演进、税收与西方国家产生等几个模块。教学首先基于财税史领域的前沿研究问题。举例来说，讲授中外财经发展历史时，细致讲授了英国牛津大学教授 Stephen Broadberry 的学术成果，并引领学生们利用文献中提到的 HNA 项目所测算出的最新数据来观察中国在一个较长历史时间内的经济状况以及中国经济在世界经济中地位的变化。然后引导学生从经济状况和地位变化上再来观察财税情况。因为国家能力的体现之一就是财税汲取能力。所以如何在每一个专题设计时把学术性和思政性相结合是该课程一个难点。

二是学术前沿如何贯彻以课程思政为理念。在课程学习过程中，学生们对中外财经史的大分流有了新的认识，对这一学术问题进行了深入的思考；同时，学生们在学习过程中感受到了祖国的快速发展，夯实了以“中国道路—中国模式—中国方案”为内涵的教学目标，对中华民族伟大复兴更加充满信心。举例来讲，在学习中国在世界经济中的地位变迁时，老师们引导学生利用一些文献和数据分别进行横向与纵向比较来全面地了解中国长期的经济增长以及中国经济在世界经济所占份额的变迁历程。学生们通过学习，了解到在 18 世纪康雍乾盛世时期，中国经济份额占世界经济份额的比重曾达到 1/3，感受到了中国古代经济的辉煌。在进入现代后，中国经济开始慢慢落后于世界。在新中国成立前期，中国的经济虽有波折但仍然取得了一定的经济成就。在学习改革开放后的中国经济发展历程中，学生学习到了中国经济占世界经济份额从 1978 年的 4.9% 提升到 2021 年的 18.5% 这一跨越式的发展。通过纵向的比较学习，学生们深刻体会到中国经济在这 40 年里已经取得了卓越的成就，从中引导学生思考到财税对于国家能力的重要贡献。

在纵向比较的基础上，同时进行横向比较。比如讲到 20 世纪 70 年代的日美贸易战，当日本从1868年明治维新改革开始学习西方，经过一百年到1968年GDP总量居世界第二，美国从20世纪70年代开启了日美贸易战，一直打到90年代初，最终迫使日本签订广场协议，日本陷入失去的20年。联想到今天的中美贸易战，引导学生汲取历史经验教训。在通过比较学习后，学生们更加相信中国特色社会主义道路的正确性，对中国制度更加充满信心，对中华民族伟大复兴更加充满信心。

四、课程思政案例：中国三千年财税历史透视

思政目标：一张图透视了中国三千年财税发展（见图1－1），展示了财税与国家政治、经济、文化和社会的关系，由此牵扯出几大专题研究，贯通古今，充分理解财政是国家治理的基础和重要支柱这一重要论断，深刻理解中国家国同构的文化基石和国家共治的共治理念，激发学生的国家认同感、文化认同感、民族责任感，以及未来为中华民族伟大复兴作出贡献的担当。

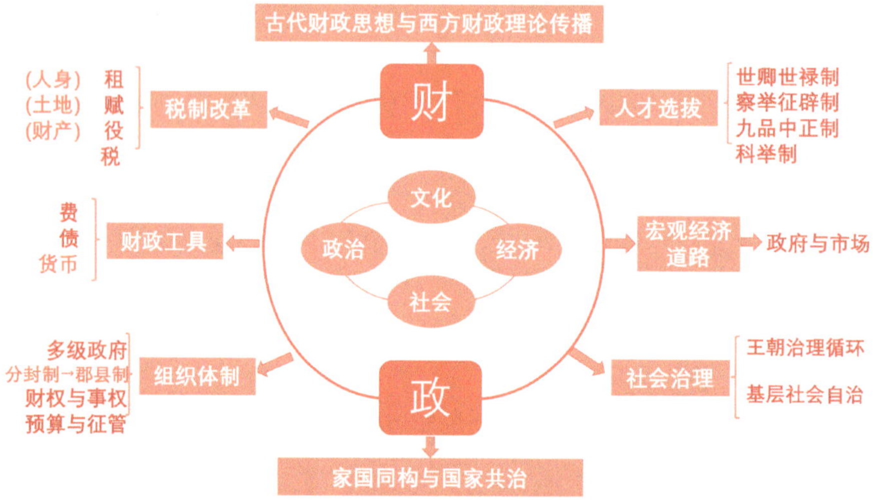

图1－1 中国三千年财税历史透视

引导学生通过学习中国财税史，用一张图把三千年财税史勾画出来。

在财政是国家治理的基础和重要支柱这一重要论断下，植根于家国同构的文化基石和国家共治的共治理念，从财政思想与理论、财政与政治、财政与经济、财政与社会、财政与金融五个关系维度出发，以历代财税思想理论、财税体制、预算监督、财税收入、财税支出、国家专卖、财税征管、国债制度、财税政策、财税文化等多个专题展开论述，结合各时代的政权建设及社会背景，将财税史的研究维度扩展到政治分权、经济发展、社会治理层面。既分析财税在政治、经济、社会系统中的具体角色，也讨论政治、经济及社会问题对于财税影响。

第一，从家国同构到国家共治：中国国家治理的演进轨迹。中国古代早期国家的形成

遵循的是“从家到国”的路径。在中国早期国家的形成过程中，原有的父权制家庭比较完整地保留下来，原有的家族结构成为国家结构的基础，使得中国古代早期国家的组织结构具有“家国同构”的特征。进入秦汉以后，“家国同构”的国家治理形态并未中断，而是贯穿于中国国家治理的历史进程当中，并构成中国国家治理的“底色”与“根基”。“家国同构”的历史延续主要受两个重要因素的影响：一是中国传统农耕社会的孕育。农业生产耕作者固定居住于一地，最适宜采取家庭经营方式，并以血缘关系为基础构建其社会生活共同体。若干个小农家庭组成村庄，若干个村庄又组成国家，进而形成“集家为国”的国家治理形态。二是秦汉之后，为了实现国家对民众的直接掌控，统治者全面推行以“户”为基本管理单元的户籍制度，由此进一步固化了小农家户在国家治理中的基础性地位。由周礼改造演变而来的儒家的“三纲”成为重要的统治思想，其意义便在于维护家国同构的政治结构。家国同构是形成中国封建社会中央集权体制超稳定结构的重要原因之一。

在国家与社会、“国”与“民”的关系上，中国经历了一个从政治统治到政府管理，再到公共治理的转变。统治是指掌握了政治权力的阶级对另一个接受权力支配的阶级实行专断的、按照少数权力精英的意志开展的统领、指挥和管辖的行动，是一个“自上而下”的单向行为过程。管理是指政治统治者的地位保护和阶级统治功能逐渐淡化，取而代之的是以把行政权力主要运用在经济社会发展和民生福利等方面的政治意志执行过程。管理仍然属于政府的单方面职能，缺少管理的另一方——被管理者的参与，而且政府是管理的唯一主体，同样也是一个“自上而下”的单向行为过程。治理则不同，其主体是多元的，政府、社会组织、企业、公民乃至个人都是国家的管理者，都是治理的主体，而且这些主体之间是一种平等的、协商的、相互协作的“伙伴关系”。中国封建社会是典型的皇权政治统治模式，1949年新中国成立至1978年改革开放前是传统的政府管理模式，改革开放的40余年是从传统的政府管理模式向公共治理模式的转变，国家治理体系是长期历史演化的产物，并形成特定的发展轨迹。正如习近平总书记指出：“我国今天的国家治理体系，是在我国历史传承、文化传统、经济社会发展的基础上长期发展、渐进改进、内生性演化的结果。”

第二，中国财税思想流变和西方财税理论传播的融合。在家国同构的文化根基下，中国财税思想经历了起源、产生、发展、流变、转型、传承、再创、演进的全过程，本部分全面梳理中国从远古到近代数千年的代表性财税思想成果，总结揭示中国财税思想历史演变中的特点和客观规律。晚清时期随着西方宪政理论传入中国，财税学说作为宪政理论的副产品通过“日译西学”引入中国。中国在税制改革、预决算制度及中央与地方财政分权等方面开始了中国财税思想早期近代化的变革历程。近代财税研究也在满清王朝清理、改革财政的实践推动下蹒跚起步，民国时期，随着日本、德国、美国、英国等财政理论的引进传播，国内公共财政理论的研究也开展起来，对新中国成立后国家分配理论和公共产品理论都产生重要影响。引导学生梳理传统财税思想的流变，学习近代西方财税理论的引入，传统财税思想如何吸收现代西方财税成果，扎根中国传统财政，对当前中国财政理论的创新提出自己的思考。

第三，财税与国家政治体系稳定。财政是连接国家经济、政治、社会等子系统的关键环节，或者说，各个子系统以财政为媒介构成了整个社会。作为三个子系统构成的社会整体，政治体系负有统一社会的任务，它以税收形式从经济体系筹集货币并提供公共服务，由此获得社会体系的拥护和统一。本部分包括两个专题，一个是政府之间围绕财权事权博弈的财政体制问题，另一个是皇室财政与国家财政分割财力的问题。政府代行国家职能，管理国家，行使公共职能。一方面，中国自建立国家、出现赋税和财政以来，自封建制改行郡县制以来，政府层级多次变革，中央政府与地方政府之间围绕财权和事权进行了不间断的博弈，由于彼此之间理论的消长，便出现了不同的财政管理体制，财政体制的核心就是历史上各朝中央与地方财权事权关系的变化。先秦三代的分税制、统收统支的秦汉财政、先集权后分权的唐代财政、掌控转运的宋代财政、集权失衡的元代财政、略有分权的明代财政、前统后散的清代财政、破旧立新的民国财政、变革频仍的新中国财政。另一方面，从秦朝时期起，中国的封建统治者就把皇家财政与国家财政在管理机构、来源与支出诸方面都作出了划分，以表示公私有别，两不牵混，但是，由于国家财政的最后支配权也和皇家财政一样绝对地掌握在皇帝手中，因此历朝历代二者之间都是彼此交叉，互相争夺财力。引导学生对国家财税的集权分权、财权事权展开讨论。

第四，财税与国家宏观经济发展。财政作为连接政治、经济、社会、文化等各子系统的媒介，只要获得社会体系支持并维持社会秩序，政治体系就能保障对土地、资本、劳动三大生产要素的所有权，从而为经济体系的作用发挥创造前提条件。国家通过财政收入和财政支出来调控整个经济运行。本部分包括四个专题的内容。一是赋税收入改革。在两千多年的发展中，赋税制度先后经历了夏商周时期的劳役田租税制、秦汉时期的田租口赋力役税制、魏晋南北朝时期到中唐时期的租庸调税制、中唐以后至明中后期的两税法、明后期到清代的一条鞭法五个阶段。二是专卖与非税收入。专卖制度的产生及其发展，是传统中国政府干预和调节经济社会的重大措施，是国家意志的集中体现，也是国家作为社会经济干预、调节者角色的耦合。专卖制度一直在不断地调整之中，从直接专卖到间接专卖，从官府独利到官商共利，整个传统社会专卖制度的变化以及兴废就成为政府与市场力量博弈的焦点。非税收入包括官产收入（官田、营田、山泽虞衡等）、官营收入（官营手工业、官营商业、平准均输、宫市和买、捐纳收入、赎罪赃罚、贡献等）。三是财政支出的演变。中国历史上各个时期财权事权变化必然导致财政支出变革。西周时期，财权事权松散分权，秦代以后，中国高度集中事权和财权，国家职能由最初的军事、祭祀两大重要职能向行政、司法、治安、教育、赈灾、文化、科技等诸多职能扩张，事权在各个时期不断增加和变化，财政支出从窄到宽逐步演进，财政支出责任也不断调整博弈。四是历史上的国债和地方债。中国古代国家财政运行基本都是以保障中央财政和约束地方政府为目的进行的财政体制设计，地方财权不敷事权、支出责任与财力不匹配的问题日益严重。地方政府除了仰赖中央财政补助外，不得不新辟财源，法外擅征出现。直到晚清时期，国债制度才真正实行起来，晚清借鉴西方资本主义国家财政制度，发行了“息借商款”“昭信股票”“爱国公债”三次公债，随着清末新政在各地的纷纷推行，地方债也在1905年开始举借，近代中国的国债和地方债产生于中央集权日渐式微的晚清时期，泛滥于政治分裂的北洋政府时期，南京国民政府时期国债和地方债得以规范发展，国民政府后期，国债和地方债的发行开始受到限制甚至取缔。通过历史梳理和古今对比，引导学生充分认识当今中国经济发展所取得的辉煌成就以及背后的来之不易。

第五，财税与国家—社会共治模式。既然财政是“整个社会”的财政，那么，当财政发生危机时，其背后必然隐藏着社会危机或经济危机。或者换句话说，当整体社会出现危机时，“整个社会”的危机也会通过财政危机表现出来。而且，由于财税是连接政府与普通民众的经济纽带，所以政府与民众之间的征纳关系是否稳定公平，是否能够积极吸纳社会力量参与国家治理，也是国家有效治理的关键环节。国家治理有两条主要线索：一是中央权威和地方权力之间的关系，二是国家与民众间的关系。本部分围绕这两个关系，提出先秦时期的国家治理模式是家国同构下松散分权的邑共同体共治模式。在秦汉至唐中叶的统收统支体制下，国家依赖由中央财政直接供养的乡官体制向广大自耕农征发人丁税和田赋，豪民及士族阶层拥有世袭特权，不仅其财富力量难以转化为国家财政力量，而且还通过荫庇部曲、佃客而同国家争利。这一时期的国家治理模式可谓是一种被动、稳定、管控的治理模式。唐后期至清代前中期，随着商品经济的持续发展和农商并重经济结构的逐渐形成，新的社会群体——富民阶层及由之演化而来的特权阶层士绅成为乡村控制的主体，国家得以依靠由社会经济力量支撑的职役体制向富民上户征发以资产税为主的税役，并在专卖领域将部分甚至全部经营环节让渡给商人以提高效率和增加收入，充分挖掘和扩大商税品种和收入总量。富民及士绅阶层相对开放、流动，并不享有世袭特权，由此成为国家税役和地方公共事务的主要承担者，这一时期的国家治理模式可谓是一种主动、互动、共治的治理模式。近代以来，随着西方财税理论的广泛传播和影响渗透，政府投融资体系也突破传统的税外加征，中央和地方政府举债融资成为有效解决财权事权不适应的手段，甚至实现了较长时期的地方自治模式，这一时期的国家治理呈现出一种变革、转型、社会广泛参与的治理模式。总体上，中国历史上国家治理体现出“变”与“不变”两个鲜明特点。在不同历史时期，国家治理的具体形式因中央地方控制权在不同维度上的分配组合而变动，从而导致了政府内部权威关系和政府治理模式呈现“收放松紧”的弹性变化。引导学生客观分析认识当今中国的治理模式，理解中国特色社会主义国家治理。

第六，财税征管与财税政策演变。财税承担维持政治稳定、经济发展和社会公平有效运转的主要职能，财税征管和财税政策就是财税推动国家有效治理的重要工具和外围保障。本部分包括两个专题：一是财税征管演进。财税征管是国家行政管理体系中的重要环节，从分封时代，到郡县时代，再到民国时代，不同阶段都有其组织实施方式。将系统分析漕运、仓储库存、奏销分拨等征管制度及运行实态。从秦代以征伐为目的的漕运制度，发展到以京杭大运河为主体的水运网络之漕运，从春秋历史上的国库与国王私库发展到清代有中央与地方之分的库藏，从汉代创设“调剂粮食”“备荒赈恤”的常平仓发展到宋代义仓，青苗钱等，从早期国内市场管理到后来以市舶司制度为核心的对外贸易管理制度。

在征管问题的研究中，将区分田赋、商税及丁税、劳役等不同形态。财税机构的组织、章则、财税人员、税务行政能力等都在财税管理层面进行讨论。二是财税政策演变。历史上的财政政策主要包括重农抑商政策、平准和籴政策、税收政策、财政信用政策、货币政策等。古代建立在农业税制基础的财政缺乏弹性，随着国家职能的增加，财政收入不断增加，为增加收入平衡财政，各朝在正税基础上都加征附加税，各种杂派的附加甚至超过或者数倍于正课，形成中国赋税制度外长期税外加征的积弊。在重农抑商思想主导下，为解决国家财政困难，国家经营工商业的专卖制度开始实行，一直延续两千多年影响深远。古代平准政策、货币政策是从属于财政政策的，并且是由历代理财改革家加以具体运用的。近代中国，货币制度都属于银钱并行本位制度，这种制度对于财政来说具有很大的局限性。

第七，预算制度与财政监督发展。从周代的“九赋”“九式”到近代新式预算的建立，预算制度逐步发展成型并成为财政收支的核心环节。财政监督是财政在资金的筹集、供应和使用过程中对国民经济活动和财政业务活动进行的监察和督促。财政监督的形式包括预算监督、税务监督、财务监督等。在中国古代，财政监督萌芽得非常早，并伴随着审计的发展而发展。周代的宰夫是最初开始执行财政监督职能的官员，秦汉时期的“上计”制度是财政监督的主要部分，从三国时期到隋朝，御史台的地位得到提高，唐朝的御史分巡分察制度，宋代御史兼领监察和监督之责，宋代多重财政监督部门大部分隶属于财政机构，元代在地方设置御史台，明清时期设立的都察院成为最高监督监察机关，清代设都察院为最高监督监察机关。历史上财政监督有着强烈的中央集权的特征，财政监督以官吏为主要对象，监督财政部门和运用财政资金部门的运行情况。财政监督与行政监察、审计机构融为一体。重视对会计账籍、会计凭证的监督，监督法律体系和多重监督体系的建立，对后世影响甚大。

第八，从“九赋九式”财政雏形到现代财税制度构建。“九赋九式”是中国西周时期的财政预算制度，周王室规定以九赋敛财贿，以九式均节财用，“九赋”均属财政经常性收入，前六项带有受益税的田赋性质，后三项是带有工商税性质的物产税，掌管财政的太府根据“九式”即九种消费需要，确定财政开支，均衡财政分配，专税专用，这对后世的财政制度发展影响巨大。历经封建社会的五大主流税制改革，再经晚清时期日本、德国财政理论的传入影响，民国时期欧美财政理论的移植融合，以及新中国成立以来配置范式和交易范式财政理论的应用和中国本土的财税改革，我国财政制度不断完善和突破创新。当前，随着中国特色社会主义进入新时代，我国社会主要矛盾已经转化为人民日益增长的美好生活需要和不平衡不充分的发展之间的矛盾，财政已经由经济范畴上升为国家治理范畴，财税体制已经由经济体制的一个组成部分上升为国家治理体系的一个组成部分；随着新时代改革开放进程中制度建设分量的加重，匹配国家治理体系和治理能力现代化的要求，建立现代财政制度已经成为中国财政制度建设的目标定位。引导学生认识到：中国财税制度改革应根植于中国家国同构的大一统的传统文化基石之上，充分吸取国际先进财税治理经验，发挥制度优势，对现代财政制度的构建提供中国元素和中国方案。

五、教学方法与手段

（一）理论与现实结合

把中外财税历史发展与现实发展概况相结合。例如课程会讲到：从2000多年前，汉武帝提前预支了25年的财政收入打通了通往西域的丝绸之路，那时的财政还仅限于国家财政，到今天习近平总书记提出的“一带一路”倡议，亚投行设立，财政已走出国门，国际视野下的大国财政。引导学生学习从国家财税到大国财税的发展历程，从提供一国公共物品到提供全球公共物品的变迁，不仅凸显了中国国家治理能力的提升，也表明财税的概念从古到今的演变。

（二）古今中西结合对比

把中国特色社会主义理论的最新成果与中国特色社会主义建设实践的最新成就相结合，用理论观照实践、用实践反观理论。例如课程会讲到：180余年前，当西方人用坚船利炮打开中国国门时候，最先控制的就是中国的财经命脉，关税首当其冲。西方冲击中国反应。而在180余年后的今天，当中国经过改革开放40余年的高速发展，2010年GDP总量跃居世界第二，成为世界舞台上的主角时，中国冲击西方反应，首当其冲的仍是关税。引导学生充分认识关税对于国家主权的深刻影响，认识财税链接国家政治、经济、文化等多方面作用，财税关系国家的长治久安。再比如，会讲到中西方财税发展路径差异，中国与欧洲在早期都是从部落制进化到城邦制，东方的春秋战国与西方古希腊同期。公元前360年，东方发生了第一次重要的集权式变法——商鞅变法，西方则在公元前356年出现了亚历山大帝国。汉武帝（公元前156—前81年）进行中央集权制度的试验时，西方的凯撒大帝（公元前102—前44年）用高度集权帝制替代了共和制。公元前2世纪到公元3世纪，东西方分别出现了双峰并耸大一统的大汉王朝与罗马帝国。公元184年，汉帝国陷入内乱，之后进入了将近400年的三国魏晋南北朝时期，罗马帝国也在外族的侵略下分崩瓦解。之后，东西方历史突然开始了“大分流”。中国在公元589年重新实现了统一，从此再也没有长期分裂过。而欧洲进入了黑暗的中世纪，经历了漫长的封建制时期，便再也没有统一过。引导学生以全球视野观察中西方财税路径的差异性，并分析背后原因。

（三）教学内容与学科发展结合

把本课程的教学内容与财税学生的专业相结合。首先课程会讲到：中国财税思想在财税思想史中的重要地位，深入分析中国古代著名的经济学家管仲的经济税收思想，鼓励学生了解中国经济的辉煌历史，树立民族自信心和自豪感。管仲在《管子·奢靡》中，系统阐述了消费对生产的促进效用，主张在农业歉收的时期大兴土木、修葺皇宫以拉动就业，从而实现经济和社会的稳定。这也是加强政府对经济干预，利用财政杠杆调节经济和增加国家收入的“凯恩斯思想”的核心要求。通过简单的历史概述，引导学生了解中国经济财税思想与西方经济财税思想的特点和适用性。其次在讲到近代西方财税思想的引进传播过程时，会着重介绍西方财政学理论在中国的发展以及从西方传入日本再进入中国的历史情况，指出财政理论在发展中所必须具备的文化基础，引导学生思考中国财政取得巨大成就的根本原因，继而转向对中国财政学科未来发展的思考。最后指出，中国的财政学需要一代又一代年轻学者来发展与传承，增加历史责任感，增强“四个自信”，思考如何讲好中国故事，在讲好中国历史的前提下发展具有中国特色的财政学理论。

（四）以多种方式为平台

课程采用了多平台的教学方式：一方面，课程利用超星学习通做好各项准备工作；另一方面，课程建立多种学习交流群，如微信群，Zoom 等，促进交流与学习。除此之外，为了更好地促进学生们自主学习，老师们给学生们推荐一些该领域内的学者讲座、线上课堂或者书籍等。通过和学生们的多次交流，老师们发现这样能够更好地解决学生的疑惑，同时也可使学生产生更加深入学习的想法。在课程教学中，有效借助此次新冠疫情期间发生的一些比较典型的财税实例，讲解我国政府为应对新冠疫情所发行的特别国债和财政补贴等，并结合课程内容进行讲解，这让学生们感受到了国家的强大。这样不仅丰富了课程内容，而且也让学生们能够比较深入地理解老师们讲述的知识，使学生们在掌握专业知识的基础上更有民族情怀和民族自豪感。

六、教学实施过程

《中外财税史》这门博士生课程以财经为主线，古今贯通，中西比较，讨论人类历史上中西方文明演变、国家发展、财税制度发展的差异性和规律性。探讨主要大国的国家发展问题并提供了可资借鉴的历史资源和文明资源。课程内容古今中外融会贯通，多学科交叉融合，试图在风云四起的历史变迁中，寻找推动中国国家发展的根本力量。以国际视野看待各国的发展经济模式，以开放的心态为国人打开视野；从闭关锁国到开放合作再到融入全球经济一体化，引导学生更全面的收获和多方位的思考中国的过去、现在和未来，客观认识中西方的差异性和相通性，引导学生牢固树立“四个自信”。

七、考核与评价方式

本课题的考核方式是小组讨论、课程小论文和课程大论文相结合。开课前，给同学们指定了阅读书目 20 本和指定文章 20 篇，同学们自由组合，老师以专题讲授为主，课堂中穿插同学的讨论、提问、评述。具体而言，有四个专题：中西财税历史发展路径差异、中国三千年财税历史透视，财税与西方主要大国崛起，世界文明演进与财税制度发展采用的都是小组展示的考核方式（每个小组自由选择一个专题的书目或者文章展示）；有三个专题近代中国财税与国家转型、中国共产党百年财税治理、西方财政理论中国化采用的都是课程小论文的考核方式（每个小组自由选择一个专题小论文）；每个小论文展示过程中，同学们都提出问题、分析问题，其他同学质疑研讨。在热烈的研讨中同学们确定自己的课程大论文写作方向（大论文可以在小论文基础上完善而成，也可以自己根据授课内容自定题目）。成绩占比情况为：小组讨论占 30%，课程小论文占 30%，课程大论文占 40%。

八、实施成效

教学应用效果：改革教学内容，仔细梳理了《中外财税史》专业课程的德育内涵，将其列为教学计划的关键条目和课堂讲授的重要内容，将知识教育同价值观教育结合起来，使专业课程与思政课程同向同行，形成了协同效应。教学过程中注重在学科专业知识体系中寻找与德育知识体系的“触点”，强调顺其自然而不是牵强附会、生搬硬套，用学生深度思考启示的方式，润物细无声地开展德育教育，得到学生的好评。

其他学术价值或社会效益。发表教改论文：“在中西比较中增强“四个自信”——《中外财税史》课程思政教学改革”，发表在《财政史研究》第 14 辑，中国财政经济出版社 2021 年版。

九、结语

课程思政是大学教育回归育人本质的关键途径。“知”是重要的基础，“行”是关键的成果，财政学类专业的特殊性决定了培养历史教育的特殊重要性和必要性。与一般经济学、管理学类的专业不同，财政学的研究对象是政府或公共部门的收入、支出等分配活动以及相关经济活动的规律性及其社会经济效应等，财政学是如何“理公共之财，管公共之事”的学问。从事公共经济管理的人才需要具有更全面的中西历史知识。不仅应了解当今中西方财税发展、经济发展、政治体制的差异性，更需要知悉这种差异性背后的历史演变脉络。因此，结合财政学类专业和课程特点，应着力引导学生树立历史教育，着眼全球，培养具有强烈的家国情怀和社会责任感，具有求同存异、兼容并包品行的治国理政人才。“十四五”大幕已经开启，《中外财税史》课程致力于引导全体财政学专业博士生同学，将坚持以习近平新时代中国特色社会主义思想为指导，增强“四个意识”、坚定“四个自信”在高质量推进新发展阶段财政税收现代化之路上奋力前行，为推动新时代中国经济学财政学理论创新提供学术资源和支撑。

案例2：悬崖村“云端蝶变”消费税赋能国家战略

——《税收理论与政策》课程思政教学案例

刘金科
（中央财经大学财税学院副院长、副教授）

一、基本信息

课程名称：税收理论与政策
授课对象：税收学一年级研究生
知 识 点：中国消费税制度设计原理
使用教材：《税收理论与政策》
主讲教师：刘金科

二、教学目标

（一）知识传授

中国消费税制度设计原理，主要分为以下三个部分内容：

（1）回顾消费税的基础知识。结合“悬崖村云端蝶变”案例，讨论消费税在推动脱贫攻坚、健康中国等国家战略进程中发挥的重要作用。

（2）掌握消费税制度的政策目标与制度设计过程中应注意的主要问题，包括征税范围确定、征税环节选择、税率模式和征税方式。

（3）理解消费税的改革方向。根据《实施更大规模减税降费后调整中央与地方收入划分改革推进方案的通知》（国发〔2019〕21号）及“十四五”规划纲要等关于消费税改革的明确部署，结合各国消费税发展趋势及最新学术前沿动态，探讨消费税改革方向。

（二）能力培养

（1）知识迁移能力。指导学生结合增值税制度设计原理等知识，温故知新，并采取多案例教学，引导学生根据消费税的基础理论，从国家战略层面讨论消费税的作用。

（2）辩证分析能力。通过案例分析与世界消费税发展改革趋势讲解，增进学生对不同政策目标下消费税制度设计关键问题的理解，提升学生辩证思考的能力。

（3）创新思考能力。结合最新学术前沿进展与案例分析，基于税收制度设计理论，指导学生讨论中国消费税改革方案，培养学生的创新思维与分析问题的能力。

（三）价值塑造

（1）坚定理想信念，厚植学生经世济民的家国情怀。深耕税收为民的理念，运用“悬崖村云端蝶变”案例，引导学生关心民生民情，深入理解消费税作为税收收入的重要来源，在国家治理中发挥的基础性、支柱性、保障性作用。

（2）立足中华民族伟大复兴战略全局，坚持学术前沿与国际视野，增长学生知识、见识。引导学生关注国家战略需求和重大问题，培养坚定不移听党话、跟党走，努力成长为堪当民族复兴重任的时代新人。

（3）注重培养职业道德规范，践行社会主义核心价值观。税收理论与政策是研究生学生的一门核心专业课程，教学中注重引导学生树立正确职业道德规范认知，为学生系好税收职业道德“扣子”。

三、教学重点与难点

（一）教学重点

（1）理解消费税在国家战略（共同富裕、健康中国等）中的重要作用。采用包含“悬崖村云端蝶变”在内的多案例教学方法，指导学生深刻理解消费税如何赋能国家战略。

（2）掌握消费税制度设计的关键问题，包括征税范围、征税环节选择、征税模式和税率方式。

（二）教学难点

（1）本课程是税收学研究生学生的一门核心专业课，研究生生源来源比较广泛，有一部分学生并非本专业，对税收基础理论和基础知识理解不够深入。本课程针对跨专业同学较多这一特征，在回顾消费税基本理论的基础上，深入理解消费税在国家治理中如何发挥重要作用是一项教学难点。

（2）引导学生积极思考，结合既有理论和中国实际，理解消费税制度设计过程中应注意的主要问题，讨论消费税未来改革方向。

（3）教学中潜移默化植入价值塑造内容，培养学生大局意识、坚定政治立场，关心民生民情，培养职业道德规范。

针对上述难点，课程将引入“悬崖村云端蝶变”“健康中国”等鲜活案例增进学生对消费税的感性认识与理解。

四、案例介绍

悬崖村云端蝶变

凉山彝族自治州位于四川横断山脉，是全国最典型的大范围连片特困地区。这里近乎与世隔绝，贫穷两个字世世代代烙印于他们身上。这里有一个别名，叫作悬崖村，因为整个村庄建于海拔1500多米高的悬崖上面，村民上下山只能借助一座几乎九十度垂直于悬崖上的、用藤绳织成简陋的天梯。在悬崖陡峭处，能落脚的地方甚至不到巴掌大，在村民们记忆中，甚至曾有 10 人左右在此处坠崖身亡。

国家在大凉山阿土勒尔村投资约 6 亿元资金后，整个村子发生了翻天覆地的变化。2016 年 11 月，悬崖村的路由藤梯变为钢梯；2020 年 5 月，村民走下钢梯上楼梯，搬进了县城新家。并且，险峻雄奇的高山、原生态的彝族村落作为独特的旅游资源为社会公众所发现。钢梯迅速成了旅游“网红”打卡地，2019 年来爬钢梯的游客就接近 10 万人。

当地发展起脐橙、青花椒、油橄榄等产业，带动了当地经济发展。以前村民最大的收入来源是种植农作物，但当他们千辛万苦从山上背到山下，却不敢透露他们是从悬崖村下来的。因为他们怕买家吃准他们交通不便而压价，一旦没人买就得原路背回。但现在，村子与电商平台合作，出现了一批直播小网红。悬崖村经济状况不断改善，贫困人口年人均收入由 2014 年的不到 2000 元，增加至 2019 年的 6000 元左右。

五、教学方法与手段

（一）案例驱动式教学法

鉴于研究生学生已有一定的税收学专业基础，注重结合鲜活案例，激发学生学习兴趣，培养学生创新思考能力。如通过“悬崖村云端蝶变”“健康中国”“气候变化”案例，引导学生深入理解消费税作为中国税收制度的一个重要税种，在国家治理中发挥的基础性、支柱性、保障性作用。

（二）PBL 问题链教学法

问题串联，贯穿课堂始终，推动学生持续高效思考。从知识回顾性问题入手“摩托车是否需要缴纳消费税?”到深层理论分析问题“课征消费税一般均衡影响分析”等 10 个问题串联形成本节课的知识流动和思考深度的递进。

（三）启发引导式教学法

研究生学生已经具备一定的科研能力和理论知识，教师对所讲授的重点和难点内容，主要采取启发学生思考、引导学生分析的教学方法。

六、教学实施过程

<table>
<tr><th>教学目标</th><th>教学内容</th></tr>
<tr><td colspan="2">第一部分　知识体系梳理</td></tr>
<tr><td>培养学生的框架思维与知识链接能力</td><td>一、引言
（一）消费税是中国货物劳务税体系中主体税种之一，在我国税收制度中占据重要地位
（二）税收制度的设计至关重要，将改变人们行为，影响税收作用的发挥
二、本章相关基础理论
（一）税收原则：财政、公平、效率、法定
（二）货物与劳务税的税制设计原理</td></tr>
<tr><td colspan="2">第二部分　教学安排概览</td></tr>
<tr><td>帮助学生快速了解本次课程安排与需要重点关注的问题</td><td>一、本次课程主要内容
（一）在基础知识回顾的基础上，多案例引导学生深刻理解消费税如何赋能国家战略
（二）掌握消费税税制设计的关键与要点
（三）思考消费税的改革方向
二、本次课程教学安排概览
课程流程安排如图 2－1 所示。

图 2－1　教学流程示意</td></tr>
</table>

续表

<table>
<tr><th>教学目标</th><th>教学内容</th></tr>
<tr><td colspan="2">第三部分　情境引入思考</td></tr>
<tr><td></td><td>【案例引入】生活中的消费税</td></tr>
<tr><td>回顾本节课所需的基础知识，从鲜活积极案例过渡至理论学习</td><td>【案例】
2021年6月29日上午，庆祝中国共产党成立100周年“七一勋章”颁授仪式在北京人民大会堂金色大厅隆重举行。当天上午“七一勋章”获得者集体乘坐礼宾车从住地出发，由国宾护卫队护卫前往人民大会堂（见图2-2），这是英雄应有的最高礼遇。国宾护卫队体现了一个国家的礼仪，展现了大国风范，是综合国力的象征。礼宾护卫队一流队列动作、精湛的驾驶技能引人注目，英姿飒爽的国宾摩托车成为一道靓丽风景线。

图2-2　“七一勋章”颁授仪式时的国宾护卫队
【思考】摩托车是否需要缴纳消费税？有何条件？消费税和增值税有何区别？
在回顾基础知识之后，我们将一起进入消费税制度设计原理的学习。</td></tr>
<tr><td colspan="2">第四部分　基础知识回顾＋案例驱动</td></tr>
<tr><td></td><td>一、消费税概述
（一）消费税的概念
消费税是以消费品和消费行为的流转额为征税对象而征收的一种税。在普遍征收增值税的基础上选择特定消费品进行的征收，属于商品劳务税中的一个重要类型。我国消费税本质上属于一种特别消费税。
消费税是我国的一个重要税种，近年来消费税税收收入占全部税收收入的比重稳定在6%—8%。2019年，消费税在我国税收收入占比约为7.95%，仅次于增值税、企业所得税，排名第三（见图2-3）。</td></tr>
</table>

续表

教学目标	教学内容
	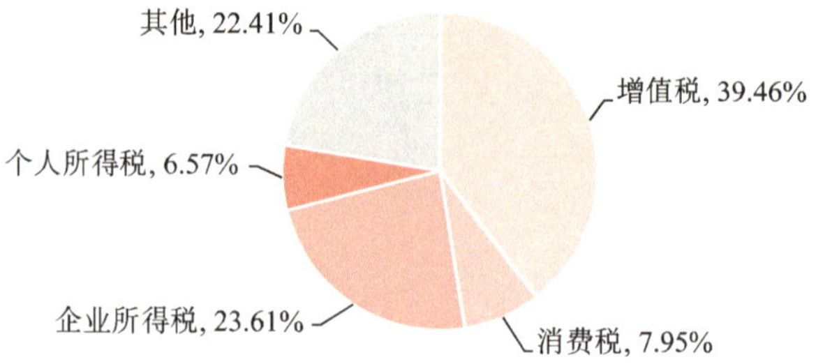 **图 2－3　2019 年我国各税种收入占比** （二）消费税的特点 1. 征税对象具有选择性 根据宏观产业政策和消费政策，国家可以有目的、有重点地选择一些消费品征收消费税，以适当地限制某些特殊消费品的消费需求，进而发挥税收的调节作用。目前，我国只对包括烟、酒等在内的 15 种消费品征收消费税。 【一般均衡分析】征税对象的选择与供求弹性（见图 2－4） 出于引导消费者行为的目标，消费税的征税范围应为需求弹性较大的商品，而不是需求弹性小的生活必需品。 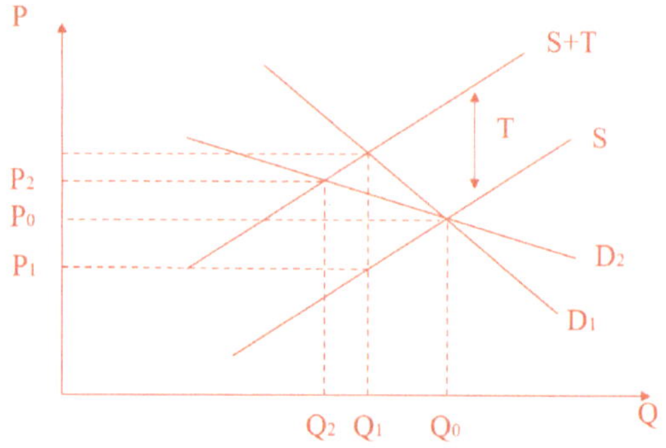 **图 2－4　消费税、需求弹性与税收归宿** 自 2016 年 12 月 1 日起，我国对每辆零售价格为 130 万元及以上的超豪华小汽车，在生产（进口）环节按现行税率征收消费税基础上，在零售环节加征一道消费税，税率为 10%。 根据一般均衡理论，对需求弹性大的商品开征消费税会对市场哪些经济主体产生影响? 2. 征税环节具有单一性 消费税大多只在单一环节（如生产环节或零售环节）征收。 3. 平均税率水平比较高且税负差异大 消费税的征收往往出于特殊的调控目的，平均税率水平比较高，并且不同征税项目的税负差异较大；对诸如香烟等需要限制或控制消费的消费品，通常税负比较重。

续表

<table>
<tr><th>教学目标</th><th>教学内容</th></tr>
<tr><td>通过大凉山“悬崖村”案例，引导学生关注税收收入对推动脱贫攻坚的重要作用与意义。</td><td>

4. 计税方式具有灵活性

国家根据课税目标、征税对象的不同特点，对不同消费品选择不同的征收方式。具体如表2－1所示。

表2－1　　消费税比例税率

<table>
<tr><th>税目</th><th>税率</th><th>税目</th><th>税率</th></tr>
<tr><td>高档化妆品</td><td>15%</td><td>高尔夫球及球具</td><td>10%</td></tr>
<tr><td>贵重首饰及珠宝玉石</td><td></td><td>高档手表</td><td>20%</td></tr>
<tr><td>1.金银首饰、铂金首饰和钻石及钻石饰品</td><td>5%</td><td>游艇</td><td>10%</td></tr>
<tr><td>2.其他贵重首饰和珠宝玉石</td><td>10%</td><td>木制一次性筷子</td><td>5%</td></tr>
<tr><td>鞭炮、焰火</td><td>15%</td><td>实木地板</td><td>5%</td></tr>
<tr><td>小汽车</td><td></td><td>电池</td><td>4%</td></tr>
<tr><td>1.乘用车（按气缸容量大小）</td><td>1%-40%</td><td>涂料</td><td>4%</td></tr>
<tr><td>2.中轻型商用客车</td><td>5%</td><td>烟</td><td></td></tr>
<tr><td>3.超豪华小汽车（零售环节）</td><td>10%</td><td>1.雪茄烟</td><td>36%</td></tr>
<tr><td>摩托车</td><td></td><td>2.烟丝</td><td>30%</td></tr>
<tr><td>1. 气缸容量为250毫升及以下的</td><td>3%</td><td>酒</td><td></td></tr>
<tr><td>2. 气缸容量为250毫升以上的</td><td>10%</td><td>其他酒</td><td>15%</td></tr>
</table>

5. 消费税是价内税

消费税是价格的组成部分，具有隐蔽、间接、稳定的特点。

（三）消费税的作用

大家了解“悬崖村”脱贫攻坚的故事吗？我们将通过这个案例来一起探讨消费税在国家战略中的重要作用。

【案例】大凉山“悬崖村”的“云端蝶变”

［视频节选］脱贫攻坚记录片《无穷之路》（见图2－5）

视频链接：https：//baike. baidu. com/item/% E6% 97% A0% E7% A9% B7% E4% B9% 8B% E8% B7% AF/58445228?fr = aladdin#reference –［5］–33769464 – wrap。

图2－5　《无穷之路》海报

</td></tr>
</table>

续表

教学目标	教学内容
	四川大凉山深处的阿土列尔村位于海拔1400多米的悬崖之上，被叫作“悬崖村”。一条由木头和藤条编成的800米长的悬崖藤梯路（见图2－6），是连接阿土列尔村与外界的主要通道。在悬崖陡峭处，能落脚的地方甚至不到巴掌大，甚至曾有约10人在此处坠崖身亡。  **图2－6　“悬崖村”的藤梯与钢梯** 国家在大凉山阿土勒尔村投资约6亿元资金后，整个村子发生了翻天覆地的变化。2016年11月，“悬崖村”的路由藤梯变为钢梯；2020年5月，村民走下钢梯上楼梯，搬进了县城新家（见图2－7）。并且，险峻雄奇的高山、原生态的彝族村落作为独特的旅游资源为社会公众所发现。钢梯迅速成了旅游“网红”打卡地，2019年来爬钢梯的游客就接近10万人。 当地还发展起脐橙、青花椒、油橄榄等产业。以前，村民最大的收入来源是种植农作物，但是当他们千辛万苦从山上背到山下，却一定不能透露他们是悬崖村下来的，不然要被往死里压价，因为买家吃准了他们面临交通不便，一旦没人买，还要原路背回去的窘境。但现在，村子与电商平台合作，拥抱“网络电商”新时代，还涌现出了一批小网红。  **图2－7　“悬崖村”勒尔社的阿子日哈某的新家与老家的对比** “悬崖村”的生活状况不断改善，贫困人口年人均收入由2014年的不到2000元，增加至2019年的6000元左右。

续表

教学目标	教学内容
引入荣获“感动中国2021年度人物”陈贝儿事迹，引导学生关注民生民情，向榜样学习。	脱贫攻坚题材纪录片《无穷之路》主持人陈贝儿将“悬崖村”的故事带到众人眼前，荣获“感动中国 2021 年度人物”，颁奖词为：“从霓虹灯的丛林中转身，让双脚沾满泥土；从雨林到沙漠，借溜索穿过偏见，用钢梯超越了怀疑。一条无穷之路向世界传递同胞的笑容，以记录这个时代最美的风景。” 1. 筹集资金，保障财政收入稳定增长 消费税税源稳定，税率水平较高，长期以来税收贡献稳居前三，是国家财政收入的一个重要来源。消费税收入作为中央税，为转移支付提供重要支撑，在扶贫攻坚任务中发挥了重要作用。
树立税收为民的理念，培养学生从国家战略层面理解消费税作为税收收入重要来源，在国家治理中发挥的基础性、支柱性、保障性作用。	2. 调节收入分配，缓解贫富差距 “十四五”规划指出，2035 年远景目标包括“全体人民共同富裕取得更为明显的实质性进展”。“悬崖村”积极发展旅游业，并通过直播带货等形式销售当地特色农产品，推进当地经济发展脱贫。从消费税征收范围来看，我国并未对农产品、网络直播行为等征收消费税，仅将高档化妆品、游艇等高档消费品列入征收范围，有利于调节收入分配，维护社会公平，推进共同富裕目标的实现。 【诚信纳税】网络直播不是法外之地
结合农产品直播促销，辅以主播逃税案件，针对税务专业学生开展职业道德教育。	之前由于疫情防控等原因，各地农产品网络直播促销非常受欢迎，虽然农产品直播销售收入不需要缴纳消费税，但需要按国家税法的要求缴纳增值税、个人所得税等相关税收。提醒同学们（未来有可能成为税务师或企业财务人员）正确认识薇娅和雪梨直播逃税案件，牢记职业道德规范，诚信纳税。 3. 限制有害需求，引导合理消费 “悬崖村”的农产品以脐橙、橄榄油等为主，大多为绿色健康食品，不属于消费税征收范围。而像烟、酒等商品的消费会危害人们身体健康，通过征收消费税，可以提高其市场价格，引导消费者合理健康消费。
	4. 优化产业结构，促进环境保护 “悬崖村”完善了基础设施后，依托当地特色景观与良好的生态环境，大力发展旅游业，实现了“绿水青山就是金山银山”。近年来，我国愈发重视环境保护，对包括成品油、电池等污染类、耗能类产品征收消费税，有利于从消费端倒逼产业结构的调整，促进资源环境的保护，推进“双碳”目标的实现。 **二、消费税税制设计要注意的问题** （一）征税范围选择 1. 应综合考虑公平与效率 选择性消费税不仅有筹集财政资金的功能，更带有调控目的。 从公平角度看，对奢侈品征税，可调节收入分配。从效率角度看，选择性消费税会干扰纳税人的消费选择。对需求价格弹性较大的消费品征税，福利损失较大。 注意：从一般均衡分析视角来综合考虑消费税征税范围的选择。

续表

教学目标	教学内容
通过思考题进行师生互动，培养学生创新思考能力。	2. 对有害品征税的目的是寓禁于征 【寓禁于征】消费税助力“健康中国”战略 心脑血管疾病及其“源头”——高血脂、高血粘、高血压及糖尿病是当今威胁人类健康的“头号杀手”。我国新近公布的流行病学资料显示：我国高血压患病率为18.8%，现有患者1.6亿人；血脂异常患病率为18.6%，现有患者1.6亿人；糖尿病和糖尿病前期患者各有3000万—4000万人；代谢综合征患病率为14%—16%，即每8个成年人中就有1个人患有代谢综合征。而长期嗜好烟酒是心脑血管疾病的重要诱因。 我国心脑血管疾病发病率居高不下，甚至呈发病年龄低龄化趋势。人民群众身体素质受到影响，甚至减少人均寿命。北京大学健康发展研究中心主任李玲指出，健康中国的道路为我国未来发展奠定了丰厚的人力资本。因此，我国将烟、酒纳入征税范围（见图2－8），并实行较高的税率，这是引导消费行为、寓禁于征的体现。  **图2－8　吸烟危害自身和他人健康** 注意：从税制整体来看，卷烟这类消费品税率普遍较高，会给地方带来较大财政利益，使得这类本应限制发展的行业成为地方鼓励发展的产业，这是值得警惕的。 【全球消费税趋势】 不少国家针对含糖、盐过高的饮料及其他非健康食品开征新的特别消费税，以促进人们改变不良消费习惯。例如，2018年爱尔兰、英国与南非新开征甜饮料税，比利时对含糖饮料，挪威对巧克力、糖以及不含酒精的甜饮料都实施增税政策，土耳其将甜饮料税的征税范围扩展至果汁与所有汽水（之前仅对可乐征税）。 【思考】除了烟酒之外，基于健康考虑，是否还有其他消费品应该纳入征税范围呢？ （二）征税环节的选择 消费税是单环节征税，但征税环节设置涉及两个方面： 1. 进出口货物的征税环节 消费税可按原产地和消费地原则征收，多数国家采用后者，并对出口货物实行退税。

续表

教学目标	教学内容
	2. 非进出口货物的征税环节 在生产、流通或消费环节征收。在生产、流通环节征收较为简便易行。但在实行税收分成财政体制和税负转嫁的情况下，消费税税款征收地和实际负担地不一致，将有可能扭曲资源配置，同时易造成财政能力的制度性差异，导致公共服务不公平。有观点认为，零售环节征税尽管不能完全克服上述问题，但零售税的负面影响相对较小，但征税成本也值得关注。 （三）税率模式和征税模式 1. 税率模式 税率模式涉及从价还是从量。 （1）从价税 在通货膨胀下，从价税有利于保护税基，对高价消费品征税宜采用从价税。如随着富有者应税消费品消费档次提高而加重其税负，能一定程度上调节收入分配。 （2）从量税 适合生产、批发和进出口环节消费税。采用从量税主要由于在上述情境下，计税价格不易确定，且在法治不健全和自觉纳税程度较低的情况下，税务机关估价存在困难。 2. 征税模式 涉及价内税与价外税，二者本质相同，但纳税人感受不同。 研究发现，在税收法治不完善、预算透明度较低的文化氛围中，价内税会减轻纳税人缴税的心理负担。 （四）税收的收入归属 主要涉及中央与地方税收征收管理权及收入支配权的划分。 如中央税（消费税、关税等）通常税源集中、收入较大，税种需由全国统一管理，影响全国性的商品流通，可用以维护国家权益、实施宏观调控。地方税（车船税、房产税等）与地方资源、经济状况联系比较紧密，税种对全国性商品生产和流通影响小或无影响，税源较分散，可增加地方财政收入。 **三、消费税改革方向** （一）征税范围的调整 根据党的十八届三中全会部署，消费税改革的方向是“调整消费税征收范围、环节、税率，把高耗能、高污染产品及部分高档消费品纳入征收范围”。消费税的征税对象大多是特定消费品和特定消费行为，具有一定的绿色税收性质。因此，在“双碳”目标下，消费税征税范围和税率的调整应当进一步凸显其绿色性质，推进绿色低碳发展。

续表

教学目标	教学内容
	【“十四五”专题】消费税与绿色低碳发展 随着气候变暖等全球性问题的出现（见图2－9），“人类命运共同体”成为广泛共识。2020年9月习近平总书记做出了按期实现“碳达峰、碳中和”的庄严承诺。“十四五”规划纲要提出，要落实2030年应对气候变化国家自主贡献目标，争取2060年前实现碳中和。  **图2－9　海平面上升20米后的上海** 注：气候变化背景下，海平面上升，对沿海城市产生威胁。 在生态文明建设领域，消费税大有可为，对成品油等高耗能、高污染消费品征税，能够调节消费者的消费方式，引导其使用更加绿色的能源、产品、生活方式，助力我国绿色低碳发展。 【思考】消费税促进我国经济社会绿色低碳转型的原理是什么？哪些消费品应纳入消费税的征税范围？ （二）征税环节的调整 《中华人民共和国国民经济和社会发展第十四个五年规划和2035年远景目标纲要》提出，“调整优化消费税征收范围和税率，推进征收环节后移并稳步下划地方”。 为什么要推动消费税征税环节后移？ 第一，有助于健全地方税体系，缓解地方政府财政压力。后移消费税征收环节，将消费税改革的增量部分稳步下划地方，有助于健全地方税体系，缓解地方政府财政压力（孙玉栋和庞伟，2021）。 第二，防止地方税收竞争，平衡区域财力。征税环节后移将引发“看得见”的区域间财力横向分配，对区域财力均衡和区域财力分配将产生重大深远影响（唐明和凌惠馨，2022）。

续表

教学目标	教学内容
	第三，调节居民的消费行为。消费税征收环节后移至零售环节，居民税收的感知要比以往更加敏感，可以更好地起到调节居民消费行为的作用。 第四，倒逼地方政府优化消费环境。消费税征收环节后移至零售环节以后，地方政府为了获得更多的税收收入，将加大在当地消费环境优化方面的投入力度。 当然，消费税征税环节后移的适用范围和推进时间表都需要做好统筹安排。 （三）税收归属 消费税征收环节后移，由生产环节逐步调整为消费环节征收，有利于提高税收收入。用消费税改革来激发地方的积极性，是一个很好的抓手。未来，消费税要在调节中央与地方收入分配、降低地方财政风险、引导地方优化营商环境等方面发挥更大的积极作用。 【学术前沿】消费税的改革思路 张德勇（2021）：消费税改革做“加减法”。与消费升级有关的消费品多做“减法”，以满足人民对美好生活的需要；与消费降级有关的高耗能、高污染和不健康消费品多做“加法”，增强消费税的调节作用，促进产业结构的转型升级。 张守文（2022）：基于发展导向的消费税制度改革。完善消费税的征税规则和分配规则，如消费税的征收范围和税率调整，以及相关税目征收环节的后移等，有利于推动绿色、协调、创新等发展理念的落实。 万莹（2022）：征收环节后移和增量下划地方双管齐下。针对消费税征收环节后移产生的征管难题和税收税源背离问题，应加强税收管控、选择性划定改革范围，下调税率；而对于增量下划地方导致部分地区税收负增量问题，应以全国消费税收入增量在全国各地分摊。 **参考文献：** [1] 孙玉栋，庞伟．促进构建新发展格局的现代税收制度完善建议[J]．税务研究，2021（06）：45－50. [2] 张德勇．加快构建新发展格局的消费税改革探讨[J]．税务研究，2021（04）：64－69. [3] 张守文．消费税制度改革的发展导向[J]．税务研究，2022（03）：85－92. [4] 万莹，王山．我国消费税改革相关问题及应对[J]．税务研究，2022（03）：93－99. 【参考书目】 [1] 杨斌，税收学，科学出版社2011年版. [2] 胡怡建，税收学，上海财经大学出版社2020年版. [3] 王玮，税收学原理，清华大学出版社2020年版.

续表

<table>
<tr><th>教学目标</th><th>教学内容</th></tr>
<tr><td></td><td>[4] 马国强，税收学原理，中国财政经济出版社 1991 年版.
[5] 袁振宇、朱青、何乘才、高培勇，税收经济学，中国人民大学出版社 1995 年版.</td></tr>
<tr><td colspan="2">第五部分　小组讨论</td></tr>
<tr><td>通过小组讨论，进行头脑风暴。培养学生创新思考能力，提升学生的理论水平。</td><td>“十四五”规划指出，“未来应调整优化消费税征收范围和税率，推进征收环节后移并稳步下划地方。”
请大家根据本次课程学习内容，结合既有理论知识，对以下问题进行小组讨论：
1. 我国消费税对 15 种消费品征税，是否应全部下放地方，为什么？
2. 消费税环节后移并下划地方后，消费税的收入是全部归属地方政府，还是由中央政府和地方政府按比例分享，或者由中央和地方按税目进行分配更好呢？为什么？（见图 2－10）

图 2－10　消费税改革缓解地方财政压力
3. 消费税下放地方是否会对统一的市场带来影响呢？
【提示】烟酒这类寓禁于征的消费品适合下放到地方吗？
【政策前沿】建设全国统一大市场
2022 年 4 月 10 日，《中共中央　国务院关于加快建设全国统一大市场的意见》发布。意见明确，加快建立全国统一的市场制度规则，打破地方保护和市场分割，打通制约经济循环的关键堵点，促进商品要素资源在更大范围内畅通流动，加快建设高效规范、公平竞争、充分开放的全国统一大市场，全面推动我国市场由大到强转变，为建设高标准市场体系、构建高水平社会主义市场经济体制提供坚强支撑。</td></tr>
</table>

续表

教学目标	教学内容
	第六部分　教师点评和总结
教师的鼓励会激发学生讨论的积极性。	**一、点评** 教师从以下三方面进行点评： 1. 对学生的积极参与进行鼓励与肯定，点明每个小组结论的可取之处。 2. 纠正每个小组不太恰当的观点，并进行简要分析。 3. 结合“十四五”规划当中对消费税改革的指导意见，总结消费税未来的改革方向，引导学生持续关注税收前沿热点问题，提升将理论运用于实践的能力。 **二、总结** 1. 结合“悬崖村云端蝶变”“健康中国”“气候变化”等多个典型鲜活案例，总结本次课程的学习重点。 2. 布置课后作业，引导学生持续关注税制改革前沿重大热点话题，不断提升专业素养和创新思考能力，培养坚定不移听党话、跟党走，努力成长为堪当民族复兴重任的时代新人。 3. 提供参考书目和资料，引导学生课后阅读学习，提升专业素养和水平。

七、考核与评价方式

（一）作业

围绕我国消费税制度改革方向，提交一篇课程论文，字数不少于 5000 字。

（二）课堂学习效果反馈

请列出本节课堂上最感到受益的内容和对本次课程的建议。

八、实施成效

本课程是税收学研究生的必修课，鉴于研究生同学具备一定的专业知识，采用案例驱动式教学法、PBL 问题链教学法及启发引导式教学法促进学生自主思考，通过小组讨论等多种形式，实现思维碰撞。引导学生从国家战略层面体会消费税的重要作用与未来税制改革方向，在提升专业素养的同时，培养大局意识。并且，始终坚持立德树人，秉承“课程思政”教育理念，围绕“用心打造培根铸魂、启智增慧的精品课程”目标进行课程建设，在教学评价、授课效果和人才培养等方面取得了不错的成绩。

（一）教学评教成绩优秀

每年教学结束后坚持匿名教学问卷调查不断完善教学方式方法，摘录部分学生评价如下：

A 同学：老师上课风格很喜欢，总是从我们感兴趣的事物或案例入手，让枯燥的理论变得有趣易懂，结合学术前沿让我们能及时跟进学术最新动态，对研究很有帮助。

B 同学：本学期对小组学习方式十分满意，在小组学习中发现了组员们的闪光点，在他们身上学到了很多，比如文献搜集，思考角度多元化等。同时对于自己展示表达得到了一定的锻炼与提高。我觉得老师您上课有的放矢，密切结合社会热门话题让我们更深入地了解税收基本理论，对政策也有了更加深刻的理解和认识。小组作业展示能让我们更积极、主动地去思考，非常不错，可以继续保持。

（二）人才培养方面取得优异成绩

教学中注重引导学生创新思维，培养学生创新能力。指导的学生卢艳、邓明欢、肖翊阳荣获国家奖学金，合作撰写的学术论文分别在本专业 CSSCI 核心期刊《税务研究》2019 年第 7 期和《经济研究》2022 年第 1 期发表。指导的学生隋乐平的毕业论文以精要的形式在《中国税务报》2023 年 4 月刊出。带领 2021 级黄汝红同学承担北京市人大委托项目，研究成果被采纳且在 2022 年北京市人民代表大会上作为向北京市市委书记蔡奇和市人大常委会主任李伟同志汇报的代表性成果。同时，指导学生参加国家重大项目、生态环境部国际合作项目等，取得了一系列成果。

（三）教学成果荣获国家级、省部级奖励

笔者长期以来深耕教学，以本课程为依托主持课程思政项目，课程教学论文获 2020 年北京市青年教师基本功比赛论文一等奖，教改论文荣获 2020 年北京市第十一届青年教师基本功比赛论文三等奖。近年来，荣获中央财经大学涌进教学奖、优秀教师奖、优秀教学成果奖、优秀应用成果奖等荣誉，2023 年入选教育部全国黄大平式教师团队核心成员，担任国家线下一流课程《税收学》主讲教师。

案例3：小股长出逃引发的亿元国库大案

——《政府预算理论与实践》课程思政教学案例

肖　鹏

（中央财经大学财政税务学院党委书记、教授）

一、基本信息

课程名称：政府预算理论与实践
授课对象：财政学、税收学专业学术型硕士研究生，税务专业型硕士研究生
知 识 点：《政府预算》，第五章第三节“国库在预算执行中的管理职能”
主讲教师：肖鹏

二、教学目标

（一）知识目标

《政府预算理论与实践》课程要求学生跨学科掌握政府预算的基本理论，理解政府预算在推进国家治理能力提升和治理体系现代化的功能定位与实现机制，熟悉政府预算的编制、审批、执行、决算、评价、报告、监督等制度框架。本课程以知识传授为基础，挖掘专业知识点的思政元素，培养大学生的理想信念、价值取向、政治信仰，凸显课程“育德”功能。

第五章第三节介绍了国家金库的相关理论与实践问题。通过本章学习，掌握国家金库的内涵，国家金库的管理模式有哪些？中国现行的国家金库管理模式是什么？中国现行国库资金是如何收取和拨付的？

（二）能力目标

财政乃国之命脉，民生之本，预算是政府财政活动的集中反映。财政、预算都天然具有丰富的思政元素，每年全国“两会”期间，政府预算“国家账本”都成为人大代表、政协委员、社会公众高度关注的话题。《政府预算理论与实践》课程要求学生能够跨学科运用政府预算的理论与方法，剖析国家账本数据背后的经济内涵，客观评判现实生活中的预算热点话题。

第五章政府预算执行与控制，聚焦政府收入和支出执行的组织体系与制度框架。第三节国库在预算执行中的管理职能，剖析一个国家金库管理模式的选择受历史、文化、经济体制等多方面的因素影响，通过本章学习，思考中国为什么选择委托中央银行代理国家金库的管理模式？如何在库款的收取和拨付过程中，确保财政资金的安全性？

（三）价值目标

《政府预算理论与实践》课程思政以“讲好中国故事、增强制度自信”为建设目标，

通过课堂教学、课程思政案例库、课堂讨论、实验教学、现场考察等形式，充分发挥课程建设“主阵地”、课堂教学“主渠道”的作用，为党育人，为国育才，落实人才培养的立德树人根本任务。

第五章第三节通过2011年国库大案的剖析，深刻理解财政是国家治理的基础和重要支柱。公共财政定位于“集众人之财、办众人之事”的理财模式，在集众人之财的过程中，需要确保收入项目的合法、合规，收取过程的高效便捷，杜绝各种截留挪用的行为发生；在办众人之事的过程中，需要确保按预算合规的、高效的使用纳税人的资金。而上述两个目标的实现，均需要强大的国库管理系统的支撑。

三、教学难点与重点

（一）教学难点

一是如何促进“思政元素”与“专业元素”的融合。如何深度挖掘提炼政府预算专业知识体系中所蕴含的思政价值和精神内涵，科学合理拓展政府预算课程的广度，提升本课程的深度和温度。

二是抽象教学与实验实践教学的融合。财政资金的收支流看不见摸不着，抽象不具体。如何将课程与校外实践教学基地结合，将课程教学与专业实践、社会实践相结合，提升课程思政教育的引领力，形成课程整体育人的联动效应。启发学生思考国家金库管理体制在一国政治体制、经济体制中的地位，引导学生梳理归纳新中国成立以来国家金库管理体制的变迁与背后的制度根源，增强学生对现实问题的思考兴趣，培养学生的专业敏感度和学术逻辑性。

（二）教学重点

在教学设计中，以针对性案例——小股长出逃引发的亿元国库大案（正面和反面）为线索，提出问题和难点，找出解决办法，挖掘并呈现解决问题过程中所涉及的价值观和思维方式等思政元素。课前分析注重对学生问题研判、问题提出能力的培养；课堂引导注重辅导学生在认识和分析党和国家大政方针政策时的思想正确性、政治敏锐性、理论前沿性；课后实践注重增强学生的理论分析与实践操作的有机联系，通过案例分析或政策推演使学生能够做到将理论与政策学习内化于心、外化于行。

本节内容旨在培养锻炼学生的逻辑思考能力，使学生能够掌握国家金库制度在本课程知识体系中的地位与作用，了解我国现行国家金库管理制度框架的核心要素是什么以及如何提升库款拨付过程中财政部门对纳税人资金流向的实时监控力。

四、课程思政案例介绍

（一）课程思政案例教学设计概况

小股长出逃引发的亿元国库大案

李华波，原江西省鄱阳县财政局经济建设股股长（见图3-1），2006—2010年，他利用职务上的便利，伙同原鄱阳县农村信用联社城区信用社主任徐德堂（因犯贪污罪被另案处理）等人，先后多次骗取鄱阳县财政局的基建专项资金共计人民币9400万元，并将其中的2953万多元转至新加坡，其余款项被李华波等人用于澳门赌博、个人消费等。

图3-1　李华波服刑期间接受采访

2011年1月29日李华波逃匿至新加坡，鄱阳县人民检察院于同年2月13日以涉嫌贪污罪为由对李华波立案侦查。同年2月23日，最高人民检察院通过公安部向国际刑警组织请求对李华波、徐爱红夫妇发布国际红色通报（俗称“红色通缉令”），并向新加坡国际刑警发出了协查函。同年3月初，新加坡警方以涉嫌洗钱罪拘捕李华波、徐爱红夫妇，随后新加坡法院法官三次发出冻结令，冻结李华波夫妇价值共计约545万新加坡元的涉案财产，包括四套房产和大约260万新加坡元存款。2013年4月，新加坡初级法院以不诚实盗取赃物罪（数额为182474.20新加坡元）判处李华波15个月监禁，同时判决将收缴赃款归还中国。2014年7月10日，新加坡高等法院作出维持原判的终审判决后，李华波进入新加坡樟宜监狱服刑。2015年1月，新加坡政府取消了李华波的永久居留权。同年5月9日，李华波被新方遣返中国（见图3-2）。此后，李华波案进入刑事普通程序。

图 3－2　李华波被遣返回中国

江西省上饶市中级人民法院经审理后，以贪污罪判处李华波无期徒刑，剥夺政治权利终身，并处没收个人全部财产；扣除同案犯徐德堂等人已被追缴的赃款 482.98 万元以及依照违法所得没收程序追缴部分，剩余赃款继续予以追缴。

思考：为什么发生 9400 多万元的水利专项资金被挪用？“国库大案”事件发生的背后的制度漏洞是什么？

（二）案例思政要素设计

（1）引导学生树立正确的价值观、人生观、金钱观。国库是财政资金运行的总枢纽，财政收支决算数据是经济运行情况的真实反映，素有“经济晴雨表”之称。财政干部本应是国家财政资金坚定的守护神，反而变成一个疯狂盗取国家财政资金的巨大硕鼠，变成一个人人唾弃的亿元大盗，愧对党和国家多年的培育和教育。

（2）引导学生思考国库大案背后的制度漏洞是什么。一个国家级贫困县的小股长在长达 4 年的时间内，利用职务之便，逃避财政局划拨专项资金审批手续，用私盖伪造的公章、提供虚假对账单等手段，陆续将县财政局存储在信用联社城区分社基建专户中的 9400 万元资金转出境外竟未被发现，财政资金的监督机制为何失灵？银行系统是否参与帮忙“洗钱”？

（3）如何完善制度体系，看好纳税人的钱袋子？一是必须认真落实国库集中收付制度的执行；二是加强财政专户资金的管理，实现财政专户资金的“集中管理、分账核算”；三是坚持专户的印鉴管理有关规定；四是加强财政收支业务流程的内控机制建设；五是坚持严格的核算规程和对账手续。

五、教学方法与手段

本知识点的教学采用多样化的教学组织方式，包括课堂理论教学、课堂讨论、课后作业、实验教学等形式，实现本知识点的知识传授、能力提升和价值塑造三大目标。

（一）理论性教学多视角化

理论性教学内容包括政府预算的基本范畴、基本原理和基础知识，教学组织方式以任课教师课堂讲授为主。增强学生对基本概念范畴、基本理论的理解，使学生在掌握政府预算的基本概念和基本理论的基础上，牢固树立正确的公共理财新理念、新思维、新方法。

在本章教学中将跨学科介绍国家金库的内涵、沿革，让学生对国家金库、管理体制、管理模式形成初步的了解。

（二）应用性教学丰富化

通过讲（课堂讲授）、查（学生查阅资料）、做（社会实践、调研、课件、数字故事）、演（学生演讲、报告）、论（论文、讨论、辩论）等教学方法，用逻辑说话，用事实说话，用数据说话，力求内容科学，方法科学，不硬讲，不空讲。在价值传播中注意知识含量，知识传播中注意价值观引领，充分发挥课程所承载的育人功能，实现知识传授、能力培养和价值引领的有机统一。

（三）案例教学思辨化

通过“小股长出逃引发的亿元国库大案”案例，注重对学生问题研判、问题提出能力的培养。通过课堂讨论、辩论等形式，探究这场国库大案的制度漏洞是什么？如何完善现行国库管理制度框架来确保财政资金使用的安全性与合规性。

（四）实验教学情景化

实验教学在金融财税综合实验室内，利用新中大公共财政管理软件真实模拟展示一级政府财政业务流程，加深学生对政府预算编审“两上两下”流程的理解。实验教学模块分为预算编审、指标管理、拨款管理、国库集中收付、政府采购 5 大模块。通过上述 5 个模块的实施，让学生体会电子政务环境下财政业务的一体化处理流程。

六、教学实施过程

在教学实施过程中注重把握“课前—课中—课后”等关键教学环节，引入“问题链”

教学法。以针对性问题（正面和反面）为线索，提出问题和难点，找出解决办法，挖掘并呈现解决问题过程中所涉及的价值观和思维方式等思政元素。课前分析注重对学生问题研判、问题提出能力的培养；课堂引导注重辅导学生在认识和分析党和国家大政方针政策时的思想正确性、政治敏锐性、理论前沿性；课后实践注重增强学生的理论分析与实践操作的有机联系，通过案例分析或政策推演使学生能够做到将理论与政策学习内化于心、外化于行。具体教学流程设计如表 3 – 1 所示。

表 3 – 1　　教学流程设计基本说明

教学步骤	设计动机
1. 课程思政案例引入（1 分钟） 播放“2011 年国库大案”小视频，引入本节主题	引入“问题链”教学法，课前问题分析注重对学生问题研判、问题提出能力的培养
2. 课堂教学安排概览（1 分钟） 概要介绍本节知识体系、重点、难点	帮助学生快速了解本节课程的安排、需要重点关注的问题
3. 基础知识讲解与逻辑深入分析（13 分钟） 教师讲解国家金库管理体制的概念、国库管理模式的选择，中间穿插启发性问题与有趣的案例故事、历史故事	改革开放以来，我国国家金库管理体制经历了哪些变化？通过多个案例故事、历史故事，引发学生兴趣，进一步结合基础知识，进行知识讲解与逻辑分析
4. 小组讨论：中国为什么在 2001 年启动国库集中收付制度改革？（10 分钟） 教师简要介绍 2001 年前国库管理中存在的种种问题，组织学生们分为 5 组开展小组讨论	对国家金库管理体制的介绍流于表面，不利于学生形成深刻认识。通过设计小组讨论环节，让学生成为学习、研究、讲解的主体，增强学生对国家金库管理体制的全面认识，培养锻炼学生的综合能力
5. 小组展示与交流：我们发现了什么？（20 分钟） 每个小组展示讨论成果 3 分钟，与其他小组交流 1 分钟	一方面促进知识与研究成果的相互交流，另一方面锻炼学生的语言组织与表达能力。通过交流环节，帮助学生碰撞出更多的创新思想火花，启发学生的专业思考
6. 教师点评与总结：大家学到了什么？（5 分钟） 教师进行全局性点评与升华总结	教师的关注与鼓励是激发学生参与动力的重要源泉。这部分除了点评小组观点之外，还包括对学生参与思考讨论的肯定与鼓励
7. 作业：我们还需要学习什么？（课后） 我国 2001 年的国库集中收付制度改革，受到世界银行、IMF 等国际组织的高度评价，我国的国库管理制度还存在什么问题？未来改革方向是什么？	发布线下作业要求，要求学生课后讨论区完成作业

七、考核与评价方式

（一）课程考核注重对学习过程管理，引入多元化考核模式

本课程的成绩评定方式平时（课后作业、课堂研讨、演示实验、随堂测验、期中测试）和期末考试各占 50%，自然管理学习过程。评价方法以过程为主、结果为辅。侧重

采取描述性评价，从知识、能力、情感、态度、价值观等方面对学生的表现进行记录、描述。小组讨论记录、小作业、发言记录作为平时表现的评价依据。同时采用终结性评价，以反映学生发展的阶段性成果。主要以课程所撰写的论文、调查或研究报告作为评价依据。

（二）构建教师自评、学生评价、督导评价、同行评价多元化的评价体系

教师自评由任课教师根据课程教学效果进行自我评价，提出持续改进措施。学生评价侧重学生的切身感受和学习成效。督导评价主要是督导组实施的诊断性评价，发挥目标引导、诊断督促的作用。同行评价主要由本学科领域的校内外教师和同行专家基于课程旁听、课程研讨等方面的情况和效果对该教师课程教学进行的总体评价。

八、实施成效

经过多年建设，本课程的学生课程参与率、学习积极性和对教学的满意度显著提升，取得多项党团建设、教学改革、专业建设、课程建设、教材建设、学术研究等成果和奖励，得到学生、同行和社会的广泛好评。依托本课程立项本科校级教改课题2项、研究生校级教改课题2项，本课程的本科课程《政府预算管理》在2019年被评为北京市高等学校优质本科课程。在学堂在线上线研究生层次的《政府预算》课程，在爱课程网站上线的《政府预算管理》课程，累计选课人数超6000人，并有两轮次的兄弟院校选课。课程配套教材《政府预算理论与实务》（2021年第四版）成为“十二五”普通高等教育本科国家级规划教材，已经多次加印，获得同行教师的认可，在全国高校的选用率高。

案例 4：我国银行控股异质性对银行间市场网络结构及系统性风险防范的影响

——《金融实证研究》课程思政教学案例

王　辉

（中央财经大学金融学院党委书记、教授）

一、基本信息

课程名称：金融实证研究
授课对象：金融学、金融工程、金融科技专业博士研究生
知 识 点：第7章实证金融案例（二）
主讲教师：王辉

二、教学目标

（一）知识目标

（1）通过讲解我国银行间市场的基本运行情况，使学生理解政府控股银行在银行间市场中的重要作用，深刻认识到“发挥国有金融资本在金融领域主导作用，健全国有金融资本管理‘四梁八柱’”的重要意义。

（2）以事前银行关联度限制措施为例，基于量化模型分析最优的银行关联限制程度，讲解事前宏观审慎政策对系统性风险防范的重要作用，带领同学们熟悉系统性风险以及风险传染性的知识和主要研究方法。

（二）能力目标

（1）通过介绍外生最大信息熵方法和内生均衡交易网络方法，结合一定的算法知识，使学生了解复杂金融网络的构建方式，并锻炼学生的MATLAB编程能力。

（2）通过运用MATLAB从基本的数据处理、建立模型、模型求解到最后结合实际分析整个流程来训练学生实证研究的能力。

（三）育人目标

（1）加深学生对于我国银行业乃至金融行业系统性风险的认识，深刻理解“牢牢守住不发生系统性金融风险的底线”这一政策背后的含义，加强学生的风险意识和国家安全观。

（2）通过讲解银行控股异质性对银行间市场网络结构及系统性风险防范的影响，强化学生“扎根中国大地，讲好中国故事”的研究意识，引导博士生围绕中国重大问题展开研究，提高学术能力，激发其为国家经济金融发展贡献智慧的使命感和金融报国的责任感。

三、教学重点与难点

（一）教学重点

（1）讲解我国银行间市场的基本运行情况。
（2）介绍我国银行的政府持股情况。
（3）介绍以关联度限制为代表的事前宏观审慎政策。

（二）教学难点

（1）基于最大信息熵方法计算银行间市场网络拓扑结构。
（2）基于内生网络模型构建银行间市场网络。
（3）基于内生均衡网络研究关联度限制措施对金融网络效率和稳定性的影响。

四、课程思政案例介绍

（一）案例摘要

与西方发达国家相比，我国银行业的产权性质存在明显差异，国有金融资本占主导地位是我国金融体系区别于西方发达经济体的最主要特点之一。为研究银行控股异质性对银行间市场网络结构及系统性风险防范的影响，本案例在介绍中国银行间同业拆借市场运行情况基础上，剖析同业市场中系统性风险积聚的作用机制，在分析我国银行的政府控股情况基础上，进一步讨论政府控股情况对银行同业业务的影响。通过此案例，旨在引导学生关注中国银行间的市场运行，理解政府控股异质性对银行间市场网络结构及系统性风险防范的影响。

（二）中国银行间同业拆借市场基本运行情况

银行间同业拆借市场是商业银行等金融机构调节短期流动性、进行短期资金配置的主要场所，也是中央银行进行公开市场操作、实施货币政策与金融调控的重要市场。近年来，银行间同业市场交易规模在早期快速增长后，交易规模增速逐年降低（见图4-1）：2017年中国银行间市场同业拆借累计成交79.0万亿元；2018年同业拆借成交金额共计139.3万亿元，同比增加76.33%；2019年银行间货币市场同业拆借成交金额共计151.6万亿元，同比增长8.87%；2020年中国银行间市场同业拆借累计成交147.1万亿元，同比下降2.97%；2021年，同业拆借成交118.8万亿元，同比下降19.2%。

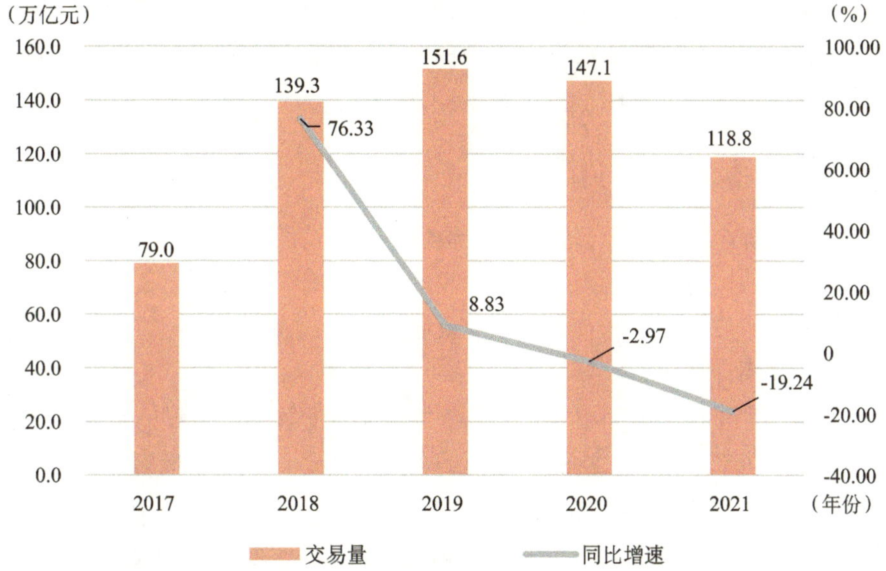

图4-1　2017—2021年我国银行间同业拆借市场交易量变化情况

数据来源：Wind数据库。

（三）同业拆借市场可能成为风险传染的载体

2008年爆发的金融危机对世界各国金融稳定和经济发展造成巨大冲击，系统性金融风险成为监管部门和学术界共同关注的重点。尽管我国没有发生金融危机，但近年来金融系统稳定性多次受到冲击，比如2013年银行业钱荒，2015年股票市场出现流动性危机和异常波动，2017年恒丰银行出现流动性危机并改组，2019年包商银行和锦州银行因严重信用危机被接管改组等。随着金融网络不断复杂化，中小银行的金融风险可能通过传染放大形成系统性金融风险，亟须高度关注。党的十九大报告强调，要“守住不发生系统性金融风险的底线”，将“防范化解重大风险”列为三大攻坚战之一。

同业拆借市场是银行间重要的直接关联渠道，且同业市场拆借利率被视为流动性风向标。同业业务通过多层“通道”包装形成了一张利益交错、风险共担的网络，当风险事件发生时，同业资产面值将与实际价值出现较大偏离，投资者有极大动力集中赎回，形成“资产赎回→变现损失→加剧赎回”的恶性循环，银行间市场同业关联组成的银行间市场网络可能成为风险传染的载体，通过交叉传染放大初始冲击，使脆弱机构自身的流动性风险通过资产价格下跌传递至其他金融机构与金融市场，并最终导致系统性金融风险。

《中国金融稳定报告（2018）》指出，中国人民银行2014年和2016年共选取221家银行进行同业业务现场评估，涉及14.77万笔、14.52万亿元同业业务，发现同业业务存在严重的“资金空转”、期限错配和规避监管等突出问题。2017年央行对银行机构的评级结果显示，全国被评为8—10级的高风险金融机构多达426家。为避免同业业务成为系统性金融风险爆发源头，2017年中国银行业监管部门开展了一系列针对同业融资、理财和表外业务的检查，推出“三三四十”系列专项治理行动以解决监管套利和不当行为等问题，重点关注银行的跨行业业务，2018 年“资管新规”等严监管政策出台，促使银行将表外业务转移回表内，极大地压缩了影子银行的业务规模。

（四）我国银行的政府控股情况分析

政府控股因素即金融机构股权中国有金融资本占比情况，涉及金融机构实收资本出资来源中的国家资本、国有出资、国有绝对控股出资和国有实际控股出资等多种情形，该因素直接影响机构的产权性质即所有制情况。政府控股因素在发展中国家和发达经济体中对银行风险承担的作用存在较大差异。

与西方发达国家相比，我国银行业的产权性质存在明显差异，国有金融资本占主导地位是我国金融体系区别于西方发达经济体的最主要特点之一。虽然近年来我国正积极推动具备条件的民间资本依法发起设立中小型银行，但是国有金融机构仍是服务实体经济、防控金融风险、深化金融改革的重要支柱。2018 年发布的《关于完善国有金融资本管理的指导意见》明确指出要建立健全国有金融资本管理的“四梁八柱”，有效发挥国有金融资本在金融领域的主导作用，继续保持国家对重点国有金融机构的控制力，显著增强金融服务实体经济的能力。国有金融资本出资人职责与市场监管职责成为国家维护金融市场稳定的两大政策抓手。

为研究我国银行机构政府控股情况，本案例结合天眼查和 Wind 数据库中相关工商信息和企业年报对 139 家银行 2017—2019 年的股权结构分解，判断银行是否由政府控股。如果第一大股东是政府机构或者政府为实际控制人的机构，则直接认定政府为该银行的实际控制人，如全部国有商业银行、大多数股份制商业银行和城市商业银行，为叙述方便将该标准称为第一大股东标准。若第一大股东不是政府机构，但前十大股东中存在政府控股的一致行动人，当它们持股比例之和超过其余任意股东时，具有绝对话语权，则也判定该银行由政府控股，如南京银行、北京银行等，这是由于这些银行在决策投票时，一致行动人可以共同看作政府的“代理人”，能够影响银行重大决策。为叙述方便将该标准称为政府控股比例之和标准。

同时，可以进一步细分政府直接控股和间接控股比例，以区分政府直接持股为主和间接持股为主的不同影响。政府直接持股包括国务院及各级地方政府、财政部及各级财政部门、国资委（局）等政府机关的直接持股，以及上述政府机关设立的以国有资产管理为直接目的的国有资产投资公司或金融控股公司的持股比例，如中央汇金投资有限责任公司持有的股份。政府间接持股则包括国有企业和政府机关出于国有资产管理以外目的设立的投资平台的持股比例，如中国烟草总公司、城市建设投资平台等企业的持股。当政府直接持股比例大于或等于间接持股比例时，认为该政府控股银行以政府直接持股为主，否则其以政府间接持股为主。

在 Wind 数据库中，2009—2019 年均存在同业市场交易业务的所有银行的同业往来资产和负债数据的银行有 158 家。由于外资银行在国内同业拆借市场中存在一定限制，故剔除富邦华一银行等19家外资银行；剩余139家银行中包括中国工商银行等5家国有控股银行，兴业银行等11家大型股份制商业银行，上海银行等89家城市商业银行，北京农商行等34家农村商业银行。由于银行早期股权结构信息缺失严重，结合Wind数据库和银行年报，手动收集并整理了2017—2019年各银行股权结构。

2017—2019年各类银行政府持股情况如表4-1所示。从表4-1可知，全部国有商业银行、大部分股份制商业银行和城市商业银行为政府控股银行，其中国有商业银行以政府直接持股为主，股份制商业银行和城商行则以政府间接持股为主；对于农商行而言，政府控股银行比例接近50%，其中政府间接控股银行为政府直接控股银行的2—3倍。2017—2019年国有商业银行和股份制商业银行中的政府控股机构十分稳定；而城商行和农商行中政府持股比例则存在小幅波动，政府直接持股为主的银行比例下降，间接持股为主的银行比例有所上升。

表4-1　2017—2019年分类别政府控股情况

银行类型	数量	政府控股银行数量			政府直接持股为主银行数量			政府间接持股为主银行数量		
		2017年	2018年	2019年	2017年	2018年	2019年	2017年	2018年	2019年
国有商业银行	5	5	5	5	5	5	5	0	0	0
股份制商业银行	11	10	10	10	4	4	4	6	6	6
城市商业银行	89	76	75	76	40	36	35	36	39	41
农村商业银行	34	16	17	18	5	5	4	11	12	14
全样本	139	107	107	109	54	50	48	53	57	61

2017—2019年政府控股银行按判断标准分类汇总如表4-2所示。从表4-2可知，国有商业银行和股份制银行均符合第一大股东标准，而城商行和农商行的政府控股银行中则存在少量符合政府控股比例之和标准的机构。2017—2019年政府控股银行判断标准情况变化不大：2017年107家政府控股银行中有99家银行第一大股东是政府机构或者政府为实际控制人的机构，有8家银行前十大股东中政府控股一致行动人的持股比例之和超过其余任意股东；2018年和2019年符合第一大股东标准的机构分别有98和100家，且均有9家符合政府控股比例之和标准。

表4-2　2017—2019年政府控股银行按不同判断标准汇总

判断标准	2017年		2018年		2019年	
	数量	占比	数量	占比	数量	占比
第一大股东标准						
国有商业银行	5	5.05%	5	5.10%	5	5.00%
股份制商业银行	10	10.10%	10	10.20%	10	10.00%
城市商业银行	69	69.70%	67	68.37%	68	68.00%
农村商业银行	15	15.15%	16	16.33%	17	17.00%
合计	99	100.00%	98	100.00%	100	100.00%

续表

判断标准	2017 年		2018 年		2019 年	
	数量	占比	数量	占比	数量	占比
政府控股比例之和标准						
城市商业银行	7	87.50%	8	88.89%	8	88.89%
农村商业银行	1	12.50%	1	11.11%	1	11.11%
合计	8	100.00%	9	100.00%	9	100.00%

（五）政府控股情况对银行同业业务的影响

2017—2019 年按政府持股情况分各类银行同业往来资产和负债平均值如表 4－3 所示。从表 4－3 可知，2017—2019 年股份制商业银行中，非政府持股的银行同业往来资产与负债均先降后升；与政府直接持股为主的银行相比，政府间接持股为主的银行的同业往来资产更多，而同业往来负债更少，这表明政府间接持股为主的银行资金供给更多、需求更少。城市商业银行中，非政府控股机构的同业往来资产与负债急剧下降，降幅远超过政府控股机构；政府直接持股为主的机构同业往来负债持续下降，而政府间接持股为主的机构同业往来负债则持续增加。与全样本相同，农村商业银行中，政府控股机构的同业往来资产和负债均要远超于非政府控股机构，政府直接持股为主机构的同业往来资产也远超政府间接持股为主的银行。全样本中，政府直接持股为主的机构同业往来资产和负债平均值持续增加，而政府间接持股为主的机构则持续减小，两者差异不断拉大。

表 4－3　2017—2019 年按政府持股情况分银行同业往来资产和负债平均值　（单位：亿元）

银行类型	同业往来资产平均值			同业往来负债平均值		
	2017 年	2018 年	2019 年	2017 年	2018 年	2019 年
国有商业银行	2609.61	3016.29	3535.89	12518.22	13425.15	15085.25
股份制商业银行						
非政府控股机构	752.57	521.54	531.80	11385.31	9152.22	10283.95
政府控股机构	664.96	562.79	599.91	6186.15	5571.40	5485.03
政府直接持股为主	518.59	483.98	556.98	8023.97	6632.64	6115.66
政府间接持股为主	762.54	615.33	628.54	4960.94	4863.91	5064.61
城市商业银行						
非政府控股机构	91.26	56.55	39.52	345.31	245.07	113.74
政府控股机构	91.61	65.78	58.37	290.10	266.70	270.70
政府直接持股为主	87.79	63.84	69.39	318.66	203.74	188.32
政府间接持股为主	95.86	67.57	48.96	258.36	324.82	341.02
农村商业银行						
非政府控股机构	20.96	19.75	23.67	18.59	15.01	11.83

续表

银行类型	同业往来资产平均值			同业往来负债平均值		
	2017 年	2018 年	2019 年	2017 年	2018 年	2019 年
政府控股机构	154.74	114.70	111.61	156.60	95.68	61.90
政府直接持股为主	270.37	212.69	249.14	94.78	58.75	76.64
政府间接持股为主	102.19	73.87	72.31	184.70	111.06	57.69
全样本						
非政府控股机构	72.38	51.53	47.48	506.53	401.20	398.40
政府控股机构	272.30	257.88	276.36	1392.57	1350.18	1394.16
政府直接持股为主	370.11	407.58	486.09	1998.28	2025.70	2224.72
政府间接持股为主	172.65	126.56	111.33	775.44	757.62	740.61

2018 年同业存款利率存入报价描述性统计如表 4－4 所示，对于所有存入期限，均呈现国有商业银行、股份制银行、城商行和农商行存入利率依次递增的现象，即相比于政府控股银行，非政府控股银行需要以更高的利率获取资金。农村商业银行 7 天存入报价平均值约为城市商业银行和股份制商业银行的 1.15 倍，1 个月期的存入报价利率为股份制银行的 1.09 倍、为城商行的 1.06 倍；3 个月期的存入报价利率为股份制银行的 1.07 倍、为城商行的 1.05 倍；1 年期的存入报价利率为股份制银行的 1.10 倍、为城商行的 1.07 倍。与城商行或股份制商业银行等政府控股银行相比，以农村商业银行为代表的非政府控股银行需要以 5%—15% 的溢价获取资金。

表 4－4　　同业存款利率（存入报价）描述性统计

银行类型	7 天		1 个月		3 个月		1 年	
	平均值	标准差	平均值	标准差	平均值	标准差	平均值	标准差
国有商业银行	2.0029	0.4602	2.8135	0.8406	3.5421	0.7905	3.9329	0.6021
股份制商业银行	2.4255	0.5819	3.1654	0.7407	3.6984	0.7825	4.0751	0.5888
城市商业银行	2.4397	0.5136	3.2689	0.7020	3.7521	0.7546	4.1806	0.5510
农村商业银行	2.7924	0.5173	3.4646	0.7616	3.9418	0.6787	4.4737	0.4443

数据来源：Wind 数据库。

（六）案例总结

银行间同业拆借市场是商业银行等金融机构调节短期流动性、进行短期资金配置的主要场所，同业业务通过多层“通道”包装形成了一张利益交错、风险共担的网络，当风险事件发生时，银行间市场同业关联组成的银行间市场网络可能成为风险传染的载体。与西方发达经济体相比，我国金融体系中国有金融资本占主导地位，从股权结构分解可知，大部分农商行为无政府控股机构，而所有国有商业银行、大部分股份制商业银行和城市商业银行为政府控股机构。从同业资产规模上看，政府直接持股为主的机构同业往来资产和负债平均值持续增加，而政府间接持股为主的机构则持续减小，两者差异不断拉大。从同业存款利率存入报价上看，相比于政府控股银行，非政府控股银行需要以更高的利率获取资金。

五、教学方法与手段

（一）教学方式

本案例采用启发式教学、自主式教学、发现式教学、互动式教学、混合式教学等多种教学方法，在讨论中，引导学生思考银行控股异质性对银行间市场网络结构的影响。

（二）教学手段

本案例将传统授课方法与实验教学方法相结合，在课堂讲授时注重讲透中国银行间同业拆借市场基本运行情况和我国银行的政府控股异质性。在此基础上，带领同学运用MATLAB采用外生最大信息熵方法和内生均衡交易网络方法尝试构建我国银行间交易网络，并研究关联度限制措施对银行间市场运行效率和稳定性的综合影响。

六、教学实施过程

（一）教学安排

提前3周将案例主题以及相关参考文献资料发给学生，每个小组重点讨论2—3个启发性思考题并进行编程实现，在课堂上将老师讲解和学生展示相结合，通过3个课时完成。

（二）启发思考题

（1）政府控股异质性如何影响银行同业业务市场行为？
（2）如何引入政府控股异质性因素，建立更符合中国实际的银行间市场网络？
（3）目前有哪些针对银行系统性风险传染的宏观审慎政策？
（4）如何准确地度量银行间的关联性对银行金融风险传染机制的影响？
（5）是否存在兼顾金融系统资金运作效率和金融系统稳定性的关联度限制最佳边界？

（三）理论模型与分析

1. 政府控股因素对银行间交易决策行为的影响机制

政府控股因素对银行间交易决策行为的影响存在两种可能：一方面，在经济平稳运行时，财政部门等机构以管资本为主加强对政府控股银行的监管，受托人也将督促机构履行服务实体经济和防控金融风险的主体责任，这使得政府控股机构公司治理严格、风险防控意识更强，由此产生的信号效应使得市场中的交易者更偏好于政府控股机构；在危机时，政府通常能够对政府控股银行及时有效地采取注资等救助政策多渠道化解流动性危机，而对非政府控股银行的救助则可能存在较大摩擦成本，再加上政府隐性担保“信仰”，市场交易方会预期政府控股银行违约风险更低，此时同业市场中的金融机构将偏好与政府控股机构进行交易。另一方面，过多与政府控股银行对手交易也会造成不可分散风险源进而加大政策的不确定性风险，政府隐性担保预期也可能引发机构的道德风险行为，这使得资金盈余方可能会优先考虑与非政府控股银行进行交易。

虽然非政府控股的商业银行规模在金融系统中占比较小，但是非政府控股商业银行危机事件的冲击同样可能对整个银行系统造成巨大影响。恒丰银行、锦州银行和包商银行的风险事件表明城商行中非政府控股的中小银行的隐藏风险对于整个银行系统的冲击不容忽视。以包商银行风险事件为例，风险事件发生前，包商银行 89% 的股份归属于明天集团，属于非政府控股机构，该银行因众多资产被控股股东违反规定占有而出现比较严重的信用风险。风险事件发生后，同业刚兑预期被打破，市场上产生了对众多和包商银行相似银行的担忧，短期市场流动性受到明显影响，银行间市场利率出现剧烈波动，可见非政府控股机构的风险事件同样会对金融稳定产生冲击；而当面临多家银行同时存在倒闭风险时，新兴市场国家可能会出现“多而不倒”的问题。因此研究系统性金融风险既要考虑政府控股的大型金融机构对金融系统的重要作用，也需要重视非政府控股的中小机构由于放大机制而产生的风险传染可能。

当外生冲击来临后，政府部门对非政府控股机构的救助将产生额外的摩擦成本，对风险机构进行纾困的难易程度同样存在差异。2008 年金融危机期间，美国财政部对花旗银行的救助行动历经多轮谈判，期间产生了高额的救助沟通成本和法律成本；2019 年包商银行风险处置过程中，接管组为摸清包商银行的“家底”，需要以市场化方式聘请中介机构，逐笔核查包商银行的对公、同业业务，深入开展资产负债清查、账务清理、价值重估和资本核实，最初考虑的市场化重组方案也因包商银行的损失缺口巨大、缺少投资者参与而无法进行，最终以新设银行的方式进行改革重组，且新成立的蒙商银行为政府控股机构。此外，财政部门在危机时期可以对政府控股银行尤其是政府直接控股的机构注资，履行出资人职责，缓解流动性风险；《金融稳定报告（2021）》同时指出新冠疫情冲击下中小银行盈利水平和资产质量有所下滑，地方政府可以将中小银行改革和补充资本相结合，通过发行地方政府专项债和认购中小银行可转债等多渠道帮助中小银行补充资本金，而这些资本补充方式对于政府控股或者政府持股机构而言相对更为通畅。从事前角度看，政府部门对非政府控股机构是否救助、救助时机和救助方式选择均存在不确定性，摸清风险机构的真实状况、摸索最佳风险处置策略的成本较高。虽然我国目前存在多种政策工具应对金融风险，但是不同工具的使用成本和效果均存在差异；如果出现一批非政府控股的中小银行风险集中暴露，这种“一对一”模式在风险处置时就显得捉襟见肘了。

综合来看，当经济平稳运行时，政府控股金融机构和非政府控股机构的不同特性将影响机构潜在交易行为，进而影响银行间市场结构。若财政部门和受托人严格履行职责，则政府控股机构的公司治理更为严格，在审慎合规经营的同时也将强化风险防控，由此产生的信号效应将使其在银行间市场中处于优势地位；若政府控股机构内部治理薄弱，则更容易引发道德风险，加大其风险承担；非政府控股机构则出于自身利润最大化目标而扩大经营规模，激发银行间市场活力，但其也容易形成因关联交易而产生的积聚风险。风险事件发生后，两类银行在政府救助预期、救助方式和纾困成本方面存在的差异将影响风险处置效率，进而影响纾困措施的选择。当政府控股机构发生冲击时，国家可以采取多种渠道缓释风险，不容易产生所有权和管理权变动的担忧；当非政府控股机构遭遇风险冲击时，往往先以自救为主，政府是否纾困及纾困方式均存在较大不确定性。两种经济状态下，政府控股因素的差异通过影响机构行为决策和市场预期最终影响银行间市场网络的稳定性。

2. 内生均衡网络模型

均衡网络模型包括交易关系网络和均衡交易网络两个部分，先通过银行间潜在的交易关系组成交易关系网络，然后设定内生定价机制确定各银行资金的实际流向，再经过数据校准，最后形成均衡交易网络。均衡网络模型属于内生网络模型，能够有效识别网络应对外部冲击的内生动态变化。

（1）交易关系网络

交易关系网络刻画了银行间市场潜在的交易关系，能够反映出核心银行在金融网络形成中的关键作用。假定所有核心银行都能够无障碍开展同业拆借业务，随后新成立的银行逐步与原有银行建立潜在交易关系，当银行数目不再增加时，便形成了稳定的金融网络，该金融网络结构与最初选定的核心银行密切相关。这种网络建模方式与我国银行体系结构比较契合，国有商业银行和股份制商业银行在我国银行体系中扮演着核心银行的角色，城商行、农商行等更愿意与这些核心银行建立交易关系。*TRN* 的拓扑结构如下：网络为无向图，节点为银行，连线代表银行间可能存在的交易关系，节点的连接度为与该节点直接相连的其他节点数目。

假设系统中共有 N 家银行，其中核心银行 s 家。交易关系网络具体构建步骤如下：

第 1 步：将 s 家核心银行相互连接形成初始网络。

第 2 步：逐一加入新节点，令其随机选择连接度尚未达到上限的 s 家银行构建交易关系，连接概率与被连接节点的连接度成正比。当网络节点数目为 N 时，停止加入新节点。

第 3 步：假设整个系统中含有 N 单位的初始流动性禀赋（E），将其按节点连接度加权平均进行分配，银行 i 在 *TRN* 中的禀赋记为 $ETac_i$。

根据网络模型中节点和边的关系构建拓扑指标，相关符号及其内涵如表 4－5 所示。

表4-5　网络模型相关变量符号定义及内涵

符号	名称	计算公式及内涵
a_{ij}	网络中借贷关系指示变量	$a_{ij}=1$ 表明有资金从银行 i 流向 j，否则为0
$n(i,TRN)$	银行 i 在交易关系网络中的交易对手数目	
cap	关联度上限	单家银行所能拥有的最大交易对手数
$ETac_i$	交易关系网络中银行 i 的流动性禀赋	$ETac_i = N\times n(i,TRN)/\sum_j n(j,TRN)$
ρ	网络密度	$\rho=m/[n\times(n-1)]$，综合了网络的节点和边的特征，反映网络交易的集中程度，ρ 越大表明市场交易越活跃
k_{max}^{in}	单家银行最大出借方数目	$k_{max}^{in}=\max\limits_i \sum_j a_{ji}$，反映市场中资金供需情况，越大则表明市场中资金充裕的银行越多
k_{max}^{out}	单家银行最大贷入方数目	$k_{max}^{out}=\max\limits_i \sum_j a_{ij}$，反映市场中资金供需情况，越大表明市场中银行资金短缺程度越高

（2）均衡交易网络

均衡交易网络是银行间市场同业拆借交易达到均衡状态的网络。对于资金盈余银行而言，存在保留价格 V，即把资金贷出所能接受的最低利率，当且仅当交易对手出价高于 V 时才会拆出资金。市场竞争条件下，成交价格 P 由市场定价机制决定。当考虑政府控股的影响时，市场定价机制可以进行如下设定：

t 时刻当市场处于均衡时，对于任意 $i\in N$，银行 i 的均衡借贷利率 $P_{i,t}$ 满足：

$$P_{i,t}=\max[B_{i,t}V_{i,t},\delta\max_{j\in N(i,g)}{}_2(P_{j,t})] \tag{4-1}$$

其中，$B_{i,t}$ 为 t 时刻银行 i 的政府控股因素溢价倍数，若银行 i 为政府控制银行则其取值为 $b_{1,t}$，若为间接持股银行则其取值为 $b_{2,t}$，非政府控股银行取值为1。$b_{j,t}>1$ 表明政府控股可以为被参股银行带来正溢价，$b_{j,t}=1$ 表明政府控股因素无影响，$b_{j,t}<1$ 表示带来负溢价，$j=1,2$。$V_{i,t}$ 为 t 时刻银行 i 的保留价格，$N(i,g)$ 表示银行 i 在交易关系网络中所有潜在交易对手构成的集合，$\max_2(*)$ 为次高函数，δ 为贴现率。

短期内同业拆借市场中银行保留价格具有很强的关联性，可以用AR(1)模型进行模拟。为避免模拟过程中保留价格 $V_{i,t}$ 中存在政府控股等因素的干扰，各机构初始保留价格 $v_{i,0}$ 与政府控股情况等因素无关，且各机构模拟过程相互独立。考虑到保留价格的现实含义而选择离差标准化方法将保留价格映射到[0,1]区间以避免出现负值，模型设定如下：

$$v_{i,t}=\alpha\times v_{i,t-1}+\varepsilon_t,\varepsilon_t\sim i.i.dN(0,\sigma^2)$$

$$V_{i,t}=\frac{v_{i,t}-\min\limits_{1\le j\le N}(v_{j,t})}{\max\limits_{1\le j\le N}(v_{j,t})-\min\limits_{1\le j\le N}(v_{j,t})} \tag{4-2}$$

其中，α 是AR（1）模型滞后项的系数，$V_{i,t}$ 是银行 i 在 t 时刻的保留价格模拟值。

假定一年内平均有 w 次有效的流动性冲击使得市场交易关系发生显著变化，每次冲击将形成一条均衡中介链，记 $\omega_{k,i,j}$ 为第 k 次冲击形成的均衡中介链中机构 i 借给机构 j 的资金总量，将这 w 条中介链叠加可构成该年度的均衡关系网络，网络中机构 i 借给机构 j 的资金总量为 $\sum_{k=1}^{w}\omega_{k,i,j}$ 。同时为关注网络中的重点交易关系，设置可被观测的最小交易阈值 T 以过滤交易量过小的边，最终形成均衡交易网络。

均衡网络参数可以采用模拟矩估计的方法进行估计，计算不同参数矩阵 $\Theta=[b,w,\alpha,T]$ 取值对应的损失函数，损失函数越小表明所拟合网络的拓扑指标和现实情况的差异越小，所拟合网络与实际网络越接近，最小化损失函数即可求出与现实情况最为接近的参数。记指标矩阵 $M=[\rho,k_{max}^{in},k_{max}^{out}]$ ，$\hat{M}$ 为实际中交易网络的拓扑指标，定义权重矩阵 W 为对角矩阵，其元素为模拟中各参数方差的倒数，则损失函数定义为：

$$f(\Theta)=[(\hat{M}-M(\Theta))W(\hat{M}-M(\Theta))'] \tag{4-3}$$

最优参数的估计值为：

$$\hat{\Theta}=arg\ \min_{\Theta}f(\Theta) \tag{4-4}$$

具体而言，可以采用格点法估计最优参数，即先令参数矩阵 Θ 按指定步长变动取值，根据其对应的最小损失确定最优参数的取值范围，然后根据新的取值范围缩小变动步长，重新计算损失函数并更新最优参数取值范围，重复上述过程直至参数精度满足要求。步骤如下：

第 1 步：确定参数矩阵的取值范围和各参数的变动步长；

第 2 步：根据核心银行数目 s 和关联度上限 cap 生成交易关系网络 TRN ；

第 3 步：根据给定的 b_1 ，b_2 ，α 和 w 的取值抽取 30 组保留价格 V ；

第 4 步：计算每组保留价格对应的最优交易决策；

第 5 步：根据 T 构建并保留均衡交易链，计算每个 ETN 的拓扑指标与损失函数；

第 6 步：重新生成交易关系网络，重复第 1 至第 5 步 10 次并对结果取平均；

第 7 步：根据最小损失求解最优参数估计 $\hat{\Theta}$ 并确定最优参数取值范围；

第 8 步：重复第 1 至第 7 步直至精度符合要求。

3. 外生最大信息熵网络模型

因为缺少关于我国银行间同业拆借金融网络的实际拓扑结构指标数据，所以本实验基于最常用的外生最大信息熵网络度量银行间网络的拓扑特征，并以此为基础为均衡网络模型进行校准。外生最大信息熵网络模型也称为矩阵模型，其主要思想是基于各银行的银行间负债和资产的总额，利用最大信息熵原理构建银行间双边关联矩阵，进而分析风险在银行间的传染过程。

假设市场上有 N 家银行，第 j 家银行持有的第 i 家银行的资产量是 X_{ij} ，那么对于这 N 家银行来说，其相互间的资产负债关系就可以表示成双边风险敞口矩阵（所谓风险敞口，即以银行间相互持有的资产负债来表示）：

$$X = \begin{pmatrix} X_{11} & \cdots & X_{1N} \\ \vdots & \ddots & \vdots \\ X_{N1} & \cdots & X_{NN} \end{pmatrix}$$

横向元素 X_{i1} 到 X_{iN} 依次表示银行 i 对银行1至银行 N 的资产，而纵向元素 X_{1i} 到 X_{Ni} 依次表示银行 i 来自银行1至银行 N 的负债。矩阵每一列和为每家银行的总负债，记为 l_i；同理矩阵每一行的和为每家银行的总资产，记为 a_i。下面所要做的工作就是根据 a_i 和 l_i 的分布来确定矩阵 X 中每一个元素的值。

在求解目标矩阵的过程中需要应用到信息熵的概念，信息熵是表现有关概率系统整个概率分布状态的统计量，它表示系统的不确定系统，熵的值越大，则越难以预测系统中哪一事件将发生。概率矩阵 (X,Y) 联合熵定义式为：

$$H(x,y) = -\sum_j \sum_i p_{ij} \log_2 p_{ij} \tag{4-5}$$

其中，p_{ij} 表示 X，Y 发生的联合概率。对于上面的双边风险敞口矩阵 X，其信息熵可以表示为：$-\sum_j \sum_i x_{ij} \log_2 x_{ij}$。

通过最大化信息熵方法确定 X 矩阵中的概率分布的具体的计算步骤如下：

（1）根据银行的资产负债表的数据确定 a_i 和 l_i 的具体分布；

（2）根据公式：

$$X^0 = \begin{cases} 0 & \forall i = j \\ a_i l_j & else \end{cases}$$

计算出过度矩阵元素的值；

（3）设定实际要求矩阵的约束条件：$\sum_{i=1}^{N} x_{ij} = a_j$ 和 $\sum_{j=1}^{N} x_{ij} = l_i$。

实际矩阵分布与过渡矩阵分布差别最小，结合交叉熵的概念，可以将问题化简为如下的最小化问题：

$$\min \sum_j \sum_i x_{ij}^* \log_2 \frac{x_{ij}^*}{x_{ij}^0}$$

$$s.t. \sum_{i=1}^{N} x_{ij}^* = a_j ; \sum_{j=1}^{N} x_{ij}^* = l_i ; \quad x_{ij}^* > 0 \tag{4-6}$$

求矩阵 X 的具体算法可以使用 RAS 算法，具体的迭代过程如下：

第1步：初始化矩阵 S 为单位矩阵，令 s 为矩阵 S 对角线元素组成的向量；

第2步：r 向量的每一个元素 r_i，有 $r_i^{(p+1)} = a_i / \sum_{j=1}^{N} x_{ij} s_j^{(p)}$，其中 r 为矩阵 R 对角线元素组成的向量；

第3步：对于向量 s 中每一个元素，有 $s_j^{(p+1)} = l_j / \sum_{i=1}^{N} r_i^{(p)} x_{ij}$；

第4步：重复第2步和第3步的过程，直到 r 和 s 收敛；

第5步：根据第4步得到的向量 r 和 s 可以得到矩阵 R 和 S，最终由 R、X、A 3个矩阵相乘得到要求的目标矩阵。

因为现实中因统计口径等因素，规模较小的交易可能无法被统计，且银行间市场并非完全市场，与完全市场条件下模型模拟的银行拆借交易量存在一定差异，为此将银行间边权重低于0.0001的边过滤，得到更符合实际的银行间同业拆借交易网络。基于外生最大信息熵网络所度量的我国银行间同业拆借金融网络的拓扑特征即对应模拟矩估计中实际交易网络的拓扑指标 $\hat{M}$ ，进而可以为均衡网络模型的相关参数进行校准。

4. 效率与稳定性度量

金融危机中“太关联而不倒”的教训使得监管部门对金融机构间的交易进行限制；虽然这一事前限制措施可以抑制大型金融机构的风险迅速蔓延至整个金融系统，但业务限制可能会影响金融系统运行的效率，且过度的限制也可能会使得机构资金来源渠道大幅减少，反而降低银行系统的稳定性。为研究限制金融机构关联度的动态影响，本案例基于均衡交易网络构建金融系统效率和稳定性的度量指标。

金融系统的效率体现在资金使用与流动性满足情况。Gofman（2017）从事前均衡的角度构建了预期盈余损失（Expected Surplus Loss，*ESL*）指标，度量金融系统交易中各银行的剩余价值损失的平均值，盈余损失指标（Surplus Loss，*SL*）与消费者剩余十分类似，定义如下：

$$SL = \frac{\max(V_i) - V_{finalbuyer}}{\max(V_i) - V_{finalseller}} \tag{4-7}$$

其中，$\max(V_i)$ 表示金融系统中银行最大的保留价值，$V_{finalbuyer}$ 为均衡交易链中最终的资金使用方的保留价值，$V_{finalseller}$ 为均衡交易链中最终的资金提供方的保留价值。当有多条均衡交易链时，需要计算每条交易链的 SL ，最终所有交易链的 SL 的平均值即为该金融系统的预期盈余损失（ ESL ）。本案例在Gofman（2017）构建的盈余损失 SL 指标中引入政府控股引起的保留价值溢价倍数的影响，重新定义 SL 指标，预期盈余损失（ ESL ）的计算过程和Gofman（2017）一致，新定义的 SL 指标如下：

$$SL = \frac{\max(b_i \times V_i) - b_{finalbuyer} \times V_{finalbuyer}}{\max(b_i \times V_i) - b_{finalseller} \times V_{finalseller}} \tag{4-8}$$

同时，本文综合考虑了所有银行资金的来源和使用情况，将均衡网络中银行 i 所有借方 j 的可借禀赋之和作为银行 i 的最大资金供给，其对应的所有贷方 k 所需禀赋之和作为银行 i 的最大资金需求，则银行 i 的资金供给效率 η 为：

$$\eta_i = \frac{\sum_j a_{ji} \times ETac_j}{\sum_k a_{ik} \times ETac_k} \tag{4-9}$$

其中，a_{ij} 为均衡网络中的借贷情况，资金从银行 i 流向银行 j 时，a_{ij} 取值为1，$ETac_i$ 为银行 i 在交易关系网络 TRN 中的禀赋。所有银行的平均资金供给效率反映金融系统资金使用效率 η 。

资金使用效率 η 体现金融系统中流动性情况：当 η 小于1时，大部分银行资金供给小于资金需求，此时虽然金融系统资金利用率为 100%，但市场存在流动性缺口，即市场上存在流动性不足的银行，这些银行将提高利率报价以吸引更多资金流入满足自身流动性需求；当 η 大于 1 时，大部分金融机构的资金需求均能满足，市场流动性总体充足，但该系统的资金利用率为 $1/\eta$，η 越大则闲置资金越多。综合来看，资金使用效率 η 越接近 1 表明该金融系统资金效率越高。此外，金融系统流动性满足情况可以用该系统的禀赋乘数（Endowment Multiplier，*EM*）表示，该指标类似于货币乘数，为均衡网络形成过程中的银行间流动禀赋总和与初始注入禀赋的比值。禀赋乘数 *EM* 越大表示金融系统禀赋创造能力越强，该系统运行效率越高。

金融网络的稳定性可以从时间和空间两个维度进行度量。在时间维度上，利用金融系统受到外来冲击后达到新稳态（即不再有机构倒闭时）所需的时间反映系统的恢复能力，若每轮倒闭机构引发新机构倒闭的传导时间相同，则所需时间等价于外来冲击发生后到新稳态过程中的冲击次数 ξ；在空间维度上则利用新稳态中幸存金融机构比例 ψ，即新稳态中剩余机构数目与冲击前金融系统中银行总数目的比值，反映初始金融系统抵御外来冲击的韧性。

本案例以均衡网络中关联度最高的银行倒闭作为初始冲击，记在第 k 次冲击后银行 i 前 k 次冲击中所有已倒闭的交易对手集合为 J，i 从 J 所借禀赋之和与它从所有交易对手中所能借入禀赋之和的比值为 r_i，则有：

$$r_i = \frac{\sum_{j \in J} a_{ji} \times ETac_j}{\sum_{j \in \Xi_i} a_{ji} \times ETac_j} \tag{4-10}$$

其中，a_{ji} 为均衡网络中的借贷情况，当其取值为 1 时，表明资金从银行 j 流向银行 i，$ETac_j$ 为银行 j 在交易关系网络 *TRN* 中的禀赋，Ξ_i 为初始均衡关系网络 *ERN* 中银行 i 的所有交易对手。当 r_i 超过给定的系统性风险容忍阈值 R 时，银行 i 在第 $k+1$ 次冲击中倒闭。一方面，系统性风险容忍阈值 R 定义类似于银行资本充足率要求，反映机构抵御风险的能力，面对相同冲击时，R 越大，银行越不容易倒闭，整个金融系统将越稳定；另一方面，R 与金融恐慌指数的经济学含义类似，可以反映金融系统对金融风险的恐慌程度，其数值越低表明金融系统恐慌程度越高，越容易发生挤兑或银行倒闭等风险。

（四）编程实验过程

1. 数据来源

为更加全面刻画我国银行间市场结构，实验基于 2018 年 139 家商业银行的银行间资产负债数据和股权结构数据，构建包含上市股份制银行以及未上市的城商行或农商行等多类型银行的金融网络模型。具体包括 5 家大型国有控股商业银行、11 家大型股份商业银行、89 家城市商业银行和 34 家农村商业银行。

【数据导入 - dataImport. m】

%% 数据导入

```
[num,txt] = xlsread("2018 年银行同业资产负债和政府控股情况.xlsx");
code = num(:,1);                    % 银行编码
bankName = txt(2:end,2);            % 银行名称
bankType = txt(2:end,3);            % 银行类型
core = num(:,4);                    % 是否为核心银行
gov2018 = num(:,5);                 % 政府控股类型,1 直接、2 间接、0 无控股
govCon2018 = num(:,6);              % 是否为政府控股银行,1 是,2 否
govDirCon2018 = num(:,7);           % 是否为政府直接控股银行,1 是,2 否
govIndirCon2018 = num(:,8);         % 是否为政府间接控股银行,1 是,2 否
Judge2018 = num(:,9);               % 政府控股判断标准
govDirConRate2018 = num(:,10);      % 直接持股比例
govIndirConRate2018 = num(:,11);    % 间接持股比例
InterAssets2018 = num(:,12);        % 同业资产
InterLia2018 = num(:,13);           % 同业负债
clear num txt
save 2018 年银行同业资产负债和政府控股情况.mat
```

2. 实验程序结构

(1)外生最大信息熵方法计算网络指标

【m 文件 - CNIn2018.m】

```
load 2018 年银行同业资产负债和政府控股情况.mat
%% 最大信息熵求每年同业拆借市场的关联矩阵
% 2018 年
IA_all = InterAssets2018;   % 提取借贷数据
LB_all = InterLia2018;
IB = maxInforEntro(IA_all,LB_all);              % 求每年同业拆借市场的关联矩阵
IB(IB <0.0001) =0;
[tacEqu2018(:,1),tacEqu2018(:,2),tacEqu2018(:,3)] = find(sparse(IB)); % 用于可视化
% 计算网络矩
Adj = IB;
Adj(Adj >0) =1;                                  % 邻接矩阵
[~,~,phoCN,kInMaxCN,kOutMaxCN] = MyEquInd(Adj);
MTheta_2018 = [phoCN,kInMaxCN,kOutMaxCN];
save('CNIn2018.mat')

%    数据可视化
```

```
load CNIn2018. mat
sumDegreeIn_2018 = sum( Adj,1 ) ;                    % 节点入度
sumDegreeOut_2018 = sum( Adj,2 )';                   % 节点出度

for i = 1 :length( IA_all)
    tacIn = find( Adj( : ,i) = = 1 ) ;
    tacOut = find( Adj( i, : ) = = 1 ) ;
    tac{i} = unique( [ tacIn;tacOut'] ) ;
    sumDegree_2018( i) = length( tac{i} ) ;          % 节点度
end
%% 图形绘制
% 2018 年
figure(2)
subplot( 1 ,3 ,1 )
histogram( sumDegreeIn_2018 )
xlabel( '借方数目','Fontsize',15 )
ylabel( {'机','构','数','目'} ,'Rotation',0 ,'Fontsize',15 ) ;
subplot( 1 ,3 ,2 )
histogram( sumDegreeOut_2018 )
xlabel( '贷方数目','Fontsize',15 )
subplot( 1 ,3 ,3 )
histogram( sumDegree_2018 ,10 )
xlabel( '总交易对手数','Fontsize',15 )
set( gca ,'yaxislocation','right') ;
ylabel( {'2','0','1','8'} ,'Rotation',0 ,'Fontsize',15 ) ;
```

【函数 - maxInforEntro. m】

```
function X = maxInforEntro( IA ,LB )
% 函数说明:最大化信息熵方法求同业拆借市场矩阵关系
% 输入参数:
% IA:同业拆借市场资产
% LB:同业拆借市场负债
% 输出参数:
% X:由最大化信息熵方法求得的同业拆借市场关联矩阵

% 标准化
```

```
IA(IA = =0) =10^-5;
LB(LB = =0) =10^-5;
a = IA/sum(IA); % 资产,即行和
l = LB/sum(LB); % 负债,即列和
% 构造虚拟矩阵
xstar = a * l';                          % x(i,j) =a(i) * b(j);
xstar = xstar - diag(diag(xstar));    % x(i,i) =0;
% 最大化信息熵 RAS 算法
s1 = ones(length(a),1);
r = l./(xstar * s1);
for i = 1:1000
    r = l./(xstar * (a./(xstar' * r)));
end
s = a./(xstar' * r);
R = diag(r);
S = diag(s);
X = R * xstar * S;
End
```

【函数 - MyEquInd. m】

```
function [tacEqu,nhat,rho,DInMax,DOutMax] = MyEquInd(marEqu)
% 说明:该函数用于计算网络相关指标
% 输入参数
% marEqu:均衡网络的邻接矩阵
% 输出参数
% tacEqu:均衡矩阵对应的稀疏矩阵
% nhat:均衡网络中的节点
%    rho:均衡网络密度
% DInMax:节点最大入度
% DOutMax:节点最大出度

%% 均衡矩阵稀疏化
[tacEqu(:,1),tacEqu(:,2),tacEqu(:,3)] = find(sparse(marEqu));
%% nhat & rho
[m,~] = size(tacEqu);
tac = [tacEqu(:,1);tacEqu(:,2)];
```

```
nhat = length(unique(tac));
rho = m/(nhat * (nhat - 1));
%% DInMax & DOutMax
marEquFlag = marEqu;
marEquFlag(marEquFlag > 0) = 1;
DInMax = max(sum(marEquFlag,1)); % 列和最大值
DOutMax = max(sum(marEquFlag,2));% 行和最大值
End
```

（2）均衡交易网络

【m 文件 1 – MySiTRN. m】

```
%% 参数初始化
s = 16;     % 核心银行数目
N = 139;    % 市场中交易机构数目
cap = 139; % 最大关联度限制
conectPre = cell(10,1);tacLike = cell(10,1);nTac = cell(10,1);ETac = cell(10,1);
K = 10;     % 交易关系网络个数
%% 生成 TRN
for i = 1:K
    [conectPre{i},tacLike{i},nTac{i},ETac{i}] = MyPreferModel(N,s,cap);
end

for i = 1:K
    ntac(:,i) = nTac{i};
    etac(:,i) = ETac{i};
end
Ntac_inf = mean(ntac,2);
Etac_inf = mean(etac,2);
save('MySiTRN_n139_s16_cap_inf_K10. mat')
```

【m 文件 2 – MyPrivateValueSim. m】

```
load 2018 年银行同业资产负债和政府控股情况 . mat
s = 16;                    % 核心银行数目
N = 139;                   % 同业拆借市场上的银行数目
p = 30;                    % 仿真次数
V = cell(p,3 * 6 * 11 * 11);
```

```
govDirCon = govDirCon2018;              % 直接控股机构指示变量
govIndirCon = govIndirCon2018;          % 间接控股机构指示变量
govCon = govDirCon + govIndirCon;       % 政府控股机构指示变量
%% 生成 K 组私人价值
i = 1;
for alpha = 0.85:0.05:0.95              % alpha 的取值范围(为避免内存溢出而缩小范围)
    for w = 40:5:70
        for b1 = 1.05:0.01:1.15
            for b2 = 1.05:0.01:1.15
                B = b1 * govDirCon + b2 * govIndirCon + 1 * (ones(N,1) - govCon);
parfor j = 1:p
V{j,i} = MyPrivateValue(N,w,alpha,B);
                end
                i = i + 1;
            end
        end
    end
end
%% 构建[alpha,w,b1,b2]的字典 Dic
AA = zeros(6 * 11 * 11,3);
for i = 1:3
AA(:,i) = 0.85 + 0.05 * (i - 1);
end
DIC(:,1) = reshape(AA,3 * 6 * 11 * 11,1);   % D 的第一列存储 alpha 的值

BB = zeros(11 * 11,6);
for i = 1:6
BB(:,i) = 40 + 5 * (i - 1);
end
BBB = reshape(BB,6 * 11 * 11,1);
DIC(:,2) = repmat(BBB,3,1);             % D 的第二列存储 w 的值,6 为 alpha 的次数

CC = zeros(11,11);
for i = 1:11
CC(:,i) = 1.05 + 0.01 * (i - 1);
```

```
end
CCC = reshape(CC,11 * 11,1);
DIC(:,3) = repmat(CCC,3 * 6,1);      % D 的第三列存储 b1 的值,6 为 alpha 的次数

DD = zeros(11,3 * 11 * 6);
for i = 1:11
DD(i,:) = 1.05 +0.01 * (i - 1);
end
DIC(:,4) = reshape(DD,3 * 6 * 11 * 11,1); % D 的第四列存储 b2 的值
save('MyPrivateValueNew2018_n139_s16_a085_095_b105_b115_w40_70_small.mat','V','DIC','N','s','p')
```

【m 文件 3 - MySiETN.m】

```
%% 加载数据
load MySiTRN_n139_s16_cap_inf_K10.mat % 交易关系网络
load MyPrivateValueNew2018_n139_s16_a085_095_b105_b115_w40_70_small.mat % 银行保留价值
%% 求解均衡交易网络
% 初始化
[p,q] = size(V);             % p 为保留价值仿真次数,q 为[alpha,w,b]字典序号
K = length(ETac);            % K 为仿真的交易关系网络(TRN)数目
N = length(ETac{1});         % TRN 网络节点数

% 预分配内存
marETN = cell(K,q);
parpool;
for k = 1:K
    taclike = tacLike{k};
    etac = ETac{k};
    parfor i = 1:q
        marETN{k,i} = myMarETNMean(V(:,i),taclike,etac);
    end
end
save('ETN_PrivateValueNew2018_capInf_n139_s16_a085_095_b105_b115_w40_70_small.mat','marETN','DIC','N','s','K','cap')
```

【m 文件 4 – LossSMM. m】

```
%% 数据加载
load CNIn2018.mat
load('ETN_PrivateValueNew2018_capInf_n139_s16_a085_095_b105_b115_w40_70_small.mat')
K = 10;
MTheta = MTheta_2018;
% %% 构建邻接矩阵
J = 50;
I = 6 * 11 * 11;
t = zeros(J,1);
for j = 1:J
    t(j) = 1.50 + 0.01 * (j - 1);% 门槛设置从 1.50 至 1.99
    tt = t(j);
    for k = 1:K
        parfor i = 1:I
            marequ = marETN{k,i};
            marequ(marequ <= tt) = 0;
            marequ(marequ > tt) = 1;
            marEqu{k,i,j} = sparse(marequ); % 邻接矩阵
        end
    end
end
%% 均衡交易结果(均衡网络的拓扑结构)
loss = zeros(I,J);
for j = 1:J
    for i = 1:I
        parfor k = 1:K
            [~, ~, rho(k), kOutMax(k), kInMax(k)] = MyEquInd(marEqu{k,i,j});
        end
        loss(i,j) = MyLossFun(MTheta,rho,kInMax,kOutMax);
    end
    j
end
%% 最小损失对应的参数情况
```

```
locFlag = find(min(min(loss)) == loss);
if mod(locFlag,I) ~= 0
    mFlag = mod(locFlag,I);
    nFlag = (locFlag - mFlag)/(I) + 1;
else
    mFlag = I;
    nFlag = locFlag/I;
end

for k = 1:K
    [~,~,rhoB(k),kOutMaxB(k),kInMaxB(k)] = MyEquInd(marEqu{k,mFlag(1),
nFlag(1)});
end
kInMaxB = full(kInMaxB);
kOutMaxB = full(kOutMaxB);
resultB_mean = [mean(rhoB),mean(kInMaxB),mean(kOutMaxB)];
LossB = MyLossFun(MTheta,rhoB,kInMaxB,kOutMaxB);
resultB_median = [median(rhoB),median(kInMaxB),median(kOutMaxB)];
resultB_max = [max(rhoB),max(kInMaxB),max(kOutMaxB)];
resultB_min = [min(rhoB),min(kInMaxB),min(kOutMaxB)];
resultB_std = [std(rhoB),std(kInMaxB),std(kOutMaxB)];
resultB = [resultB_min',resultB_mean',resultB_max',resultB_std'];
minLoss = exp(min(min(loss)));
save('LossSMM__2018_capInf_n139_s16_a085_095_b105_b115_w40_70_t150_199.mat')
```

【m 文件 5 - figure2018. m】

```
% 2018 年参数结果变化的影响分析
load loss2018_fig3.mat

figure(3)
subplot(2,2,1)
hold on
plot(t,loss376,'b--','linewidth',1.5)
plot(t,loss387,'k-','linewidth',1.5)
plot(t,loss398,'r:','linewidth',1.5)
legend('\alpha=0.85,w=55,b1=1.06,b2=1.06','\alpha=0.85,w=55,b1=1.07,b2
```

```
= 1.06', '\alpha = 0.85, w = 55, b1 = 1.08, b2 = 1.06', 'Location', 'north', 'FontSize', 12)
    xlabel('T', 'FontSize', 12)
    ylabel('loss', 'FontSize', 12)
    title('图 3.1 b1 变化对结果的影响', 'FontSize', 12)

    subplot(2, 2, 2)
    hold on
    plot(t, loss386, 'b--', 'linewidth', 1.5)
    plot(t, loss388, 'r:', 'linewidth', 1.5)
    plot(t, loss387, 'k-', 'linewidth', 1.5)
    legend('\alpha = 0.85, w = 55, b1 = 1.07, b2 = 1.05', '\alpha = 0.85, w = 55, b1 = 1.07, b2
= 1.07', '\alpha = 0.85, w = 55, b1 = 1.07, b2 = 1.06', 'Location', 'north', 'FontSize', 12)
    xlabel('T', 'FontSize', 12)
    ylabel('loss', 'FontSize', 12)
    title('图 3.2 b2 变化对结果的影响', 'FontSize', 12)

    subplot(2, 2, 3)
    hold on
    plot(t, loss266, 'b--', 'linewidth', 1.5)
    plot(t, loss387, 'k-', 'linewidth', 1.5)
    plot(t, loss508, 'r:', 'linewidth', 1.5)
    legend('\alpha = 0.85, w = 54, b1 = 1.07, b2 = 1.06', '\alpha = 0.85, w = 55, b1 = 1.07, b2
= 1.06', '\alpha = 0.85, w = 56, b1 = 1.07, b2 = 1.06', 'Location', 'north', 'FontSize', 12)
    xlabel('T', 'FontSize', 12)
    ylabel('loss', 'FontSize', 12)
    title('图 3.3 w 变化对结果的影响', 'FontSize', 12)

    subplot(2, 2, 4)
    hold on
    plot(t, loss1234, 'b--', 'linewidth', 1.5)
    plot(t, loss387, 'k-', 'linewidth', 1.5)
    plot(t, loss000, 'r:', 'linewidth', 1.5)
    legend('\alpha = 0.90, w = 55, b1 = 1.07, b2 = 1.06', '\alpha = 0.85, w = 55, b1 = 1.07, b2
= 1.06', '\alpha = 0.80, w = 55, b1 = 1.07, b2 = 1.06', 'Location', 'north', 'FontSize', 12)
    xlabel('T', 'FontSize', 12)
    ylabel('loss', 'FontSize', 12)
```

```
title('图 3.4 \alpha 变化对结果的影响','FontSize',12)
```

(3)金融网络效率与稳定性

【m 文件 - MyEffSta. m】

```
%效率和稳定性指标
%%加载数据
load MySiTRN_2018_s16_cap_inf_K10.mat
%交易关系网络
load MyPriValue_s16_ss80_new_a00_90_b100_b150_w10_80.mat      %保留价值序列
%%参数初始化
MTheta = [0.1261,72,55];
%%求解均衡交易网络
[p, ~] = size(V);                  % p 为保留价值仿真次数
K = length(ETac);               % K 为仿真的交易关系网络(TRN)数目,本文中是 10
N = length(ETac{1});        % 交易关系网络(TRN)节点数
marETN = cell(K,1);        % 均衡网络(ETN)的邻接矩阵
T = 2.15;                          % T 最优值为 2.15
R = 0.15;                          %体系风险容忍比例

for k = 1:K
    taclike = tacLike{k};
    etac = ETac{k};
    ETN = zeros(N);
    parfor j = 1:p
        maretn = MyETNMar(V{j,850},taclike,etac);   %注意 850 是最优参数 b = 
1.10;w = 60;alpha = 0.9 对应坐标
        ETN = ETN + maretn;
    end
    MarETN = ETN/p;
    MarETN(MarETN <= T) = 0;   %T 为观测门限
    marETN{k} = MarETN;
end

%%计算损失函数
for k = 1:K
```

```
        marequ = marETN{k};
        marEqu{k} = sparse(marequ); % 邻接矩阵
        [~,~,rho(k),kInMax(k),kOutMax(k)] = MyEquInd(marEqu{k});% 网络指标
end
loss = MyLossFun(MTheta,rho,kInMax,kOutMax);
loss = exp(loss);

%% 求解效率和稳定性
for k = 1:K
        E(k) = sum(sum(marETN{k}));
        ita(k) = MyEfficient(marETN{k});
        [ksi(k),psi(k),Tac{k}] = MyStab(marETN{k},R);
end
Ita = [min(ita),mean(ita),max(ita),std(ita)];
KM = [min(E),mean(E),max(E),std(E)]/N;
Ksi = [min(ksi),mean(ksi),max(ksi),std(ksi)];
Psi = [min(psi),mean(psi),max(psi),std(psi)];
```

【m 文件 – MyESLcalculate. m】

```
load MyPriValue_s16_ss80_new_a00_90_b100_b150_w10_80. mat
load MySiTRN_2018_s16_cap_inf_K10. mat
%% 数据参数初始化
[p,q] = size(V);              % p 为保留价值仿真次数,q 为[alpha,w,b]字典序号
flag = 850; % 最优参数对应的序号
alpha = 0. 9; % 最优参数取值
w = 60;
b = 1. 10;
K = length(ETac);         % K 为仿真的交易关系网络(TRN)数目
N = length(ETac{1});% TRN 网络节点数
%% 计算对应网络的 ESL
EESL = zeros(K,w);
ESL = zeros(p,1);
for i = 1:p
        for k = 1:K
                tac = tacLike{k};
                Etac = ETac{k};
```

```
            Vw = V{i,flag};
            parfor j = 1:w
                EESL(k,j) = myESLcalc(Vw(:,j),tac,Etac);
            end
        end
        ESL(i) = mean(mean(EESL));
end
ESL_inf = [min(ESL) mean(ESL) max(ESL) std(ESL)];
```

【m 文件 - fig6_sta_Eff_plot】

```
% 图 6:关联度限制对金融系统效率和稳定性的影响
%% 数据加载与整合
% load Efficient_Stab_Index_R005_050_cap35_inf. mat
% loadESLresult. mat
x = (35:5:90)';
%% 画图
figure(6)
subplot(2,3,1)
hold on
plot(x,ESLRe(:,2),'k -','linewidth',1.5)
plot(x,ESLRe(:,2) - ESLRe(:,4),'b - -','linewidth',1.5)
plot(x,ESLRe(:,2) + ESLRe(:,4),'b - -','linewidth',1.5)
xlabel('最大关联度','Fontsize',15)
title('图 6.1 期望盈余损失(ESL)','Fontsize',15)
set(gca,'XDir','reverse','XTickLabel',    {'30','40','50','60','70','80','inf'});

subplot(2,3,2)
hold on
plot(x,Ita_005(:,2),'k -','linewidth',1.5)
plot(x,Ita_005(:,2) - Ita_005(:,4),'b - -','linewidth',1.5)
plot(x,Ita_005(:,2) + Ita_005(:,4),'b - -','linewidth',1.5)
xlabel('最大关联度','Fontsize',15)
title('图 6.2 资金使用效率(\eta)','Fontsize',15)
set(gca,'XDir','reverse','XTickLabel',    {'30','40','50','60','70','80','inf'});

subplot(2,3,3)
```

```
hold on
plot(x,KM_005(:,2),'k -','linewidth',1.5)
plot(x,KM_005(:,2) - KM_005(:,4),'b - -','linewidth',1.5)
plot(x,KM_005(:,2) + KM_005(:,4),'b - -','linewidth',1.5)
xlabel('最大关联度','Fontsize',15)
title('图 6.3 禀赋乘数(EM)','Fontsize',15)
set(gca,'XDir','reverse','XTickLabel',    {'30','40','50','60','70','80','inf'});

subplot(2,3,4)
hold on
plot(x,Ksi_005(:,2),' -','linewidth',1.5,'color',[131/255, 175/255, 155/255])
plot(x,Ksi_010(:,2),' - -','linewidth',1.5,'color',[230/255, 180/255, 80/255])
plot(x,Ksi_015(:,2),':','linewidth',1.5,'color',[217/255, 116/255, 43/255])
plot(x,Ksi_020(:,2),' -','linewidth',3,'color',[153/255, 77/255, 82/255])
plot(x,Ksi_025(:,2),' - -','linewidth',3,'color',[39/255, 72/255, 98/255])
plot(x,Ksi_050(:,2),':','linewidth',3,'color',[23/255,44/255, 60/255])
legend('R =5% ','R =10% ','R =15% ','R =20% ','R =25% ','R =50% ','Location','north-
west','NumColumns',2)
set(gca,'YLim',[0 7.5]);
xlabel('最大关联度','Fontsize',15)
title('图 6.4 冲击次数(\xi)','Fontsize',15)
set(gca,'XDir','reverse','XTickLabel',    {'30','40','50','60','70','80','inf'});

subplot(2,3,6) % 为了美观把第 5 幅图放在了第 6 格,手动调整使得第 4 和第 5 幅子图
占据第 5 个格子的位置各一半
hold on
plot(x,Psi_005(:,2),' -','linewidth',1.5,'color',[131/255, 175/255, 155/255])
plot(x,Psi_010(:,2),' - -','linewidth',1.5,'color',[230/255, 180/255, 80/255])
plot(x,Psi_015(:,2),':','linewidth',1.5,'color',[217/255, 116/255, 43/255])
plot(x,Psi_020(:,2),' -','linewidth',3,'color',[153/255, 77/255, 82/255])
plot(x,Psi_025(:,2),' - -','linewidth',3,'color',[39/255, 72/255, 98/255])
plot(x,Psi_050(:,2),':','linewidth',3,'color',[23/255,44/255, 60/255])
legend('R =5% ','R =10% ','R =15% ','R =20% ','R =25% ','R =50% ','Location','South-
west','NumColumns',2)
xlabel('最大关联度','Fontsize',15)
title('图 6.5 幸存机构占比(\psi)','Fontsize',15)
```

```
set(gca,'XDir','reverse','XTickLabel',    {'30','40','50','60','70','80','inf'});
```

(4)M 文件中所涉及函数

【函数 - MyPreferModel. m】

```
function [conectPre,tacLike,nTac,ETac] = MyPreferModel(N,s,cap)
% 说明:优先连接网络的构建,该网络为无向图,表明银行潜在交易对手
% 输入参数
%    N:金融机构数目
%    s:核心节点数目
%    cap:单个节点度上限
% 输出参数
% conectPre:连接矩阵
% tacLike:元胞数组,银行潜在交易对手
% nTac:潜在交易对手数目
% ETac:流动性禀赋,按节点度加权平均

%% 判断给定参数是否符合实际
capMin = ceil((s * (s - 1) + 2 * (N - s) * s)/N);
if cap < capMin
    error('度上限不符合实际,capMin = ceil((s * (s - 1) + 2 * (N - s) * s)/N)')
end
if ceil(cap) ~= cap
    cap = ceil(cap);
end
%% 初始化
conectPre = [ones(s + 1),zeros(s + 1,N - (s + 1));zeros(N - (s + 1),N)];    % 邻接矩阵
tacLink = zeros(s,1);   % 被连接节点序号
tacLike = cell(N,1);    % 交易对手序号
%% 优先连接
% for i = s + 2:N
for i = s + 1:N
    iCap = sum(conectPre);  % 当前节点度
    iCap(iCap >= cap) = 0;   % 剔除达到度上限的节点
    iCap(i) = 0;             % 剔除自己
    p = iCap/sum(iCap);      % 度未达到上限的点被抽取的概率
```

```
        for k = 1:s
            tacLink(k) = randsrc(1,1,[1:N;p]); % 随机生成被相连节点序号
            conectPre(i,tacLink(k)) = 1;
            conectPre(tacLink(k),i) = 1;

            iCap = sum(conectPre);
            iCap(tacLink(1:k)) = 0;              % 无放回抽取概率调整
            iCap(i) = 0;
            iCap(iCap == cap) = 0;
            p = iCap/sum(iCap);
        end
        conectPre(i,i) = 1;
    end
    %% 交易对象集合
    nTac = sum(conectPre)';               % 交易对手数量
    ETac = N * nTac/sum(nTac);        % 流动性禀赋
    for i = 1:N
    tacLike{i} = find(conectPre(i,:) ~= 0);
    end
    end
```

【函数 - MyPrivateValueFun. m】

```
    function V = MyPrivateValueFun(N,w,alpha,B)
    % 该函数生成单个交易日银行保留价值的随机序列,用 AR(1)模型拟合
    % 输入参数
    %     N:银行体系中银行的数目
    %     w:单个交易日内流动性平均变化次数
    % alpha:AR(1)模型的参数
    %     B:核心银行的利率溢价倍数,N * 1 维向量,政府直接持股为 b1,政府间接持股为
b2,否则为 1
    % 输出参数
    %     V:每家银行的保留价值

    epis = randn(N,2 * w); % 为剔除初始值的影响,需要舍弃前 w 期
        Vtemp(:,1) = randn(N,1);
```

```
    for i =2:2 * w
        Vtemp(:,i) = alpha * Vtemp(:,i-1) + epis(:,i);
    end
    for i =1:2 * w
        Vtemp(:,i) = (Vtemp(:,i) - min(Vtemp(:,i)))/(max(Vtemp(:,i)) - min
(Vtemp(:,i)));% 0-1 归一化,将保留价值映射到[0,1]上
        Vtemp(:,i) = B. * Vtemp(:,i); % 引入核心银行的利率溢价
    end
    V = Vtemp(:,w+1:2 * w);
    end
```

【函数 - MyMax2. m】

```
function [PMax2,Sigma] = MyMax2(V)
% 说明: 该函数用于求解次大值及最大值的交易对手
%         当最大值有两个以上时,次大值与最大值相等
% 输入参数
% V:待求次大值的数据
% 输出参数
% PMax2:次大值
% Sigma:最大值对应的序号,即交易对手的序号

%% 次大值
y = sort(V,'descend');
PMax2 = y(2);
%% 选取交易对手
Sig = find(V == y(1));
l = length(Sig);
pro = 1/l * ones(l,1);
Sigma = randsrc(1,1,[Sig';pro']);% 当有多个出价最高交易对手时随机抽取
end
```

【函数 - MyEquValue. m】

```
function [P,sigma] = MyEquValue(V,tacLike)
% 说明:求解均衡价值
% 输入参数;
%    V:每家机构的私人价值 ,N * 1 的向量
```

```
% tacLike:交易关系网络可能的交易对象,元胞数组 N * 1
% 输出参数:
%    P:每家银行的均衡价值,N * 1 的向量
%    sigma:N * 1 维向量,均衡状态下银行 i 的交易对手

%% 初始化
N = length(V);
K = 500;% K 是迭代次数,用 for 循环替换 while 循环
delta = 1 - 2^(-50);
Ptemp = zeros(N,K);           % 暂存每次迭代时潜在均衡价值的变化
Ptemp(:,1) = V;               % 以自身保留价值作为初始值
Pmax2 = zeros(N,K);           % 暂存每次迭代时的次大值
sigma = zeros(N,1);           % 均衡交易对手
%% 求解均衡价值与均衡交易对手
for k = 2:K
for i = 1:N
        [Pmax2(i,k),sig] = MyMax2(Ptemp(tacLike{i},k - 1));
        Ptemp(i,k) = max(V(i),delta * Pmax2(i,k));
        if Ptemp(i,k) = = max(V(i))
           sigma(i) = i;
        else
           sigma(i) = tacLike{i}(sig);
        end
    end
if Ptemp(:,k) = = Ptemp(:,k - 1)
        P = Ptemp(:,k);
        break
    end
end
end
```

【函数 - MyETNLink. m】

```
function  [marETN,ETac] = MyETNLink(sigma,ETac)
% 说明:该函数用于求解均衡网络的交易矩阵
% 输入参数:
% sigma:N * 1 维,交易对手的序号
```

```
% ETac:N * 1 维,银行的禀赋
% 输出参数
% marETN:N * N 维,均衡交易矩阵,行为贷方,列为借方,值为迭代中贷方带给借方的
总禀赋
% ETac:N * 1 维,在均衡之后各家银行剩余禀赋

N = length(sigma);
marETN = zeros(N);
for k = 1:1000
    maretn = marETN;
    for i = 1:N
        marETN(i,sigma(i)) = marETN(i,sigma(i)) + ETac(i) * 0.8;
        ETac(sigma(i)) = ETac(sigma(i)) + ETac(i) * 0.8;
    etac(i) = ETac(i) * 0.2;                              % 银行 i 的缓冲资金
    ETac(i) =0;                                           % 剩余资金不再流通
    end
    ifmaretn = = marETN
        break
    end
end
ETac = ETac + etac; % 均衡后各家银行剩余禀赋
End
```

【函数 - MyETNMar. m】

```
function [marETN,sigma] = MyETNMar(Vw,tacLike,ETac)
% 说明:该函数求解单个交易日 w 次冲击后所形成的均衡交易网络
% 输入参数:
% Vw:N * w 维,w 次冲击中各银行的均衡价值
% tacLike:N * 1 维元胞数组,银行的潜在交易对手序号
% ETac:银行的禀赋
% 输出参数
% marETN:均衡网络的交易矩阵
% sigma:w 次冲击中各银行的交易对手

[N,w] = size(Vw);
marETN = zeros(N);
```

```
sigma = cell(w,1);

for i = 1:w
        [ ~ ,sigma{i} ] = MyEquValue(Vw( :,i),tacLike); % 求交易对手
        [maretn, ~ ] = MyETNLink(sigma{i},ETac); % maretn 为一次冲击所形成的交易
网络
    marETN = marETN + maretn;
    end
    end
```

【函数 - myMarETNMean. m】

```
function marETN = myMarETNMean(V,taclike,etac)
% 函数说明:
%       为便于并行运算,而将最内层循环写成函数
%       本函数用于计算同一参数下所有 V 的均衡关联网络的均值
% 输入参数:
%       V:p * 1 维元胞数组
% tacLike:N * 1 维元胞数组,银行的潜在交易对手序号
% etac:银行的禀赋
% 输出参数:
% marETN:给定参数下的均衡网络平均值

p = length(V);
N = length(etac);
ETN = zeros(N);
for j = 1:p
        [maretn, ~ ] = MyETNMar(V{j},taclike,etac);
        ETN = ETN + maretn;
end
marETN = ETN/p;
end
```

【函数 - MyEfficient. m】

```
functionita = MyEfficient(marEqu)
% 该函数用于求金融体系的效率
% 输入参数
```

```
% marEqu:均衡网络的邻接矩阵
% ETac:银行所拥有的初始禀赋
% 输出参数
% ita:均衡网络的效率

itaI = sum( marEqu,1)'. /sum( marEqu,2);
itaI( isnan( itaI) = =1) = [ ];                % 排除掉在均衡网络中不可见的点的序号
ita = mean( itaI);
end
```

【函数 - myESLcalc. m】

```
function ESL = myESLcalc( Vw,tacLike,ETac)
% 函数说明:
% 本函数用于计算给定私人价值和交易关系网络情形下的预期损失(ESL)
% 输入参数:
% Vw:私人价值序列,N 维向量,其中 N 为网络节点数目
% taclike:银行潜在交易对手,N 维向量,其中 N 为网络节点数目
% ETac:流动性禀赋,,N 维向量,其中 N 为网络节点数目
% 输出参数
%    ESL:给定私人价值和交易关系网络下的预期损失,标量

% % 寻找路径
[ ~ ,sigma] = MyETNMar( Vw,tacLike,ETac);
for i =1:length( sigma)
path{i}(1) =i;
    j =i;
    k =2;
    while( sigma(j)  ~ =j)
        path{i}(k) = sigma(j);
        k =k +1;
        j = sigma(j);
    end
end
% % 删除子路径
for i =1:length( sigma)
    for j =1:length( sigma)
```

```
        if length(path{i}) >= length(path{j})
            memFlag(i,j) = sum(ismember(path{j},path{i})) == length(path{j});
%memFlag 为父子路径关系矩阵,判断 j 是否是 i 的子路径
        end
    end
end
memFlag = memFlag - eye(length(sigma));% 去除对角线元素
sonPathFlag = sum(memFlag,1); % 列和若不为 0 则表明该列的序号对应的路径是其他路径的子路径
fatherPath = path;
for j = find(sonPathFlag)
fatherPath{j} = [];
end
%% 计算 ESL
for i = 1:length(sigma)
if max(Vw) == Vw(path{i}(1))
        SL(i) = NaN;
    else
        SL(i) = (max(Vw) - Vw(path{i}(end)))/(max(Vw) - Vw(path{i}(1)));
    end
end
SL(find(sonPathFlag)) = [];
ESL = mean(SL,'omitnan');
end
```

（五）实证结果分析

1. 银行间同业拆借网络特征：外生最大信息熵网络实证结果

通过外生最大信息熵方法得到我国银行间同业拆借模拟情况，并利用 Gephi 画图软件进行可视化，结果如图 4－2 所示（节点越大代表交易量越大，节点越靠近表明交易关系越紧密）。我国银行间同业拆借市场以国有商业银行和股份制银行等 16 家银行为核心，核心银行间交易关系十分紧密，其他银行间直接交易较少。国有商业银行是银行间同业拆借市场最优质的交易对手，股份制商业银行次之。城商行和农商行等银行为降低交易风险，会优先与核心银行构建稳定的业务关系。从政府控股情况上看，政府直接控股银行处于绝对核心地位，政府间接控股银行次之，然而少数非政府控股银行在网络中也扮演了重要角色。2018 年银行间市场网络的网络密度为 0.1316，单家银行最大出借方数目 k_{max}^{in} 为 64，单家银行最大贷入方数目 k_{max}^{out} 为 74。

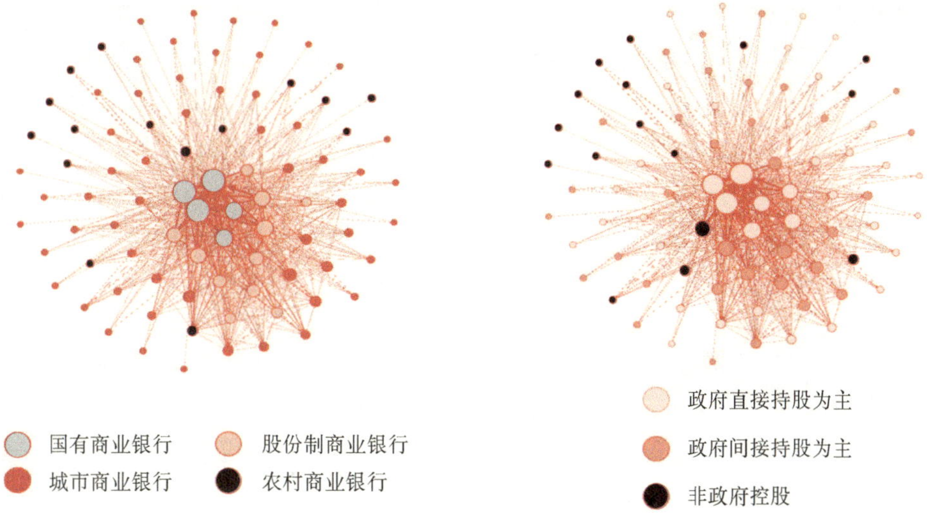

图 4－2　最大信息熵方法估计的 2018 年银行间同业拆借网络

同一家机构的借方和贷方数目之和为该机构的节点度，2018 年中国银行间同业拆借市场交易对手数目频率分布直方图如图 4－3 所示。现实交易中，一方面，资金充沛的大银行为实现利润最大化而在关联度允许的情况下尽可能多地扩展业务，卓著的声誉也为它们带来了众多潜在的客户，因此会存在少量关联度非常大的节点；另一方面，部分资金及声誉有限的银行如城商行和农商行往往只能和少数机构进行业务往来，因此网络中存在大量关联度较小的机构。这一“马太效应”使得金融网络中机构的交易对手数目呈幂衰减分布。

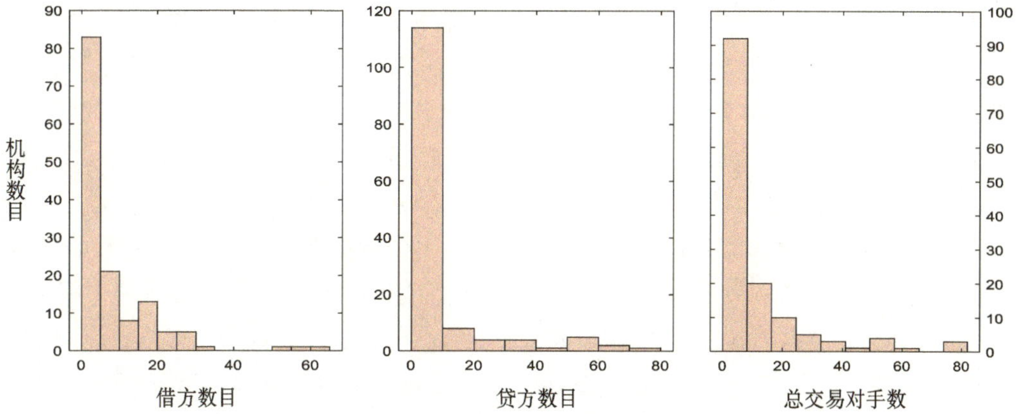

图 4－3　2018 年中国同业拆借市场交易对手数目

2. 均衡网络模型构建及模拟结果

均衡交易网络模型待估参数为 $\Theta = [b_1, b_2, w, \alpha, T]$，其中 b_1 为政府直接控股银行的溢价倍数，b_2 为政府间接控股银行的溢价倍数，w 为有效流动性冲击次数，α 为银行保留价格 $AR(1)$ 模型参数，T 为可被观测最小交易阈值。在实际操作中同业拆借市场报价基于同

期 *SHIBOR* 利率加上对应风险溢价，银行间交易最高报价利率超过最低报价利率 50% 的情形极为罕见，同时考虑到政府担保可能引发的道德风险，故 b_1 和 b_2 的取值范围为 [0.5,1.5]。我国同业拆借市场利率大体平稳，一般在月末、季末等考核时期或意外冲击来临之际才会发生较大的变化。2018 年我国隔夜 *SHIBOR* 周变动幅度约为 48 次，因此令 w 在 [40,60] 的区间内变动。考虑到实际中银行各期的保留价格一般呈正相关关系，故 AR（1）模型参数 α 的定义域为 [0,1)；与参数 b，α 和 w 不同，T 主要受统计口径等外在条件影响，与市场定价机制并不直接相关，用格点法寻找合适范围时，逐步缩减步长以寻找合适的阈值。

令 b_1 和 b_2 在 [0.5,1.5] 变动，初始变动步长为 0.1，根据损失函数结果进一步缩小至 0.01；α 在 [0,1) 区间变动，变化步长为 0.05；w 变动步长为 1；T 最初变动范围为 [0,30]，变化步长为 0.01。计算由不同步长确定的参数矩阵格点及其对应的损失函数，通过 *SMM* 方法求得最优参数 Θ 及其损失函数值。

由上述步骤所确定的 2018 年最优参数及其生成网络的拓扑指标如表 4-6 所示。从模拟结果可知，2018 年政府控股溢价倍数 b_1 和 b_2 均大于 1，这表明在我国政府控股银行存在正溢价效应。

表 4-6　SMM 方法求得 2018 年最优参数及网络拓扑指标

面板	最大熵结果	均衡网络模拟结果			
		$\Theta=[b_1,b_2,w,\alpha,T]=[1.07,1.06,55,0.85,1.77]$			
		最小值	平均值	最大值	标准差
ρ	0.1316	0.1274	0.1316	0.1358	0.0025
k_{max}^{in}	64	58.00	63.80	69.00	3.77
k_{max}^{out}	74	67.00	73.80	79.00	4.16

图 4-4（a）至 4-4（d）分别为其他参数给定时，b_1、b_2、α、w 分别与观测门槛 T 联合变动对结果的影响，横坐标为 T，纵坐标为损失函数自然对数值，同一连线的参数 b_1、b_2、α 和 w 均相同。从图 4-4（a）和图 4-4（c）可以看出，在其他参数给定的情况下，损失函数随着 T 先减小然后急剧增加，在 $T=1.77$ 附近取得最小值。由图 4-4（a）和图 4-4（b）可知，当 α 和 w 给定时，在 $b_1=1.07$ 和 $b_2=1.06$ 损失函数损失值小于 b_1 和 b_2 的其他取值，这表明在我国政府控股对商业银行的开展同业拆借具有正溢价作用。也就是说，相比政府控股银行，非政府控股银行在同业拆借市场上需要以 6%—7% 的风险溢价获取资金。图 4-4（c）表明在最优 T 值附近，损失函数随 w 的变化先降后升，在 w 为 55 时损失函数值取得最小值，表明在 2018 年市场约有 55 次显著的流动性变化。图 4-4（d）表明最优参数中 α 取值为 0.85，机构利率报价具有非常高的关联性。

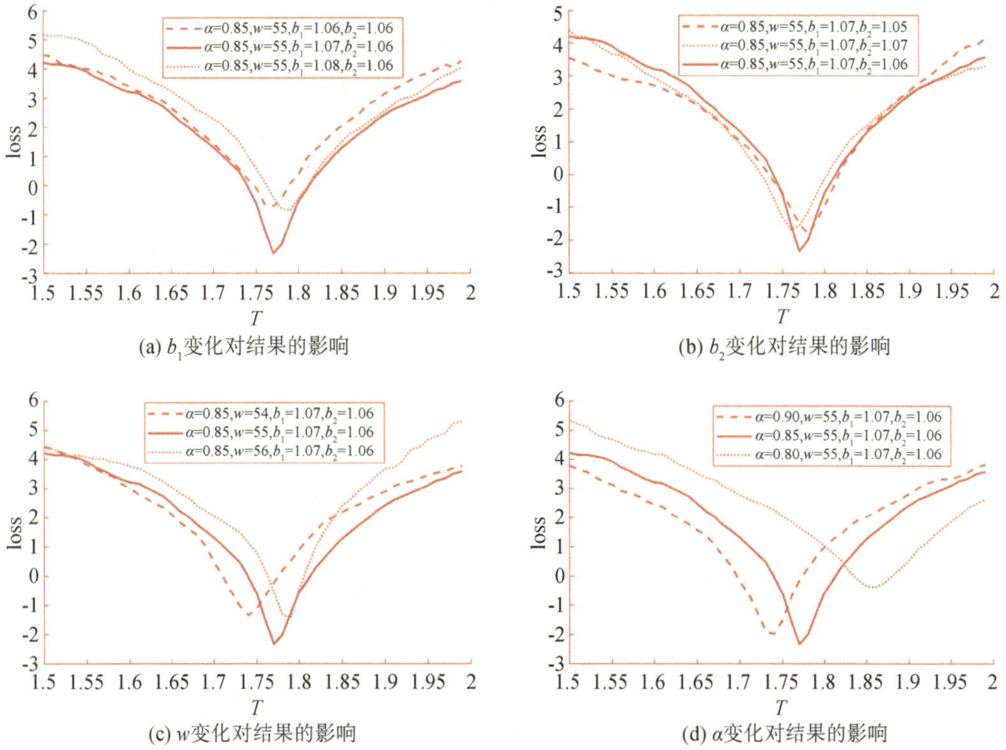

图 4－4　SMM 拟合结果

表 4－7 为 2018 年不同政府控股溢价倍数情形对均衡网络拓扑指标的影响。表中第 2 列是外生最大信息熵法计算得到的实际网络指标，第 3 至第 6 列与第 7 至第 10 列分别为所拟合均衡网络中各指标的最小值、平均值、最大值和标准差。面板 *A* 为政府控股带来正溢价效果的参数拟合结果，其中 $\Theta = [1.07, 1.06, 55, 0.85, 1.77]$ 为最优拟合参数，$\Theta = [1.15, 1.15, 55, 0.85, 1.79]$ 为过度溢价情况；面板 *B* 为假设政府控股对银行报价无影响（$b_1 = b_2 = 1.00$）或负溢价影响（$b_1 = b_2 = 0.90$）的参数拟合结果；表中同时列示了均衡网络模拟结果与最大熵网络指标 t 检验结果。

结果表明最优参数对应的均衡网络拓扑指标与最大熵方法计算的实际值在统计上无显著差异。与最优参数生成的网络相比，过度考虑政府，控股的溢价（$b_1 = b_2 = 1.15$）将会显著低估单家机构最大出借方数目 k_{max}^{in}，因为此时高估了与非政府控股银行的交易风险，政府控股机构将会减少与非政府控股银行的交易。未考虑政府控股的溢价（$b_1 = b_2 = 1.00$）会显著高估单家机构最大出借方数目 k_{max}^{in}，因为此时非政府控股银行的交易风险更低，政府控股机构更有意愿出借资金；政府控股存在负溢价（$b_1 = b_2 = 0.90$）的情形低估网络密度（ρ）和单家机构最大出借方数目（k_{max}^{in}），因为此时市场中政府控股银行成为不可分散的风险，各家银行将减少与政府控股银行交易，政府控股银行资金来源减少，单家机构最大出借方数目（k_{max}^{in}）降低，进而网络密度降低。综上所述，我国同业拆借市场中确实存在因政府控股带来的正溢价效果，溢价使得政府控股银行更容易借入资金。

表 4－7　　　　政府控股溢价倍数对均衡网络拓扑指标的影响

面板 A	最大熵结果	均衡网络模拟结果							
		Θ ＝［1.15，1.15，55，0.85，1.76］				Θ ＝［1.07，1.06，55，0.85，1.77］			
		最小值	平均值	最大值	标准差	最小值	平均值	最大值	标准差
ρ	0.1316	0.1292	0.1317	0.1357	0.0019	0.1274	0.1316	0.1358	0.0025
k_{max}^{in}	64	56.00	61.00	67.00	3.27	58.00	63.80	69.00	3.77
k_{max}^{out}	74	67.00	73.80	79.00	4.16	67.00	73.80	79.00	4.16
面板 B	最大熵结果	Θ ＝［1.00，1.00，55，0.85，1.76］				Θ ＝［0.90，0.90，55，0.85，1.60］			
		最小值	平均值	最大值	标准差	最小值	平均值	最大值	标准差
ρ	0.1316	0.1282	0.1318	0.1354	0.0025	0.1185	0.1232	0.1323	0.0044
k_{max}^{in}	64	62.00	68.80	76.00	4.78	45.00	51.10	56.00	3.81
k_{max}^{out}	74	67.00	73.80	79.00	4.16	66.00	73.60	79.00	4.40

3. 关联度限制措施对银行间市场效率和稳定性的影响

通过对银行关联度进行限制，防范系统性金融风险，是典型的事前宏观审慎政策。在银行间同业拆借网络中加入最大关联度限制 cap ，研究银行关联度限制对系统性金融风险的影响。首先，在金融网络中加入银行的最大关联度限制 cap 。其次，分别随机生成 10 个交易关系网络，并基于第三部分所求得的最优参数 $\Theta = [b, w, \alpha, T] = [1.10, 60, 0.9, 2.15]$ 以及所使用的 50 组银行保留价值，生成对应的均衡网络；最后计算各系统的效率与稳定性度量指标。因为面临外生冲击后，金融系统中银行是否会倒闭与系统性风险容忍阈值 R 密切相关，令 R 分别为 5%、10%、15%、20%、25% 和 50%，以进一步研究不同系统风险容忍度下银行关联度限制对金融系统效率和稳定性的影响。图 4－5 为引入最大关联度限制 cap 后金融系统效率和稳定性指标的平均值变化情况，横坐标表示对交易关系网络中交易对手的数目限制，纵坐标为相应指标的数值，其中图 4－5（a）、图 4－5（b）和图 4－5（c）标注两倍标准差范围。

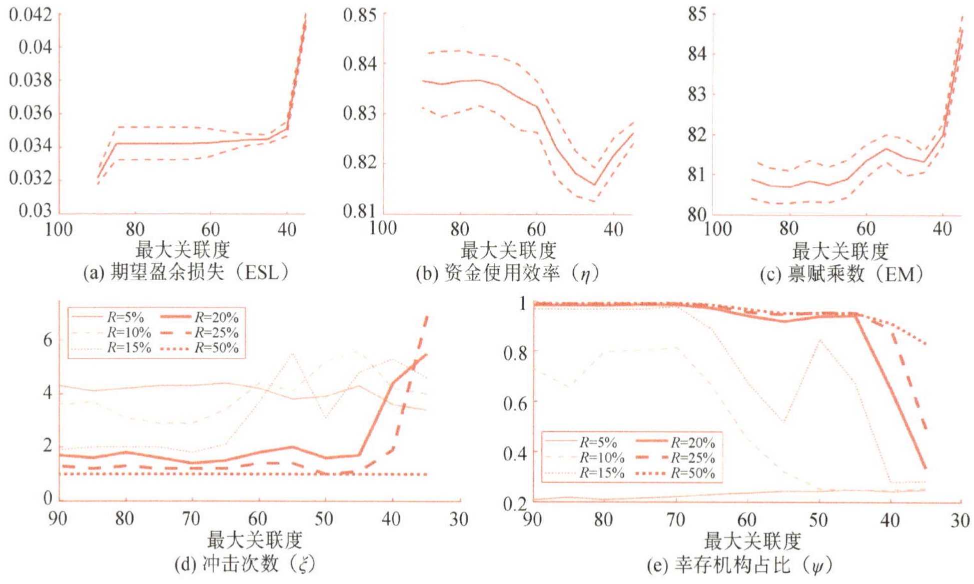

图 4－5　关联度限制对金融系统效率和稳定性的影响

效率指标方面。随着关联度限制的加强，金融系统的预期盈余损失 ESL 不断增加，所以从事前均衡的角度看，关联度限制措施将降低金融系统的潜在交易效率。无论对金融系统关联度如何限制，η 均小于1，这表明部分银行的资金需求未得到满足，金融系统中始终存在流动性缺口；当限制银行交易对手数目时，随着最大关联度限制 cap 不断降低，金融系统资金使用效率 η 先缓和下降，然后在60以内迅速下降，最后又反弹略有上升。而相对应的禀赋乘数 EM 则先平稳上升，在关联度限制 cap 降低至45左右之后迅速上升。这表明适度限制银行的关联度（如将关联度设置在60—80左右）并不会显著影响金融系统的资金使用效率，而且也会适度加快资金在银行间的流动速度，增强金融系统流动性。具体而言，当对银行关联度严格限制时，银行规模差异对机构业务的影响较小，小银行获得更多机会与多家银行开展发生业务，资金在银行间的传导次数增加，资金流动加快，进而使得 EM 增大。过度的关联度限制政策（如最大关联度限制低于50）虽然能够很大提高金融系统资金的流动速度，增大 EM 指标，但也导致资金使用效率 η 迅速降低。

稳定性指标方面。冲击次数 ξ 与幸存金融机构比例 ψ 不仅受最大关联度限制政策影响，也受系统性风险容忍阈值 R 影响。当最大关联度限制大于60时，金融系统对风险的容忍程度越高，危机发生后达到新稳态的时间越快，且新稳态中幸存机构的比例越高；当系统性风险容忍阈值 R 降低至5%时，由关联度最大的金融机构倒闭带来的流动性冲击可能使得整个金融系统崩溃，系统性金融风险最大；而当系统性风险容忍阈值 R 达到50%时，初始冲击的影响对金融系统影响很小，这表明通过政府救助等事中金融风险处置政策积极引导市场预期提高金融系统的系统性风险容忍阈值，可有效降低金融系统对初始冲击的放大效应，降低系统性金融风险。

在同一系统性风险容忍阈值 R 下，最大关联度限制政策对稳定指标的影响有所不同。除系统性风险容忍阈值 R 极低（R 为5%和10%）的情形外，对金融系统进行关联度上限适度限制（60—80）时，初始冲击对金融系统影响不大；而当对金融机构的关联度进行严格限制时（如低于50时），银行风险分担作用不能有效发挥，银行间市场起到放大器的作用，稳定性指标结果波动剧烈，冲击次数显著增加，初始冲击带来的影响无法在短时间内消除，即使到达新的稳态，幸存机构比例也急剧下降。值得注意的是，当系统性风险容忍阈值 R 为10%时，与不限制关联度上限相比，关联度适度限制将提升危机后幸存机构的占比，这表明当系统性风险容忍阈值较低时，对关联度进行适度限制的政策也将优于事前不对机构关联度进行任何限制的情形。图4－5表明银行间市场关联度与系统性风险传染概率呈现非单调变化，当关联度适中时，银行间市场可以起到稳定器作用，有效促进个体银行风险的化解，降低单个金融机构受冲击的程度。

综合来看，对金融机构的业务进行适度限制，比如设置最大关联度60—80限制，既可以避免机构“太关联而不倒”，也不会对金融系统效率和稳定造成很大影响。对金融机构关联度进行严格限制虽然能够在经济平稳运行时使得资金不集中于部分大型机构，提升金融系统的资金使用效率和流动性，但是从事前均衡的角度看会增加金融系统的预期盈余损失，同时在金融危机爆发时也容易造成金融系统的崩溃。当系统性风险容忍阈值较高时，对关联度适度限制的政策效果与不限制相差不大；当系统性风险容忍阈值较低时，关联度适度限制的政策将优于不限制或者过度限制；而当风险事件发生后，金融系统的恐慌指数急剧上升，系统性风险容忍阈值将迅速下降，所以央行等机构应积极管理市场预期，提升金融系统对突发冲击的容忍阈值以有效避免危机的发生。

七、考核与评价方式

（1）课前由每个小组针对启发思考题搜集相关资料，课上针对启发思考题进行讨论，并以小组为单位汇报本组对相关文献和中国金融体系实际运行的研究与理解。

（2）各组结合自身实际和案例示例代码研究政府控股异质性对银行间网络结构的影响，在课堂上以小组为单位汇报编程实现情况。

八、实施成效

（1）本案例通过讲解银行控股异质性对银行间市场网络结构的影响，令同学们深刻认识到政府控股机构在金融体系中的重要作用，帮助其理解“发挥国有金融资本在金融领域主导作用、健全国有金融资本管理‘四梁八柱’”的重要意义。

（2）本案例以事前银行关联度限制措施为例，带领同学用 MATLAB 研究不同关联度限制措施对金融体系运行效率和稳定性的影响，使得同学们可以运用 MATLAB 解决实际金融问题。

（3）本案例立足中国国情介绍银行间市场的运行状况，将加深同学们对中国金融体系的认识，极大激发博士生“讲好中国故事，传递中国声音”的金融报国决心。

参考文献

[1] 程棵、魏先华、杨海珍、杨晓光，2012：《金融危机对金融机构的冲击及政府救助分析》，《管理科学学报》第 3 期。

[2] 方意、黄丽灵，2019：《系统性风险、抛售博弈与宏观审慎政策》，《经济研究》第 9 期。

[3] 方意、荆中博、吴姬、李政，2020：《非核心负债、尾部依赖与中国银行业系统性风险》，《世界经济》第 4 期。

[4] 方意、王晏如、黄丽灵、何文佳，2019：《宏观审慎与货币政策双支柱框架研究》，《金融研究》第 12 期。

［5］方意、郑子文，2016：《系统性风险在银行间的传染路径研究——基于持有共同资产网络模型》，《国际金融研究》第 6 期。

［6］方意、王晏如、黄丽灵、何文佳，2019：《宏观审慎与货币政策双支柱框架研究——基于系统性风险视角》，《金融研究》第 12 期。

［7］高蓓、陈晓东、李成，2020：《银行产权异质性、影子银行与货币政策有效性》，《经济研究》第 4 期。

［8］葛鹏飞、黄秀路，2019：《中国银行业系统性风险的演变：降价抛售传染视角》，《财贸经济》第 2 期。

［9］宫晓莉、熊熊，2020：《波动溢出网络视角的金融风险传染研究》，《金融研究》第 5 期。

［10］何青、钱宗鑫、刘伟，2018：《中国系统性金融风险的度量——基于实体经济的视角》，《金融研究》第 4 期。

［11］何奕、童牧、吴珊、尚诗昆，2019：《复杂金融网络中的系统性风险与流动性救助：基于不同网络拓扑结构的研究》，《系统工程理论与实践》第 6 期。

［12］贾彦东，2011：《金融机构的系统重要性分析——金融网络中的系统风险衡量与成本分担》，《金融研究》第 10 期。

［13］李守伟、马钱挺、隋新、何建敏，2019：《企业信用内生网络模型及其演化研究》，《中国管理科学》第 2 期。

［14］李晓伟、宗计川，2018：《金融稳定视角下的流动性风险传染研究新进展》，《经济学动态》第 4 期。

［15］李政、刘淇、梁琪，2019：《基于经济金融关联网络的中国系统性风险防范研究》，《统计研究》第 2 期。

［16］梁琪、李政，2014：《系统重要性、审慎工具与我国银行业监管》，《金融研究》第 8 期。

［17］刘向明、邓翔欧、藏波，2020：《市场模式、政府模式与城商行流动性风险化解——一个三期博弈的分析框架》，《金融研究》第 4 期。

［18］马君潞、范小云、曹元涛，2007：《中国银行间市场双边传染的风险估测及其系统性特征分析》，《经济研究》第 1 期。

［19］宋凌峰、阳浪，2016：《经济下行、信用风险反馈和政府隐性救助》，《管理科学学报》第 11 期。

［20］童牧、何奕，2012：《复杂金融网络中的系统性风险与流动性救助——基于中国大额支付系统的研究》，《金融研究》第 9 期。

［21］王辉、李硕，2015：《基于内部视角的中国房地产业与银行业系统性风险传染测度研究》，《国际金融研究》第 9 期。

［22］王辉、朱家雲、陈旭，2021：《银行间市场网络稳定性与系统性金融风险最优应对策略：政府控股视角》，《经济研究》第 11 期。

[23] 王晓枫、廖凯亮、徐金池，2015：《复杂网络视角下银行同业间市场风险传染效应研究》，《经济学动态》第3期。

[24] 杨子晖、周颖刚，2018：《全球系统性金融风险溢出与外部冲击》，《中国社会科学》第12期。

[25] 中国人民银行，2018：《中国金融稳定报告（2018）》。

[26] Aymanns, C., and C. P. Georg, 2015, "Contagious synchronization and endogenous network formation in financial networks", Journal of Banking and Finance, 50: 273 - 285.

[27] Bech M. L., and E. Atalay, 2010, "The topology of the federal funds market". Physica A: Statistical Mechanics and its Applications, 389 (22): 5223 - 5246.

[28] Bernanke, B., 2010, "Statement by Ben S. Bernanke, chairman, Board of Governors of the Federal Reserve System, before the Financial Crisis Inquiry Commission. Washington, DC".

[29] Billio M., M. Getmansky, and A. W. Lo., et al., 2012, "Econometric Measures of Connectedness and Systemic Risk in the Finance and Insurance Sectors". Journal of Financial Economics, 104 (3): 535 - 559.

[30] Bluhm M., E. Faia, and J. P. Krahnen., 2013, "Endogenous Banks' Networks, Cascades and Systemic Risk". SSRN Electronic Journal.

[31] Borgatti, S. P., 2005, "Centrality and network flow". Social networks, 27 (1): 55 - 71.

[32] Borio, C. E., and M. Drehmann, 2009, "Assessing the risk of banking crises - revisited". BIS Quarterly Review, March.

[33] Diebold, F. X., and K. Yilmaz., 2012, "Better to Give than to Receive: Predictive Directional Measurement of Volatility Spillovers". International Journal of Forecasting, 28: 57 - 66.

[34] Diebold, F. X., and K. Yilmaz, 2014, "On the Network Topology of Variance Decompositions: Measuring the Connectedness of Financial Firms". Journal of Econometrics, 182 (1): 119 - 134.

[35] Dijkman, M., 2010, "A framework for assessing systemic risk". The World Bank.

[36] Gandhi, P., Lustig, H., 2015, "Size anomalies in US bank stock returns". Journal of Finance. 70 (2): 733 - 768.

[37] Gofman, M., 2017, "Efficiency and stability of a financial architecture with too - interconnected - to - fail institutions". Journal of Financial Economics, 124 (1): 113 - 146.

[38] Hüser, A. C., 2015, "Too interconnected to fail: A survey of the interbank networks literature".

[39] Iori, G., Jafarey, S., and Padilla, F. G. 2006, "Systemic Risk on the Interbank Market". Journal of Economic Behavior and Organization, 61 (4): 525 - 542.

[40] Kelly, B. , Lustig, H. , and Van Nieuwerburgh, S. , 2016, "Too - systemic - to - fail: what option markets imply about sector - wide government guarantees". American Economic Review, 106 (6): 1278 - 1319 .

[41] Mäkinen T, L. Sarno, and G. Zinna. 2020, "Risky bank guarantees". Journal of Financial Economics, 136 (2): 490 - 522.

[42] Pástor, L. , Veronesi, P. , 2013, "Political uncertainty and risk premia". Journal of Financial Economics, 110 (3): 520 - 545.

[43] Tabak B. M, M. Takami, J. M. C. Rocha, et al. , 2014, "Directed clustering coefficient as a measure of systemic risk in complex banking networks". Physica A: Statistical Mechanics and its Applications, 394: 211 - 216.

[44] Teteryatnikova M. , 2009, "Resilience of the interbank network to shocks and optimal bailout strategy: advantages of 'tiered' banking systems". European University Institute, Working Paper, Italy.

[45] Eisert T. , and C. Eufinger. , 2019, "Interbank Networks and Backdoor Bailouts: Benefiting from other Banks' Government Guarantees". Management Science, 65 (8): 3673 - 3693.

[46] Upper, C. , and A. Worms. , 2004, "Estimating bilateral exposures in the German interbank market: Is there a danger of contagion?". European economic review, 48 (4): 827 - 849.

案例 5：IPO 绿色通道助力乡村振兴

——《高级公司金融》课程思政教学案例

王汀汀
（中央财经大学金融学院教授）

一、基本信息

课程名称：高级公司金融
授课对象：金融专业型硕士研究生
知 识 点：多层次资本市场与企业融资
主讲教师：王汀汀

二、教学目标

（一）知识目标

在熟悉多层次资本市场与企业融资相关知识点的基础上，进一步探讨“金融服务实体经济”“金融供给侧结构性改革”背景下，资本市场如何通过制度改革与机制创新更好地匹配实体经济的金融需求。

（二）能力目标

通过案例的引入，配合课堂讨论与课外研究、调研，从理论和实践两个层面掌握资本市场促进企业发展的理论基础、资本市场促进企业发展的机制与路径、资本市场促进企业发展的效率或效果评价。在这个过程中，培养同学们的分析能力，特别是案例分析的能力以及案例论文写作的能力，并积累运用实证分析方法、案例分析法、调查研究法的经验。

（三）育人目标

深入理解新时代多层次资本市场在经济高质量发展与经济结构转型升级中的作用，基于党的十九大提出的“乡村振兴”战略以及中央经济工作会议提出的“强化乡村振兴金融服务”任务目标，从理论层面和实践层面解读多层次资本市场在助力乡村振兴中的作用，丰富教师和同学对中国共产党关于资本市场发展思想的认识。

三、教学重点与难点

实施乡村振兴战略的方针是：产业兴旺、生态宜居、乡风文明、治理有效、生活富裕。乡村振兴，首先需要产业兴旺。因此本案例教学的重点是厘清多层次资本市场如何助力乡村产业振兴，如何以市场化的方式，构建支持农村与农业经济发展的资本市场支持体系。

具体而言，资本市场在乡村振兴中能够充分发挥融资功能，促进涉农公司通过上市融资做大做强，引导地区优势产业发展，壮大区域经济，加速农业现代化，推进乡村振兴。同时，与乡村振兴相关的债券类产品的发行也能够接续推动脱贫地区发展和乡村全面振兴。

但作为一种市场化的融资方式，资本市场支持乡村振兴还需要考虑可持续性，在商业性与政策性之间实现较好的权衡，这是研究资本市场支持乡村振兴问题的难点。

四、课程思政案例介绍

（一）案例基本情况

2016 年，证监会提出了包括 IPO 绿色通道在内的一系列脱贫攻坚相关政策，不仅加快了很多贫困地区企业的上市进程，也进一步推动了我国多层次资本市场对精准扶贫以及乡村振兴发挥的作用。本案例以陕西省第一例通过 IPO 绿色通道上市的企业——盘龙药业为例，首先对多层次资本市场和案例企业盘龙药业进行简要的背景介绍；然后对其上市的问题、过程、效果、意义进行分析，从一家企业对乡村振兴事业的多角度积极影响映射政策的深远意义；最后引导学生对资本市场扶贫手段进行全方位的思考。

以往 IPO 上市审批流程需要很长一段时间，从递交材料到最后审批完成有的需要 1 年左右，尤其当上市公司多时需要排队等候。2016 年 9 月，证监会发布脱贫攻坚战略意见，提出对全国 592 个贫困县企业 IPO、新三板挂牌、债券发行、并购重组等开辟绿色通道。实际上就是使这些满足要求的企业在上市时，可以得到证监会的快速审核，不用排队等候，即报即审、审过即发。本案例中的陕西盘龙药业也抓住机会合理运用这一政策红利，用最短的时间完成了上市申请与审核流程，2017 年 11 月 16 日，成功在深交所中小企业板挂牌交易，成为陕西商洛第一家挂牌的本地公司，也由此成为了陕西省内首个获得我国证监会对贫困地区公司的 IPO 发行“即报即审”绿色通道政策的挂牌公司。最开始很多人对此制度提出质疑，认为这可能是对此类企业审核标准的放宽，造成了一定程度的不公平，甚至也因此对盘龙药业的上市提出重重质疑。

从上市后的表现来看，上市后的盘龙药业创新多种方式参与精准扶贫。其依托产业优势，多措并举，一方面发展中药产业，带动农民脱贫致富；另一方面还为家乡铺路建设提供 200 万元资金支持，很大程度上改变了陕西省石泉县的交通状况，也帮助了很多家乡的贫困学生，圆了很多学生的大学梦。实际上，盘龙药业的成功上市经历也是 IPO 绿色通道上市企业支持家乡经济建设、带动家乡就业和经济增长的一个例子。陕西盘龙药业通过绿色通道成功上市不仅使自身从一家曾濒临破产的小药厂成长为全国百强的医药工业企业，而且对陕西当地贫困地区起到了重要的帮扶作用，打破了之前的种种质疑，有力证明了 IPO 绿色通道这一资本市场助力脱贫攻坚重要尝试的可行性。2020 年 5 月，中共中央、国务院发布的《关于新时代推进西部大开发形成新格局的指导意见》提出，西部贫困地区企业首次公开发行上市、新三板挂牌、发行债券、并购重组等适用绿色通道政策，以IPO绿色通道为代表的资本市场支持乡村振兴的手段有了更多的内涵。

（二）教学使用说明

从金融学研究的角度，资本市场的主要功能是资源配置，我们关心以IPO绿色通道等形式支持乡村振兴是否可能存在公平方面的隐患，以及在未来普惠金融不断发展和共同富裕目标的驱动下，资本市场还能发挥怎样的作用。

本案例希望达成如下具体目标：

（1）使学生了解我国IPO绿色通道政策及其意义，了解通过IPO绿色通道上市的公司如何取得自身发展和带动贫困地区经济发展，增强学生对资本市场助力脱贫攻坚、乡村振兴和共同富裕作用的理解。

（2）使学生学习并掌握我国建设多层次资本市场的含义及作用意义，引导学生思考我国多层次资本市场是如何助力乡村振兴的。

（3）通过实际效果分析IPO绿色通道政策为贫困地区经济及贫困地区企业带来的实际影响，辩证看待IPO绿色通道创新引发的一系列思考与问题，鼓励运用金融学理论和实践经验对IPO绿色通道的一些方面提出改进建议（如优化退出机制），从而总结我国多层次资本市场改革过程中的中国特色道路与中国经验。

五、教学方法与手段

本案例的内容比较丰富，在教学方面，除了课堂小组汇报之外，还专门设计延伸思考和小组报告。

课堂小组报告主要针对案例中的事实，要求同学从实践层面对案例中的相关问题进行分析。本案例涉及当事主体较多，拟定的课堂汇报方案为：各小组选择自己代表的市场主体（地方政府、上市公司、证监会、个人投资者、机构投资者、证券分析师），分析IPO绿色通道政策的意义，以及如何评估该政策的有效性。

课外延伸部分主要是提出问题，要求同学分组进行深入研究和讨论，主要为与案例相关的专题探讨，老师和同学们一起从理论上构建资本市场支持乡村振兴的逻辑框架。初步拟定的选题包括：金融支持乡村振兴的理论基础、资本市场与金融机构支持乡村振兴的特点与优势、多层次资本市场支持乡村振兴的机制路径、多层次资本市场支持乡村振兴的政策重点、多层次资本市场支持乡村振兴的效果评价、IPO绿色通道制度有效性评价。

六、教学实施过程

本案例可以作为专门的案例讨论课来进行，课程时间建议控制在 100 分钟以内，具体安排如下：

（一）课前准备

提前一周将案例正文和启发思考题发给学生阅读，要求学生在了解案例始末后，思考启发思考题中的题目。将学生分成学习小组，每组人数控制在 8—10 人，每组选择一个视角，整理小组观点并准备发言。

（二）课中计划

1. 课堂前言与案例回顾（5—10 分钟）

2. 小组讨论（20 分钟）

学习小组内部围绕启发思考题进行讨论，随后推选出一位代表对小组的讨论结果进行展示。

3. 小组代表发言（30 分钟）

小组代表展示所在学习小组讨论成果，每组 6 分钟。

4. 进一步讨论（20 分钟）

针对其他小组发言的内容，鼓励学生提出疑惑并互相讨论。

5. 教师点评与答疑（15 分钟）

针对学生讨论内容，解答存疑问题，并对课堂内容进行总结与点评。

（三）课后延伸

根据课堂所讲内容，请学生从上文提到的备选题目中选择本小组感兴趣的方向，结合课堂案例或其他相关资料进行深入分析，学习成果以报告形式呈现。

七、考核与评价方式

在金融专硕《高级公司金融》课程的教学过程中，案例教学是重要的环节，与案例相关的考核评价在学生综合成绩评定中也具有相应的权重。

案例教学部分考核与评价遵循如下基本思路：首先，将学习态度和学习习惯纳入考核范围和评价体系；其次，将课程思政内容纳入评价体系，通过案例对学生的思想道德素质提出更高的要求，实现价值引领与知识传授的融合。

在操作上，案例教学的考核评价主要采用如下方法：

（1）强化过程考核，增加案例在过程考核中的权重。目前本课程平时成绩的比重为 50%，其中案例与报告占平时成绩的比重为 60%。

（2）多维度的评价体系和多元化的评价主体。本门课程注重学生的应用能力培养，对学生的考核不局限于认知理解，还需要考察应用、分析、综合能力，因此对案例分析和研究报告评分中注重分析思路、文字表达、创新性、建议的针对性等。同时，在未来的案例教学中，拟开展小组互评、组内互评，提高学生参与的积极性。

八、实施效果

课程思政教学案例基于应用类实践课程的特点，将价值引领与知识传授相融合，从理论与实践层面，与学生一起构建多层次资本市场支持乡村振兴的较为完整的框架体系，丰富教师和同学对中国共产党关于资本市场发展思想的认识。

在案例的延伸方面，通过本案例的教学和研讨，也有助于教师和同学对资本市场改革中的相关问题作出理性、客观的思考和判断。

案例6：白马失蹄爆巨雷，坑苦散户为哪般：康得新财务造假之“存贷双高”视角

——《商业伦理与会计职业道德》课程思政教学案例

郑登津
（中央财经大学会计学院副教授）

一、基本信息

课程名称：商业伦理与会计职业道德
授课对象：会计硕士研究生
知 识 点：《商业伦理与会计职业道德》，第四章“会计职业道德基本理论”
主讲教师：郑登津

二、教学目标

为培养德才兼备的卓越财务人才，结合课程的教学目标设定，即对一个道德核心、五大专业能力和两大基本素质的培养要求，在教学理念上不断探索和实践，将思想政治教育与会计和财务的教学有机融合，全面提升学生的道德水平。在教学研究及教学实践中，对课程思政建设逐步形成了遵循“两性一度”、打造“金课”的标准，提出了以“价值引领、交叉前沿、三位一体”的教学指导思想，以增强学生的实践感悟，内化学生的价值认知，落实立德树人根本任务，将价值塑造、知识传授和能力培养融为一体，实现“三全”育人。本案例具体的教学目标如下：

（一）知识目标

让学生学习“存贷双高”相关知识和理论，了解我国企业目前的“存贷双高”状况；学习医药企业财务造假的常见方式，并分析其形成的原因及经济后果，传授商业伦理和会计职业道德的基本理论和知识点（知识传授）。

（二）能力目标

让学生学会甄别经过粉饰的财务报表背后隐藏的财务风险，以更深的角度理解财务报表分析，培养学生从会计和财务角度分析中国资本市场的能力（能力培养）。

（三）育人目标

让学生掌握资本市场的最新动态，从社会热点中学习理论知识，理解财务造假的危害及对中国资本市场健康发展的影响，并对自身的职业发展和职业道德提供启发思考，帮助学术学生正确的价值观（价值塑造）。

三、教学重点与难点

在分析康得新的“存贷双高”和财务造假时，其重点和难点在于理解“存贷双高”

并不必然意味着企业财务异常，其背后的形成逻辑至关重要且有迹可寻。因此需要明确导致“存贷双高”的真正原因。如若是合理情况（合并报表层面形成、企业加杠杆的需要、短期内存在重大支出），其背后不一定存在严重的财务风险，但可能导致资金配置效率低下等经济后果；如果是大额受限资金或虚增货币资金导致的“存贷双高”，需要警惕其背后的财务风险，并结合财务报表披露的信息，考虑是否存在财务舞弊的可能。

四、课程思政案例介绍

（一）案例简介

康得新成立于2001年，成立初期主要从事预涂膜的生产与销售，致力于“打造先进高分子材料平台”。其用了10年时间就成为了全球预涂膜之王，客户包括奔驰、茅台、GUCCI这些耳熟能详的大品牌，此外，其还致力于为国产飞机提供机身复合材料，诸如碳纤维等黑科技也属于行业尖端水平。康得新于2010年7月16日在深交所上市，股票代码002450，上市后，其进行了一系列的项目投产与建设，与国际合作接轨，企业的经营规模也得以不断壮大，生产能力不容小觑。上市8年后，它的营收、净利润分别增长31倍、53倍。自上市以来，其股价始终呈上涨趋势，于2017年达到历史高位，成为千亿市值公司之一。

康得新第一大股东及控股股东为康得新投资集团公司，该集团的法定代表人钟玉为康得新的实际控制人。钟玉曾任航空部曙光电机厂研究所副所长，为部分主战机主发电机的主管设计师，先后荣获多项荣誉。军人素有的特质帮助钟玉在经营企业上取得了成功，然而在此次康得新事件中，钟玉也扮演着重要的角色，其从“明星企业家”到“犯罪嫌疑人”只经历了短短4个月。

康得新于2012年发行了第一只债券，之后共发行了17只债券。其中已有13只债券完成兑付，2019年1月到期的18康得新SCP001、SCP002出现违约情况，另外还有2只债券将于2022年到期。2019年1月，康得新因不能足额偿付相关债券的本息，发生实质违约，然而其年报上的货币资金，远高于需偿付金额，如此与不合常理的行为引发了各方广泛关注。

2019年7月5日，证监会在“禁入告知”中指出康得新在2015—2018年存在虚增营业收入、营业成本、利润、未如实披露相关信息等违法行为。这意味着康得新公司的相关年报存在虚假记载和重大遗漏问题，其违法行为具有长期性、巨额性、恶劣性、严重性等特点，产生了巨大的负面影响。2019年7月8日，康得新正式停牌；次日，其发布相关公告指出，“17康得新MTN002”的付息因公司流动性存在一定问题，这是康得新的又一坏消息。

康得新事件暴露出的“存贷双高”现象值得高度关注，贷款利率显然高于存款，然而某些公司宁愿把公司资金存放于银行获取利息也不愿意偿还贷款的行为，显然是与常理不符的。近年来，存在“存贷双高”情况企业的数量不断上升，这一不合常理的行为受到资本市场的质疑，也引发了相关监管机构的高度关注。本课程以康得新公司为案例，通过研究个别上市公司财务信息和非财务信息，探究企业“存贷双高”现象可能的形成原因以及相应的经济后果，帮助企业发现、妥善应对、改善企业管理中存在的相关问题。

（二）启发思考题

（1）什么是“存贷双高”？哪些企业或行业容易出现“存贷双高”的情况？

（2）“存贷双高”现象形成的原因有哪些？它们是如何导致“存贷双高”的？

（3）康得新“存贷双高”现象背后的实际原因是什么？你是如何分析的？

（4）以本案例为启示，分析“存贷双高”可能会造成了哪些经济后果？

（5）请分别对公司本身、外部监管及审计机构三个方面提出相应的建议，以期能够帮助他们更好地甄别“存贷双高”现象的真实面目，避免类似事件再次发生。

（三）分析思路

本案例以康得新的暴雷事件为情景，回顾康得新从成立到退市的过程，引出康得新的“存贷双高”现象。首先通过“存贷双高”原因的理论分析，并结合其财务报表和债务违约事件，发现虚构货币资金和大额受限资金是其“存贷双高”的主要原因。其次根据康得新的实际状况，进一步分析“存贷双高”造成的经济后果。最后介绍我国企业目前的“存贷双高”现状，分析得出我国资本市场“存贷双高”现状日益严峻，呼吁投资者和相关部门引起重视。

（四）理论依据及分析

1. 什么是“存贷双高”？哪些企业或行业容易出现“存贷双高”的情况？

“存贷双高”指企业货币资金和有息负债同时处于较高水平，“存”为广义货币资金，数额等于货币资金、交易性金融资产两个科目的总和，“贷”指的是有息负债，按照期限可以划分为短期和长期有息负债，其中短期有息负债包括短期借款、应付票据、一年内到期的非流动负债以及应付短期债券；长期有息负债包括长期借款和应付债券。所谓“双高”是相对于不同行业的企业而言的，很难用一个绝对数额作为标准来界定。可以选用两个相对指标，即货币资金/总资产、有息负债/总资产来衡量企业货币资金与有息负债的水平，再通过行业或存量企业数据的均值或中位数来划定。

但“存贷双高”现象的存在并不必然意味着企业存在重大的财务问题，以下企业和行业容易出现“存贷双高”的情况。

（1）规模较大的集团性公司。会因子公司众多而形成集团合并报表层面的“存贷双高”。

（2）重资产且体量庞大的企业，比如地产行业的公司，其投资回报期较长，前期需要大量融资，再逐渐收回资金，因此也会有账面上高额货币资金和有息负债同时存在的情况。

（3）短期内存在重大支出的企业，比如并购和新建生产项目等，可能在一定期间内使得账面上存在“存贷双高”的现象。

2. “存贷双高”现象形成的原因有哪些？它们是如何导致“存贷双高”的？

“存贷双高”的形成原因按照账面货币资金是否真实存在可以分为以下几类（见图6－1）：

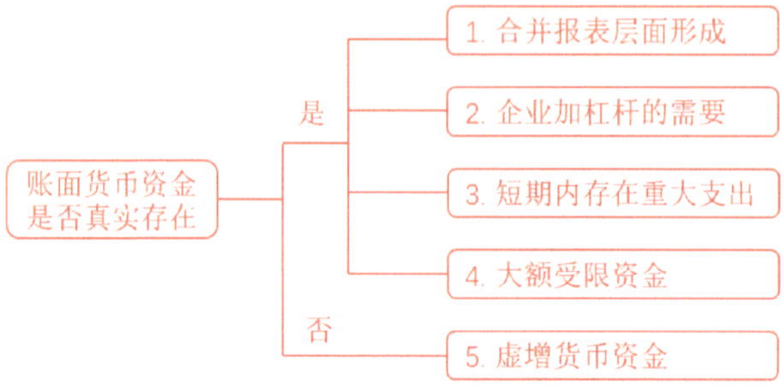

图6－1　“存贷双高”形成原因

（1）合并报表层面形成。我国集团公司内部在资源配置上存在着重复浪费的现象，货币资金没有在集团内部进行合理分配和流动，企业财务支出居高不下，影响整体的经济效益，导致集团公司出现“存贷双高”。

如今诸多公司体量庞大，旗下更是有众多二级甚至三级子公司。那么对于子公司较多的集团型公司，就有可能存在这样一种情况：有的子公司产生现金流的能力较强，账面货币资金较为充裕，资金需求主要由内部资金满足，甚至拥有大量的闲置资金，因此其负债率也会较低，而相较之下有的子公司如果是初建的资本密集型企业等，则账面货币资金较少，且较多地依赖外部融资满足日常经营或筹建需求，从而负债率较高。当集团内部的子公司出现较为严重的“贫富差距”，且这些子公司对于集团又较为重要时，就很可能使得集团在合并报表层面出现“存贷双高”的情况。因此，“存贷双高”现象的出现并不必然意味着某一个企业的财务运营出现重大不利的状况。而这样的公司虽然没有粉饰报表的问题，但同在一集团下有的子公司货币资金充裕甚至闲置，而有的子公司因货币资金短缺而存在大量有息负债，说明了集团管理不善，没有发挥良好的统筹能力，导致资金配置效率低下，因此，这种情况的“存贷双高”在一定程度上也反映了一些问题。

（2）企业加杠杆的需要。一些行业因其自身经营特点需要大力加杠杆，尤其是重资产企业，比如房地产、钢铁、水泥等行业都存在这个现象。行业特点决定这类企业运营投资都很高，且回报期较长。此外，对于房地产行业，销售大多是预收款形式，房子预售出去后，实际上是形成了负债，从而导致其负债必然比较高，又同时需要大量资金进行建设准备。如图6－2所示，深圳市振业（集团）股份有限公司（以下简称“深振业”）成立于1989年5月25日，作为老牌房地产企业，其经营能力是毋庸置疑的，但从2016—2018年的相关财务数据来看，其货币资金和有息负债都比较高，可见并非所有的“存贷双高”现象都暗藏危机，有时可能只是行业特点导致的经营需要而已。

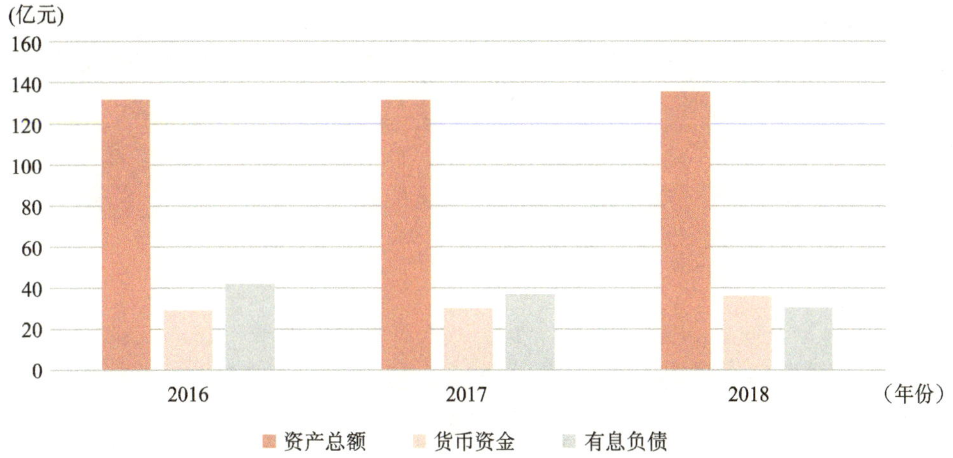

图 6－2　深振业 2016—2018 年存贷情况

资料来源：CSMAR 数据库。

（3）短期内存在重大支出。企业扩张是企业发展一个永恒的主题，没有哪一个企业会拒绝让自己变得更加强大，因此企业扩张也越来越成为一种发展常态。企业的扩张往往有两种方式，分别是内部扩张和外部扩张。内部扩张一般通过新建生产项目来实现，而外部扩张则更多地是指并购重组。根据代理理论，所有权和经营权的分离会产生代理成本，企业所有者的利益取决于企业本身的价值，而很多时候管理者的收入却简单地以公司规模为依据来确定，因此，管理者有动机通过并购重组等行为来扩大企业的规模以增加其自身的收入，而忽视该行为本身的投资收益率。而且根据管理层自负假设，公司在并购过程中，并购公司的管理层在评估标的公司价值时很可能会由于其乐观的自负而做出过高的评价，这甚至会导致管理层进行一些实际上毫无价值的投资。而无论是内部新建生产项目还是外部并购重组，都需要大量的资金来支持，很多时候需要为此专门进行一系列的融资，因此就很可能使得短期内高额货币资金与高额的有息负债同时存在，从而在账面上产生“存贷双高”现象。

此外，在凯恩斯经济学中，预期占有重要的地位，其基本原理在于它强调未来的不确定性对于人们的经济行为的决定性影响作用。因此，如果企业预期后续资金借贷成本会升高，将会提前通过各种融资手段储备货币资金，这样可以降低企业在一定期间内的融资成本，但也会形成大规模负债与账面货币资金同时存在的现象。

（4）存在大额受限资金。受限货币资金主要指的是保证金、不能随时用于支付的存款、在法律上被质押或者以其他方式设置了担保权利的货币资金。企业可能因有大额受限资金而导致企业不得不在拥有高额货币资金的情况下依然需要依赖外部融资的手段以供应经营行为所需要的资金，就形成了“存贷双高”的情形。

在企业的经营过程中，可能会出现各种各样的保证金，例如银行票据保证金，企业在要求银行开具承兑汇票等票据时很多时候需要支付一定的保证金，将其存放于指定的保证金账户，这笔资金会反映在报表上，但是企业在一定期限内的使用受限。对于定期存款，虽然它作为银行存款直接计入货币资金账户，但是由于在一定期限内不能灵活支取，也会在一定程度上对资金使用造成限制。而对于在法律上被质押或者以其他方式设置了担保权利的货币资金，在担保期间同样会存在使用限制。这类资金不能任意支取，因而当有资金需求时公司在有大额受限资金情况下也只能举债，而为了公允反应这一现象，我们应将这类资金作为其他流动资产。然而一旦这类资金被人为地分类至货币资金中就会导致“存贷双高”。

（5）虚增货币资金。近年来，资本市场各种财务造假手段层出不穷，大部分企业会通过诸如虚构海外项目或者和关联方进行循环交易的方式来虚增应收账款、存货、预付账款、其他应收款、固定资产等项目，因为这些资产有时相对不好调查核实，而核实货币资金却要简单得多，但也不乏一些企业非要剑走偏锋，直接通过虚增货币资金这种简单粗暴的方式来粉饰财务报表。

一方面，企业可能在虚增收入的同时，为了会计等式平衡，采取直接虚增货币资金的手段，比如通过伪造、变造大额定期存单等方式增加账面货币资金；另一方面，可能是提取货币资金充时点数，因为资产负债表反映的是时点上的存量数据，所以公司有可能为了美化其财务指标，在报表披露时采取某些手段提取现金放在账面上，之后再将其转出。在这种情况下，注册会计师如果仅仅通过银行来函证时点上的货币现金则很难发现问题，通常这类公司平时的经营可能并不好，需要进行各种融资来维持运转，因此很可能会有较高的有息负债，再加上在时点上转入的货币资金，资产负债表上就自然而然形成了“存贷双高”的现象。

3. 康得新“存贷双高”现象背后的实际原因是什么？

康得新出现“存贷双高”现象是因为其存在大额受限资金以及虚增货币资金这两种情况。针对康得新“存贷双高”的情况，结合前述五种可能导致企业出现“存贷双高”现象的原因进行分析。首先，排除合并报表层面的影响，因为单独看母公司资产负债表也存在货币资金和贷款都很高的情况。其次，结合康得新所处行业的特点，它不同于房地产企业以及传统的重资产国有企业，并不必然需要高杠杆才能维持企业正常运转。最后，对于短期内是否存在大量支出，则要看企业是否存在新的大项目或者有较大的收购计划。从康得新的战略看，尽管其收购项目不少，但收购金额远低于账上的货币资金。由表 6－1 可知，从 2012 年起，康得新的融资规模大幅增加，其运用了短期借款、发行债券以及权益性工具等多种融资方式，然而康得新用于购建固定资产、无形资产和其他长期资产支付的现金也是远低于其筹资金额，可见康得新的高额货币资金并非是为了新建某些项目。因此，也排除了因存在短期大量支出而导致出现“存贷双高”现象的可能。

根据康得新目前爆出的事件以及证监会的调查，其出现“存贷双高”现象更有可能是因为其存在大额受限资金以及虚增货币资金这两种情况。而对于是否存在大额受限资金以及虚增货币资金的情形，可以通过将平均货币资金收益率与活期存款利率或融资成本对比进行识别（见表 6－2）。

表 6－1　　康得新 2010—2018 年部分现金流量情况

	2010 年	2011 年	2012 年	2013 年	2014 年	2015 年	2016 年	2017 年	2018 年
筹资活动									
吸收投资收到的现金（亿元）	5.54	0.02	15.92	1.64	1.25	31.77	49.38	1.17	0.42
取得借款收到的现金（亿元）	2.82	6.66	16.4	24.81	28.9	36.41	73.01	80.39	84.35
发行债券收到的现金（亿元）	—	—	8.93	—	9.97	15.91	25	65.69	14.97
筹资活动现金流入小计（亿元）	8.36	6.68	41.24	26.45	41.32	85.5	147.47	147.31	99.74
投资活动									
购建固定资产、无形资产和其他长期资产支付的现金（亿元）	0.70	5.20	8.10	18.83	2.68	2.24	3.79	3.35	34.99
投资支付的现金（亿元）	—	0.05	—	—	—	1.54	3.33	81.12	46.06
投资活动现金流出小计（亿元）	0.70	5.25	8.10	18.83	3.28	3.82	7.12	84.51	81.12

资料来源：Wind 数据库。

表 6－2　　2013—2018 年康得新利息收入及利息费用情况

	2013 年	2014 年	2015 年	2016 年	2017 年	2018 年
利息支出（万元）	14385.27	25000.87	35458.29	37501.29	57716.38	69872.34
利息收入（万元）	－1761.20	1770.94	2547.59	8882.76	16733.97	22003.17
购买理财产品产生的投资收益（万元）	160.28	0.00	3.63	3.00	3054.01	6872.47
货币资金余额（亿元）	26.75	41.93	100.96	153.89	185.04	153.16
平均货币资金收益率	－0.58%	0.52%	0.36%	0.79%	0.99%	1.30%

资料来源：Wind 数据库。

2018 年，康得新利息支出近 7 亿元，利息收入仅 2.2 亿元。既然账面上有巨额的货币资金，每年却仍要付出高额的成本来获取外部融资，从成本收益角度考虑不合常理。在康得新投资收益科目明细中，2015 年只有 3.63 万元理财收益，2016 年只有 3 万元理财收益，以 4% 的理财年化收益率计算也不过 75 万元总理财投资额，康得新 2015 年和 2016 年账上分别有 100.9 亿元、153.9 亿元现金，一年却只能拿出 75 万元左右出来理财。2017 年和 2018 年理财投资收益为 3000 多万元和 6000 万元，折合理财金额大概为 7.5 亿元和 15 亿元，闲置资金的使用效率也不高。

此外，通过利息收入和平均货币资金余额简单计算每年的平均货币资金收益率，康得新的平均货币资金收益率常年较低，在 2013 年甚至为负值，在 2017 年上升至 0.99%，2018 年更高一些，为 1.30%。我国的活期存款基准利率为 0.35%，按这个水平来看，康得新的平均货币资金收益率只比银行的活期存款基准利率高一点，货币资金的配置效率非常低，而举债融资还需要承担高额的财务费用，这种融资策略显然不合理。由此可见，康得新很有可能存在大额受限资金甚至虚增了货币资金。

综上所述，康得新“存贷双高”现象的出现很可能是由存在大额受限资金以及虚增货币资金导致，具体表现为利用现金保密协议虚增货币资金、存在高股权质押比例进而占用上市公司资金两种情况。

4. 以本案例为启示，分析“存贷双高”可能会造成哪些经济后果？

“存贷双高”可能会导致资金配置效率降低、影响企业的短期决策以及损害企业长期效益。账面上长期持有高额的货币资金和有息负债是一种不理性的选择，会产生大量的财务费用以及资金持有成本，并因此丧失对收益率更高项目的投资机会，降低资金的配置效率，而且若货币资金使用存在限制，则会影响企业的短期决策，进而损害企业的长期效益。

（1）降低资金配置效率。若企业账面上的货币资金真实存在，高额的有息负债会产生较高的财务费用，与此同时，持有大量货币资金而不去投资收益率更高的项目，则会产生持有成本，而且一般情况下有息负债的财务费用会高于持有货币资金带来的利息收入，如表6-3所示，康得新每年的利息支出远高于利息收入，其货币资金收益率常年处于0.4%—0.7%的低水平，因此长期“存贷双高”实际上并不是理性的做法。对于规模较大的集团公司，其在合并报表层面产生的“存贷双高”现象也体现其集团内部资金配置失衡。目前有很多规模较大的集团公司都成立了相对独立的财务公司，来统筹整个集团的资金和其他财务分配，这可以在很大程度上解决集团公司内部资金配置效率低下的问题。

如果企业账面上的货币资金使用受限或者并不真实存在，这可能导致社会资源配置无效，给投资者造成巨大的损失。资本市场的重要功能之一就是合理配置社会资源，从而促进国民经济发展，并且使投资者在投资过程中获得一定的“财产性收入”，企业由于货币资金受限或虚增货币资金的情况导致的“存贷双高”现象有可能会破坏资本市场的这种功能。账面上“存贷双高”会使某些财务指标看起来比较正常，比如偿债指标，由于货币资金使用受限甚至根本不存在，因此相关的偿债指标远没有账面上体现的那么好，这会让投资者对企业的经营状况以及未来前景产生误判，从而增加对该企业的投资。而货币资金的实际情况一旦为公众所知，股价就有可能崩盘，投资者很可能会血本无归，导致社会资源配置失效。表6-3是康得新2010—2018年部分偿债能力指标情况，一般认为，流动比率在2左右、速动比率在1左右、现金比率在0.2左右是比较好的情况。除2010年康得新刚上市时比较特殊外，其流动比率和现金比率都比较正常，且现金比率一直处于比较高的水平，这意味着康得新直接偿付流动负债的能力很强，但这一比率过高，也表明其通过负债方式筹集的流动资金没有得到充分利用。康得新通过长久以来账面上的优秀表现将自己打造成了人人称赞的“千亿白马股”，因此轻松骗取了投资者信任，然而一旦东窗事发，中小股民的资金就将瞬间蒸发。

表6-3　康得新2010—2018年部分偿债能力指标情况

	2010年	2011年	2012年	2013年	2014年	2015年	2016年	2017年	2018年
流动比率	5.31	1.39	2.54	1.47	1.93	1.93	2.20	2.14	1.91
速动比率	5.07	1.21	2.39	1.30	1.79	1.86	2.14	2.09	1.86
现金比率	4.24	0.81	2.12	0.99	1.09	1.31	1.56	1.58	1.34

资料来源：Wind数据库。

综上所述，无论货币资金是否真实存在，长期的“存贷双高”都会在一定程度上降低资金的配置效率。

（2）影响企业短期决策。除合并报表层面、企业加杠杆的需要以及短期内存在大量支出这三个因素外，如若企业存在的“存贷双高”现象实际上是由于有大量货币资金使用受限或者货币资金根本不存在所导致的，那企业可能会因此作出非常规的短期决策。企业账面上货币资金和有息负债都处于高位，而货币资金却无法使用，这说明企业实际上处于资金短缺的状态。持有适量资金是企业得以正常经营运转的重要前提，企业一旦资金短缺，经营将会出现各种不良状况。因此，当企业由于使用权受限或者虚增货币资金而存在“存贷双高”现象时，一方面，企业需要不断举债来维持企业运转；另一方面，资金短缺会使得企业经营状况恶化。而对于上市公司而言，在报表上保持良好的状态显得尤为重要，这可能会促使企业萌生造假的念头。

由图 6－3 可知，康得新上市以来货币资金持有量一直处于高位，但由于其实际上的可用资金很少，因此康得新不得不持续进行举债融资，即便需要支付大额的利息。另外，如表 6－4 所示，康得新的毛利率相对同行业而言要高很多，一般情况下随着竞争者扩大产能，价格和毛利率都该有所下降，但康得新的毛利率却一直离奇地维持在行业中位数的 3 倍左右，始终保持在第一的位置。根据图 6－4 可知，康得新的应收账款几乎是逐年增加，其占营业收入的比例也在不断增大，并在 2016 年和 2018 年均超过了 50%。但是康得新的应收账款周转率却一直很低，2010—2018 年的平均值仅为 3.79，远低于行业平均值 10，这说明康得新的收入质量较低。毛利率很高意味着企业的产品有较高的附加值，与同行相比竞争力较强。然而应收账款占营业收入的比重过大，则表明企业对下游的议价能力很弱，康得新的高毛利率以及高应收账款占比并存显然是不合理的。而从图 6－5 可以看出，康得新的存货与收入、成本之间的增长也不匹配，其收入不断增加，但存货金额从 2014 年起一直保持在 5 亿—6 亿元之间。通过上述分析，我们可以推测出康得新存在虚增收入的可能。

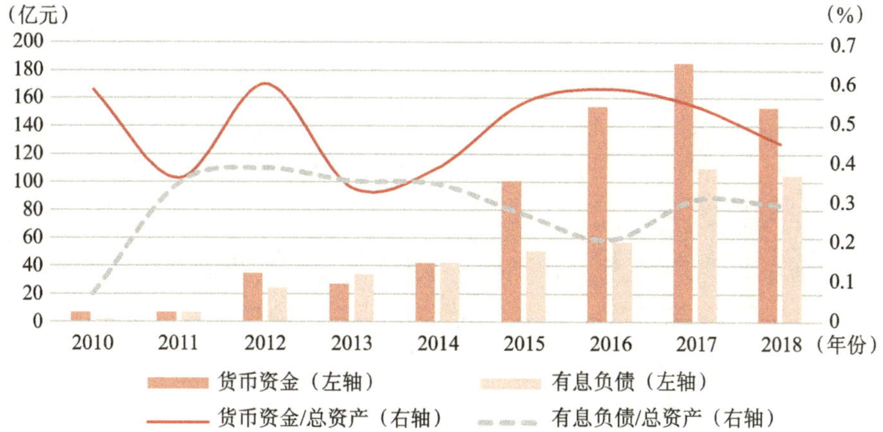

图 6－3　2010—2018 年康得新货币资金与有息负债

资料来源：Wind 数据库。

表 6－4　康得新毛利率与行业对比情况

	康得新毛利率（%）	行业毛利率中位数（%）	行业毛利率最高值（%）
2016 年	39.92	12.69	39.92
2017 年	39.41	14.66	39.41
2018 年	39.42	13.40	39.42

资料来源：Wind 数据库。

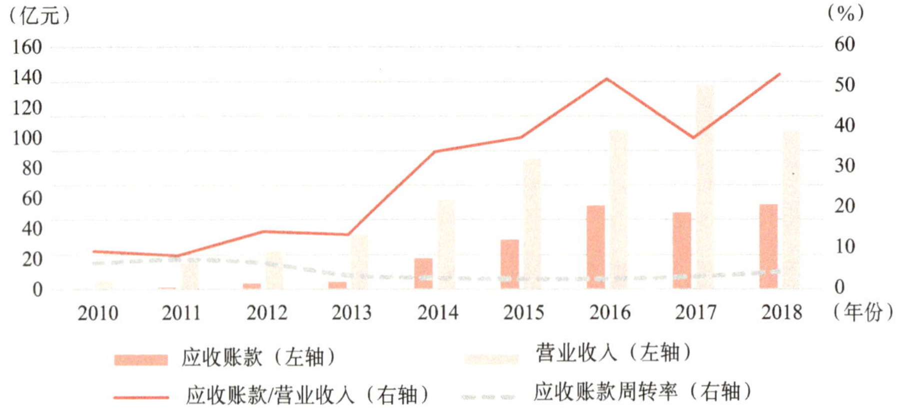

图 6－4　康得新 2010—2018 年应收账款情况

资料来源：Wind 数据库。

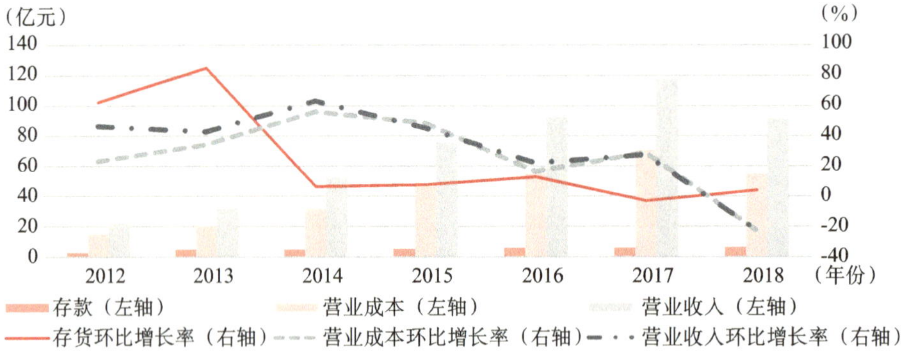

图 6－5　康得新 2010—2018 年收入、成本与存货情况

资料来源：Wind 数据库。

而经证监会查明，康得新分别在 2015—2018 年年度报告中利用关联交易等方式虚增利润 23.81 亿元、30.89 亿元、39.74 亿元和 24.77 亿元，金额共高达 119 亿元，巨额造假引起资本市场一片哗然。然而康得新的财务造假实际上并非无迹可循，从“存贷双高”现象切入，以小见大，可以逐步揭露其财报的真实面目。

（3）损害企业长期效益。根据前述分析，如若企业因短期内存在大量支出等因素而导致“存贷双高”现象的暂时性存在，这的确是无可厚非的，但是若企业账面上长期存在“存贷双高”现象，则会损害企业的长期效益。

假设企业账上的巨额货币资金和有息负债真实存在，那么将大量短期内并不需要支出的货币资金攥在手里而不进行具有更高收益率的投资，则会产生较高的持有成本。没有哪一家企业的基业长青是靠货币资金的利息收入支撑的，企业只有将资金投放于收益率更高的项目才能为企业创造更大的收益，才能使企业日渐壮大。因此，单纯地将巨额货币资金放在账面上表面上并无不可，但却不利于企业的长期发展。更何况背负过高的有息负债会产生大量的财务费用，无疑又增加了企业的负担。而如果货币资金本身就是虚构的，那么一旦东窗事发则是重大利空，企业可能会因此无东山再起之日。企业财务造假虽然能获得资本市场上投资者一时的青睐，但是粉饰的报表终有一日会被发现，当其真实面目公之于众时，受到的处罚不仅是来自证监会的，更将承受失信于资本市场的代价，以致苦心经营许久的信誉崩塌，基业长青便再无可能。

康得新 2019 年初债务违约事件爆出，也因此引发监管机构、投资者等对其“存贷双高”现象的高度关注，其背后的玄机也随着证监会的调查逐渐显现，2019 年 7 月 5 日，证监会发布对康得新复合材料集团股份有限公司的行政处罚决定，拟对康得新及其主要责任人员顶格处罚并采取终身证券市场禁入措施。如图 6－6 所示，康得新的股价不断下跌，从 2019 年 1 月 23 日开市起，“康得新”变更为“*ST 康得”，并且自 2019 年 7 月 8 日起停牌。由表 6－5 可知，康得新市值蒸发明显，和行业平均值相比，其市盈率、市净率和净资产收益率也是极低，甚至为负数。这一方面损害了企业自身的价值，另一方面也是对中小股东利益的侵害。

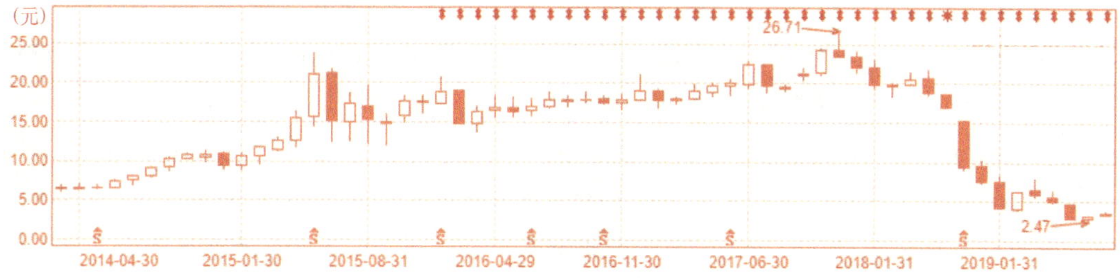

图 6－6　康得新股价走势

资料来源：东方财富网。

表 6－5　截至 2020 年 3 月康得新行业排名情况

排名	简称	总市值（亿元）	市盈率	市净率	ROE（%）
1	隆基股份	902.27	20.74	3.50	17.04
2	蓝思科技	687.39	26.39	4.02	6.32
3	璞泰来	279.98	44.90	8.75	15.01
4	方大炭素	253.37	8.44	1.70	14.22
12	康得新	124.64	−2.15	0.73	−5.44
−	行业平均	83.94	73.39	4.39	6.68
−	市场平均	150.76	135.39	4.02	4.53

资料来源：东方财富网。

5. 请分别对公司本身、外部监管以及审计机构三个方面提出相应的建议，以期能够帮助他们更好地甄别“存贷双高”现象的真实面目，避免类似事件重现。

（1）完善内部控制，加强公司治理。在公司层面完善内部控制、加强公司治理。实际上只要是上市公司都能拿出一套纸面上的内部控制制度出来，然而对于一些上市公司来说，这些内部控制制度却形同虚设。纵观上市公司披露的年报或者内部控制自我评价报告，都会写着其内部控制制度完善，建立了舞弊预防机制，但是这些制度很多时候却并没有得到严格的执行，有时甚至当企业出现重大财务问题时部分管理层仍然没有察觉，所以如何做到令行禁止是很多上市公司都需要思考的问题。首先，对于管理层而言，至少应当清楚企业自身的财务状况，对于长期存在的“存贷双高”现象，通过自查并不难发现，若其背后真有重大危机，那么亡羊补牢或许还为时不晚。其次，按照证监会的要求，上市公司应当设立审计委员会，但是审计委员会的独立性却往往令人怀疑。因此，上市公司应当完善自身内部控制制度，加强公司治理。对于审计委员会，应当适当增强其话语权，提高审计委员会成员的专业胜任能力，让审计委员会能在公司治理中起到切实的作用。审计委员会应当及时识别企业的财务异常，对于“存贷双高”等现象要究其原因。同时也应让独立董事发挥其真正的作用，一般情况下独立董事往往具有较高的权威性和专业性，让他们为董事会的决策把关可以在一定程度上减少董事会的决策失误。最后，监事会作为企业内部控制重要的监督机构，也应当加强对企业经营决策等活动的监督。

（2）增强外部监管，加大惩处力度。在外部监管层面增强外部监管、加大惩处力度。对于“存贷双高”现象可能带来的经济后果，最值得关注以及最严重的无非是企业在情急之下走上造假这条不归路。然而针对企业的财务造假，在经济处罚方面，对企业的顶格处罚也只是60万元，跟财务造假带来的动辄上亿元的金额相比实在是微不足道；而在刑事处罚方面，要根据大股东的违法违规程度来量刑。本案例中，康得新在2019年7月被处以顶格处罚60万元，其实际控制人钟玉被处以90万元的罚款并被采取终身证券市场禁入措施，接着在2019年12月份钟玉因涉嫌犯罪被逮捕。尽管可能承担刑事责任，但是60万元的顶格处罚也的确给了企业和大股东铤而走险的借口和巨大的吸引力。因此，对于这种对社会产生极其恶劣影响的财务造假，建议有关部门加大惩处力度，增强外部监管的威慑力，让心怀不轨之徒望而却步。除了对企业作出处罚外，应对主犯从重处罚，同时对从犯也不能放任不管，也应有相应的处罚。正所谓一个巴掌拍不响，虚构货币资金等财务造假需要一系列的流程，往往涉及多方，如客户、第三方机构等，这些助纣为虐的帮凶也应该得到应有的惩处。

（3）坚守审计原则，改变聘任机制。在审计机构层面坚守审计原则、改变聘任机制。审计机构在资本市场扮演着不可或缺的角色，现如今资本市场的参与者繁杂，尤其是投资者，很多投资者并不具备投资所需的专业知识，其对某个公司的认识也许非常依赖注册会计师的意见，因此审计结果就有可能对这部分投资者的投资决策产生重大影响。而企业长期存在不合理的“存贷双高”现象并不难发现，那为何康得新等上市公司能在多次年审后仍然相安无事呢？这其中缘由耐人寻味。为了避免注册会计师为高额的利益所诱惑，从而让企业的不法行为能够瞒天过海，导致一些投资者承担重大损失。一方面我们要强调坚守审计原则的必要性和重要性，对注册会计师和审计机构违反审计职业道德的行为要严惩。另一方面，可以在审计机构的聘任机制上进行突破，例如由内部的审计委员会拟定选聘的审计机构，而在最终决策时应限制对企业具有实际控制权的大股东的投票权，此外也可以考虑建立由独立第三方机构代替企业选聘和委任审计机构的机制，这样可以在很大程度上增强注册会计师的独立性，避免注册会计师和某些利益相关者存在千丝万缕的关系，从而提高其审计报告的可靠性。只有当审计机构坚守职业道德规范，保持足够的独立性，才能识别并指出被审计单位的财务异常。

五、教学方法与手段

近年来致力于会计人才培养模式改革，全面重塑会计人才培养体系。《商业伦理与会计职业道德》课程作为我校会计学院硕士研究生的必修课程，在研究生思政建设中具有举足轻重的作用。课程总目标是立足于现代经济活动实践和案例，结合经济环境的制度特征，让会计专业的研究生认识和理解商业伦理和职业道德在未来职业发展中的重要作用，将价值塑造、知识传授和能力培养紧密融合，培养德才兼备的高素质、综合型、复合型卓越财会人才。具体目标分解如下（见图6－7）：一是坚持一个道德核心，贯彻立德树人，将思想政治教育有机融入课堂教学全过程；二是培养学生的五大专业能力，即商业伦理理论理解力、商业伦理问题分析力、会计职业道德认知力、会计造假问题判断力、会计职业道德实践力；三是体现两大基本素质，即“从会计内部看世界”和“跳出会计看世界”。

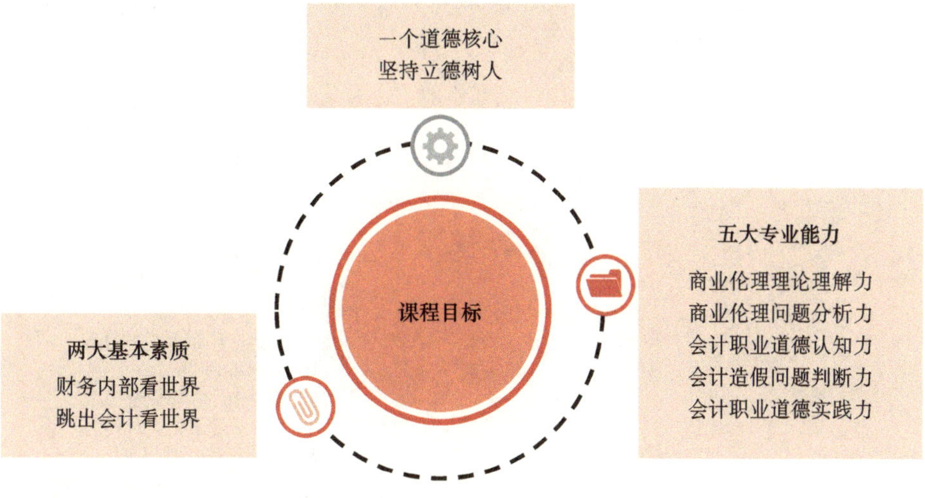

图6－7　课程目标

（一）课程思政建设的指导思想

为培养德才兼备的卓越财务人才，结合课程的教学目标设定，课程思政建设逐步形成了遵循“两性一度”打造金课的标准，提出了以“价值引领、交叉前沿、三位一体”的教学指导思想（见图6－8）。

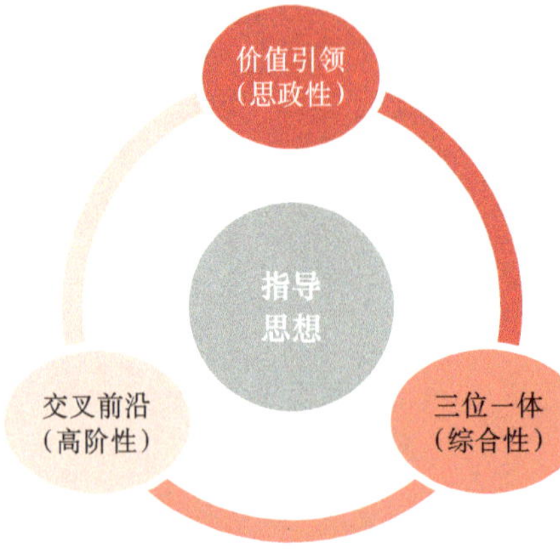

图6－8　课程思政建设指导思想

（二）课程思政建设的创新模式

基于本人的教学探索与实践，结合课程指导思想，本课程的思政建设策略主要体现在三个方面：一是针对会计学院研究生的特点而探索并开发的课程思政建设的“二三四”模式，即双体互动、三重解释、四项融入（见图6－9）；二是体现“思政性、专业性与趣味性并重”的复合培养模式；三是以“一个道德核心、五大专业能力培养和两大基本素质”为目标导向的教学内容设计。任课教师采用线上和线下相结合、综合运用多案例教学、启发式教学、抛锚式教学、协作式教学等多种教学方法，逐渐转变学生的学习方式，培养自主学习能力和科学探索精神。

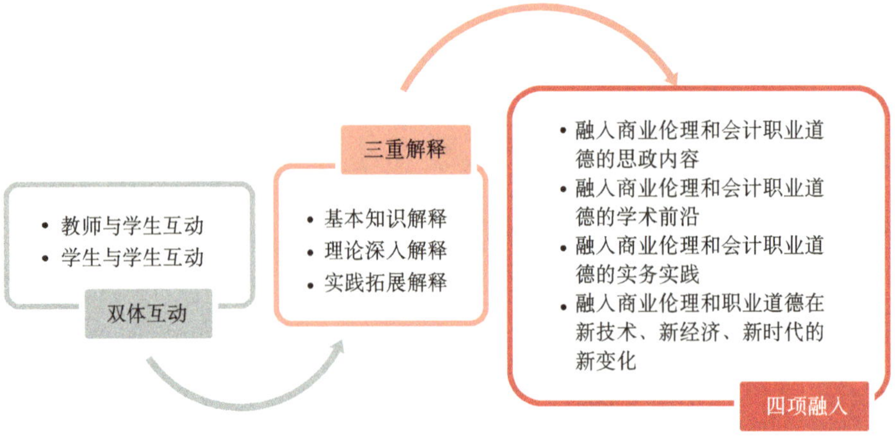

图6－9　课程思政建设的“二三四”模式

（三）课程思政建设的方法和手段

本课程综合运用多种方法来具体实施课程思政建设的“二三四”模式，即根据“三重解释”的学科教学特点，创设“双体互动”和“四项融入”的学习情境，通过业界专家分享教学法、问题链式教学法、启发式教学法、行动学习式教学法和参与式教学法，促进学生对《商业伦理与会计职业道德》课程知识、理论和实践的积极内化（见图6-10）。

图6-10　课程思政建设的教学方法

（四）课程思政建设融入教学的过程

课程思政建设的“二三四”模式的理论内核可以转换为可行的实践方式，特别要充分对接五种能力的培养，据此设计《商业伦理与会计职业道德》课程思政建设的教学过程，积极将课程思政建设目标融入课程教学过程。具体教学过程如图6-11所示。

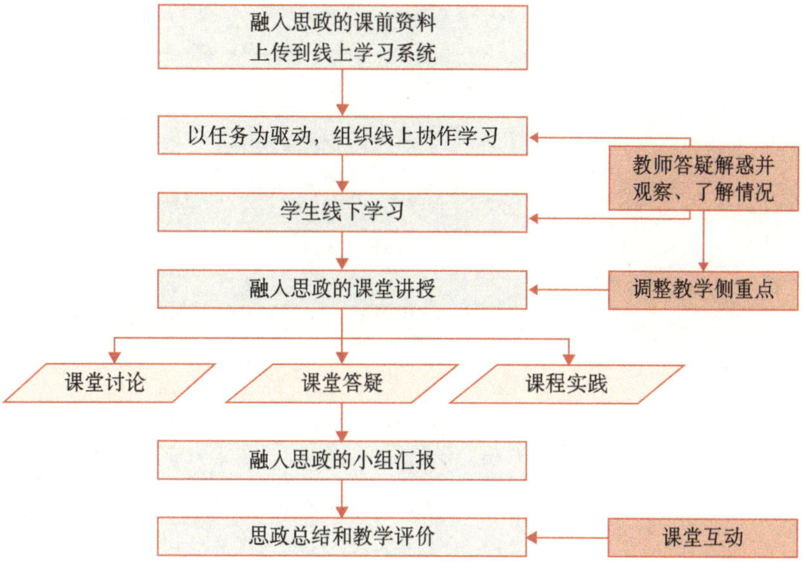

图6-11　课程思政建设的教学过程

六、教学实施过程

（一）时间计划

本案例可以作为专门的案例讨论课来进行。以下是按照时间进度提供的课堂计划建议，仅供参考。

整个案例课的课堂时间控制在80—90分钟：

（1）课前计划：提出思考题，请学员在课前完成案例的阅读，通过查找资料，预习“存贷双高”的相关理论知识。

（2）课中计划：开场（5分钟）—案例概述（10分钟）—进入分析讨论互动环节（40分钟）。各小组进行成果汇报，并进行归纳总结（25分钟）。老师对相关方法进行总结和要点详解（10分钟）。

（3）课后计划：请同学课下寻找另外一家存在“存贷双高”现象的企业，分析其“存贷双高”现象产生的原因，预测其经济后果。并将分析成果总结成报告，实现举一反三，学以致用。

（二）课堂提问逻辑

课前把案例本身以及案例讨论话题矩阵表发给学生，让学生分组讨论，课堂上根据讲授“存贷双高”的基础理论穿插提问，要求学生把案例讨论的结论陈述出来，以此引导学生把所学的理论和案例讨论的内容融合起来。具体安排如表6－6所示。

表6－6 课堂提问逻辑

内容	主角	组织与要求	时间
什么是“存贷双高”？在哪些行业更可能出现？	老师和学生	老师讲授并引导学生讨论	5分钟
“存贷双高”的理论成因和案例企业实际成因是什么？	学生	学生分组讨论，挑选学生围绕问题把所在小组案例讨论的结论陈述出来	15分钟
结合案例及其所讲授的理论，分析“存贷双高”可能会造成了哪些经济后果？	学生	学生分组讨论，挑选学生围绕问题把所在小组案例讨论的结论陈述出来	10分钟
案例讨论升级，对类似的公司、外部监管及审计机构等有何建议？	学生 老师	要求每个小组的学生根据老师教授内容以及其他小组陈述的案例讨论情况，进行总结陈述	5分钟
自我提升总结	学生和老师	要求每个案例小组推荐一名学生把讨论案例中产生的分歧，以及听取其他小组观点后产生的疑问提出来，老师针对分歧和疑问进行讲解	10分钟

（三）课堂板书设计

（1）在讲每部分内容时需要对内容题目进行板书（见图 6 – 12），让学生了解所讲内容所属哪个部分。

（2）在讲解“存贷双高”的理论和实际原因，要根据学生的反应进行板书。

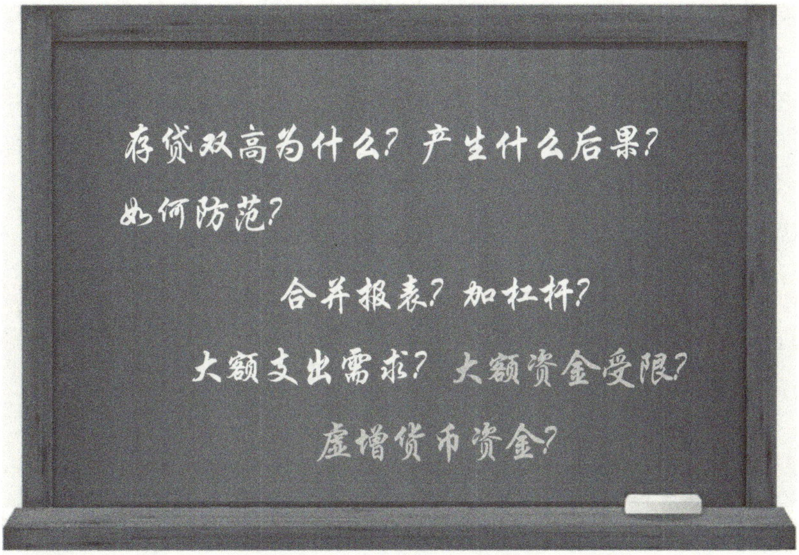

图 6 – 12　课堂板书设计

七、考核与评价方式

教学效果评价是课程评价的重要部分，根据现代教育思想和教学观念，本课程主要聚焦于以下三种评价维度和操作方式——诊断性评价、形成性评价和总结性评价，三者恰好构成了一个动态的评价体系。

诊断性评价根据学生的前期学习表现来评价教学效果，形成性评价根据学生的课堂表现和课后作业来评价教学效果；总结性评价根据学生的期末考试成绩来评价教学效果。在评价的权重上，总结性评价（期末案例分析考试）占总成绩的 50%，诊断性评价和形成性评价（包括考勤、作业、平时测验、案例分析等）共占总成绩的 50%。

通过三种评价手段的综合运用，强化思政元素在考核环节的体现，便于教师及时了解教学中取得的成绩和存在的问题，不断调整或改进教学工作，最终达到课程与教学的目标要求。

八、实施成效

《商业伦理与会计职业道德》课程评价成绩优秀，改革效果较好。

（一）学生评价

学生作为课程与教学的直接实施对象，虽然还不具备理论水平和专业眼光，但依然具有评价教师的能力，特别是在与自己的直观体验关系密切的几个指标上：课堂表达的易懂性、兴趣需求的契合度、互动交流的有效性、教学手段的丰富性、教师言行举止是否积极向（思政元素）。

经过课程的教学创新改革，本课程的学生评价进一步得到提升，体验式案例教学，互嵌式课程思政，让本课程的教学效果更为优秀，学生对课程的满意度大大提高，对案例教学的赞扬评价和正能量价值观的传授给予了充分肯定（本课程在“我感受到教师的价值取向是培养热爱祖国……乐于奉献的好公民”的得分接近满分）。学生的具体评价如图 6－13 所示。

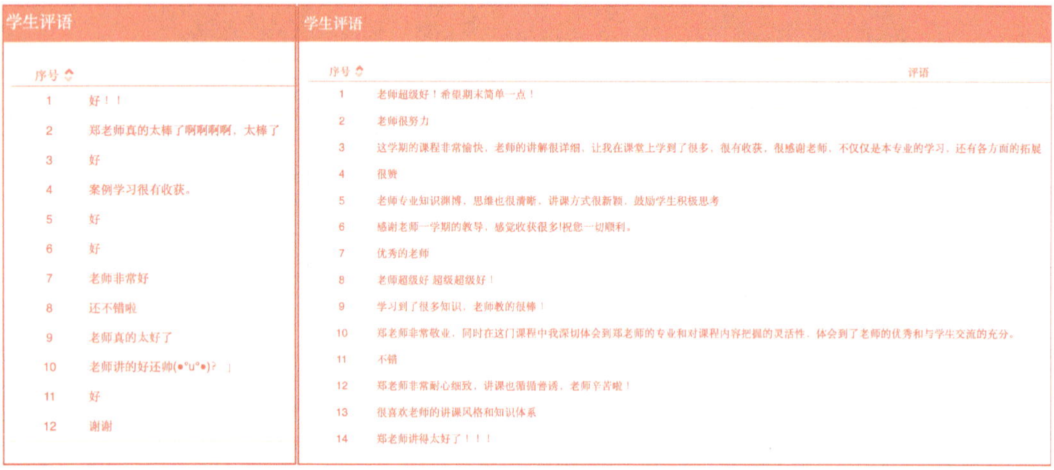

学生评语

序号	
1	好！！
2	郑老师真的太棒了啊啊啊啊，太棒了
3	好
4	案例学习很有收获。
5	好
6	好
7	老师非常好
8	还不错啦
9	老师真的太好了
10	老师讲的好还帅(•°u°•)?
11	好
12	谢谢

学生评语

序号	评语
1	老师超级好！希望期末简单一点！
2	老师很努力
3	这学期的课程非常愉快，老师的讲解很详细，让我在课堂上学到了很多，很有收获，很感谢老师，不仅仅是本专业的学习，还有各方面的拓展
4	很赞
5	老师专业知识渊博，思维也很清晰，讲课方式很新颖，鼓励学生积极思考
6	感谢老师一学期的教导，感觉收获很多!祝您一切顺利。
7	优秀的老师
8	老师超级好 超级超级好！
9	学习到了很多知识，老师教的很棒！
10	郑老师非常敬业，同时在这门课程中我深切体会到郑老师的专业和对课程内容把握的灵活性，体会到了老师的优秀和与学生交流的充分。
11	不错
12	郑老师非常耐心细致，讲课也循循善诱，老师辛苦啦！
13	很喜欢老师的讲课风格和知识体系
14	郑老师讲得太好了！！！

图 6－13　学生对本课程的部分评价

（二）专家评价

专家以课程与教学理论为依托，根据相关的专业需求对教师的教学内容、教学过程等进行评价，并以严格专业的方式收集所需的材料，完成对教师能力的评价：目标内容的契合性、教学内容的合理性、案例讲授的贴切性、教学过程的有效性、教学案例的时效性、课堂思政的融入性（思政元素）。

主讲教师获得北京高校第十一届青年教师教学基本功比赛一等奖、最佳教案奖和最佳教学回顾奖，北京市高校课程思政示范课程（第二排序），第一届北京高校教师教学创新大赛二等奖（第二排序），北京高校第十二届青年教师教学基本功比赛优秀指导教师奖（省部级）、北京市本科优秀毕业论文指导老师等（见图 6－14）。

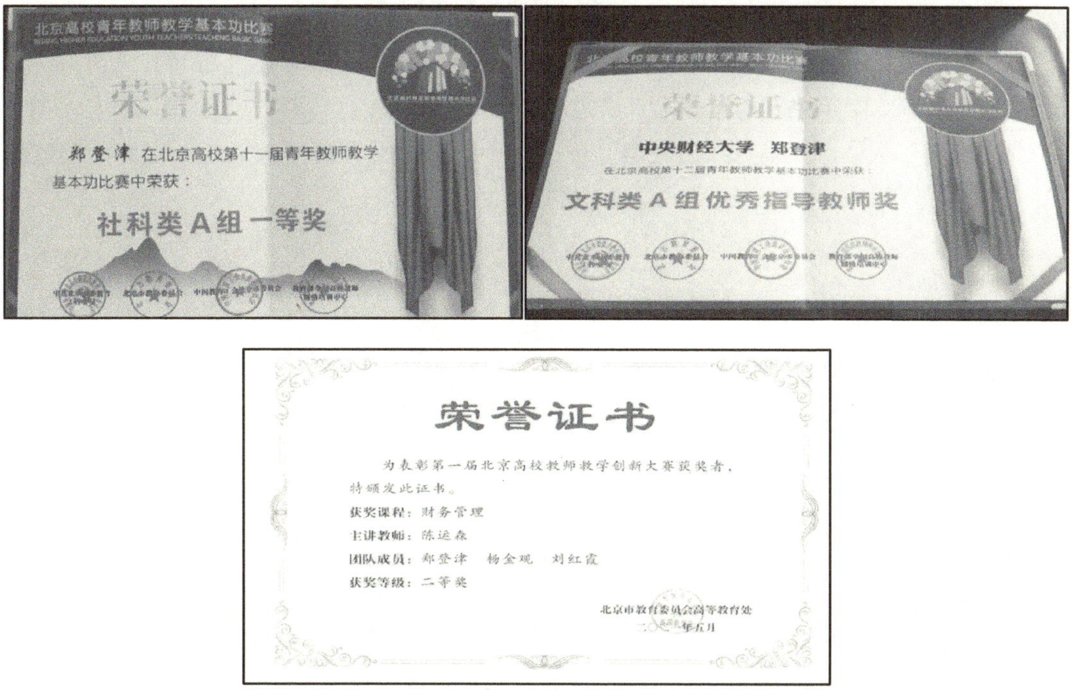

图 6－14 部分荣誉证书

（三）人才培养

经过课程的思政教学创新改革，学生的成长得到了质变，具体如下：

（1）学生论文发表：课程主讲人与学生合作研究的多篇实证论文和案例研究论文发表于学术期刊：“连锁董事在传播僵尸企业的高杠杆财务政策吗？”发表于《会计与经济研究》；“‘耳听不为真’——控股股东股权质押与分析师实地调研”发表于《管理评论》；“‘一带一路’与公司绩效：一项准自然实验”发表于《财务研究》；思政话题论文“新冠疫情与公司财务”发表在《中央财经大学大学学报》和 SSCI 期刊 *Emerging Market Finance and Trade*。

（2）学生案例比赛：指导学生获得第十一届“挑战杯”首都大学生课外学术科技作品竞赛一等奖、第十九届中国 MBA 创业大赛北方赛区优胜奖、ICAEW 国际商业案例大赛中国赛区冠军、中央财经大学 MBA 案例教学研讨会征文三等奖等。

（四）成果推广

自 2019 年以来，课程主讲人作为北京高校青年教师创新教研工作室负责人之一，多次参与学校教师教学发展中心组织的青年教师微格教学实训活动，对教师教学进行了现场点评与专业指导；积极参与工会和教务处组织的青教赛赛前培训会，对学校参赛教师的比赛内容和语言组织等进行专业指导；受邀参加会计学院、政府管理学院等青年教师教学经验分享和青教赛指导会，促进教师教学观念更新、教学技能提高和教学方法改进。

主讲人成功指导会计学院李哲副教授获得北京市高校第十二届青年教师教学基本功比赛一等奖，主讲人也因此获得了北京高校青年教师教学基本功比赛优秀指导教师奖。主讲人也受邀担任 2021 年北京高校教书育人课程思政“最美课堂”评委。此外，2021 年担任“中央财经大学大学青年马克思主义培养班”导师。将本课程思政教学创新设计带到兄弟院校的青年教师当中，展现了教学创新与推广能力。

案例 7：对堂堂所“没一罚六”重吗？

——《高级审计理论与实务》课程思政教学案例

李晓慧
（中央财经大学会计学院教授）

一、基本信息

课程名称：高级审计理论与实务
授课对象：会计专业、审计专业硕士研究生，经济类、管理类研究生
知 识 点：《高级审计理论与实务》，第八章“舞弊审计理论和实务”
主讲教师：李晓慧

二、教学目标

（一）知识目标

（1）掌握“为什么说审计独立性是舞弊审计的基石?”的原因。

（2）了解注册会计师在承接审计业务、计划与执行审计业务时保持独立性的基本要求。

（3）理解在资本市场，注册会计师缺乏审计独立性时，将出现什么情况以及为什么会被重罚。

（二）能力目标

提升学员作为专业人士披露、揭示舞弊风险的能力。

（三）育人目标

增进学员坚守价值底线，形成正确的价值观和专业素养，以独立、客观、公正的执业理念和质量至上的服务理念，真正发挥注册会计师审计外部监督作用。

三、教学重点与难点

（一）教学重点

1. 为什么说审计独立性是舞弊审计的基石?

在资本市场，查出并披露上市公司财务报表舞弊有两个要影响因素：审计独立性和审计胜任能力。对于在资本市场上的注册会计师来讲，经过专业学历教育和注册会计师统一考试磨练，不可能缺乏审计的胜任能力，但为什么资本市场众多的上市公司财务报表舞弊

案例的查证和揭示并非是由注册会计师完成？这主要是因为缺乏审计独立性导致的，即便注册会计师有审计专业胜任能力查证出来财务报表舞弊，也可能与相关人串通造假，或者“视为无法查出”，把问题掩盖起来，这些性质都很严重。

独立性包括实质上的独立性和形式上的独立性：实质上的独立性是一种内心状态，使得注册会计师在提出结论时不受损害职业判断的因素影响，诚信行事，遵循客观公正原则，保持职业怀疑；形式上的独立性是一种外在表现，使得一个理性且掌握充分信息的第三方，在权衡所有相关事实和情况后，认为会计师事务所或审计项目团队成员没有损害诚信原则、客观公正原则或职业怀疑。

注册会计师在执行审计业务时只有保持形式上和实质上的独立性，才能提升披露、揭示舞弊风险的能力。

2. 在承接审计业务、计划与执行审计业务时，注册会计师保持独立性应当注意的事项

根据《中国注册会计师职业道德守则第 4 号——审计和审阅业务对独立性的要求》，我们整理注册会计师保持独立性应当注意的事项如表 7 – 1 所示。

表 7 – 1　　注册会计师保持独立性应当注意的事项

项目	一般要求	不可为的事项（举例说明）
承接审计业务	评价损害独立性的经济利益、关联关系、自我复核、外部压力，凡是存在且损害影响独立性无法减轻至可接受水平，都不能承接业务	1. 不事前约定审计意见类型 2. 不约定或有收费 3. 不能支付业务招揽费
计划与执行审计业务	发现存在损害独立性的事项，马上评价并采取措施减轻至可接受水平	1. 不能代被审计单位决策 2. 不能篡改证据或指导被审计单位提供需要的证据 3. 不能频繁更换签字注册会计师 4. 后任签字注册会计师不能不审计就签发审计报告
提交和归档审计报告	再次评价审计独立性，并做出承诺	1. 不能根据需要修改或删减审计工作底稿 2. 不能串谋掩盖事实 3. 不能出卖审计意见

（二）教学难点

了解在资本市场，缺乏审计独立性的种种表现，及其为什么会被重罚？

资本市场中缺乏审计独立性的种种表现很多，我们以“堂堂所审计*ST 新亿”为例总结注册会计师缺乏独立性的种种表现有：

（1）签署“抽屉协议”约定审计意见类型。

（2）承诺支付给利用关系招揽业务的注册会计师居间费。

（3）承诺补偿签字注册会计师潜在的行政罚款和经济损失。

（4）约定或有收费或要求被审计单位补偿因处罚的损失。

（5）频繁更换签字注册会计师以求出具约定的审计意见。

（6）为能够出具约定的审计意见而修改证据或串谋掩盖事实。

（7）发现异常而不追查，审计程序出现严重缺陷。

（8）明知财报存在严重问题，却为掩盖问题还大费周章修改底稿、删除底稿。

（9）出具了名不副实的审计报告。

尽管新《证券法》将会计师事务所从事证券服务业务由审批管理改为事后备案管理，给中小型会计师事务所参与证券服务业务提供了巨大的机遇，“堂堂所”作为第一个“吃螃蟹”的承接证券业务的小事务所，其勇气和探索精神可嘉；尽管“堂堂所”官网上宣称要创造“堂堂正正的会计师事务所品牌”，但以上种种表现已经不是简单地违反独立性的要求，而是严重丧失职业底线，把注册会计师个人利益凌驾于审计的社会责任，使注册会计师变为“唯利是图”的商人，触及法律底线，必然要被严厉追责和惩罚。

四、课程思政案例介绍

对堂堂所“没一罚六”重吗?

（一）事由

2021 年 11 月，作为会计师事务所从事证券服务业务由审批管理改为事后备案管理的第一个“富贵险中取”的深圳堂堂会计师事务所（以下简称“堂堂所”），收到《行政处罚及市场禁入事先告知书》，因堂堂所 *ST 新亿出具的文件存在虚假记载和重大遗漏、审计独立性缺失、收入审计存在严重缺陷、函证程序存在缺陷等，证监会拟对堂堂所“没一罚六”：没收收入 197 万元，处以 1182 万元的罚款，吴某堂、刘某斌和刘某辉 3 位相关注册会计师分别被罚 100 万元、50 万元、30 万元，同时分别被采取 10 年、5 年、3 年证券市场禁入措施。此后，堂堂所四处“喊冤”，认为对其处罚“过重”，过罚不相当。

2020 年 8 月 25 日，堂堂所对 *ST 新亿 2018 年和 2019 年年度财务报表出具了带保留意见的审计报告，对韩真源 2018 年净资产审计报告和 2019 年财务报表出具了标准意见审计报告，截至 2021 年 4 月 22 日，堂堂所已向 *ST 新亿开具了发票并收到 *ST 新亿支付的审计费 199 万元（含税，税率 1%）。

（二）争论的焦点[①]

根据证监会行政处罚决定书（堂堂所、吴某堂、刘某斌、刘某辉）（中国证监会〔2022〕6 号），以及堂堂所官网上公布的《陈述和申辩意见》《补充陈述和申辩意见》等

---

① 以下所有信息和资料均来自证监会、堂堂所官网，描述事实部分与原文雷同，没有修改，仅按故事逻辑重新归类展示。

资料，我们整理证监会和堂堂所争论的焦点问题如表7－2、表7－3、表7－4和表7－5所示。

1. 审计独立性是否缺失？

表7－2　关于审计独立性缺失的争论焦点

项目	证监会	堂堂所	证据
观点	审计独立性缺失	堂堂所及项目签字注册会计师不存在审计独立性缺失情况	1. 当事人笔录 2. 微信聊天记录 3. 上市公司公告 4. 相关合同 5. 审计报告、审计底稿
具体理由	1. 承诺对*ST新亿2019年度财务报表不出具否定或无法表示意见的审计报告并约定或有费用 2. 承诺对因签字导致的行政处罚给予赔偿 3. 承诺支付居间费 4. 违规修改审计报告内容导致出具的审计报告存在虚假记载和重大遗漏。具体表现在：①堂堂所更改韩真源2018年净资产审计报告的审计意见类型；②堂堂所根据相关方要求删除审计报告中重要内容；③堂堂所关于*ST新亿2018年和2019年审计报告复核工作实际上依赖刘某辉团队完成	1. 并未承诺无条件不出具否定或无法表示意见的审计报告并约定或有费用 2. 基于监管高要求和业务风险考量，约定赔偿条款合情合理合法，符合行业通行做法 3. 未实际签署《居间协议》，与刘某辉不存在居间法律关系 4. 未违规修改审计报告内容，根据相关方要求作出的修改符合企业实际情况，有合理理由，并不存在重大遗漏，未误导投资者，也未造成投资者损失 5. 相关审计报告复核工作并未依赖刘某辉团队完成，刘某辉仅作为外部专家提供咨询意见和建议	

2. 收入审计是否存在严重缺陷？

表7－3　关于收入审计存在严重缺陷的争论焦点

项目	证监会	堂堂所	证据
观点	收入审计存在严重缺陷	收入审计不存在严重缺陷	上市公司公告、相关合同、审计报告、审计底稿、相关人员笔录、微信聊天记录、银行账户资料、相关方提供材料等证据
具体理由	1. 协助修改租金抵账协议，审计程序存在严重缺陷 2. 未实施充分审计程序核实贸易收入真实性 3. 未实施必要审计程序核实物业费收入真实性 4. 未实施充分审计程序核实保理业务收入 5. 修改、删除审计底稿	1.《租金抵账协议》倒签不影响其合法有效，确认租金抵账收入符合准则规定 2. 已经实施充分必要的审计程序核实贸易收入真实性，确认贸易收入符合准则规定 3. 已经实施必要的审计程序核实物业费收入真实性，确认物业费收入符合准则规定 4. 已经实施充分审计程序核实法院判决赔偿收入，相关会计处理认定符合准则规定 5. 修改、删除审计底稿属于正常的底稿归档整理程序，并非掩盖审计中发现的问题	

3. 函证程序是否存在缺陷？

表7－4 关于函证程序存在缺陷的争论焦点

项目	证监会	堂堂所	证据
观点	函证程序存在缺陷	关于函证程序，因受到新疆严重疫情的影响，对亿源汇金应收账款和应付账款函证程序存在部分缺陷是情有可原的，对其他应收款和营业外收入的函证实施了有效控制，对一些异常未作底稿记录，虽存在部分缺陷，但已在审计底稿和审计报告中对其他应收款发表了保留意见，审计报告不存在虚假记载	上市公司公告、相关合同、审计报告、审计底稿、相关人员笔录、微信聊天记录、银行账户资料、相关方提供材料等证据
具体理由	1. 未对应收账款、应付账款函证保持控制 2. 其他应收款函证程序执行不恰当 3. 营业外收入函证程序执行不恰当		

4. 其他

表7－5 关于其他的争论焦点

项目	证监会	堂堂所	证据
1	投资性房地产审计存在缺陷	投资性房地产审计已经实施了必要的审计程序，在利用评估机构的工作时，实施了必要的审计程序，充分考虑了评估假设、参数设置的合理性，充分尊重资产评估师的专业意见，获取了比较充分、适当的审计证据，支持发表恰当的审计意见	上市公司公告、相关合同、审计报告、审计底稿、相关人员笔录、微信聊天记录、银行账户资料、相关方提供材料等证据
2	未能准确获取与识别*ST新亿关联方关系	不存在未能准确获取与识别*ST新亿关联方关系情况，2019年度报告中披露的“关联方及关联交易”中关联方应付款项其他应付款信息期初数和期末数包含的关联方是一致的，披露信息准确，关联方及关联交易以审计报告此部分的披露信息为准，相关信息的披露符合准则规定	
3	质量控制存在缺陷	1. 堂堂所在部分原拟签字注册会计师和质量控制复核人拒绝签字的情况下更换相关人员，质量控制虽然存在部分缺陷，但已经完成了必要的审计程序，取得了充分、恰当的审计证据，出具的审计意见是恰当的 2. 2019年堂堂所在审计过程中，针对韩某源已经出具的2018年度审计报告和资产评估报告所涉无法表示意见事项消除情况进行复核，对2018年数据差错进行更正调整，并出具保留意见的审计报告，报告不存在虚假陈述和重大遗漏	

（三）争论背后的事实①

1. 堂堂所承办*ST 业务及签署“抽屉协议”

2020 年 2 月初，刘某辉向吴某堂推荐*ST 新亿 2019 年年审业务，2 月 24 日刘某辉通过微信将*ST 新亿年审业务《年报无法表示意见问题及处理思路》和《600145ST 新亿 2019－05－09 审计报告》等相关资料发给吴某堂，同时称“2019 年年报不能出具无法表示意见及否定意见报告，可以是保留意见”，吴某堂回复“知道，我这边商量一下”。

吴某堂初步了解后，有了承接*ST 新亿 2019 年年审业务的意愿。2020 年 3 月 10 日，吴某堂决定通过堂堂所承接*ST 新亿 2019 年年审业务，草拟了业务约定书草稿发送给刘某辉，随后吴某堂和刘某辉就业务约定书的条款进行了讨论、修改。同日，*ST 新亿时任董事长黄某和刘某辉要求吴某堂出具“承诺函”（即《审计业务约定书补充协议》），承诺不对*ST 新亿 2019 年度财务报表出具否定或无法表示意见的审计报告，吴某堂也反过来提出要求若堂堂所受到处罚，*ST 新亿需对堂堂所进行补偿。

2020 年 3 月 17 日，刘某辉将业务约定书补充协议发给吴某堂，吴某堂在《审计业务约定书补充协议》补充了要求*ST 新亿继续聘请堂堂所为 2020 年年报审计机构以及*ST 新亿要对堂堂所可能面临的处罚进行赔偿相关内容，并将修改后的《审计业务约定书补充协议》发给了刘某辉。3 月 26 日，吴育堂打印了*ST 新亿 2019 年《业务约定书》和《审计业务补充约定书》，加盖了堂堂所公章并交给黄某，黄某当天加盖了*ST 新亿公司印章，并将双方用印的版本返还给吴某堂。

*ST 新亿与堂堂所签署《审计业务补充约定书》主要内容如下：“一、乙方（堂堂所）知晓甲方（*ST 新亿）2018 年会计事务所审计意见中所述问题的原因，并与甲方一起协调讨论确定了后附的《2018 年报无法表示意见问题及处理思路》；二、甲方按照后附的《2018 年报无法表示意见问题及处理思路》提供审计所需要的资料和文件，全力配合乙方完成审计工作；三、在甲方满足上述第二条的情况下，乙方承诺不会出具否定或无法表示意见的审计报告；四、如果因为甲方原因，导致出具了否定或无法表示意见的审计报告，甲方应按审计业务约定书的条款正常支付相应的审计费；五、如果在甲方，满足上述第二条的情况下，乙方还是出具了否定或无法表示意见的审计报告，甲方有权不支付相关的审计费，并可要求乙方赔偿等额的审计费；六、如果在甲方满足上述第二条的情况下，乙方出具了非否定或无法表示意见的审计报告，甲方承诺继续聘请乙方作为 2020 年度年报审计机构，乙方和甲方一起持续、健康、稳定、向上共同成长；七、如乙方因出具非否定或无法表示意见的审计报告导致乙方及签字注册会计师受到监管部门处罚的，则甲方应赔偿乙方及签字注册会计师因处罚造成的损失，包括罚金及名誉损失费 50 万元，以及法律诉讼损失。”

---

① 以下所有信息和资料均来自证监会、堂堂所官网，描述事实部分与原文雷同，没有修改，仅按故事逻辑归类展示。

2. 承诺支付居间费

2020年8月5日，刘某斌与堂堂所签订劳动合同，2020年8月23日，申请将注册会计师执业关系转到堂堂所。

在原拟签字注册会计师拒绝签署*ST新亿相关审计报告后，吴某堂与刘某斌沟通签署*ST新亿相关年审报告事宜，要求刘某斌签署*ST新亿相关审计报告，刘某斌担心签署*ST新亿相关审计报告会被行政处罚，要求堂堂所出具承诺书，对可能导致的行政处罚给予其补偿。

2020年8月25日，吴某堂将加盖堂堂所公章的承诺书扫描版通过微信发给刘某斌，承诺书主要条款如下：“感谢你作为新疆亿路万源实业控股股份有限公司2018年度、2019年度审计报告签字注册会计师所做的大量工作，对此事务所承诺：1. 如此审计报告给你带来行政处罚的罚款，由事务所承担所有罚款。2. 如果此审计报告给你（刘某斌）带来严重的行政处罚（行业禁入），事务所会给您人民币30万元经济补偿……4. 审计报告签字费收到审计费后会按规定时间支付给你，没有收到审计费本年也一定支付。项目组绩效工资在此审计报告接受证监局质量检查结束支付。”

2020年8月27日，刘某辉方拟定了书面居间协议，协议对居间业务的相关费用进行了进一步明确。协议主要包容包括：“一、委托事项　1. 乙方（深圳市何山创贸易有限公司）接受甲方（堂堂所）委托，居间引荐甲方和新疆亿路万源实业投资控股股份有限公司洽谈，并最终促成甲方与新疆亿路万源实业投资控股股份有限公司签订审计业务约定书。2. ‘居间成功’是指甲方与新疆亿路万源实业投资控股股份有限公司签订书面的审计业务约定，并完成委托事项”“四、居间报酬的计算方法、支付时间和支付方式：1. 本项目居间报酬为甲方与新疆亿路万源实业投资控股股份有限公司所签业务约定书总额的20%，截至2020年8月27日，所签业务约定书的总额为2750000.00元（贰佰柒拾伍万圆整），产生居间报酬为550000.00元（伍拾伍万圆整）”。

该协议因吴某堂团队在审计期间被隔离在新疆未能签署，吴某堂团队返回深圳后，堂堂所该项目被监管部门检查，刘某辉未与吴某堂补签书面协议，截至2021年4月30日，堂堂所尚未收到全部审计费用，居间费用也未支付。

3. 审计过程中存在的问题

（1）对租金抵账审计中存在的问题。

【审计事项】新疆宏晟置业有限公司（以下简称“宏晟置业”）、*ST新亿子公司喀什韩真源投资有限责任公司（以下简称“韩真源”）、*ST新亿三方签署《租金抵账协议》，其中约定*ST新亿子公司韩真源将开源市场的房产出租给宏晟置业，以抵偿*ST新亿欠宏晟置业的款项。2019年12月31日，韩真源根据发票，确认租赁收入130万元。

在第一次现场审计中，堂堂所审计人员发现公司该笔租金收入只有发票，公司无法提供合同并拒绝配合实施现场走访程序，存在重大异常，因此进行了调减，记录在底稿中，且经吴某堂复核。

在第二次现场审计中，吴某堂在获取协议未签章版本初稿后，协助公司方对协议相关表述进行了修改，初稿所记载租赁期限（2019 年 12 月 1 日至 2020 年 11 月 30 日）与最终签章版内容（2019 年 1 月 1 日至 2019 年 12 月 31 日）明显不一致，但还是要求韩真源和相关方尽快盖章，并据此在审计报告中确认了韩真源该笔 2019 年租金收入 130 万元。

（2）对贸易收入审计中存在问题。

【审计事项】*ST 新亿子公司亿源汇金系*ST 新亿 2018 年和 2019 年贸易收入主体。2018 年 5 月，亿源汇金分别与吐鲁番思北投资有限公司（以下简称“思北投资”）、鄯善阿信商贸有限公司（以下简称“阿信商贸”）签署铁精粉采购与销售合同。亿源汇金根据上述采购与销售合同，分别确认 2018 年、2019 年营业收入 1338.54 万元、212.66 万元。

在第一次现场审计中，堂堂所审计人员发现*ST 新亿贸易收入存在重大异常，存在贸易收入对应的采购方与销售方的工商注册地址一致；在账上看到有相应的存货，但在实物盘点时却没有盘点到相应的存货等异常情况，且公司财务人员离职、变动较大，提供给项目组的收入确认资料不齐备，建议调减该笔收入。

第二次现场审计时，在风险评估中对收入已识别存在重大错误风险和特别风险情况下，未实施特别审计程序，获取比第一次现场审计更有效证据，原拟签字注册会计师明确提出调减*ST 新亿 2018 年和 2019 年贸易收入的意见。

签字会计师刘某斌出报告前没有关注，在整理底稿时才发现，为掩盖审计中发现的问题，修改了底稿，并要求公司补充提供合同和结算单（2018 年的结算单未提供）。

签字注册会计师更换为刘某斌后，刘某斌在出具审计报告前没有关注，在整理底稿时才发现，关于亿源汇金铁精粉销售收入仅获取了发票，但是没有合同、发货单、结算单，并要求公司补充提供合同、发货单、结算单，但公司只提供了合同和 2019 年的结算单，发货单和 2018 年的结算单直至 2021 年 4 月 30 日仍未获得，为掩盖审计中发现的问题，刘某斌修改了底稿。

签字注册会计师吴某堂签署报告前对于审计底稿中记录的事项未认真复核，对原拟签字注册会计师提出的意见未予以采纳。堂堂所在相关收入存在舞弊风险情况下未进一步实施审计程序以核实其真实性，确认了*ST 新亿 2018 年和 2019 年有关亿源汇金的贸易收入。

（3）对实物业费收入审计的问题。

【审计事项】2019 年 11 月 18 日，韩真源与*ST 新亿孙公司喀什鼎盛源物业服务有限公司（以下简称“鼎盛源”）签订《物业管理委托合同》，约定将喀什开源市场委托鼎盛源提供物业管理服务，由鼎盛源负责向物业使用人收取物业费等费用，委托管理期限为 10 年，自 2019 年 11 月 18 日至 2029 年 11 月 17 日。12 月 31 日，鼎盛源与喀什宏腾达物业服务有限公司（以下简称“宏腾达”）签订《协议书》，双方约定 2019 年度开源市场物业由宏腾达代鼎盛源经营管理，相关物业费由宏腾达代为收取，收入归鼎盛源所有，物业收入发票由宏腾达直接向商户开具，代管理期限为 2019 年 1 月 1 日至 2019 年 12 月 31 日。2019 年，鼎盛源根据上述合同、协议及宏腾达向商户开具的发票，确认营业收入 229.70 万元，未确认对应的营业成本。

针对物业费收入，堂堂所审计人员初步意见是不予确认，鼎盛源既未实际提供物业管理服务、未确认物业服务成本，也未实际获得相关现金流入，其确认营业收入 229.70 万元不符合会计准则收入确认条件。并说明 * ST 新亿不会因为未确认该笔收入导致连续两年收入低于 1000 万元（触发公司暂停上市条件）。

原拟签字注册会计师明确提出鼎盛源 2019 年物业费收入属于合同安排、财务造假，不同意确认该收入，如果公司坚持确认该笔收入，要在审计报告中将该事项列为保留事项，相关意见吴某堂知悉并进行了讨论。

对于审计人员提出的不确认物业费收入的意见，吴某堂一开始并没有提出反对意见。刘某斌未关注合同签署时间，但关注该收入无对应的成本，也对该收入提出过质疑，并要求宏腾达补充出具了说明，说明由宏腾达承担物业管理成本、发票由宏腾达向商户开具。

但最后，堂堂所仅在宏腾达补充出具由宏腾达承担物业管理成本的情况说明后，即认可 * ST 新亿确认这笔收入，相关收入审计程序存在严重缺陷。

（4）对核实保理业务收入审计的问题。

【审计事项】2019 年 12 月，* ST 新亿子公司深圳市阳云科技有限公司（以下简称“阳云科技”）受 * ST 新亿委托，与深圳德福商业保理有限公司（以下简称“德福保理”）签订保理合同，约定将 * ST 新亿享有的 2.38 亿元债权作价 2.66 亿元转让给德福保理。* ST 新亿在收到 7590 万元应收债权转让款后，又通过孙公司新疆恒泊今盛科技发展有限公司（以下简称“恒泊今盛”）以产品采购款和对外借款的形式转出上市公司。

在第二次现场审计中，审计人员发现 * ST 新亿 2019 年 7 月，590 万元保理资金在收到后以预付款 2590 万元和借款 5000 万元形式支付出去，并将预付账款调整至其他应收款，对资金来源和去向以及交易的商业实质存疑，存在与债务人串通舞弊风险，并明确提出了需进一步执行向债务人核实的程序。

但最终，堂堂所仅获取了保理合同、委托付款协议、与所转让债权相关的民事判决书、收款单据，并未进一步妥善执行审计程序核实相关该笔营业外收入的真实性，相关收入审计程序存在严重缺陷。

（5）函证程序存在的缺陷。

从堂堂所审计底稿记录中，整理函证程序及其存在的缺陷如表 7 –6 所示。

表 7 –6　　函证程序及其缺陷

<table>
<tr><th>项目</th><th>项目</th><th>涉及金额</th><th>过程及结果</th><th>问题</th></tr>
<tr><td rowspan="2">1</td><td rowspan="2">向阿信商贸销售铁精粉形成应收账款函证</td><td>2018 年：3577016.70 元</td><td rowspan="2">因疫情原因未能盖章询证，函证程序无法实施，通过电子邮件函证的形式替代，并附有邮箱地址为“‘阿信’53××××486@qq.com”的肯定性回函（邮件回复时间 2020 年 7 月 30 日晚上 9：45）以及询证函的扫描件</td><td rowspan="2">底稿中未记录发出邮箱的信息，也未记录核实“阿信”53××××486@qq.com 邮箱地址为阿信商贸所有的过程</td></tr>
<tr><td>2019 年：6043893.50 元</td></tr>
</table>

续表

<table>
<tr><th>项目</th><th>项目</th><th>涉及金额</th><th>过程及结果</th><th>问题</th></tr>
<tr><td rowspan="2">2</td><td rowspan="2">向思北投资采购铁精粉形成应付账款函证</td><td>2018 年：2079350. 96 元</td><td rowspan="2">因疫情原因未能盖章询证，函证程序无法实施，已实施替代程序，并附有邮箱地址为“‘思北’53×××× 11@ qq. com”的肯定性回函（邮件回复时间 2020 年 7 月 30 日晚上 8：53）以及询证函的扫描件</td><td rowspan="2">未记录发出邮箱的信息，也未记录核实“思北”53××××11@ qq. com 邮箱地址为思北投资所有的过程</td></tr>
<tr><td>2019 年：4566968. 92 元（含调整前运费金额为 4797847. 92 元）</td></tr>
<tr><td rowspan="5">3</td><td>应收深中盛亚科技账款函证</td><td>3000 万元</td><td rowspan="5">时任*ST 新亿监事、亿源汇金法定代表人李某安排非*ST 新亿人员黄某 1 与堂堂所审计人员吴某校对接，黄某 1 安排林某杰与吴某校对接具体函证事宜。林某杰向吴某校提供了天津中宇等四家公司以及德福保理和百盛易威的联系方式和联系地址，堂堂所审计人员根据林某杰提供的联系地址发出了快递
1. 2020 年 7 月 29 日，吴某校收到了林某杰从广东省深圳市福田区华强北路某酒店发来的快递，内容为中盛亚科技的回函
2. 在吴某校 2020 年 7 月 29 日 18：04 通过微信向林某杰要求下，收到 2020 年 8 月 11 日上午寄出天津中宇、日照紫峰的询证函回函
3. 未收到天津启运的询证函回函。吴某校未与天津中宇这 4 家公司的函证联系人联系过
4. 根据林某杰提供的德福保理和百盛易威联系人、联系方式及联系地址进行函证，关注到异常</td><td rowspan="5">1. 提供函证联系人、联系方式及联系地址的黄某 1、林某杰非*ST 新亿员工。黄某 1、林某杰代管阳云科技和艾美达易、恒泊今盛公章、账务资料、税务登记系统账号密码、网银等资料
2. 从林某杰处获取拟函证公司的联系人、联系方式及联系地址，未核实函证联系人的真实身份
3. 发出函证后，从林某杰处收到中盛亚科技回函并与林某杰进行了确认，林某杰确认由其寄出而非函证对象寄出，未对回函的真实性保持怀疑，也未将上述异常情形予以记录
4. 林某杰提供的百盛易威与德福保理的函证地址一致，未将异常情形予以记录
5. 百盛易威的函证地址和其注册地址深圳市福田区福田街道彩田南路星河世纪大厦某号不一致，未将异常情形予以记录</td></tr>
<tr><td>应收日照紫峰账款函证</td><td>9000 万元</td></tr>
<tr><td>应收天津中宇账款函证</td><td>1. 6 亿元</td></tr>
<tr><td>应收天津启运账款函证</td><td>5000 万元</td></tr>
<tr><td>对德福保理和百盛易威函证</td><td>作价 2. 66 亿元转让给德福保理，并收到 7590 万元应收债权</td></tr>
</table>

（6）投资性房地产审计存在的缺陷。

【审计事项】*ST 新亿聘请深圳中洲资产评估有限公司（以下简称“中洲评估”）对韩真源 2018 年 12 月 31 日和 2019 年 12 月 31 日全部股东权益价值进行了评估，2020 年 8 月 26 日，中洲评估出具了相关资产评估报告。2020 年 8 月，*ST 新亿召开董事会，决定自 2019 年 1 月 1 日起对投资性房地产的后续计量模式由成本计量模式变更为公允价值计量模式。同月，*ST 新亿在披露 2019 年年报的同时对 2018 年报表数据进行了差错更正，将原计入固定资产及无形资产的韩真源房屋建筑物及土地使用权，调整确认为投资性房地产。并根据2019年底基准日的评估报告，确认2019年度投资性房地产公允价值变动收益2231.13万元。

堂堂所在利用中洲评估的工作时，未考虑中洲评估出具的相关报告使用的重要假设的合理性，未对评估报告中参数设置进行有效复核。

堂堂所抽查了部分物业进行租金价格比对，但选取的物业信息数量较少且与开源市场不具有可比性，未关注到评估机构设定单位租金价格显著高于实际，空置率参数设置显著低于实际。

堂堂所依赖评估机构中洲评估出具的评估报告，未对*ST新亿投资性房地产的核算获取充分、适当的审计证据即对相关会计处理予以认可，导致未能发表恰当的审计意见。

（7）识别*ST新亿关联方关系的问题。

【审计事项】*ST新亿2019年财务报告中披露的其他应付款—关联方往来期初数为8659733.12元，期末数为20785425.40元，*ST新亿底稿其他应付款底稿中—非合并范围内关联方（底稿FJ1）期初审定数为8600628.91元，期末审定数是8813212.91元。

关于*ST新亿2019年财务报告其他应付款关联方往来期末数与*ST新亿底稿中其他应付款期末审定数差异较大的原因，堂堂所方解释是因为编制底稿时未将宏晟置业等主体列示为关联方，在编制合并报表时又将宏晟置业等主体错误作为关联方披露，导致2019年年报中其他应付款关联方交易信息期初数和期末数包含的关联方不一致。

堂堂所出具的2019年审计报告第59页中“附注五、（十二）其他应付款3、其他应付款项（1）按款项性质分类关联往来款”期初数为8659733.12元，期末数为20785425.40元，审计底稿其他应付款底稿中，非合并范围内关联方（底稿FJ1）期初审定数为8600628.91元，期末审定数是8813212.91元，三处数据勾稽不平。

堂堂所未能准确获取与识别*ST新亿关联方关系，导致2019年审计报告中期初与期末关联方认定口径前后不一致，进而导致*ST新亿2019年年报中其他应付款关联方交易信息披露错误。

4. 会计师事务所质量控制存在缺陷

根据相关资料，整理出会计师事务所质量控制缺陷具体表现如下：

（1）审计底稿中存在多处审计说明和审计结论相互矛盾。

2019年应付账款替代测试表底稿中记录审计说明：“已检查合同、发票、结算单，未发现异常；对期初余额进行检查未发现异常，详见2018-FD2-5-1”，审计结论：“由于未获取充分适当的审计证据，无法证实应付账款的真实、准确”。

2018年应付账款替代测试表底稿中记录审计说明：“已检查合同、发票、结算单，未发现异常；对期初余额进行检查未发现异常，详见2018-FD3-1-2”，审计结论：“由于未获取充分适当的审计证据，无法证实应付账款的真实、准确”。

上述问题表明堂堂所在期后整理底稿时，修改部分底稿，未来得及全面删改底稿。

（2）签署审计报告前，吴某堂未审阅完底稿，没有发现审计报告存在的问题；刘某斌仅复核了审计报告和实质性底稿的电子版，没有完整复核所取得审计证据。堂堂所复核工作流于形式，对于发现的异常，没有保持职业怀疑，未执行进一步审计程序以核实相关业务真实性。

（3）堂堂所*ST 新亿年审项目原质量控制复核人在复核*ST 新亿年审项目后拒绝签字，由项目签字注册会计师吴某堂同时担任质量控制复核人。

（4）最终在相关审计人员拒绝签字、审计团队被隔离期间未完成审计程序的情况下，出具了*ST 新亿相关审计报告。

（四）案例的相关背景及其后续走向

1. 吴某堂与堂堂所

吴某堂，深圳堂堂会计师事务所所长、首席合伙人，原中证天通会计师事务所（特殊普通合伙）深圳分所合伙人，中国共产党党员，高级会计师，中国注册会计师，中国注册资产评估师。吴某堂参与和主持过深圳发展银行、特发信息、黔轮胎、深圳中华、深圳宝安集团、康达尔、深鸿基、深纺织、深锦兴、深特力、粤甘化、厦门建发、国信证券、烯碳新材、立讯精密、赫美集团、诺普信、新亿股份、日盛科技、新为软件、和西智能、日辉达等数十家上市公司、新三板公司、证券公司的年度审计、股改上市审计工作，也参与了大量外商投资企业和有限责任公司的年度审计、专项审计、资本验证、资产评估及财务会计咨询服务。

2005 年 1 月 11 日，深圳堂堂注册成功。2020 年 5 月 28 日，深圳堂堂变更注册资本，由 10 万元提升至 100 万元，其中吴某堂出资 90 万元。2020 年 3 月新《证券法》实施后，会计师事务所从事证券服务业务的行政许可调整为事后备案管理，2020 年 9 月顺利通过中华人民共和国财政部和证监会从事证券服务业务备案。

在成功承接新亿股份 2019 年年报审计后，2020 年末，堂堂所接连确定对新亿股份、斯太尔（*ST 斯太）、金洲慈航（*ST 金洲）等 5 家上市公司进行年报审计，成为资本市场审计 ST 公司的专业户。

在堂堂所的官网上，堂堂所宣称“深圳堂堂会计师事务所的战略愿景是以人才和专业为基础，致力打造中国质量一流、堂堂正正的会计师事务所品牌，创造最高品质专业服务，为国家经济发展服务。正因为如此，堂堂正正做人、堂堂正正做事、做堂堂注册会计师、办堂堂会计师事务所成为堂堂行动的指南。”

2. *ST 新亿被罚且被强制退市

1999 年 9 月 23 日*ST 新亿上市，原名“四维瓷业”，经过一系列重组，改名多次，于 2015 年改名为*ST 新亿，实控人黄某。

从 2015 年末，*ST 新亿停牌，停牌前收盘价为 7.4 元，实施重整计划中的资本公积金转增方案后，除权价格为 1.87 元。2020 年 6 月 30 日，*ST 新亿复牌。

2022 年 2 月 8 日，证监会给*ST 新亿开出 800 万元、黄某（时任*ST 新亿董事长、董事会秘书、财务总监、实际控制人）1200 万元、李某（时任*ST 新亿监事、*ST 新亿子公司亿源汇金法定代表人）300 万元的罚单。黄某也被采取 10 年证券市场禁入措施，且被移送司法机构。

2022 年 3 月 22 日晚间，*ST 新亿发布的公告显示，当日上交所决定终止公司股票上市。根据证监会《行政处罚决定书》认定的事实，*ST 新亿虚增 2018 年营业收入 1338.54 万元、利润总额 129.11 万元，占当年披露营业收入的 100%、利润总额绝对值的 5.24%；虚增 2019 年度营业收入 572.36 万元、营业外收入 7590 万元、利润总额 7924.82 万元，虚增营业收入、利润总额分别占当年披露营业收入和利润总额的 55.13%、253.78%。追溯调整后，*ST 新亿 2018 年、2019 年连续两年营业收入低于 1000 万元，2019 年由盈转亏，公司 2018 年、2019 年、2020 年连续三个会计年度实际营业收入均低于人民币 1000 万元，且 2020 年度财务会计报告被出具保留意见的审计报告。按照相关规定，*ST 新亿将自 3 月 30 日进入退市整理期。

（五）参考资料

阅读与案例相关的原始资料如表 7－7 所示。

表 7－7　与案例相关的原始资料

项目	名称	来源
1	中国证监会行政处罚决定书（*ST 新亿、黄某、李某）（〔2022〕4 号）	http：//www.csrc.gov.cn/csrc.
2	中国证监会行政处罚决定书（堂堂所、吴某堂、刘某斌、刘某辉）（〔2022〕6 号）	http：//www.csrc.gov.cn/csrc.
3	深圳堂堂会计师事务所致财政部的公开信	http：//www.sztcpa.com.

（六）分析讨论问题

（1）堂堂所审计独立性是否缺失？为什么？

（2）堂堂所审计是否存在严重缺陷？为什么？

（3）堂堂所质量控制是否存在缺陷？为什么？

（4）对堂堂所“没一罚六”重吗？为什么？

（5）结合本案例讨论为什么舞弊审计的重要基石是独立性？

（6）以此案例引申思考专业人才的价值底线是什么？也就是说如果将来你们成为专业人士了，有什么是不能为的？

（7）以此案例引申思考“富贵能险中取”吗？其前提条件是什么？

五、教学方法与手段

多媒体 PPT 课堂专业知识讲授＋分组案例讨论并陈述。

六、教学实施过程

（一）课前

要求学员查找舞弊审计的相关法规制度及其准则，并关注和收集资本市场相关案例资料。

（二）课堂上

讲授“舞弊审计理论和实务”中的“舞弊审计的重要基石：独立性”

（1）问题导出：在资本市场上，上市公司基于自身的利益存在着各种各样的舞弊行为，而舞弊行为的发生给投资者造成了损失，引发了严重的经济后果。作为注册会计师，只要具备专业胜任能力就可以有效地开展舞弊审计吗？

（2）讲授专业知识点：

①审计独立性的实质是什么？

②何为形式上的独立性？何为实质上的独立性？

③为什么资本市场有些注册会计师丧失独立性？

④资本市场注册会计师丧失独立性的种种表现与影响是什么？

（3）以案例讨论融入课堂思政内容。以下是按照课堂进度提供的关于案例讨论的组织方案，具体如表7－8所示。

表7－8 案例讨论组织方案

内容	主角	组织与要求	时间
阅读案例资料	学生	个人阅读，思考并查找相关资料	10分钟
分发案例讨论题目，要求分组讨论案例	学生	要求每个案例小组利用头脑风暴法，针对认领的讨论题目进行案例讨论	12分钟
列示并完善案例讨论话题矩阵表	学生、老师	由老师板书案例讨论话题矩阵表，让每个讨论小组推荐代表根据讨论情况完善案例讨论话题矩阵表相关内容	8分钟
针对学生完善的案例讨论话题矩阵表，引导学生进一步的讨论	学生	针对学生的讨论分歧，引导每个讨论小组结合所学的理论知识再进行进一步的讨论，并陈述观点	10分钟
总结、点评与启发	老师	归纳发言者的主要观点；重申讨论的重点和亮点；提请大家对焦点问题或争论问题进行进一步的思考；建议大家对案例素材进行拓展研究和深度分析；把课程思政的内容总结出来	5分钟

老师在课堂上列示和板书的案例讨论话题矩阵如表7－9所示。

表7－9　案例讨论话题矩阵表

序号	讨论话题	案例中的相关线索	涉及的相关理论和知识	结论/启示/感受	课程思政内容
1	堂堂所审计独立性是否缺失？				
2	堂堂所审计是否存在严重缺陷？				
3	堂堂所质量控制是否存在缺陷？				
4	对堂堂所“没一罚六”重吗？				
5	为什么舞弊审计的重要基石是独立性？				

（三）课后

要求每个学员根据课堂上讨论分享的情况，利用众人智慧，形成自己的知识体系和专业判断，写作案例分析报告，在下次上课前发到老师的邮箱。

七、考核与评价方式

采用自评、互评和老师评价相结合的方式，总分为100分。

评价的内容和方式如下：

（一）案例讨论小组讨论（占40％）

评价标准：要素完整，观点新颖且有支持。

要求：每个讨论小组个人自我打分（自评，100分），互评是每个讨论小组为同一小组其人打分（互评，100分）（见表7－10）。

表7－10　案例讨论小组自评互评统计表

姓名	学生1	学生2	学生3	学生4	学生5	平均分
学生1						
学生2						
学生3						
学生4						
学生5						

（二）推荐代表陈述（占30％）

评价标准：表述清楚，有针对性、有逻辑地回应讨论问题。

要求：每个讨论小组自我打分（自评，100分），互评是每个讨论小组为其他讨论小组打分（互评，100分）（见表7-11）。

表7-11　　自评、互评的统计表

序号	讨论小组	自评分	互评分	平均分
1				
2				
3	……			

（三）课后完善案例讨论，形成“案例分析”报告（占30%）

评价标准：有观点、有层次和逻辑、有支持证据或事实。

要求：老师评价（总分100分）。每个学员的成绩=案例讨论小组讨论记录个人平均分×40%+每个讨论小组陈述基础分×30%+每个学员提交的研究报告得分×30%。

八、实施成效

用众人智慧，丰富每个学员的认知，形成系统的知识构建；用实例亲身体验和感悟，惊醒学员，使他们牢记专业人士的价值底线。

（一）让学员对抽象的独立性概念有了深入的认知

在资本市场上，上市公司基于自身的利益可能出现着各种各样的舞弊行为，而舞弊行为会给投资者造成损失，引发严重的经济后果。在资本市场银广夏、蓝田、雅百特、康美药业、康得新等众多会计舞弊案，审计师为什么没有揭示出公司的舞弊行为呢？前人研究认为，这可从独立性和胜任能力两个能力分析，其中舞弊审计的重要基石是独立性。

何为独立性呢？这个抽象的概念学生们总是认为就是一个要求，一个需要熟记的概念。但通过对“对堂堂所“没一罚六”重吗？”案例讨论，从形式和实质上深入理解独立性的实质和内涵。如果注册会计师缺乏独立性，即便是具有专业胜任能力可以查找出舞弊事项，也可能与被审计单位“串通”或协助被审计单位造假，这不仅丧失了作为注册会计师的基本素养和执业道德，也成为虚假财务报表的“帮凶”，给资本市场带来了更多风险，注册会计师也因此被重罚。因此，舞弊审计的重要基石是独立性，注册会计师在执行审计业务时，应当从形式和实质上保持独立性。

（二）引导学员亲身体验和感悟作为专业人士的价值底线

学习会计审计专业知识，是为了成为服务社会的专业人士，但仅仅掌握专业知识是不够的，必须时刻牢记专业人士的价值底线，即什么可为？什么不可为？如果丧失了专业人士的价值底线，像案例“对堂堂所“没一罚六”重吗?”中的堂堂所三名注册会计师一样，在利益面前，一心想“富贵险中取”：别人不敢承接的“ST”公司的年报审计业务，别人不敢出的审计报告，别人不敢删除的审计档案……他们都”敢“，甚至通过签署“抽屉协议”，提前“约定”审计意见。他们在追求利益中丧失了审计独立性，丧失了专业人士的价值底线，最终被重罚。

（三）不同学员的评价

学生 A：“注册会计师因丧失独立性而不能有效地揭示出风险，被“没一罚六”，这血的教训让我们深刻地体会到独立性是审计的灵魂。如果丧失了独立性，客观公正执业就无从谈起，会直接抹杀了审计的意义和价值。”

学生 B：“李老师引导我们思考案例背后的思政要素，这对我们世界观、价值观的完善很有帮助。”

学生 C：“李老师精心设计的案例讨论，让我们不仅深刻理解了专业知识，也学会了用众人智慧，提升专业判断和决策能力。”

学生 D：“在课堂中案例讨论中，我们不仅深入理解了晦涩的专业知识，也更加明确了作为一名专业人士，一定要严守价值底线，否则必将会被严惩。”

案例8：公立医院平衡计分卡的构建：以河南省肿瘤医院为例

——《管理会计理论与实务》课程思政教学案例

刘俊勇

（中央财经大学会计学院党委书记、教授）

一、基本信息

课程名称：管理会计理论与实务
授课对象：会计专业、审计专业、MBA 硕士研究生
知 识 点：战略管理、战略地图、平衡计分卡
主讲教师：刘俊勇

二、教学目标

（一）知识目标

本案例旨在帮助学员理解公立医院引入平衡计分卡的过程。系统学习战略地图、平衡计分卡以及平衡计分卡是如何帮助公立医院进行绩效评价、预算编制和战略实施的。

（二）能力目标

理解行动学习方法及其在平衡计分卡构建过程中发挥的作用。

（三）育人目标

通过公立医院对经典工具的应用和创新，引导和增强学生的理论自信。

三、教学重点与难点

（一）教学重点

掌握战略地图、平衡计分卡、绩效评价、预算管理等知识点。理解行动学习及其应用。

（二）教学难点

理解公立医院应用平衡计分卡与营利性组织应用平衡计分卡的不同。

四、课程思政案例介绍

自2009年中共中央、国务院发布《关于深化医药卫生体制改革的意见》后，作为医疗服务业的主要构成部分——公立医院，成为改革的重点对象。作为事业单位的公立医院，一直以来都按照公共部门管理的方式运营，制度死板，不能有效应对灵活多变的市场环境。在新医改的大背景下，如何有效率地提供高质量的服务，成为公立医院面临的难题。鉴于此，作为公立医院的河南省肿瘤医院为了解决当下的困境，同时也为了打造“患者首选，美好家园”的愿景以及达到“建立国家肿瘤区域医疗中心”的目标，决定构建具有公立医院特色的平衡计分卡，并以平衡计分卡为基础进行预算编制。本案例以河南省肿瘤医院为例，详细描述了公立医院构建平衡计分卡的过程，总结分析了构建过程中的经验与问题，为学员理解、掌握非营利组织和事业单位引入平衡计分卡的过程提供了新思路。该案例的课程思政要点为，基于平衡计分卡制定形成的行动方案（2021年度十件实事）会作为党委会重要议题获得通过。

（一）背景简介

2017年4月的一个早晨，河南省肿瘤医院的总会计师韩斌斌接到一项重要通知——国家卫计委等7个部门联合印发了《关于全面推开公立医院综合改革工作的通知》。该通知要求7月31日前，所有地市需要出台城市公立医院综合改革实施方案；9月30日前，全面推开公立医院综合改革，所有公立医院全部取消药品加成（中药饮片除外）。韩总皱起了眉头，虽然自她担任总会计师经历了多次医疗改革，也带领财务团队多次研究、学习、贯彻医改政策，但是公立医院改革牵一发而动全身，如今国家要求全面取消药品加成，这对药占比极高的肿瘤医院带来了更加强烈的冲击。与此同时，河南省肿瘤医院还在努力建设国家肿瘤区域医疗中心，面对国内其他肿瘤医院的激烈竞争以及国家政策带来的改革压力，河南省肿瘤医院何去何从呢？韩总陷入了沉思。

1. 新医改的推进

按照党的十七大精神，为建立中国特色医药卫生体制，逐步实现人人享有基本医疗卫生服务的目标，提高全民健康水平，2009年3月17日，中共中央、国务院向社会公布关于深化医药卫生体制改革的意见。《意见》提出了“有效减轻居民就医费用负担，切实缓解‘看病难、看病贵’”的近期目标，以及“建立健全覆盖城乡居民的基本医疗卫生制度，为群众提供安全、有效、方便、价廉的医疗卫生服务”的长远目标。历史沿革下，公立医院集中了最全面、最优质的医疗资源，是国家医疗卫生体系的主导力量，因此也必然应在我国卫生事业发展中树立表率。然而，公立医院作为事业单位，其体制较企业而言更为僵化，管理效率也有待提升，更严重的是基于财政预算体系的公立医院仅着眼于财务收支平衡。自2009年医疗改革明确了医药卫生事业改革的方向，到2015年，国务院办公厅下发多项医改文件，公立医院成为改革的重点对象，原有追求规模和数量的模式，已然无法承担新经济形势下的使命。

新医改向公立医院提出了严峻挑战，尤其是对于部分省市级公立医院来说，一方面医疗服务价格调整，严控医疗费用增长，建立国家基本药物制度，医药分开，破除以药养医机制，取消药品加成。同时医疗保险范围扩大，严格把关封顶费用。另一方面，随着基本医疗全面覆盖城乡居民，分级就诊措施落地，部分普通、慢性疾病的病患将被强制性下放，省市级公立医院将主攻重症难症，患者数量及结构的变动势必会造成公立医院的收入总额和收入成本结构的变动，这对公立医院的日常运营维护及成本控制提出了更高要求。

2. 河南省肿瘤医院基本情况

河南省肿瘤医院筹建于1977年，现已成为国内肿瘤防治领域一所知名的大型现代化三级甲等医院，其开放床位、医疗设备、诊疗水平、人才团队等诸多方面，均居河南省专科医院首位，其组织结构见图8－1。

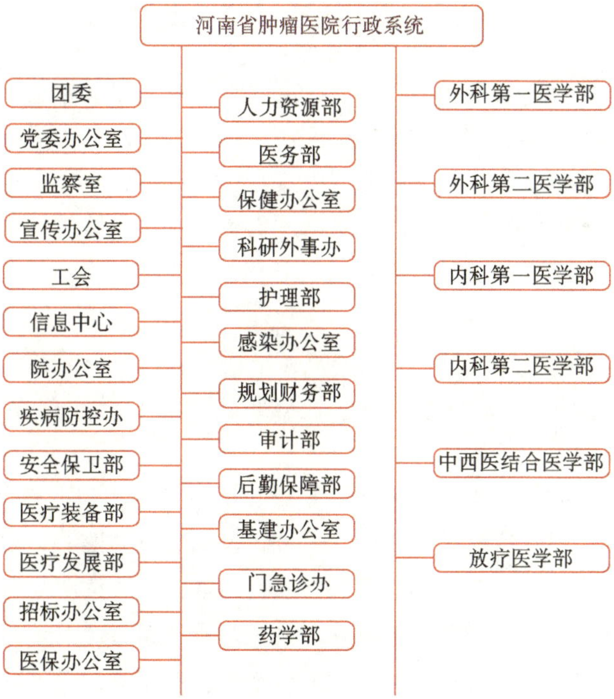

图8－1　河南省肿瘤医院组织架构

河南省肿瘤医院学科实力雄厚，在医疗器械方面进行大力投入，专门成立医疗装备部对相关器械进行管理。该院倡导“引育结合、以育为主”的人才培养理念，先后与美国、台湾等国家和地区的诊疗机构开展协作项目，充分利用国外先进的技术和经验。目前河南省肿瘤医院面对着药品加成被废除后的收入来源途径减少的问题，和响应中央号召，作为医疗体系主导中坚力量提升服务质量的挑战，以“患者首选，美好家园”为愿景，以“建设国家肿瘤区域医疗中心”为目标。鉴于此，该医院面对的问题主要是如何一体化实现成本管控、效率强化和品牌效应建立。

（二）案例概况

1. 河南省肿瘤医院管理会计体系现状及存在问题

河南省肿瘤医院在韩斌斌总会计师的带领下不断地对管理会计体系进行改革创新，以期能够促进医院良好运营和稳步发展。但新医改的步伐逐步向前，尤其即将执行的“全面取消药品加成”政策，单纯“降成本”的思想已经无法满足医院的管理需求，河南省肿瘤医院即将针对其管理会计体系，尤其是绩效考核体系进行新的探索。

在我国，事业单位可以自行订立绩效考核制度，确立奖惩办法，形成与自身特征相符的绩效评价体系。鉴于此，河南省肿瘤医院开始了对建立独特的绩效评价体系的初步探索。期初，针对员工的绩效仅是单一地运用“收减支”来考核。虽然简易直观，便于理解，在短期内有助于激励员工，但随着人民生活水平的不断提高，医疗需求日益增加，同时政府对公立医院的管理要求大幅提高，由此看来“收减支”已无法满足医院的管理需求。

意识到当前绩效评价体系存在的缺陷后，河南省肿瘤医院开始下一个阶段的探索，在绩效评价体系中增加了“工作量”和“百元收入”的指标。同时，院方提出对质量的重视以及以患者为核心的思想。新的绩效管理模式在多个方面进行了改进，如提高指标设定的针对性，不同的职能部门员工用不同的指标进行评价；成立绩效委员会，加强对绩效评价体系建设的重视；编制十年发展规划，对自身情况及外界环境进行系统的了解与认识，形成肿瘤医院的愿景和战略规划等。

绩效评价体系是管理系统的核心，面对新医改的全面推进，当前河南省肿瘤医院的绩效评价体系无法为该医院实现成本管控、效率强化和品牌效应建立。其主要存在的问题有：

（1）未能将绩效评价与战略紧密联系。院级领导已经意识到患者满意度的重要性，明白降成本的同时还需要保证诊疗服务质量，为患者提供满意的服务，但这一思想目前并未在绩效评价体系中明确体现，存在管理系统与战略决策断层的情况。

（2）未实现绩效评价的系统性管理。医院的管理要求应随着外界环境及自身状况的发展而不断改进，除了完善评价方案，补充设置指标外，更重要的是将该理念转化成为医院文化，改变管理者及各层级员工的认知，从根本上保证新系统的实施。在这一过程中，制度固化十分重要，要将思路、决策转换成具体的文字性文件，便于落实。

（3）未明确指标间的内在联系。在绩效评价体系的构建过程中，应注重对员工的普及教育，让他们明确各指标设计的原因、相关联系以及各个时间点需要达到的指标值。这样员工才能将医院的战略、绩效评价体系的设计和自身的日常工作联系起来，有利于工作的落地与实施。这方面的工作正是目前河南省肿瘤医院所严重欠缺的部分。

综合上述分析可以看出，该院现有的绩效评价体系的确在医院的运营中存在过积极正面的影响，但无法实现宏观上的统筹和指导全局的管理，也就不利于全面提升医院整体的管理水平，因此仍有较大的改进空间。

2. 河南省肿瘤医院平衡计分卡的构建

平衡计分卡在医疗领域绩效管理方面逐渐受到关注，较为适合指导医院进行转型。河南省肿瘤医院考虑运用平衡计分卡来解决医院绩效管理体系建设所面临的困境。

（1）行动学习方法。

“行动学习”一词的概念和应用方法最早出现于 Revans（1971）的书中，行动学习是指一个团体解决现实问题以实现个人和组织共同成长的方法。该方法包括六个重要元素：①紧急的、需要解决的重要问题或任务；②多元化的小组；③研讨的流程；④制定并执行行动方案；⑤对学习的承诺；⑥行动学习催化师。

河南省肿瘤医院平衡计分卡体系的构建通过行动学习的形式开展，该方法使得各级员工参与体系的设计和调整，能够提高员工的接受度，也有助于平衡计分卡体系的成功落地。在行动学习正式开始前，需进行如下准备工作：①向院方参会人员灌输行动学习的方法及平衡计分卡知识；②将院方共72名参会的中层管理者以多元化为原则分成6个小组；③采购研讨会相关用品如白板、马克笔、便利贴、A4纸、无痕胶等，以便于分组讨论的方式布置会场。

整个行动学习的讨论流程如图8－2所示，各小组针对战略主题进行讨论，根据战略主题设定战略目标并绘制战略地图，设计用于衡量目标完成程度的战略指标，各部门对指标进行认领并编制指标字典、行动方案。至此医院层级的平衡计分卡体系基本构建完毕，各职能部门需要以此为基础制定部门级平衡计分卡。

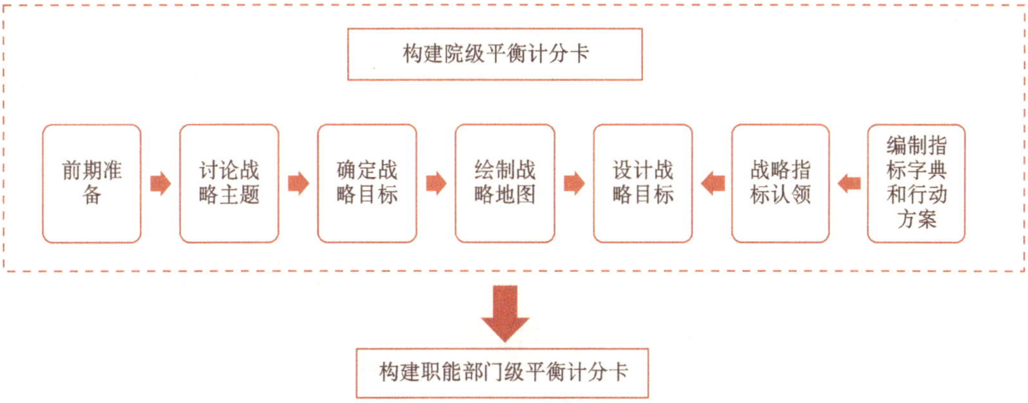

图8－2　行动学习讨论流程

（2）构建院级平衡计分卡。

第一，确定战略主题并归类。在新医改的影响下，河南省肿瘤医院应如何提升经营业绩，实现其成为国家肿瘤区域医疗中心和患者首选医院这一战略目标和愿景呢？针对这一问题，院方管理者最终确定了两个关注点：成本效率和品牌影响力。前者影响单位就诊人次的经济效益，后者决定了服务对象总量。行动学习以该问题为导向，制定了一体化实现成本控制、效率强化、品牌影响力提高的战略总目标，并展开了关于医院层面战略主题的讨论。

按照平衡计分卡的4个维度，6个行动学习小组经过充分的讨论后共提出59项战略主题，删除重复并合并相关条目后共计28项。经院长及总会计师讨论后决定选取其中提出次数较多且具有战略导向意义的11条作为院级平衡计分卡的战略主题，该结果取得参会人员一致同意。并且考虑到公立医院提供服务的特殊性以及河南省肿瘤医院的特点，院方将卡普兰原平衡计分卡模型中4个维度的名称及位置进行了相应调整，考虑将患者及协作方（客户层面）放在首位，强调公立医院以患者为核心的理念，凸显其为社会提供医疗服务的职能。与一般企业追求利益最大化不同，公立医院并不过分追逐盈利，财务方面考虑更多的是如何达到收支平衡略有盈余。因此在设计平衡计分卡时将财务作为基石置于底层，体现出公立医院的公益性（见图8－3、表8－1）。

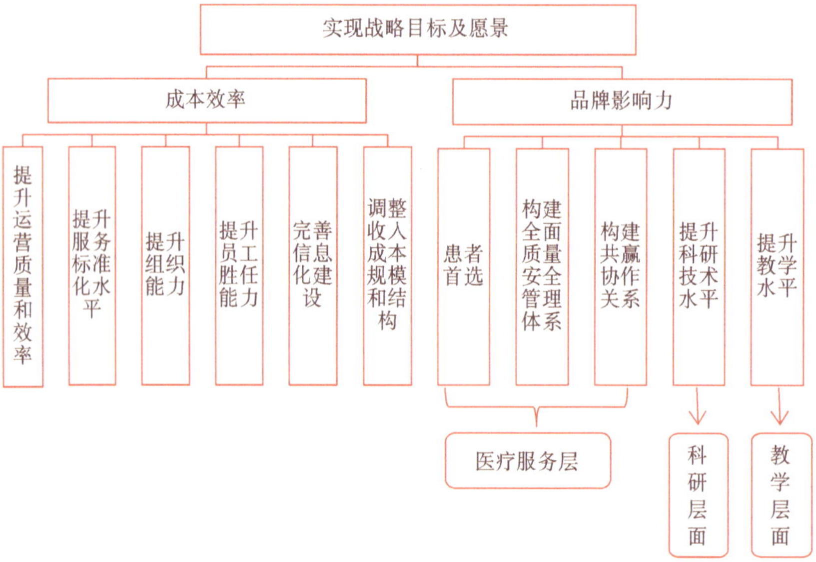

图8－3　问题导向下战略主题设计

表8－1　河南省肿瘤医院院级战略主题

愿景：患者首选，美好家园		
目标：建设国家肿瘤区域医疗中心		
患者及协作方	C1 患者首选	患者是医院工作的重中之重，现如今综合性医院、专科医院、公立医院、私立医院等医院种类众多，患者的选择日趋多样化，吸引更多患者前来就诊是医院品牌与实力的彰显，也是医院运营、技术、服务等综合素质的一种体现
	C2 构建共赢协作关系	我国正在建立全方位多层次的医疗系统，尤其是对“分层诊疗”“建立医联体网络”的要求将会使医院间的分工与合作更加密切，也对医院间构建共赢协作关系提出了更高要求

续表

愿景：患者首选，美好家园		
内部流程	I1 提升运营质量和效率	在医院运营中，质量和效率两者必须兼顾，缺一不可。提高运营效率不仅是医院提升自身实力的需要，医疗市场逐渐加剧的竞争也要求医院以高质高效的医疗和服务去争取患者
	I2 构建全面质量安全管理体系	全面质量安全管理体系要求医院作为一个现代质量管理整体，将全院医疗质量及其可能的影响因素大范围地涵盖在医院管理控制体系中
	I3 提升科研和诊疗技术水平	科研是提升诊疗水平，提高医生素养的基石，要求医院以成为学习研究型医院为目标，培养更多高层次人才，提高科研成果与科研运用之间的转化率。诊疗技术是医院实力最突出的体现，是医院基业长青的基础，要求医院能够打造一支专业的医护队伍，聚集一批技能过硬、同行认可、患者信赖的专家
	I4 提升服务标准化水平	有助于管理，有利于提高患者的满意度，提升医院的品牌和影响力
	I5 提升教学水平	实现医院的教学职能，同时引进人才，加强专业技术人员队伍建设的手段，是医院自身发展的需要
学习成长	L1 提升组织能力	医院组织管理能力不仅影响着医院的长远发展，还时刻影响着医院的运营效率。组织能力是医院内部有效运营的基础
	L2 提升员工胜任能力	医院员工胜任力的提升要有针对性，对于不同职能部门的角色和工作岗位，对胜任力的要求不同。胜任力提升要持续进行，优秀的员工是组织不断前进的动力源泉
	L3 完善信息化建设	计算机在医院医疗、教学、科研、管理的各个方面得到越来越广泛的运用，并已成为现代化医院运营必不可少的基础设施与技术支撑
财务	F1 调整收入成本规模和结构	就医费用增长速度过快是医疗事业在快速发展过程中面临的主要问题。"看病贵"的问题，可以通过调整医院的收益结构得到妥善解决。同时医院也能优化资金配置，将结余资金用于医院的可持续发展。同时医院也能优化资金配置，将结余资金用于医院可持续发展

第二，确定战略目标。基于这 11 项战略主题，医院开始了关于战略目标的行动学习讨论。首先，由各讨论组针对每项主题，提出战略目标，6 个小组共形成了 251 项战略目标。其次，所有行动学习参与者对这 251 条战略目标进行筛选提炼，去除表述不明确，重要度低或无法量化的目标，将其中多次出现、表意相近、重要度较高的战略目标提炼出

来，共形成32项战略目标。专家组又对这32条目标进行了逐一点评。最后，小组成员根据专家的建议，对目标进行再次讨论，对其内涵、数量、名称等进行了优化，最终在11个战略主题下形成了16项战略目标，每个战略主题均由1—3个战略目标进行阐释。表8-2展示了院级平衡计分卡的16项战略目标。

表8-2　　平衡计分卡战略目标

层面	战略主题（11个）	战略目标（16个）
患者及协作方	C1 患者首选	C11 提升患者就医体验
	C2 构建共赢协作关系	C21 加强渠道建设
内部流程	I1 提升运营质量和效率	I11 优化资源配置和运行效率
	I2 构建全面质量安全管理体系	I21 建立全面质量管理体系
		I22 保障生产安全
	I3 提升科研和诊疗技术水平	I31 加强科研和技术创新
		I32 加强学科建设
	I4 提升服务标准化水平	I41 建立SOP服务体系
	I5 提升教学水平	I51 建成临床医学院
		I52 成为国家规培基地
学习成长	L1 提升组织能力	L11 提高组织执行力
	L2 提升员工胜任能力	L21 建立职业化培训体系
		L22 优化人员资源配置
	L3 完善信息化建设	L31 为医院发展提供信息支撑
财务	F1 调整收入成本规模和结构	F11 调整医院收入结构
		F12 做好成本管控

第三，形成战略地图。在平衡计分卡中，卡普兰提出“不能衡量的，就无法管理”。作为平衡计分卡的发展和升华，在战略地图中，他再次创造性地提出了“不能描述的，就无法管理”。平衡计分卡只是一个基本的框架，作为战略实施的指导仍显不足。而战略地图增加了细节层，可以改善战略的清晰性并突出重点。

河南省肿瘤医院的院级战略地图如图8-4所示，考虑到公立医院提供服务的特殊性以及河南省肿瘤医院的特点，将卡普兰原平衡计分卡模型中4个维度的名称及位置进行了相应调整，如将患者及协作方（客户层面）放在首位，强调公立医院以患者为核心的理念，凸显其为社会提供医疗服务的职能。与一般企业追求利益最大化不同，公立医院并不过分追逐盈利，财务方面考虑更多的是如何达到收支平衡略有盈余。因此将财务作为基石置于底层，体现出公立医院的公益性。对于肿瘤医院来说，与患者及协作方构建和谐的关系才是医院发展的根本战略，内部流程能够支持为患者提供更优服务、与协作方更好合作，学习成长是内部流程高效运行的坚实保障，而财务能够平衡医院收入成本，为医院其他战略的实施提供更好的支持。

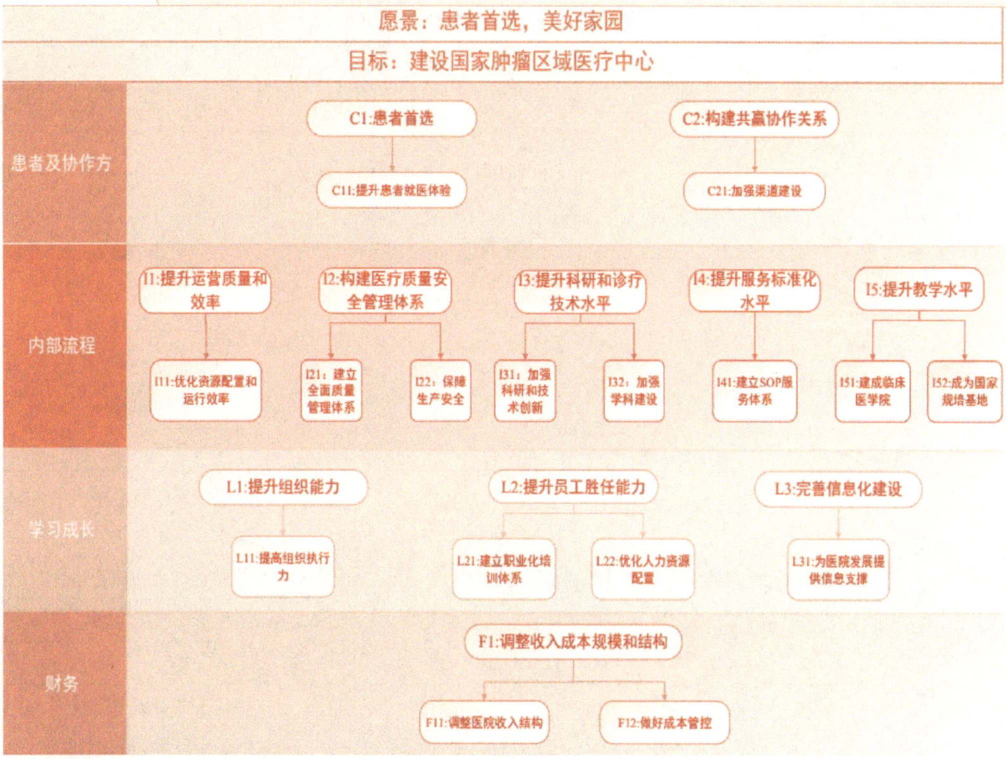

图8-4　河南省肿瘤医院战略地图

第四，确定相关指标。根据上一部分中对河南省肿瘤医院平衡计分卡战略主题、战略目标的设计和确立。各小组集思广益并将提出的60项考核指标进行集中分类，本着“考核指标可量化、可操作、易取得”的原则，提炼至44项。最终经院领导讨论确定了覆盖到医院科学管理各个方面的共计32项考核指标，如表8-3所示。

第五，平衡计分卡指标认领。没有量化就没有管理，在完成平衡计分卡战略指标的设计后，河南省肿瘤医院初步搭建起了符合医院独特院情、适应医改政策、具有前瞻性的战略框架，实现了战略目标与医院运营管理的无缝对接。考核指标设计完成后，还需要分配到各个职能部室后才能建立起目标责任机制。各职能部室负责人与相应主管院级领导进行讨论后对各项考核指标进行认领，认领采取举牌打分的形式。5分表示将由该职能部门对此项考核指标全权负责，即成为该项指标的第一责任人；3分表示该职能部门将密切配合全权负责职能部门并在之后建立部门级平衡计分卡时进行相应设计以支持指标目标值的实现；1分表示该职能部门将配合相关工作的开展和实施。每个指标都由举“5”的部门认领，如果有两个以上的部门都举“5”，则经过协商或院长指定确定牵头部门，其他部门为5.2、5.3。在大家的踊跃参与下，每个指标都顺利完成了认领，认领情况如表8-4所示。

表 8－3　院级平衡计分卡指标体系

层面	战略主题（11 个）	战略目标（16 个）	战略指标（32 个）
患者及协作方	C1 患者首选	C11 提升患者就医体验	患者满意度
			平均住院日
			手术率
			首次住院人数
	C2 构建共赢协作关系	C21 加强渠道建设	双向转诊率
内部流程	I1 提升运营质量和效率	I11 优化资源配置和运行效率	百元医疗设备收入
			大型设备功能利用率
			医技、放疗漏费率
			医保回款率
	I2 构建全面质量安全管理体系	I21 建立全面质量管理体系	门诊医生准时开诊率
			医技检查预约按时完成率
			责任制整体护理合格率
			医院感染患病率
		I22 保障生产安全	安全生产
	I3 提升科研和诊疗技术水平	I31 加强科研和技术创新	国家级课题成果数量
			5 分以上 SCI 论文数量
			新药物临床试验数量
		I32 加强学科建设	省级及以上重点学科（平台）数量
			学科带头人（厅级以上）数量
	I4 提升服务标准化水平	I41 建立 SOP 服务体系	SOP 达标率
	I5 提升教学水平	I51 建成临床医学院	导师数量
		I52 成为国家规培基地	外院规培生数量
学习成长	L1 提升组织能力	L11 提高组织执行力	制度、流程修订及时率
			职工代表大会提案办理满意率
	L2 提升员工胜任能力	L21 建立职业化培训体系	管理岗位人员职业化培训率
		L22 优化人员资源配置	核心岗位胜任度
	L3 完善信息化建设	L31 为医院发展提供信息支撑	内部员工信息系统满意度
			管理指标信息化率
财务	F1 调整收入成本规模和结构	F11 调整医院收入结构	业务收入增长率
			药占比
			耗材占比
		F12 做好成本管控	百元医疗收入成本

表 8－4　　平衡计分卡指标认领

序号	指标	团委	党委办公室	监察室	宣传工作办公室	工会	信息中心	院办公室	疾病预防控制办公室	人力资源部	医务部	医疗保险办公室	科研教学外事办公室	护理部	医院感染管理办公室	规划财务部	审计部	后勤保障部	基建办公室	安全保卫部	医疗装备部	门急诊办公室	医疗发展部	招标办公室	药学部	保健办
1	患者满意度	3	5	3	3		3				3	3		3		3		3		3	3	3	3		3	1
2	平均住院日						3				5				1	3					3	3			1	
3	手术率										5				3						3					
4	首次住院人数										5	3									1		3			
5	双向转诊率						3		3		3	3											5			
6	百元医疗设备收入						3				3					3	1				5			3	3	
7	大型设备功能利用率						3				3					1					5					
8	医技、放疗漏费率			3			3				3					3	1				5					
9	医保回款率			1			3	3			3	5				5.2					3		3	3	3	3
10	门诊医生准时开诊率										3											5				
11	医技检查预约按时完成率						3				3										3	5				
12	责任制整体护理合格率						3	3		3	3			5	3	3		3			3	3		3	3	
13	医院感染患病率						3		3		3			3	5			3	3		3	3		3	3	
14	安全生产	3	3	3	3	3	5	3	3	3	3	3	3	3	3	3	3	5	3	5	3	3	3	3	5.2	3
15	国家级课题成果数量							3		3	3		5			3					3				3	
16	5 分以上 SCI 论文数量									3	3		5			3									3	
17	新药物临床试验数量						3				3		3			3					3				5.1	
18	省级及以上重点学科（平台）数量						3	3		3	3		5	3		3					3		3		3	
19	学科带头人（厅级以上）数量							3			3		5	3		3									3	
20	SOP 达标率	3	5.2	3	3		3	5.1	3	3	3	3	3	3	3	5.2	3	5	3	3	5		3	3	3	3
21	导师数量						3			3	3		5	3		3					1				3	
22	外院规培生数量						3				3		5			3							1		3	
23	制度、流程修订及时率	3	3	5.2	3	3	3	5.1	3	3	3	3	3	3	3	3	3	3	3	3	3	3	3	3	3	3
24	职工代表大会提案办理满意率					5	3				3			3							3					
25	管理岗位人员职业化培训率	3	3	3	3	3	3	3	3	5	3	3	3		3	3	3	3	3	3	3	3	3	3	3	3
26	核心岗位胜任度		3	3	3	3	3	3	3	5	3	3	3		3	3	3	3	3	3	3	3	3	3	3	3
27	内部员工信息系统满意度		5.2	3	3	3	5	3	3		3	3	3		3	3	3	3	3	3	3	3	3	3	3	3
28	管理指标信息化率	3	3	3		3	5	3	3	3	3	3	3	3	3	3	3	3	3	3	3	3	3	3	3	3
29	业务收入增长率						3				3	3				5		3			3				3	
30	药占比			3			3				3	3			1	5.2					3			3	5.1	
31	耗材占比			3			3				3	3		3	1	5.3					5.1			3		
32	百元医疗收入成本		3	3	1	3	3	3	3		3	3	3		3	5.1	3	3	3	3	5.3	3	3	5.5	5.2	3

各职能部室完成指标认领后，举牌 5 分和 3 分的职能部门需要建立所认领指标的指标字典并制定对应指标的行动方案和资源配置计划。指标字典及行动方案与资源配置分别如图 8－5、图 8－6 所示。

<table>
<tr><td>维度</td><td colspan="2"></td><td>指标号</td><td></td><td colspan="2">指标名称</td><td colspan="2"></td><td>责任人</td><td colspan="3"></td></tr>
<tr><td>战略主题</td><td></td><td colspan="2">目标</td><td colspan="6"></td><td>权重</td><td colspan="2"></td></tr>
<tr><td>描述</td><td colspan="12"></td></tr>
<tr><td>滞后/领先指标</td><td></td><td colspan="2">报告频率</td><td colspan="2"></td><td colspan="2">计量单位</td><td colspan="2"></td><td>极性</td><td colspan="2"></td></tr>
<tr><td>公式</td><td colspan="12"></td></tr>
<tr><td>数据来源</td><td colspan="12"></td></tr>
<tr><td>数据质量</td><td colspan="5"></td><td colspan="3">数据的收集人</td><td colspan="4"></td></tr>
<tr><td rowspan="2">标杆值</td><td rowspan="2" colspan="2"></td><td rowspan="2">指标现状</td><td>2016</td><td rowspan="2">目标值</td><td>2017</td><td>2018</td><td colspan="2">2019</td><td colspan="2">2020</td><td>2021</td></tr>
<tr><td></td><td></td><td></td><td colspan="2"></td><td colspan="2"></td><td></td></tr>
<tr><td>目标值解释</td><td colspan="12"></td></tr>
</table>

图 8－5　指标字典

指标名称	16年现状	21年目标值	差距分析	2017—2021年度行动方案					
				行动	优先等级	里程碑	责任人	资源配置	汇报关系

图 8－6　行动方案与资源配置

每个指标被认领后，各个牵头部门经过与其他负责配合的部门的协商，确定指标字典。指标字典需阐明该指标的定义、所属的战略主题和相应的层面、所属的目标、所属类别（滞后指标或领先指标）、数据来源、计算公式、标杆值（如历史最优、同行业最优等）、数据质量、指标现状、五年以后希望达到的目标值，并将其细化分解到 2017—2021 年每一年的目标之中，相应地对指标值变化趋势进行解释。为便于将目标落地，各个部门还需确定详细的行动方案。对每一个指标，都有若干套不同优先等级的行动方案与之匹配，优先等级从高到低分为 A、B、C、D、E 五个等级，分别对应优先级非常高、高、中、低和非常低。每一套行动方案都设置了相应的里程碑来确定方案实施的起止点，并有专门的责任人来保障方案的完成，还应明确实现各行动方案所需的资源配置，以量化的形式进行反映，并确定回报层级关系。

（3）构建职能部门级平衡计分卡。

院级平衡计分卡为医院整体的管理改革指引了明确的方向，但用于各职能部门日常管理过于宽泛，且大部分指标并不涵盖在所有职能部门工作范围内，因此在院级平衡计分卡的基础上还应根据各职能部门主要工作职责相应制定职能部门级平衡计分卡。其中各战略目标下设指标的牵头部门和主要协作部门即 5 分和 3 分部门应在职能部门平衡计分卡中设计相应的战略目标或考核指标与院级平衡计分卡相统一。这一步骤的作用主要有两个：一是明确各职能部门管理的改革方向，使得职能部门人员绩效考核更加有迹可循；二是将院级平衡计分卡各指标下放到各职能部门，通过各职能部门级平衡计分卡的执行保证院级平衡计分卡的落实。河南省肿瘤医院共有 25 个部门职能部门，以护理部为例展示其职能部门平衡计分卡的构建过程。

第一，承担院级指标综述。根据院级平衡计分卡指标的设定及分类，护理部承担的指标如表 8 – 5 所示。其中作为 5 分牵头部门的指标 1 个，为优质护理服务达标率。在院级平衡计分卡 32 个指标中，护理部负责牵头和主要协作的指标共计 12 个，可见护理在医院管理控制系统中起到了重要的作用。护理部也针对每一个牵头的指标按上述模板制定了相应的指标字典和行动方案，作为院级平衡计分卡的支撑性文件。

表 8 – 5　　护理部承担的院级指标汇总表

<table>
<tr><th>层面</th><th colspan="2">战略主题</th><th>战略目标</th><th>衡量指标</th><th>承担分值</th></tr>
<tr><td>客户层面</td><td colspan="2">C1 患者首选</td><td>C11 提升患者就医体验</td><td>患者满意度</td><td>3</td></tr>
<tr><td rowspan="7">内部流程</td><td colspan="2" rowspan="3">I2 构建全面质量安全管理体系</td><td>I21 建立全面质量管理体系</td><td>优质护理服务达标率</td><td>5</td></tr>
<tr><td rowspan="2">I23 保障生产安全</td><td>医院感染患病率</td><td>3</td></tr>
<tr><td>安全生产</td><td>3</td></tr>
<tr><td colspan="2" rowspan="2">I3 提升科研和诊疗技术水平</td><td rowspan="2">I32 加强科研和技术创新</td><td>省级及以上重点学科（平台）</td><td rowspan="2">3</td></tr>
<tr><td>学科带头人（厅级以上）数量</td></tr>
<tr><td colspan="2">I4 提升服务标准化水平</td><td>I41 建立 SOP 服务体系</td><td>SOP 达标率</td><td>3</td></tr>
<tr><td colspan="2">I5 提升教学水平</td><td>I51 建成临床医学院</td><td>导师数量</td><td>3</td></tr>
<tr><td rowspan="3">学习成长</td><td colspan="2">L1 提升组织能力</td><td>L11 提高组织执行力</td><td>制度、流程修订及时率</td><td>3</td></tr>
<tr><td colspan="2" rowspan="2">L3 完善信息化建设</td><td rowspan="2">L31 为医院发展提供信息支撑</td><td>内部员工信息系统满意度</td><td>3</td></tr>
<tr><td>管理指标信息化率</td><td>3</td></tr>
<tr><td>财务</td><td colspan="2">F1 调整收入成本规模和结构</td><td>F11 全面做好预算执行和落实</td><td>耗材占比</td><td>3</td></tr>
<tr><td>分值总计</td><td>38 分</td><td>5 分指标个数</td><td>1 个</td><td>3 分指标个数</td><td>11 个</td></tr>
</table>

第二，构建职能部门级平衡计分卡与战略地图，如图 8 –7、图 8 –8 所示。

	战略主题	战略目标	衡量指标	指标值
客户层面	C1 提升护士职业价值感	C11 提升护士工作满意度	C11-1 护士满意度	≥90%
	C2 改善患者就医体验	C21 提高患者满意度	C21-1 患者满意度	≥90%
内部流程层面	I1 加强护理能力建设	I11 增强护理人员岗位胜任力	I11-1 护士合法执业率	100%
			I11-2 各层级护士培训合格率	≥90%
		I12 提升护理科研创新能力	I12-1 护理创新项目	20项
	I2提升护理服务质量	I21 提高护理服务质量	I21-1 基础护理合格率	≥90%
			I21-2 危重患者护理合格率	≥90%
			I21-3 护理技术操作合格率	≥90%
			I21-4 患者健康教育知晓率	≥90%
		I22 推行全面质量管理工具的应用	I22-1 QCC数量	3-4项
学习与成长层面	L2 提高职工工作能力	L21 提高部室职工岗位胜任力	L21-1 SOP达标率	≥90%
			L21-2 继教培训人次	≥2次
财务层面	F1 预算管理	F11 执行预算管理计划	F11-1 财务预算执行率	95%

图 8－7　护理部平衡计分卡

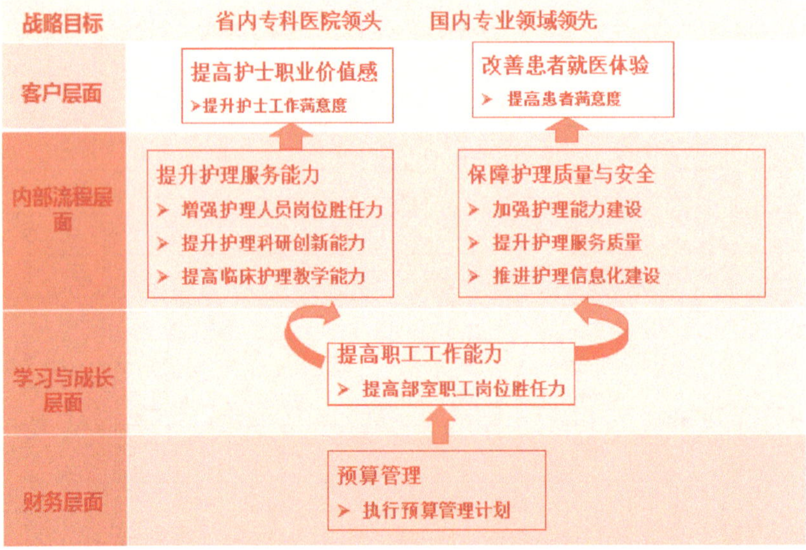

图 8－8　护理部战略地图

第三，护理部指标字典和行动方案。护理部针对每一个指标编制了指标字典和行动方案，明确了指标定义、负责人、数据采集方式、目标值，并对现有差距进行分析，制定了详细的行动方案，为职能部门级指标目标值的实现提供解决办法，同时也保证了院级平衡计分卡指标的实现。以指标“患者满意度”为例展示其指标字典与行动方案，如图 8－9、图 8－10 所示。

<table>
<tr><td>维度</td><td>客户层面</td><td>指标号</td><td>C11-1</td><td>指标名称</td><td>住院患者满意度</td><td>责任人</td><td colspan="6">李莉</td></tr>
<tr><td>战略主题</td><td colspan="2">改善患者就医体验</td><td>目标</td><td colspan="4">提升患者就医满意度</td><td>权重</td><td colspan="4">10%</td></tr>
<tr><td>描述</td><td colspan="12">住院患者对护理服务的满意度，内容包括就医环境，护理服务态度，护理质量等20个条目，满意度问卷调查得分大于95者视为满意。</td></tr>
<tr><td>滞后/领先指标</td><td>滞后</td><td>报告频率</td><td>季度</td><td>计量单位</td><td colspan="3">%</td><td>极性</td><td colspan="4">100%</td></tr>
<tr><td>公式</td><td colspan="12">（满意的调查份数/发放总份数）×100%</td></tr>
<tr><td>数据来源</td><td colspan="12">每季度，由党办、护理部、医后服务中心共同组织第三方人员发放满意度调查问卷一轮，每病区20份，病区覆盖率100%。</td></tr>
<tr><td>数据质量</td><td colspan="4">高</td><td colspan="2">数据的收集人</td><td colspan="6">党办、护理部、医后服务</td></tr>
<tr><td rowspan="2">标杆值</td><td rowspan="2" colspan="2">＞90%</td><td rowspan="2">指标现状</td><td>2016</td><td rowspan="2">目标值</td><td>2017</td><td>2018</td><td>2019</td><td>2020</td><td colspan="3">2021</td></tr>
<tr><td>--</td><td>--</td><td>＞90%</td><td>＞90%</td><td>＞90%</td><td colspan="3">＞90%</td></tr>
<tr><td>目标值解释</td><td colspan="12">1、根据河南省卫计委十大指标检查要求，三级医疗机构患者满意度＞90%；
2、2017年尚没有由党、护理部、医后服务三个部门对护理服务满意度调查进行的第三方综合调查和分析；
3、2018年开始启动本项工作；
4、2018年进行综合分析后，根据调查情况对2019-2021年指标进行修订。</td></tr>
</table>

图8－9　患者满意度指标字典

<table>
<tr><td rowspan="2">指标名称</td><td rowspan="2">现状</td><td rowspan="2">目标值</td><td rowspan="2">差距分析</td><td colspan="6">2017—2021年行动方案</td></tr>
<tr><td>行动</td><td>优先等级</td><td>里程碑</td><td>责任人</td><td>资源配置</td><td>汇报关系</td></tr>
<tr><td rowspan="3">患者满意度</td><td rowspan="3">目前尚未由党办、护理部、医后服务三个部门对护理服务满意度调查进行综合分析</td><td rowspan="3">＞90%</td><td rowspan="3">患者满意度有待提高，满意度调查方式需改进</td><td>1、修订满意度调查方案，对该项指标进行综合分析</td><td>A</td><td>2018</td><td>李莉</td><td>分析党办、医后服务及护理部问卷调查的客观性，修订调查方案，开展调查活动。</td><td>刘东英</td></tr>
<tr><td>2、减少不良事件的发生（＜5‰）</td><td>A</td><td>2018</td><td>严明珠</td><td>1、加强落实不良事件管理制度
2、建立应急预案</td><td>刘东英</td></tr>
<tr><td>3、提高服务意识</td><td>A</td><td>2018</td><td>严明珠</td><td>加强护理服务的规范化培训</td><td>刘东英</td></tr>
</table>

图8－10　患者满意度行动方案

（三）案例后记

2018年4月25—26日，河南省肿瘤医院在张建功院长和韩斌斌总会计师的带领下举行了2018年第一季度战略运营回顾会。在会议中每个职能部门根据实施平衡计分卡实施以来的运营概况进行了详细介绍与回顾，张院长、韩总以及各职能部门分管院长分别对次进行了细致的点评，其他职能部门员工也对此进行了热烈讨论，争先恐后地发表自己的观点。

韩总在听完大家发言后提出了一些改进建议，“各部门的汇报还有很大的提升空间。项目组前期没有准备好，之前的预算会成功是因为前期辅导充分，但是本次回顾会大家大部分在讲我们做了什么，但是我们应该要把分析原因作为重点；如果完成的好，介绍亮点；下一次汇报希望大家充分发挥积极性，做好准备。重点汇报职能部门承担的院级指标和职能部门重要的需要协同的、有困难的工作。讲问题，讲困难，讲需要大家商量的地方。”

会议最后由张建功院长进行总结发言，张院长感慨地说到：“准备好、思考好是一个重要的，创新的工作。这次战略运营回顾会，前期的共识需要做准备。这一次管理体系的创新，确实存在两张皮的问题。结合的问题和协同的问题，如何运用到工作中是最重要的。突出问题，大家认为质量管理中没有用；先从骨干开始，协助主任做好这件事情。有没有采取措施，有没有改进，有没有通过干预实现改进；总体来说还要进一步熟悉战略地图体系。其次，在推进过程中遇到的问题需要分管院长来解决。再者，需要骨干之间先行动起来。”

听完两位主要领导的发言，大家陷入了思考，虽然院级以及职能部门级平衡计分卡已经构建完成，并已经开始着手修改完善原有的预算编制系统，但是这个方法可以良好的进行下去吗？能否帮助河南省肿瘤医院度过难关，实现最终目标呢？我们拭目以待！

五、教学方法与手段

（一）教学方法

采用行动学习案例教学方法，具体包括：

（1）知识点讲解。由教师完成战略地图、平衡计分卡、预算管理等知识点的介绍。

（2）分组讨论。根据分组，采用头脑风暴方式，组长控制好时间，可先安排个人独立准备 10 分钟，再进行讨论。同时安排好小组成员记录。组长做到在规定时间内完成研讨任务。

（3）分组总结。采用团体列名法，即后发言的小组不得重复先发言小组的观点。具体操作：选一个小组全面汇报，其他小组补充完善。第一个发言小组 10 分钟，第二个发言的小组不得重复前面的观点，只能讲新观点。以此类推，直到穷尽所有观点。

（4）教师点评。教师根据案例问题，结合知识点，逐一进行点评，指出学员回答的不足之处。

（二）教学手段

教师可以使用信息化教学平台。具体有两种方法可选：

（1）专业教学平台。使用蓝墨云班课 App。下载注册班课，教师在资源区中提前上传案例资料和平衡计分卡相关知识。在活动区建立分组活动，各小组将讨论结果拍照上传至该区域。分组汇报时，其他小组成员可在手机上查看该组研讨成果，小组之间可以互评。

（2）常规教学平台。组建微信群或 QQ 群。课前将案例资料发送到群中，课堂小组讨论结果拍照上传至群中，师生可在群中发言互动。

六、教学实施过程

（一）发放案例材料和讨论题目

1. 案例材料课前上传云教学平台

2. 本案例讨论题目依次为：

（1）河南省肿瘤医院为什么需要平衡计分卡？

（2）河南省肿瘤医院构建的平衡计分卡的四个层面有什么关系？结合案例进行分析。

（3）为确保平衡计分卡可以顺利实施有哪些注意事项？

（4）河南省肿瘤医院是如何构建职能部门级平衡计分卡和战略地图的？

（5）平衡计分卡是如何帮助河南省肿瘤医院将绩效考核和战略联系起来的？

（6）请你谈一谈在事业单位或非营利组织中构建平衡计分卡与在企业中构建有什么相同之处和不同之处？

3. 本案例的参考资料及其索引，在课前一次性布置给学员

（二）问题分析

（1）河南省肿瘤医院为什么需要平衡计分卡？

随着新医改的逐步推进，尤其即将执行的“全面取消药品加成”政策，单纯“降成本”的思想已经无法满足医院的管理需求。并且其当前的绩效评价体系存在如下缺陷：

首先，未能将绩效评价与战略紧密联系。院级领导已经意识到患者满意度的重要性，明白降成本的同时还需要保证诊疗服务质量，为患者提供满意的服务，但这一思想目前并未在绩效评价体系中明确体现，存在管理系统与战略决策断层的情况。

其次，未实现绩效评价的系统性管理。医院的管理要求应随着外界环境及自身状况的发展而不断改进，除了完善评价方案，补充设置指标外，更重要的是将该理念转化成为医院文化，改变管理者及各层级员工的认知，从根本上保证新系统的实施。在这一过程中，制度固化十分重要，要将思路、决策转换成具体的文字性文件，便于落实。

最后，未明确指标间的内在联系在绩效评价体系的构建过程中，应注重对员工的普及教育，让他们明确各指标设计的原因、相关联系以及各个时间点需要达到的指标值。这样员工才能将医院的战略、绩效评价体系的设计和自身的日常工作联系起来，有利于工作的

落地与实施。这方面的工作正是目前河南省肿瘤医院所严重欠缺的部分。

绩效评价体系是管理系统的核心，综合上述分析可以看出，面对新医改的全面推进，当前河南省肿瘤医院的绩效评价体系无法为该医院实现成本管控、效率强化和品牌效应建立，无法实现宏观上的统筹和指导全局的管理，不利于全面提升医院整体的管理水平。

而平衡计分卡是根据企业组织的战略要求而精心设计的指标体系。按照卡普兰和诺顿的观点，“平衡计分卡是一种绩效管理的工具。它将企业战略目标逐层分解转化为各种具体的相互平衡的绩效考核指标体系，并对这些指标的实现状况进行不同时段的考核（即计分），从而为企业战略目标的完成建立起可靠的执行基础”。因此河南省肿瘤医院需要借助平衡计分卡来完成未来战略目标。

（2）河南省肿瘤医院构建的平衡计分卡的四个层面有什么关系？结合案例进行分析。

河南省肿瘤医院在构建平衡计分卡的过程中重点关注了各个层面之间的关系，寻找到了贯穿整个平衡计分卡的关系链。考虑到公立医院提供服务的特殊性以及河南省肿瘤医院的特点，将卡普兰原平衡计分卡模型中四个维度的名称及位置进行了相应调整，考虑如将患者及协作方放在首位，强调公立医院以患者为核心的理念，凸显其为社会提供医疗服务的职能。与一般企业追求利益最大化不同，公立医院并不过分追逐盈利，财务方面考虑更多的是如何达到收支平衡略有盈余。因此在设计平衡计分卡时将财务作为基石置于底层，体现出公立医院的公益性。

平衡计分卡从表面看是四个层面各自有目标、衡量指标以及目标值。但实际上在四个层面之间是有十分深刻的联系的。对于肿瘤医院来说，与患者及协作方构建和谐的关系才是医院发展的根本战略，内部流程能够支持为患者提供更优服务、与协作方更好合作，学习成长是内部流程高效运行的坚实保障，而财务能够平衡医院收入成本，为医院其他战略的实施提供更好的支持。针对河南省肿瘤医院的战略目标和愿景，院方管理者共同讨论确定了两个关注点，成本效率以及品牌影响力。前者影响单位就诊人次的经济效益而后者决定了服务对象总量，并基于此讨论平衡计分卡的战略主题。此后将这种关系用图形来表示就是战略地图。如案例企业的战略地图就十分明确的表现出了各个层面之间的支持作用。因此在平衡计分卡设计之时一定要关注到四个层面之间的紧密关系，相应的战略主题、战略目标一定是相互紧密联系的。

（3）河南省肿瘤医院是如何构建职能部门级平衡计分卡和战略地图的？

院级平衡计分卡为医院整体的管理改革指引了明确的方向，但用于各职能部门日常管理过于宽泛，且大部分指标并不涵盖在所有职能部门工作范围内，因此在院级平衡计分卡的基础上还应根据各职能部门主要工作职责相应制定各职能部门级的平衡计分卡。其中各战略目标下设指标的牵头部门和主要协作部门即 5 分和 3 分部门应在职能部门平衡计分卡中设计相应的战略目标或考核指标与院级平衡计分卡相统一。这一步骤的作用主要有两个，一是明确各职能部门管理的改革方向，使得职能部门人员绩效考核更加有迹可循，二是将院级平衡计分卡各指标下放到各职能部门，通过各职能部门级平衡计分卡的执行保证院级平衡计分卡的落实。

当构建职能部门级平衡计分卡时，首先应明确其担任的院级平衡计分卡指标。其中包括，作为5分牵头部门的指标有几个，分别为哪些指标；作为3分协作部门的指标有几个；作为1分的指标有几个。在院级平衡计分卡所有指标中，本职能部门负责牵头和主要协作的指标共计多少。

其次，可以采用行动学习的方法，职能部门主管在院级平衡计分卡的基础上与职能部门内部人员协商并向院级领导汇报的方式构建职能部门级平衡计分卡，这样既保证了职能部门级平衡计分卡与院级平衡计分卡的协调统一，又充分体现了民主精神。职能部门级平衡计分卡将涵盖在绩效考核系统，作为职能部门人员工作绩效的评判标准，员工参与制定自身考核体系，有助于提高员工工作的积极性，当然院级领导持最终决定权，避免松弛性绩效考核。

最后，经过自上而下和自下而上的沟通协调，最终确定本职能部门的平衡计分卡。并针对每一个牵头的指标按照模板制定相应的指标字典和行动方案，作为院级平衡计分卡的支撑性文件。

（4）平衡计分卡是如何帮助河南省肿瘤医院将绩效考核和战略联系起来的？这样做有什么好处？

平衡计分卡的设计实际上就是将组织整体战略逐层分解下放到各个层级的过程，将院级战略分解成四个层面：患者与协作方、内部流程、学习与成长、财务，分别设置战略目标、指标及行动方案，明确医院发展的大方向，使得每个决策更加具有指向性，有利于日常管理的开展。河南省肿瘤医院通过平衡计分卡的管理工具形成了一套多层级、全面的绩效评价体系，实现了以战略为导向的管理，更加有效的做到随时局环境而改变，可以预见到其管理水平将实现大幅度的提升。

院级平衡计分卡所涉指标较为集中，可以将高层管理者的精力聚集起来，更有效地把控医院发展的大方向而不拘泥于日常琐碎的工作。而职能部门级的指标又在院级平衡计分卡基础上充分联系各职能部门的日常经营工作，更值得该职能部门员工的重视。这种分层级的绩效体系、明确的指标设置有利于提高管理集中度，保证管理者及相关员工在短时间内抓住重点，加大管理力度。同时平衡计分卡的设置采用行动学习的方式，员工充分的参与到讨论过程中，他们的意见也得到了重视和采纳，有利于提升员工落实平衡计分卡的积极性，提高员工接受程度，更有助于战略实施，实现战略目标。

（5）结合案例分析哪些因素使得河南省肿瘤医院平衡计分卡的实施能够顺利进行？

首先，河南省肿瘤医院的高级管理人员，即院长与总会计师都参与了平衡计分卡的设计。迄今为止，只有中层管理团队领导平衡计分卡项目是造成平衡计分卡开发和实施失败的最大根源。一个新的业绩评价系统的动力通常来自质量小组或金融部门，他们设法让高级管理人员批准开发一个新的评价体系，但是高级管理人员将其看作一个局部的、操作性的项目，而没有真正懂得改变正在使用的评价系统的需要。最终，由于高级管理团队缺乏理解和责任意识，不能运用新的业绩评价系统来沟通和推动战略，导致对又中层管理人员领导的这类项目的破坏。如果高级管理人员不积极参与进来，新的指标将集中于局部操作改进方面，而无法形成一个高级管理人员能够用来控制战略成功实施的系统。

其次，河南省肿瘤医院将平衡计分卡的任务向下渗透，让所有员工学习战略，让他们也懂得如何为战略的成功实施贡献自己的力量。在一些公司里，高层管理人员觉得只有自己才需要并理解战略，他们不与中层管理人员、生产线和后方的低级员工分享战略和计分卡。虽然一个计分卡的成功执行需要高层管理者承担责任，但是也需要更多的人员参与。因此，管理层必须将平衡计分卡传达给组织内的每一个人。

再次，在构建平衡计分卡时，医院员工们并没有超标准设计方案，脚踏实地，循序渐进，没有企图“一口吃成个胖子”。因为当项目小组试图开发完美的平衡计分卡时，他们以为只有一次开发平衡计分卡的机会，他们希望这张计分卡尽可能完善。因此他们只有当确信每个项目有了正确的指标和可靠的数据时才着手开发计分卡，很有可能花费数月之后，管理人员仍未将其拿到会议上讨论，也没有用它来支持决策的制定。综上，有一点是值得管理者注意的：管理系统应当是动态的，平衡计分卡的目标、指标和数据收集流程在组织的学习基础上应该能够随时进行修改。河南省肿瘤医院会定期开会让员工讨论平衡计分卡的成果，这种方法有助于员工不断学习，共同完善战略实施。

最后，河南省肿瘤医院并没有把平衡计分卡视为一个系统或是咨询项目。实践证明，当公司把平衡计分卡作为一个系统项目而不是加以应用的时候，将会出现一些即为昂贵的代价。实现现存数据自动化将不能识别组织战略的关键评价指标，有些指标在当前是无法计量的。此外，让管理者更方便地利用组织的数据库与建立结构化的战略地图有很大不同。结构化的战略地图反映了对企业战略表现最有影响的少数指标之间的因果联系。

（6）请你谈一谈在事业单位或非营利组织中构建平衡计分卡与在企业中构建有什么相同之处和不同之处？

相同之处在于：首先，平衡计分卡的四个维度相同，都分为财务层面、客户层面、内部流程层面、学习与成长层面；其次，平衡计分卡的四个层面都存在因果关系，并不是相互独立的；最后，两者都是需要借助平衡计分卡来构建战略和衡量体系来传播并帮助其战略的实施。

不同之处在于：首先，虽然企业与行政事业单位以及非营利组织在构建平衡计分卡时的四个维度相同，但是其重要程度和排放次序存在差异，比如，对于行政事业单位或非营利组织而言，不能把其评价建立在财务指标上，虽然它们必须在财务约束下监督费用支出和开展经营，但是它们的成功需要通过有效地向社会群众提供福祉来衡量，而不是根据其筹款能力、有效性等来衡量；其次，行政事业单位或非营利组织相比于企业而言缺乏清晰的战略，有些组织有长达50页的战略文件，有些组织有一个包含一长串拟定计划和方案的战略，但是战略中从不提及计划和方案拟取得的成果。所以行政事业单位和非营利组织的思维模式必须由“计划做什么”转向为“计划完成什么”，由行动向成果的转变；最后，由于财务成功并不是行政事业单位或者非营利组织的主要目标，所以这些组织不能运用平衡计分卡和战略地图的标准结构，这些机构并不能将财务目标作为拟取得的最终高水平成果的评价标准。

（三）教学过程及课时分配

1. 知识点讲解（30分钟）

教师重点讲解：平衡计分卡四个层面的因果关系；每个层面的构成要素；平衡计分卡战略执行系统的六个步骤。

2. 小组内部讨论（50分钟）

组长合理分配任务和时间，比如将问题分配至各位组员；各位组员分头准备25分钟；组员分别汇报，其他组员补充完善，共25分钟；组长安排好小组记录，并控制好研讨时间。

3. 分组汇报及点评（30分钟）

有两种选择方式：

方法一：选一个小组全面汇报，其他小组补充完善。具体操作：第一个发言小组10分钟，第二个发言的小组不得重复前面的观点，只能讲新观点。以此类推，直至观点穷尽（上一部分作为团体列名法进行过介绍）。

方法二：将问题分解到每个小组分别汇报，其他小组进行补充完善。

4. 教师总结（10分钟）

七、考核与评价方式

（一）评价内容

案例分析质量占70%，现场（或线上）占展示30%。

（二）评价主体

（1）小组互评，每位同学为其他组打分，被评价小组的得分为，所有评价分数在去掉最高分和最低分后，计算的平均分。

（2）小组互评与教师评价相结合。在小组评价基础上，增加教师评价环节，打分的权重分别为50%、50%。

（三）评价手段

借助蓝墨云班课平台实现。

八、实施成效

（一）教学案例

2017 年，应河南省肿瘤医院党委书记、院长张建功邀请，刘俊勇教授及其团队成员历时 1 年采用行动学习法，帮助河南省肿瘤医院成功实施平衡计分卡。该医院的实践在全国同行中引起了极大的反响。基于此项目成功经验，刘俊勇教授于 2018 年完成了教学案例开发工作并在研究生课堂上进行应用。该教学案例获得了 2019 年全国会计专业学位研究生教育指导委员会优秀教学案例奖。

（二）行动学习法

案例教学所使用的行动学习法自 2008 年以来已经使用多年，并形成了成熟的操作流程。之后，该方法从教学方法逐步扩展至人才培养的全过程，获得了 2014 年度国家级教学成果二等奖，并作为全国会计专业学位研究生教育指导委员会试点经验向全国兄弟院校推广。

（三）云教学平台

蓝墨云班课自 2014 年使用以来，与行动学习法相结合，已形成了成熟的操作流程。本人在该平台超过 4 万名教师中，领先全国 99.9% 的老师。

（四）教学效果

该案例自开发以来，在会计专业硕士、MBA 教学中已多次应用。得益于云教学平台的应用，所有教学过程和学生反馈全部保留。在同学们的个人总结和分组总结中，该案例都是令学生印象最深刻的教学内容之一。本课程所采用的行动学习方法和云班课平台，让同学们强烈地感受到以学生为中心的课堂参与感，极大地帮助同学们全面系统地掌握平衡计分卡知识体系，并为同学们将其付诸实践提供了落地路径。

案例 9：中国的“举国救灾机制”与巨灾保险模式

——《财产保险研究》课程思政教学案例

许飞琼
（中央财经大学保险学院教授）

一、基本信息

课程名称：财产保险研究
授课对象：2021级保险硕士研究生
知 识 点：举国救灾机制、巨灾保险模式等，《财产保险》（第六版）第一章第三节、第五章等
主讲教师：许飞琼

二、教学目标

（一）知识目标

（1）掌握巨灾风险及其保险的基本概念、特征与作用，熟悉主要的巨灾保险经营模式，了解国内巨灾保险的发展实践。

（2）熟悉中国举国救灾机制产生的背景与特色；通过对唐山地震、汶川地震的举国救灾、新冠疫情的联防联控等实践案例的回顾与反思，明了“多难兴邦”的内涵。

（二）能力目标

借助对国内唐山地震、汶川地震、新冠疫情等巨灾及其损失补偿机制等现实案例的剖析，着重培养学生在危急时刻具有坚强的毅力与同心同德的凝聚力；提升学生在今后的社会服务中，勇于挑战逆境甚至绝境，在战胜困难中锤炼工作作风、磨炼意志、担当重任的能力。

（三）育人目标

在掌握巨灾风险与巨灾损失补偿机制及保险模式的理论知识和相应的专业技能与技巧的同时，提升学生在灾（困）难面前处变不惊、临危不惧、锲而不舍的能力，以及在将来的工作与生活中保持清醒头脑和谨慎工作态度的能力。

三、教学重点与难点

（一）教学重点

巨灾风险与巨灾保险的内涵、举国救灾机制的特色与国内巨灾保险的发展实践模式。

（二）教学难点

本案例教学的难点主要是如何通过巨灾风险的属性，明了中国式举国救灾制度的特色，理解“多难兴邦”的真谛。

四、课程思政案例介绍

（一）案例基本情况

灾害是伴随人类社会发展而不断发展的异常现象，巨灾更以其巨大的破坏力及惨烈后果而给人类社会带来严重的威胁。

（1）1976 年唐山地震，23 秒内，一座拥有百万人口的工业城市被夷为平地，24.2 万多人死亡，36 万多人重伤，70 万多人轻伤，直接经济损失按当年价格计算高达 54 亿元。10 年后，一个新唐山屹立在世界的东方。

（2）2008 年汶川地震，2 分钟内，死亡 69227 人，失踪 17923 人，受伤 37.4 万人，造成直接经济损失达 8523.09 亿元。10 余年间，在抢救生命、重建家园、振兴发展的过程中，中国共产党带领中国人民谱写了一曲曲感天动地的壮歌，创造了一个个攻坚克难的奇迹。

（3）新型冠状病毒肺炎是近百年来人类遭遇的影响范围最广的全球性大流行病，对全世界是一次严重危机和严峻考验。据世界卫生组织测算，截至 2021 年底，全球累计新冠死亡病例约 1500 万人。作为一个人口众多的发展中国家，中国新冠感染率、死亡率保持全球最低水平，疫情防控取得重大战略成果，全国范围内新冠病毒疫苗累计接种 28.3 亿剂次。截至 2020 年 7 月，中国当年安排疫情防控相关资金达 1864 亿元。随后，随着疫情防控的发展与要求，中国一直继续增加财政投入，构建起强大的公共卫生体系，为切实维护人民健康提供有力保障。

巨灾的发生往往会对国计民生造成重大负面影响。尽管不同的国家因国情不同、制度不一而会在具体应对行动中有所差异，但巨灾作为人类共同的敌人，世界各国都不会对此掉以轻心。因此，如何更好地应对突发性巨灾是全人类都面临的重大议题，新冠疫情在全球的蔓延再次证明这一点。

中国由于地域辽阔、地理结构复杂、人口众多等原因，包括地震、台风、海啸等各种突发的自然灾害与公共卫生事件史不绝笔，水灾、旱灾、蝗灾更被称为中国历史上三大自然灾害，几乎每年均会发生且波及很广的范围，各种传染病亦是危及人民生命安全的重大风险。因此，中华民族几千年的文明史同时也是与重大灾难斗争的历史，治国必先治水（灾）、理政首重荒政（安民）成为流传千年的古训。

回顾 1949 年新中国成立以来，国家在减灾方面取得了巨大成就，自然灾害的损害后果也被控制在尽可能小的程度，社会主义制度则保障了绝大多数人民的安居乐业。1976 年的唐山大地震、1998年的大水灾、2008年的汶川大地震、2020年初暴发的新冠疫情……这一系列举世震惊的重大灾难用事实表明，中华人民共和国成立以来的73年，其实是在不断经受各种灾难的考验中成长起来的73年。

（二）举国救灾机制的特色

中国传统的救灾机制，基本上是政府包办式的举国救灾机制，它强调的是举中央与地方政府之力进行灾时与灾后救援，并将社会力量纳入公共系统进而转化成政府行为。在实践中，当灾害发生特别是重大自然灾害发生后，往往通过自上而下的行政动员机制，在短时间内大规模地调度全国的人力、财力和物力，“举全国之力”进行抗灾救灾。在危急且特殊的情况下，这种政府包办、自上而下动员的方式展示了其独特的力量：紧急救灾过程中表现出了惊人的速度、效率和组织动员能力，国民的国家认同感和凝聚力急剧增加，这样独特而强大的国家力量对于其他大多数国家来说几乎是不可想象和无法复制的。

（1）每次大灾都使中华民族重新挺起脊梁。1976年，大地震使唐山变成废墟，10年后，一个新唐山屹立在世界的东方。1998年抗洪、2003年抗击非典，都使中华民族的内核与内心更加坚强。2008年汶川地震发生后的10余年间，在抢救生命、重建家园、振兴发展的过程中，中国共产党带领中国人民谱写了一曲曲感天动地的壮歌，创造了一个个攻坚克难的奇迹。2020—2022年，在抗击新冠疫情中，以习近平同志为核心的党中央始终要求把人民群众的生命安全和身体健康放在第一位，尽最大努力防止更多群众被感染，尽最大可能挽救更多患者生命。正是在以习近平同志为核心的党中央的集中统一领导下，全国按照中央统一部署同舟共济、共克时艰，打响了疫情防控的人民战争，使这场高传染性的重大疫情得到了有效控制，国内生产生活正在全面恢复正常。与国外疫情仍然蔓延并造成严重后果的局面相比，中国取得了举世罕见的抗“疫”成绩单。

（2）灾难磨砺炎黄子孙的精神，苦痛铸就中华民族的坚韧。新中国成立73年来的灾难史与抗灾史，揭示了自然界物质运动的基本法则，也见证了中华民族百折不挠、愈挫愈奋的抗灾精神与众志成城、万众一心的民族凝聚力。它表明中华民族不仅可以面对任何灾难的考验，而且能够在灾难深重中站起来，并不断地向前发展。中华民族的迅速崛起，再次印证了那条“多难兴邦”的古谚。可以说，中华民族的伟大复兴之路是从灾难之中走过来的，中国在应对各种灾害袭击中所显示出来的经验与能力，则直接构成了支撑民族自信心的重要来源。

（3）社会主义制度，是中国人民赢得抗灾胜利并在灾难中崛起的基本制度保证。一是全国一盘棋，能够集中力量办大事；二是有一个坚强有力的领导核心，它就是建立中华人民共和国并长期执政的中国共产党；三是有一支在灾难面前不畏任何艰难险阻的人民军队。

（4）经济发展与综合国力的持续提升，是中国人民战胜重大自然灾害的物质基础。中国的国力在抗灾、抗疫中发挥了深刻的、重大的作用，无不体现了新中国成立73年所凝聚出来的大国的国力。改革开放后的2008年，中国的经济总量上升到世界第三位，年财政收入超过6万亿元，城乡居民人均收入分别比1978年增长了40倍和30倍以上；2020年，我国国内生产总值（GDP）达到了101.6万亿元，历史上首次突破100万亿元（约合

14.7 万亿美元）；2021 年，国内生产总值为 114.4 万亿元，增速为 8.1%，稳居世界第二，占世界经济的比重达 17% 左右，人均国内生产总值连续三年超过 1 万美元。正是因为有了这样日益雄厚的物质基础，在汶川地震、新冠疫情这样的大灾发生后，中央财政能够第一时间拨出抗震救灾资金达 550 多亿元、各级财政疫情防控投入达 1169 亿元，并且中央财政还提前下拨 1030 亿元保障困难群众生活。这相当于改革开放前国家财政收入的一大半。而人民生活水平的提高，也使一方有难、八方支援有了更加雄厚的物质基础，如汶川大地震发生后募集的社会善款高达 700 多亿元，而 2020 年民政部统计的社会捐赠多达 1059.1 亿元。如果没有这些厚实的经济基础，便不可能迅速取得抗灾救灾与灾后重建的胜利，以及抗疫取得的重大战略成果。

（5）以人为本的抗灾救灾理念的最终确立，是进一步凝聚民心、共克时艰的稳固基石。经过多次的灾难磨砺，“以人为本、生命至上”已经成抗灾救灾中的全民共识。尤其是汶川大地震、抗疫行动等巨灾将人民利益至上的国家宗旨、以人为本的执政与施政理念诠释得淋漓尽致。在这些巨灾发生后，可以看到特别突出地体现了救人优先、生命至上的理念，物质财产与经济利益放在了第二位，为了抢救一条可能幸存的生命，往往不惜代价。此外，对灾区人民的生活救助与医疗救援，以及新出现的心理抚慰等，都无一不是具体地体现了以人为本的理念。

（6）“一方有难，八方支援”是中国以往赢得抗灾救灾胜利的重要经验。每一场灾难都是对一个民族的集体考验，在中国 73 年来的抗灾救灾历程中，“一方有难，八方支援”早已经成为一种传统，这种传统在近 40 多年间，随着国民经济发展与人民收入水平、生活水平的提高，更在抗灾救灾中发挥着巨大的作用。我们可以看到，每一场灾难中总是非灾区与灾区、全国人民与灾区人民始终真情相伴，张显出了博大的爱心，表现出了空前的凝聚力。

（三）生逢伟大时代 担当不负使命

一代人有一代人的使命，中华民族传承至今，是一代代人承担使命、薪火相传的结果。我们生逢伟大时代，时代赋予我们的使命就是学好本领建设中国特色社会主义、实现中华民族的伟大复兴。但这个伟大的时代又是多灾多难的年代，作为与灾害打交道的保险专业学生，更需要我们承担职责，不负使命、不负人民。因此，希望同学们珍惜当下，学好专业知识，待将来投身于建设我们社会主义国家的过程中，可以无愧于心地说，我的一生和全部的经历都奉献给了这个伟大时代赋予我的使命担当中去。

（四）讨论题

针对本案主题，要求学生进行以下问题的讨论：

（1）如何构建和完善我国的巨灾损失补偿制度？

（2）如何让保险成为我国应对巨灾的生力军？

（3）请结合巨灾的属性评价宁波公共巨灾保险模式？

（4）作为保险学生，在灾难面前，我们如何勇担时代使命？

五、教学方法与手段

本案教学方法与手段主要包括以下四个方面：

一是主讲教师利用超星平台“资料栏”及教师预览页面提前一周左右将要讲授的课程教案及相关资料进行发布（见图9－1），并通知学生提前预习及做好参与课堂讨论的相关准备。

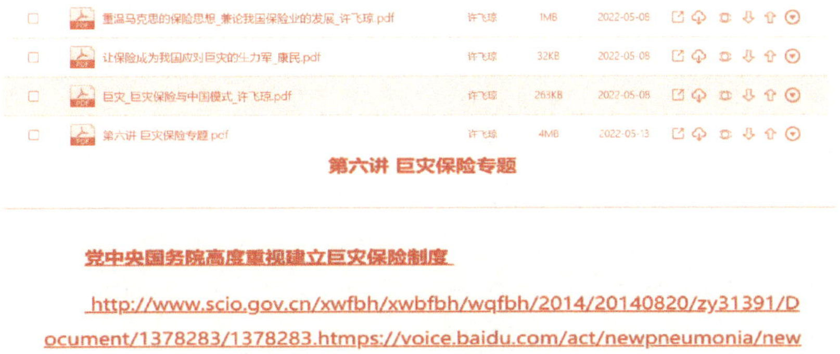

图9－1　课程教案及相关资料

二是在课堂上主讲教师通过超星平台腾讯会议直播室主讲本案的基本内容与要求。

三是在直播课堂中就相关案情师生之间“以问题为导向”进行穿插式多向互动讨论学习。

四是课后，学生通过超星平台讨论栏对布置的讨论题进行讨论（见图9－2）。

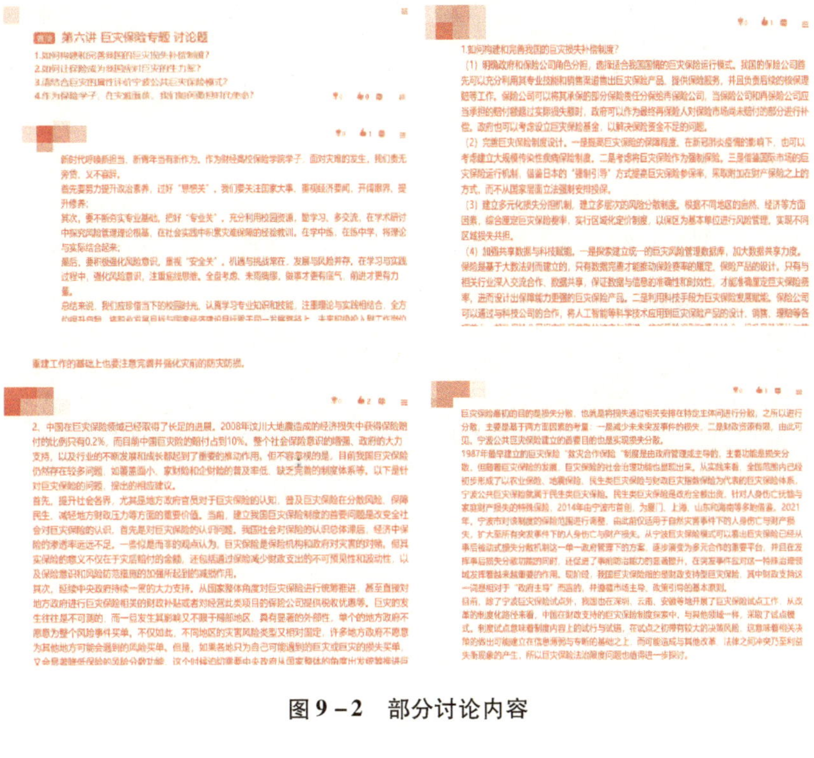

图9－2　部分讨论内容

六、教学实施过程

本课程思政案例教学的实施过程主要包括以下四个基本环节：

（1）案例教学计划的制定。本专题讲座前，主讲教师首先提前收集相关案例材料并进行筛选，使选出的案例有针对性、现实性、简约性与创新性，立足新时代中国特色社会主义制度背景，以体现或达到课程思政教学目的；然后将优选案例与课程内容进行配对后制定完整的教学计划，以保证案例教学与课程思政内容自然衔接。

（2）以汶川地震、新冠疫情等巨灾为教学案例，以学生为主体，以国家救灾机制为知识触发点，通过教师的问题引导、师生互动讨论、经验启发、解决问题为主要教学形式，从而达到课程思政这一特定教学目标的教学过程和教学活动。

（3）利用讨论题巩固课程内容知识。本案例教学主讲教师提前在授课平台布置了四大思考讨论题，在教师主讲了本课程的基本内容后，要求学生就讨论题进行讨论。

（4）课程教学内容问题反思与总结。疑乃思之始，问乃学之端。本次案例教学的突出特点是“教师引导、学生反思”。教师以巨灾损失补偿现状与巨灾保险模式等相关问题为导向，引导学生探求问题存在的原因与解决的思路。在学生基本完成了相关问题讨论后，对学生的观点进行概况性总结，以培养学生自学、自省、自控能力的同时，使学生意识到要用课程思政的学术观点，解决巨灾保险“为谁主张”“为谁服务”的价值追问，树立自己人生的社会责任感与使命感。

七、考核与评价方式

本课程思政教学案例考核与评价方式主要由形成性评价，包括课堂主动发言、随机抽查提问，以及终结性评价，包括课后平台讨论题回答内容与点赞等构成。其中，形成性评价侧重于遵循教学常规的情况，占40%；终结性评价侧重于研究性思考与讨论题回复的质量（考察基础知识和综合分析问题的能力），占60%。

八、实施成效

1. 本课程思政案例教学最少取得了以下两个方面的成效：

一是增强了学生的巨灾风险防范意识，激发了学生的爱国热忱。本次案例教学以巨灾及其保险为主线，通过对国家在唐山地震、汶川地震、新冠疫情等巨灾发生后的举国救灾机制的介绍，使学生明白“多难兴邦”的内涵，不忘保险初心，不负“天将降大任于是人也”

的时代使命，用努力奋斗的青春把自己成就为一个有理想、有本领、有担当的时代青年。

二是增加实践教学环节，弥补了学生在认知过程中对专业理论知识的感性认识不足的缺陷。本次课程教学通过对“宁波公共巨灾保险模式”的现实详情介绍，给学生提供了理论与实践相结合的契机，加深了学生对巨灾风险与保险理论教学内容的理解，提高了学生学习的兴趣，启发了学生的保险创新意识，并提升了学生走上工作岗位后参与社会实践的能力（见图 9-3）。

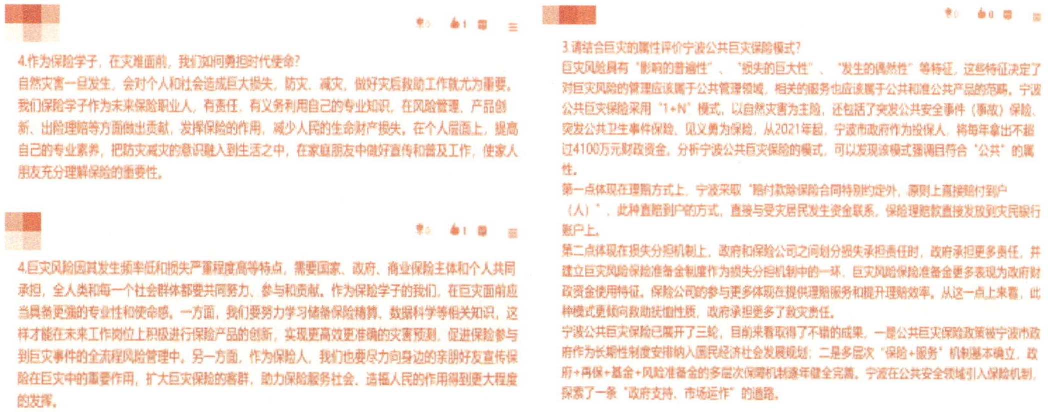

4.作为保险学子，在灾难面前，我们如何勇担时代使命?
自然灾害一旦发生，会对个人和社会造成巨大损失，防灾、减灾，做好灾后救助工作就尤为重要。我们保险学子作为未来保险职业人，有责任，有义务利用自己的专业知识，在风险管理、产品创新、出险理赔等方面做出贡献，发挥保险的作用，减少人民的生命财产损失。在个人层面上，提高自己的专业素养，把防灾减灾的意识融入到生活之中，在家庭朋友中做好宣传和普及工作，使家人朋友充分理解保险的重要性。

4.巨灾风险因其发生频率低和损失严重程度高等特点，需要国家、政府、商业保险主体和个人共同承担，全人类和每一个社会群体都要共同努力、参与和贡献。作为保险学子的我们，在巨灾面前应当具备更强的专业性和使命感。一方面，我们要努力学习储备保险精算、数据科学等相关知识，这样才能在未来工作岗位上积极进行保险产品的创新，实现更高效更准确的灾害预测，促进保险参与到巨灾事件的全流程风险管理中。另一方面，作为保险人，我们也要尽力向身边的亲朋好友宣传保险在巨灾中的重要作用，扩大巨灾保险的客群，助力保险服务社会、造福人民的作用得到更大程度的发挥。

3.请结合巨灾的属性评价宁波公共巨灾保险模式?
巨灾风险具有“影响的普遍性”、“损失的巨大性”、“发生的偶然性”等特征，这些特征决定了对巨灾风险的管理应该属于公共管理领域，相关的服务也应该属于公共和准公共产品的范畴。宁波公共巨灾保险采用“1+N”模式，以自然灾害为主险，还包括了突发公共安全事件（事故）保险、突发公共卫生事件保险、见义勇为保险，从2021年起，宁波市政府作为投保人，将每年拿出不超过4100万元财政资金。分析宁波公共巨灾保险的模式，可以发现该模式强调且符合“公共”的属性。
第一点体现在理赔方式上，宁波采取“赔付款除保险合同特别约定外，原则上直接赔付到户（人）”，此种直赔到户的方式，直接与受灾居民发生资金联系，保险理赔款直接发放到灾民银行账户上。
第二点体现在损失分担机制上，政府和保险公司之间划分损失承担责任时，政府承担更多责任，并建立巨灾风险保险准备金制度作为损失分担机制中的一环，巨灾风险保险准备金更多表现为政府财政资金使用特征，保险公司的参与更多体现在提供理赔服务和提升理赔效率。从这一点上来看，此种模式更倾向救助抚恤性质，政府承担更多了救灾责任。
宁波公共巨灾保险已展开了三轮，目前来看取得了不错的成果，一是公共巨灾保险政策被宁波市政府作为长期性制度安排纳入国民经济社会发展规划；二是多层次“保险+服务”机制基本确立，政府+再保+基金+风险准备金的多层次保障机制逐年健全完善。宁波在公共安全领域引入保险机制，探索了一条“政府支持、市场运作”的道路。

图 9-3　实践教学环节的部分内容

2. 本课程教学内容、学生观点与效果评价

（1）内容链接。

教师预览页面：https：//mooc1. chaoxing. com/mycourse/teacherstudy？ chapterId = 526461711&courseId = 223067314&clazzid = 51670932。

讨论详情页面：https：//mooc1. chaoxing. com/bbscircle/gettopicdetail？ courseId = 223067314&clazzid = 51670932&topicid = 396335233&ut = t&cpi = 113940730&openc = acffc0f17b182132eb70bf480d9a3305&enc = bc5bafe8ddb3c2655da640d0e149d10a。

（2）部分学生观点如图 9-4 所示。

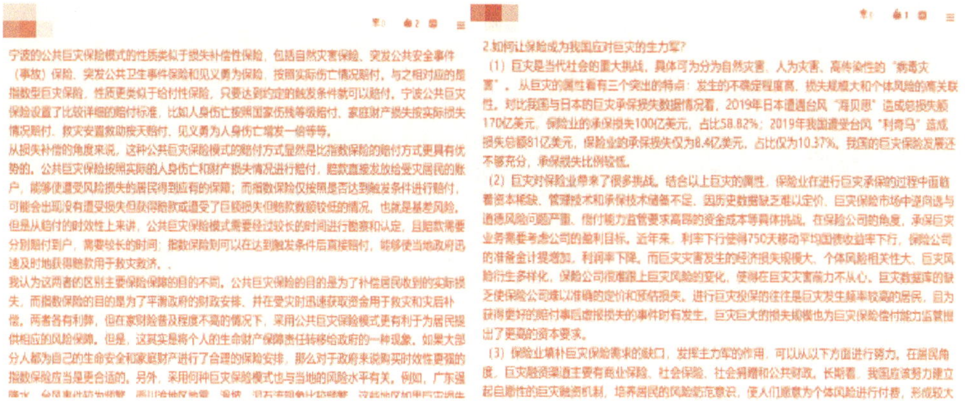

宁波的公共巨灾保险模式的性质类似于损失补偿性保险，包括自然灾害保险、突发公共安全事件（事故）保险、突发公共卫生事件保险和见义勇为保险，按照实际伤亡情况赔付，与之相对应的是指数型巨灾保险，性质更类似于给付性保险，只要达到约定的触发条件就可以赔付。宁波公共巨灾保险设置了比较详细的赔付标准，比如人身伤亡按照国家伤残等级赔付、家庭财产损失按实际损失情况赔付、救灾安置救助按天赔付、见义勇为人身伤亡增发一倍等等。
从损失补偿的角度来说，这种公共巨灾保险模式的赔付方式显然是比指数保险的赔付方式更具有优势的。公共巨灾保险按照实际的人身伤亡和财产损失情况进行赔付，赔款直接发放给受灾居民的账户，能够使遭受风险损失的居民得到应有的保障；而指数保险仅按照是否达到触发条件进行赔付，可能会出现没有遭受损失但获得赔款或遭受了巨额损失但赔款数额较低的情况，也就是基差风险。但是从赔付的时效性上来讲，公共巨灾保险模式需要经过较长的时间进行勘察和认定，且赔款需要分别赔付到户，需要较长的时间；指数保险则可以在达到触发条件后直接赔付，能够使当地政府迅速及时地获得赔款用于救灾救济。.
我认为这两者的区别主要保险保障的目的不同。公共巨灾保险的目的是为了补偿居民收到的实际损失，而指数保险的目的是为了平衡政府的财政安排，并在受灾时迅速获取资金用于救灾和灾后补偿。两者各有利弊，但在家财险普及程度不高的情况下，采用公共巨灾保险模式更有利于为居民提供相应的风险保障。但是，这其实是将个人的生命财产保障责任转移给政府的一种现象。如果大部分人都为自己的生命安全和家庭财产进行了合理的保险安排，那么对于政府来说购买时效性更强的指数保险应当是更合适的。另外，采用何种巨灾保险模式也与当地的风险水平有关。例如，广东强

2.如何让保险成为我国应对巨灾的生力军?
（1）巨灾是当代社会的重大挑战，具体可为分为自然灾害、人为灾害、高传染性的“病毒灾害”。从巨灾的属性看有三个突出的特点：发生的不确定程度高，损失规模大和个体风险的高关联性。对比我国与日本的巨灾承保损失数据情况看，2019年日本遭遇台风“海贝思”造成总损失额170亿美元，保险业的承保损失100亿美元，占比58.82%；2019年我国遭受台风“利奇马”造成损失总额81亿美元，保险业的承保损失仅为8.4亿美元，占比仅为10.37%，我国的巨灾保险发展还不够充分，承保损失比例较低。
（2）巨灾对保险业带来了很多挑战。结合以上巨灾的属性，保险业在进行巨灾承保的过程中面临着资本稀缺、管理技术和承保技术储备不足、因历史数据缺乏难以定价、巨灾保险市场中逆向选择与道德风险问题严重、偿付能力监管要求高昂的资金成本等具体挑战。在保险公司的角度，承保巨灾业务需要考虑公司的盈利目标。近年来，利率下行使得750天移动平均国债收益率下行，保险公司的准备金计提增加，利润率下降，而巨灾灾害发生的经济损失规模大、个体风险相关性大、巨灾风险衍生多样化，保险公司很难跟上巨灾风险的变化，使得在巨灾灾害面前力不从心。巨灾数据库的缺乏使保险公司难以准确的定价和预估损失。进行巨灾投保的往往是巨灾发生频率较高的居民，且为获得更好的赔付事后虚报损失的事件时有发生。巨灾巨大的损失规模也为巨灾保险偿付能力监管提出了更高的资本要求。
（3）保险业填补巨灾保险需求的缺口，发挥主力军的作用，可以从以下方面进行努力。在居民角度，巨灾融资渠道主要有商业保险、社会保险、社会捐赠和公共财政。长期看，我国应该努力建立起自愿性的巨灾融资机制，培养居民的风险防范意识，使人们愿意为个体风险进行付费，形成较大

图 9-4　部分学生观点

（3）课程评价如图 9－5 所示。

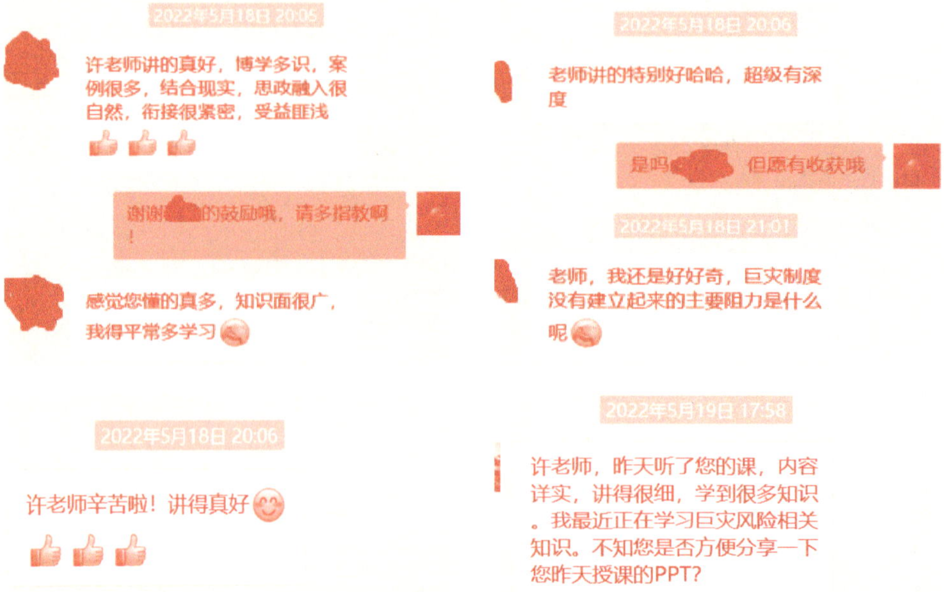

图 9－5　部分学生给予本课程的评价

案例 10：风险分层与多层次风险保障结构

——《风险评估与风险控制》课程思政教学案例

李晓林
（中央财经大学保险学院教授）

一、基本信息

课程名称：风险评估与风险控制
授课对象：保险、精算学研究生
知 识 点：《风险评估与风险控制讲义》，第四章
主讲教师：李晓林

二、教学目标

（一）知识目标

（1）掌握风险分层理论，深入认识风险观对涉险决策的影响。
（2）理解风险分层与经济社会发展的关系。
（3）理解多层次的风险保障机制及其精准施策路径。

（二）能力目标

帮助研究生形成对风险从感性到理性的全面的、整体的理解，进而掌握评估方法并更深入地认识和理解风险规律，最终能够根据风险规律选定且实施合理的风险控制方案；帮助学生理解风险评估与风险控制的体系，掌握风险观、风险结构、风险分层等知识，理解与其他课程的互相支撑关系，具有解决多层次的风险保障机制及其精准施策问题的能力，让学生顺利进入风险评估与风险控制的专业性业务领域。

（三）育人目标

（1）深化对中国道路的认识。
（2）掌握我国经济社会发展中相关的风险分层情况，树立为国家繁荣发展而奋斗的理想。
（3）增强大国责任意识与担当精神，塑造具有世界眼光的高级人才。

三、教学重点与难点

本次课程的教学重点是将深化理解中国道路、树立为国家繁荣发展而奋斗的理想，以及增强责任意识与担当精神的目标，融入同学们对以下六点内容的理解之中：

（1）理解风险观对涉险决策的影响、风险观的主要构成、风险观与风险结构的关系。

（2）理解风险分层是风险观的核心、风险分层与经济社会的关系。

（3）理解和掌握收入分层、发展阶段分层、集约程度分层等分层模型的含义以及探讨和解决实际问题的思路和方法。

（4）理解风险分层不仅决定了政治经济发展路径，更是经济社会各主体决策的关键因素；风险分层是风险治理的入手处。

（5）理解多层次的风险保障机制的意义、风险分层下的灾害风险保障机制精准施策，及其精准施策、灾害风险适度保障原则下的多层次风险保障体系。

（6）理解国家保险、社会保障、商业保险、政策保险、补充性保险与风险保障的市场机制、政府机制、混合机制之间的关系；理解多层次灾害风险保障的保障结构与居民收入结构等变量的关系。

本课程的难点是对上述重点内容的深入理解并融会贯通，特别是对风险分层模型的理解和运用。

四、课程思政案例介绍

（一）课程导入

资源永远是相对有限的。虽然从 GDP 角度而言，我国已经是世界第二经济大国，但风险保障需要保持在适度保障水平上。如果保障水平过低，达不到保障的效果；如果保障水平过高，则会超越经济发展阶段承载限度，加重这个时期的经济负担，影响经济社会的发展速度，同时，还会影响有能力自救的风险主体发挥作用的热情。因此适度风险保障水平是灾害风险保障体系的关键。

由于不同的区域发展速度不同，并且，广大居民的收入水平也是存在差异的，因而，不同的人对风险保障的需求是不同的，愿意为之支付的成本也是不同的。所以，单一的一刀切的保障水平，无法对所有人都实现适度保障水平。只有多层次的保障体才可以精准地实现适度风险保障水平。

正是因为单一的保障水平无法对所有人实现适度风险保障，特别是风险的影响受发展阶段和经济收入水平的影响，人与人之间的风险分层标准有重大差异，所以应当不断提高风险分层的理论水平，从而构建较为合理的风险分层模型，甚至是最优风险分层模型。

根据科学的风险分析模型，通过政府机制为低收入者提供基本的风险保障；通过政府机制和混合机制为中等收入者提供风险保障；通过政府机制、混合机制和市场机制，共同为高收入者提供风险保障。其中，各层次的风险保障应随经济发展阶段的不同而予以调整。

（二）课程展开

风险分层理论。既然人与客观世界的关系构成风险，人的决策自然是风险结构中的重要组成部分，对风险损失构成巨大影响。风险观是影响一切决策的根本性因素。风险观的核心是风险分层，风险分层受经济社会发展阶段所制约。科学、客观地认识不同发展阶段的地区、不同收入群体对风险的分层区划结构，进而确定与经济社会发展阶段和居民收入水平相适应的风险治理方式和程度，具有重要意义。

我们接下来将分三个部分为大家阐释风险分层理论：风险观影响涉险决策、风险分层与经济社会的关系、多层次的风险保障机制及其精准施策。

1. 风险观影响涉险决策

（1）风险观概述

在经济观和哲学观之间存在一个更经常发挥作用的风险观。因为风险无处不在，也是每日每时的，与价值观又紧密的联系在一起，所以说，它也是哲学观的重要组成部分，或者说它是哲学观最重要的组成部分，也是哲学观的集中体现。

其实深刻思考后会发现：我们的世界，从技术上是数学的，从管理上是哲学的；但因为理想和贪着，人们追求更高的效率，同时又努力规避着风险，因此，每时每刻都在效率与风险的十字路口抉择，这种日常的抉择，恰恰又是属于风险管理的。这是每个人的必经之路，所以我们说，风险观是影响一切决策的根本性因素。

风险观是基于人一定的思维感官之上的对风险作出的认知、理解、判断或抉择，也就是人认定风险、辨别其大小的一种思维或取向，从而体现出人、事、物的取舍或运用。简单地说就是——人对风险及其治理的认识。

对具体的人而言，风险观是个人对涉险事物（包括人、物、事）以及对自己涉险行为结果的意义、作用、效果和重要性的总体评价，是对风险与否、风险大小的总看法，是指引并推动一个人作出涉险决策和行动的原则、标准，是涉险心理结构的核心因素之一。

风险观是人们在对客观世界的认识中形成的，受到人们自身的条件、所处的客观环境等诸多因素影响。例如，收入水平、经济发展阶段等都是影响风险观的重要因素。

人不同于动物，动物只能被动适应风险环境，人不仅能认识风险是什么、怎么样和为什么，而且更重要的是还知道直面一定的风险可以帮助我们规避更大的风险。事实上，风险观决定、调节、制约人们是否规避中低层次的风险，是人的动机和行为决策的重要基础。

风险观的主要构成包括以下几项内容：第一，风险既是可以认知的，又是可以治理的；第二，风险观的主要元素包括判定风险的标准、治理风险的目标、面临风险时的取舍等；第三，风险结构可解析和认识，风险要素可演和，涉险生态可健全和强化，涉险的博弈可以实现均衡，其中风险演和的主要方式是风险要素的分离、组合与匹配以及风险损失的补偿和平抑；第四，风险是一种进程，由风险要素力形成的结构力决定其运行方向；第五，要素力受到风险主体的主观影响，其他风险要素根据其优良情况被选择和优化；第六，人的行为受风险观影响，客观事物特别是不可抗力事件影响风险观；第七，风险治理的理论目标是风险结构达到均势而稳定，风险成本实现稳定，这是一个理论目标，虽然难以实现，但可以判定我们在它的哪一边。

我们在这里暂时说风险观主要由这 7 项组成。我们将在这样的认识之下探讨风险分层理论。事实上，风险分层的认识更是风险观的重要构成。等我们学习了风险分层理论后，会对风险观有更深刻的理解。

（2）风险观与风险结构。

人心取向、风险观，甚至相关政治立场都影响风险结构，且常常是根本力量。人们面对风险时的主观决策影响着风险的走向。风险观决定了涉险决策。

人心取向、风险观、信息以及政治立场是影响风险决策的核心因素，进而，影响风险结构，构成人为风险的直接动力，并对自然风险的损失后果产生影响。所以，人心取向常常是风险结构演进的原始动力、根本力量。

真正的社会风险，甚至真正的人为风险，在于自发的、以自我利益为目的远离合作共赢的行为。

2. 风险分层与经济社会的关系

（1）风险分层是风险观的核心。

风险分层就是在一定的风险观下将风险划分为重度风险、中度风险和轻度风险。不同风险的影响不同，与我们的关系也不同，我们对待其态度也不相同。它在一定程度上超出了经济学的研究范畴，也并不完全符合积少成多的规律。例如，一万次小地震也不能与一次大地震的损失相提并论。

也就是说，在一定的风险观下将风险划分为重度风险、中度风险和轻度风险；而重度风险、中度风险和轻度风险是需要用不同的态度去面对的，重度风险的影响不是由中度风险和轻度风险的影响相加而成的——风险的集聚不是加法，也不是简单的乘法。

对于重度风险，我们只能为之让路、顺应、避让；对于轻度风险，我们将之视为经济或财务支出，我们将之列入成本，甚至将之在经济社会运行的有关环境中直接消化；而对于中度风险，则情况要复杂多了，我们需要在了解、认识规律的基础上研究对治方案，涉及伦理社会、知情权和决策权、有序谋划、风险治理、保险等，以及多层次的风险治理手段，包括予以补偿、分摊、分散等保险补偿或给付保险金，实现全方位的风险防控措施和风险保障机制。

因此，风险分层是非常重要的，但经济社会发展的不同阶段，不同的收入水平，其风险分层是不同的，对待风险的态度也不同。例如，某种疾病需要 300 万元医疗费，对于高收入者，则是经济问题，资产的数字问题；而对于收入低者，则只能退让，否则，如果强行发生上述成本，会导致其他人因此陷入更大困境。因此，风险分层问题是一切决策的核心问题。

下面我们来探讨风险分层模型，主要是把风险分层模型的框架搭建起来。

我们知道影响风险的因素很多，影响风险分层的因素也很多，风险分层的空间图是一个多维空间图。为了简单起见，我们在这里把风险分层空间图分别降维到三维空间。

我们可以从以下三个视角具体讨论分层问题：风险分层模型 1：个体视角——收入分层；风险分层模型 2：经济社会视角——发展阶段分层；风险分层模型 3：经济主体或社会主体视角——集约程度分层。

（2）风险分层模型 1：个体视角——收入分层。

我们先从个体的视角，从不同收入群体看它的风险分层情况怎样。可以大概地画一张示意图（见图 10 – 1）在这个空间图里。

这是一个灾害损失、风险和收入水平三者的关系图。X 轴代表灾害、损害或者损失，Y 轴代表风险感知情况，Z 轴代表收入水平。请注意：本来灾害和损失也是两个事情，也是为了简单起见，我们在此把这两个变量合并了。

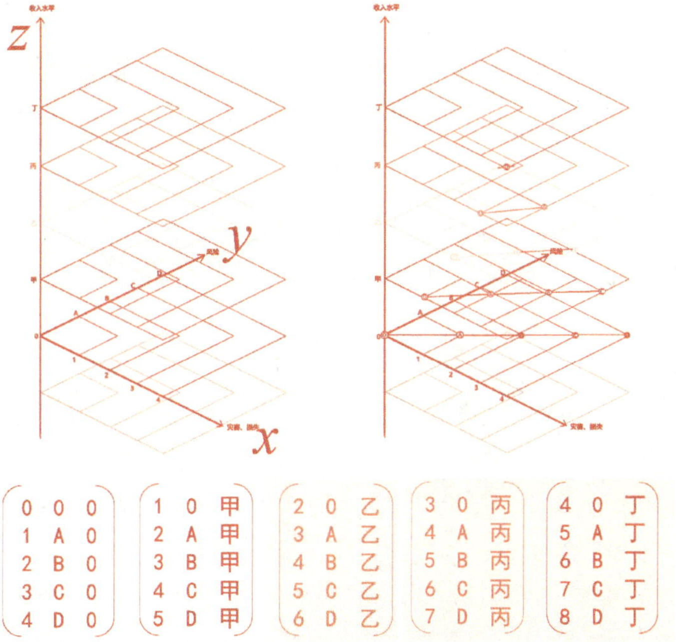

图 10 – 1　收入分层示意图

可以画出多个高度不同的平面（图 10 – 1 左图）。我们先看三个坐标轴。X 轴的灾害情况我们分别用 0、1、2、3、4 等来表示，分别代表不同程度的灾害或者是损害。Y 轴代表风险感知情况，分别用 0、A、B、C、D 等表示。竖着的这个 Z 轴表示收入水平，分别用零、甲、乙、丙、丁等表示。我们假设 X、Y、Z 三个轴所表达的数字或者量级都是从小到大，由低到高。

这些高度不同的平面分别表达收入水平的高低。除了绿色的平面先暂且不管外，Z = 0 所在的平面称为零层，我们把它理解为基础层，代表基本的收入水平或者标准的收入水平，即 0 级；Z = 甲所在的平面称为甲层，代表相对高一级的收入，即甲级；类似地，乙层代表乙级；丙层代表丙级；丁层代表丁级。

为了减少干扰，可以将 X、Y、Z 这三个字母删除（图 10－1 右图）。我们先看一下标准层零层。假设这个收入水平的人对一级损害的感知是 A 级风险，二级损害的感知是 B 级风险，三级损害的感知是 C 级风险，四级损害的感知是 D 级风险。用坐标表达出来的话，就是左边这一组点集，也可以用右边的矩阵来表示。这是标准层或者基础层的情况。下面我们把其他各层的情况也标出来。

由于没有把各层的图画得很大，所以不同的层级在展现相应收入层风险感受情况局部信息时，展现的信息比较少，像最高的丁层，图中只用了一个点进行表示。我们把各个层的风险感知情况用相应的矩阵进行表达。

下面我们逐层了解具体矩阵表达情况。我们先看基础层，或者说叫标准层，就是图中的零层。最左侧的圆点，我们用（0，0，0）来表示，这个向量放在矩阵的第 1 行；第 2 个点这个圈 A，表示一级灾害对应了 A 级的风险，说明这个收入水平的人在面对一级灾害时，他们的风险感受是 A 级；下一个点圈 B，表示面对二级灾害时的风险感受是 B 级；下一个点圈 C，表示面对三级灾害时的风险感受是 C 级；下一个点圈 D，表示面对四级灾害时的风险感受是 D 级。

我们再看高一层的甲级收入层，就是图中的甲层。大家注意，这层的人收入更高一些，对风险的承受能力也更强一些了。第一个点圈 0，在灾害级别为 1 的这个点上，对应的点用（1，0，甲）表示，这个向量放在矩阵的第 1 行；第 2 个点圈 A，表示二级灾害对应了 A 级的风险，说明这个收入水平的人在面对二级灾害时，他们的风险感受是 A 级；下一个点圈 B，表示面对三级灾害时的风险感受是 B 级；下一个点圈 C，表示面对四级灾害时的风险感受是 C 级。上述信息用矩阵表达，就形成右侧的这个蓝色矩阵。

乙层也是类似。但这层的人收入比甲层更高一点，所以对风险的承受能力要更强一些。在本层，第一个点圈 0，在灾害级别为二的这个点上，对应的点用（2，0，乙）来表示，这个向量放在矩阵的第 1 行；第 2 个点圈 A，表示三级灾害对应了 A 级的风险，说明这个收入水平的人面对三级灾害，他们的风险感受是 A 级；下一个点圈 B，表示面对四级灾害时的风险感受是 B 级。这些信息用矩阵表达，就形成右侧的这个黄色矩阵。

丙层收入更高，风险承受能力更强。第一个点圈 0，在灾害级别为二的这个点上，对应的点用（2，0，丙）来表示，这个向量放在矩阵的第 1 行；第 2 个点圈 A，表示四级灾害对应了 A 级的风险，表明这个收入水平的人面对四级灾害时，他们的风险感受是 A 级。上述信息用矩阵表达，就形成右侧的这个棕色矩阵。

同样地，丁层所对应的矩阵为最右侧的矩阵。

如果我们把每一层的风险感知情况用线连接起来，这 5 条横线代表的就是收入分层之后的风险对应情况。如果我们把同一级别的灾害或者损失下的点连接成一条线，观察不同收入群体对风险感知的反应情况，我们会得到以灾害损害为标准进行分层的风险感知情况。如果我们把相同的风险感知、相同的风险感受的点连接成一条线，可以看到，相同的风险感知所对应的那些点是由怎样的灾害损失和收入分层情况所决定的。

以上我们讲的是从个体收入的视角来看风险分层的情况。

（3）风险分层模型 2：经济社会视角——发展阶段分层。

现在我们在图中，将刚才的收入水平换成经济社会发展阶段，以经济社会的视角，从发展阶段的角度进行风险分层。也从基础层开始，把黑色的这一层定义为基础层。可以采用与之前类似的思路和过程。基于经济社会发展阶段，从初级到中级灾害，再到高级灾害的影响会更大，损失会更大，风险的感知也会更加强烈。据此绘制发展阶段分层所对应的风险分层表达情况。

（4）风险分层模型 3：经济主体或社会主体视角——集约程度分层。

最后，我们从经济主体或者社会主体的视角，研究集约程度不同，对风险分层的影响。我们也是从基础层开始，把黑色的这一层定义为基础层。可以采用与之前类似的思路和过程。基于经济主体或者社会主体的集约化程度，从低级到中级灾害，再到高级灾害的影响会更大，损失会更大，风险的感知也会更加强烈。据此绘制集约分层所对应的风险分层表达情况。

关于风险分层的表达暂且解释到这里。进一步地，我们可以按照这种表达方式，建立多种多样的模型。接下来，我们在风险分层与经济社会的关系中讲解下一个问题，经济发展水平、社会发展阶段决定了风险分层，而风险分层又决定了政治经济的发展路径。

如前所述，风险分层问题是一切决策的核心问题，更是划分政治集合或阵营的重要基础，对个人、机构主体、经济社会有着巨大的影响。无论是集合内部的分歧，还是集合之间的分歧，都是体现在风险分层的分界点不同。在国际事务中，在东西方对话中，中国与世界的对话中，中国与西方大国的对话中，都出现了重大的挑战，这是由于经济发展阶段的不同带来的风险分层的不同所导致的。风险分层不同，带来涉险决策的不同，自然会选择不同的体制和道路。因此，风险分层决定了政治经济发展路径，更是经济社会各主体决策的关键因素。风险分层可作为风险治理的入手处。

事实上，与我们国家的经济社会发展阶段相近的国家或群体是更多的，而与西方发达国家的经济发展阶段相近的国家却很少，因此，风险分层与我们接近、更接近我们风险观的国家和群体会更多一些，这意味着我们的政治阵营以及这一政治阵营的边界关系，受风险分层的相关影响因素所影响。当然我们也在努力做一些可以穿透风险分层的重大选择。

3. 丰富多彩的经济社会需要多层次的风险保障机制，特别是风险分层下的灾害风险保障机制精准施策

既然风险分层不仅决定了政治经济发展路径，更是经济社会各主体决策的关键因素；同时，风险的保险保障体系是经济社会的稳定器、安全阀，社会就需要一个较为完善的风险保障体系。应当根据风险分层，建立健全一个有针对性的风险保障体系。

也就是说，经济社会的稳定和发展需要风险保障体系，而风险保障水平既不能不足，也不能过度。由于不同的群体其收入水平不同、风险分层不同，所以其对应的适度风险保障水平也不同，因此，只有多层次风险保障体系才能实现不同群体的适度风险保障。

适度风险保障原则下的多层次风险保障体系应包括国家保障机制、商业性风险保障、

政策性风险保障、混合型风险保障。例如，社会保障、商业保险、政策保险、补充性保险分别对应风险保障的政府机制、市场机制和混合机制。

为了能够满足不同收入群体的风险保障需要，应建立和完善适度风险保障原则下的多层次风险保障体系，并处理好各层次的保障目标和责任的划分。因此经济社会需要国家保障和商业保险发挥更大作用，同时，在定量刻画风险以及相关数据库基础上的精准施策成为灾害风险保障机制成功与否的关键。或者说，由于经济社会的复杂性，特别是国民收入水平不可能完全一致，对保险保障的程度和方式产生多种多样的需求，因此必须建立多层次的保险保障体系，并精准施策，才可以实现经济社会的风险保障，这需要国家保险保障体系和商业保险以及定量刻画风险的精算师的参与。

4. 多层次风险保障结构及其动态优化

（1）灾害风险适度保障原则下的多层次风险保障体系。

既然适度风险保障水平是灾害风险保障体系的关键，而单一的保障水平又无法对所有人都实现适度保障，因此只有多层次的保障体系才可以精准地实现适度灾害风险保障水平，更好地实现保障目标和功能。其中，国家保险、社会保障、商业保险、政策保险、补充性保险分别对应风险保障的市场机制、政府机制、混合机制（见图 10－2）。

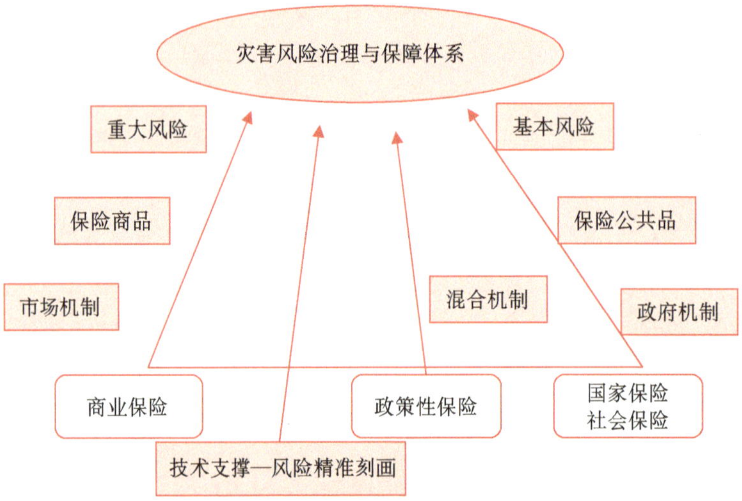

图 10－2　多层次风险保障体系结构

国家保险与社会保险作为第一层次是国家强制实行的、能够维持灾后基本生活水平的保障制度。政策保险作为第二层次是在严格按照相关法律法规和政策开展的，根据情况自主决定是否参加以及自主选择经办机构的保障制度。商业保险作为第三层次是按照意愿自主决定经办机构和投保水平的保障制度。

当前我国风险保障主要依赖第一层次的国家保险、社会保险和政府施救，第二、第三层次提供的保障作用有限。为了能够满足不同收入群体的需要，要加快推进建设我国多层次的风险保障机制。同时，推进多层次灾害风险保障机制建设，要处理好各层次之间的保障目标和责任的划分。

（2）收入结构与多层次风险保障结构。

首先是收入结构与风险保障需求。收入决定着个人对商品、服务等需求的数量和质量。风险保障作为一项服务，其保障水平需求的大小受到人们收入水平高低的影响。收入水平的多层次及其不同收入群体的结构决定了人们对风险保障程度的多层次需求结构。

其次是多层次风险保障机制。较低收入的群体处在第一层次风险保障下，中间收入的群体处在前两个层次即国家保险与社会保障的层次、政策保险保障层次下，较高收入的群体在三个层次的共同保障下分别满足各自对风险保障程度的不同需求。

从风险保障体系的三个层次出发，将人们按照收入水平的高低划分成了低、中、高三个阶层，通过探讨各收入阶层需要的适度保障水平，可以得出三个层次风险保障给不同收入阶层提供的保障水平，从而得到了多层次灾害风险保障体系的合理结构。

（3）多层次灾害风险保障的核心是保障结构。

多层次灾害风险保障的核心是保障结构，因此，以下三个模型则成为关键问题：一是关于灾害风险多层次保障体系的最优结构模型；二是灾害风险多层次保障结构模型的关键性参数与最优结构的关系；三是灾害风险多层次保障结构的优化标准与动态调整机制。

五、教学方法与手段

在知识讲解中，需要既结合具体直观的风险案例，又结合国内外风险评估与风险控制中的最新动态，使学生不局限于从书本了解风险相关知识，还从国内外的学术前沿中习得风险及其评估和控制领域的前沿技术。

教学中布置一定的分组合作评估和控制风险的作业，并在此基础上安排一定时间的分组报告和讨论，注重启发性教学，以提问、引导的方式，以数据、事实的比较，在讨论中增加学生对知识的理解，使学生能够把握重点难点。也注重培养学生将学过的知识和体系创新性地运用到实践中，从而锻炼学生理论联系实际的能力，促进学生了解风险评估与风险控制的相关工作，加强学生把课本知识转化为具体实际操作的能力。

六、教学实施过程

本课程思政案例教学的实施过程主要包括以下环节：

（1）考察和梳理本班同学们对本次课程所需要的前期知识基础掌握的情况。按照课程设计，经过前期学习，同学们对人与客观世界的关系构成风险，人的决策是风险结构中的重要组成，对风险损失构成巨大影响等知识有一定了解。如果学生对有些内容掌握不足，提醒同学们做一定的弥补。

（2）在课程中注意强调，风险观既具有其客观性属性，也有其较强的主观性属性。提醒同学们，在学习和思考该本次课程相关内容的时候，注意逻辑路径——风险主体的风险观影响其决策，风险主体的决策对风险结构有根本性影响，风险结构的结构合力决定风险特征，因此人的风险观，人的思想，对经济社会的运行方向有决定性的影响。

（3）在教学过程中尽可能增加互动的环节，注重启发性教学，以提问、引导的方式，以数据、事实的比较，在讨论中增加学生对风险观和风险分层知识的理解；并启发同学们创造性的扩展课堂上已讲过的风险分层的概念和知识。

（4）重点讲清收入分层、发展阶段分层、集约程度分层等分层模型对理解和解决实际问题有怎样的帮助。帮助同学们理解风险分层不仅决定了政治经济发展路径，更是经济社会各主体决策的关键因素；理解风险分层是风险治理的入手处。

（5）深入讲解国家保险、社会保障、商业保险、政策保险、补充性保险与风险保障的市场机制、政府机制、混合机制之间的关系，讲解我国的多层次灾害风险保障的保障结构及其与居民收入结构等变量的关系，讲解中国道路在当前发展阶段有效解决现实矛盾和问题的价值所在。

（6）带领同学们一起总结，如何将本次课程的知识和思想创新性地运用到实践中，从而锻炼同学们理论联系实际的能力，加强把课本知识转化为具体实际操作的能力。

七、考核与评价方式

通过课后作业，安排学生思考和回答相关问题；提交相关的文章，并对文章进行评判。本次课程的课后作业如下：

（1）请谈一谈风险分层与“人类命运共同体”理念的关系。

（2）试述为什么人对风险规律的认识水平对其风险分层有重大影响。

（3）试述中国特色社会主义与特定风险分层下的灾害风险保障机制精准施策的关系。

八、实施成效

首先，通过课程的学习，同学们理解了对于风险观不同、风险分层不同的各社会群体来说，求同存异、共同合作，稳定风险结构甚至推动风险要素逆向运行是首要的问题，这也是风险社会中的政治抉择，进而使同学们对人类命运共同体有了更深入的理解。

其次，同学们理解了为什么人们对风险规律的认识水平影响其风险观及其风险分层。

再次，同学们能够在风险观和风险分层的视角下，理解中国道路的独特性，并对本课程所学的知识、对社会的意义、对大小集合的意义有了更深刻的理解。

最后，同学们在理解了多层次风险保障结构及其优化的基础上，分别理解了社会保障专业、保险学专业和精算学专业各专业人士在经济社会的风险保障体系中应该发挥的作用。

案例 11：以人民为中心建成世界上规模最大的社会保障体系

——《社会保障理论研究》课程思政教学案例

张建伟
（中央财经大学保险学院副教授）

一、基本信息

课程名称：社会保障理论研究
授课对象：社会保障、保险学、劳动经济学、保险等专业硕士研究生
知 识 点：《社会保障概论》，第二章第五节“中国社会保障的产生和发展”
主讲教师：张建伟

二、教学目标

（一）知识目标

了解中国近代社会保障的发展历程和新中国成立后社会保障的发展历程；掌握中国社会保障制度体系、当前中国社会保障制度存在的问题和中国社会保障制度的改革方向等知识。

（二）能力目标

能够结合政治、经济、社会、文化等多元背景因素，分析和评价在中国共产党的坚强有力领导下，中国社会保障制度建设取得的重大成就和成功经验。

（三）育人目标

通过社会保障领域生动、具体的实践，感悟中国共产党秉持“不忘初心、牢记使命”的宗旨，坚持以人民为中心的发展思想，不断保障和改善民生，践行“人民对美好生活的向往，就是我们的奋斗目标”的誓言，从而实现青年学生“感党恩、听党话、跟党走”的教育目标。

三、教学重点与难点

（一）教学重点

中国社会保障制度体系。

（二）教学难点

当前中国社会保障制度存在的问题和中国社会保障制度的改革方向等知识。

四、课程思政案例介绍

（一）中国政府因在扩大社会保障覆盖面工作中取得卓越成就而荣获国际社会保障协会“社会保障杰出成就奖”

2016年11月17日，国际社会保障协会（ISSA）在巴拿马首都巴拿马城召开第32届全球大会期间，将“社会保障杰出成就奖”（2014—2016）授予中华人民共和国政府，以表彰中国近年来在扩大社会保障覆盖面工作中取得的卓越成就。

国际社会保障协会以“在世界范围内，通过技术和管理手段的提升，促进各国社会保障事业的发展，在社会正义和公平的基础上，推动人类社会和经济条件的改善”为宗旨，成立于1927年10月4日，在社会保障领域是世界上规模最大、代表性最广泛的国际组织。其会员主要为各国社会保障经办机构和部分国家的政府机构，目前共有来自超过157个国家的327个会员机构，总部设在日内瓦。1994年，中国当时的劳动部作为正式会员加入该协会。全球大会是国际社会保障协会每三年一次的旗舰活动。此次巴拿马大会为第32届，来自150多个国家的逾1000名社会保障管理者、专家和从业人员参加。国际社会保障协会“社会保障杰出成就奖”是对某一个国家在社会保障方面作出的非凡承诺和杰出成就的世界性认可。获奖主要基于以下原则：一是该项目属于国际社会保障协会章程第一条规定的社保项目范畴；二是该国政府对此项目显示了强有力而持久的政治决心；三是该项目效果具有示范性且管理有效；四是该项目对该国人民产生了积极效果，如果能包括保护和预防（积极介入）两方面的因素就更为理想；五是该项目包括其他国家可借鉴的因素。中国政府是第二个被国际社会保障协会授予“社会保障杰出成就奖”的国家，2013年巴西政府因“博尔萨（Bolsa）家庭计划”（一项减贫计划）而获奖。

早在2016年6月，国际社会保障协会就致信习近平主席，认为在过去的10年里，中国凭借强有力的政治承诺和诸多重大的管理创新，在社会保障扩面工作方面取得了举世无双的成就。同年11月17日，时任人力资源和社会保障部部长的尹蔚民代表中国政府接受了奖项，并与世界各国同行分享了中国推进社会保障体系、完善社会保障制度的基本经验，包括：一是必须坚持以人民为中心的发展思想，增进社会公平正义，促进全民共建共享；二是必须牢固树立改革创新意识，逐步健全和完善社会保障制度体系；三是必须立足中国国情，把国际经验与自身实际紧密结合起来。为积极应对挑战，中国政府坚持创新、协调、绿色、开放、共享的发展理念，把更加公平、更可持续作为社会保障制度建设的努力方向，着力推进制度基本定型，体制机制更加完备，法定人群全面覆盖，基本保障稳固可靠，基金运行安全有效，管理服务高效便捷，努力到2020年全面建成覆盖城乡居民的社会保障体系。

（二）中国建成了世界上规模最大的社会保障体系

中国是世界上人口最多的发展中大国，拥有 14 亿人口，中国政府高度重视不断保障和改善民生，社会保障作为民生安全网，历来受到高度重视，特别是党的十八大以来，以习近平同志为核心的党中央，把社会保障体系建设作为实现共同富裕的重要途径，作出了一系列重大决策部署，取得了举世瞩目的成就。

一是统筹城乡的社会保障体系框架基本建立。20 世纪 80 年代，中国政府从改革和创建城镇职工社会保障制度起步。2010 年，全国人民代表大会常务委员会颁布了《中华人民共和国社会保险法》，标志着中国的社会保障制度进入法制化发展新阶段。2014 年，国务院改革机关事业单位养老保险制度，社保体系公平性建设迈出重大步伐。经过不断推进社会保障领域的改革与发展，我国已经形成以社会保险、社会救助、社会福利为基础，以基本养老、基本医疗、最低生活保障制度为重点，以慈善事业、商业人身保险为补充，并且包括社会优抚、军人保险、住房保障等在内的统筹城乡的中国特色社会保障体系框架，涵盖国际劳工组织 102 号公约的所有保障项目。其中，以养老保险、医疗保险、失业保险、工伤保险、生育保险等五项险种所构成的社会保险，是我国社会保障制度体系的核心。

二是社会保障覆盖范围越来越大。1951 年，参加劳动保险职工人数只有 269 万人，而截至 2021 年底，参保人数分别为基本养老保险 10.3 亿人，基本医疗保险 13.6 亿人，失业保险 2.3 亿人，工伤保险 2.83 亿人，生育保险 2.38 亿人。中国政府出台“同舟计划”“平安计划”“全民参保计划”等有针对性的专项措施，向建筑行业工人、农民工、灵活就业人员等群体扩面，努力促进全体中国人民“人人享有社会保障”。基本养老保险覆盖率达 80% 以上，覆盖绝大多数法定保障的人群。基本医疗保险覆盖超过 95% 的国民，基本实现全民医保。城乡居民最低生活保障制度实现应保尽保。自 2008 年以来，我国大规模实施城镇保障性安居工程，开展农村危房改造工作，建成世界最大的住房保障体系，累计建设各类保障性住房和棚改安置住房 8000 多万套，帮助 2 亿多困难群众实现“安居梦”。数千万贫困农民告别破旧的泥草房、土坯房，住上了基本安全房。覆盖全民的社会保障体系基本形成，从根本上改变了新中国成立之初社会保障覆盖群体较小、绝大多数劳动群众不能享受基本社会保障的状况。

三是社会保障水平稳步提高。在坚持保基本、兜底线的前提下，根据经济社会发展水平等因素，稳步提高各项社会保障待遇水平。2005—2022 年，国家已连续 18 年调整企业退休人员基本养老金，自 2016 年以来连续 7 年同步安排适当提高机关事业单位退休人员养老金水平。充分显示政府惠民的承诺不是摆在口头上，而是实实在在做到位的。全国城乡居民基本养老保险基础养老金最低标准，从月人均 55 元起步，目前已提高到 179 元。城镇职工和城乡居民医疗保险住院费用报销比例分别达 80% 和 70%，医保基金最高支付限额分别达职工年平均工资和居民年人均可支配收入的 6 倍。同时，失业、工伤、生育保险的待遇水平都随经济增长有了相应提高。社会保障水平也从过去基于免除生存危机的“雪中送炭”式，提高到了保障所有人基本生活的“适度保障”水准。

四是社会保险基金监管能力逐步增强。社会保险基金预算管理不断加强，预算约束机制基本建立，基金监督制度不断完善。通过全面推进社会保险智能监控工作，提高了基金监管效率，监控效果大大增强。通过开展社会监督试点，建立了惩防并举机制，推动了社保欺诈入刑工作，依据《中华人民共和国刑法》第二百六十六条解释，深化部门合作，依托信息技术，强力推进社会保险反欺诈工作。

五是社会保险公共服务体系不断健全。借助互联网、大数据等信息技术，不断提高社会保障领域公共服务能力建设，强化电子社保卡的应用，以社会保险标准为引领，积极推动社会保险“三化”建设。

（三）中国扩大社会保障覆盖面的“秘密武器”

国际社会保障协会主席斯杜威表示，中国政府获得“社会保障杰出成就奖”，将进一步鼓励世界各国政府关注并学习中国经验，以惠及本国人民。国际社会保障协会秘书长汉斯·霍斯特·康克乐伍斯基表示，中国社保扩大的幅度和速度是别国不可比的。他用两个百分比做了形象的解释，“如果不算中国，全世界社保覆盖面只有 50%，算上中国就达到 61%。这意味着中国将全球社会保障覆盖率拉升了 11 个百分点。”他还指出，在中国的社会经济和人口条件下，这种进展只有通过社保机构管理能力的显著提升、管理系统的现代化（包括推广社保卡）、以及推动全民参保计划等管理创新才能实现。

一是中国共产党坚持以人民为中心的发展思想，把社会保障作为为人民谋幸福的基本制度安排。新中国成立之初，积贫积弱，百废待兴，但中国共产党领导的人民政府，坚持为中国人民谋幸福的理念，提出了保障劳动群众基本权利、增进社会福利的主张，并逐步在城镇建立了企业劳动保险制度、机关事业单位人员退休养老和公费医疗制度等，在农村建立了初级社会保障体系。1949 年 9 月，具有临时宪法性质的《中国人民政治协商会议共同纲领》明确规定“逐步实行劳动保险制度”。1951 年 2 月 26 日，新中国成立后的第一部社会保险法规《中华人民共和国劳动保险条例》颁布。这是一部最高领导人高度重视、深度参与拟定的文件。在中国广大的农村地区，尽管受当时条件所限，保障能力、水平比较低，依然建立了初级社会保障体系。国家对无法定扶养义务人，无劳动能力、无生活来源的老年人、残疾人、未成年人，给予保吃、保穿、保住、保医、保葬的“五保”扶助制度。在“村提留”“乡统筹”的基础上，通过村民互助自养实现低层次的社会救济和社会福利。赤脚医生、合作医疗制度、农村三级转诊体系，成为解决农村医疗保障问题的重要手段。

在改革开放和社会主义现代化建设新时期，从企业单位保障到社会保障，从企业单一责任到国家、单位、个人三方责任共担，从城镇到农村，从城镇职工到城乡居民，中国社会保障发生了历史性转变，逐步形成了与社会主义市场经济体制相适应的现代社会保障制度体系。

尽管改革开放前后的社会保障制度在制度模式与实践方式上有很大差别，但都体现了中国共产党全心全意为人民服务的宗旨，以及通过社会保障来保障与改善全体人民的生活并不断提升其生活质量的意志。

进入新时代，中国共产党把坚持在发展中保障和改善民生作为中国特色社会主义基本方略之一，提出了“幼有所育、学有所教、劳有所得、病有所医、老有所养、住有所居、弱有所扶”的民生目标。党的十九大报告明确提出了新时代我国社会保障体系的建设目标，按照兜底线、织密网、建机制的要求，全面建成覆盖全民、城乡统筹、权责清晰、保障适度、可持续的多层次社会保障体系。

二是中国经济高速发展为社会保障事业提供了坚实的物质基础。经济发展的“速度”，夯实了社保基金的“厚度”。国家发展改革委公开数据显示，1952 年，我国国内生产总值（GDP）仅为 679 亿元，1978 年 GDP 增加到 3679 亿元，2018 年突破 90 万亿元大关，2020 年突破 100 万亿元。经济的高速增长，经济总量的快速增加，为社保发展提供了坚实的物质基础。

利用公共财政实现社会保障兜底，体现了社会主义制度的优越性，使中国的社会保障体系能强有力地覆盖最广大的人群，特别是弱势群体。例如，由政府出资，为建档立卡贫困人员代缴城乡居民养老保险参保费，已使 4936 万人受益。又如，城乡居民医保按照个人缴费和政府补贴相结合，实行定额筹资办法，近年来，各级政府持续提高居民医保人均财政补助标准，从 2007 年人均补助 40 元，到 2022 年提高到每人每年不低于 610 元。

依托国民经济持续高速发展和政府财力的不断增强，中国共产党能够将自己的理想付诸实施，使得中国政府能够如愿采取有力且有效的社保行动。

三是信息技术推动社会保障覆盖面加速扩大。借助互联网、大数据、人工智能等信息技术，我国社保公共服务能力和水平不断提升。“金保工程”建设，“互联网 + 人社”行动计划实施，有力推动了社保数据共享和互联互通。1999 年 12 月，全国第一张社保卡在上海首发。到 2021 年底，社会保障卡持卡人数已达到 13.52 亿人，覆盖全国 95.7% 人口和所有城市。

（四）发展社会保障只有连续不断的新起点没有终点

社会保障事业的发展是一个持续不断的进程，它只有连续不断的新起点而没有终点，人民对福利的诉求源自内心并且会伴随国家发展而不断升级。面对社会保障领域中的各种现实问题与挑战，中国还需要更大的政治勇气与政治智慧来加快促使社会保障制度真正走向成熟、定型，立足于国家治理与人民世代福祉，通过全面深化改革来优化制度安排，持续不断地通过健全社会保障制度来增进人民福祉并使之持续发展。

基于中国共产党为人民谋幸福、为民族谋复兴的不变初心，基于新中国成立 70 多年来不断创造发展奇迹的生动实践，基于中国人民为了追求美好生活自强不息的坚定意志，我们有信心，继续为世界探索更好的社会保障制度，提供中国智慧、中国方案。

五、教学方法与手段

采用教师讲解、观看相关视频、案例介绍、学生讨论交流、教师总结等方法、手段。

六、教学实施过程

（一）教学导入

介绍与评价国内外与民生保障相关的重大时政热点事件，本次课程重点介绍中国共产党历来高度重视民生改善和社会保障，中共中央政治局专门就社会保障举行集体学习。

观看视频：中共中央政治局于2021年2月26日下午就完善覆盖全民的社会保障体系进行第二十八次集体学习。

（二）教师讲授

中国近代社会保障的发展历程，新中国成立后社会保障的发展历程，中国社会保障制度体系，当前中国社会保障制度存在的问题和中国社会保障制度的改革方向。

（三）讨论与总结

（1）如何完善多层次社会保障体系，强化社会保障的再分配功能，扎实推进全体人民共同富裕？

（2）为有效防范新冠疫情，如何发挥社会保障制度的经济调节功能？

七、考核与评价方式

采用过程管理和结果管理相结合的考核、评价方式，过程管理通过平时成绩体现，占比为40%，内容包括学生出勤、课堂参与、课程论文等，结果管理通过期末考试成绩体现，占比为60%。

八、实施成效

通过综合运用理论讲解、观看视频、案例介绍、讨论和总结等多种方法、手段，同学们很好地了解了近代以来，特别是新中国成立后社会保障的发展历程，掌握了中国社会保障制度体系的组成情况，并对当前中国社会保障制度存在的问题有了清醒的认识，对下一步深化社会保障制度改革的方向有了基本的认知。

同学们进而认识到，正是在中国共产党的坚强有力领导下，中国社会保障制度建设才取得如此重大的成就，其成功经验值得我们倍加珍惜，并为广大发展中国家发展经济、改善民生提供了可资借鉴的参考，以及“中国共产党能、中国特色社会主义好、马克思主义行”。

案例12："小账本"助力大国体检，"真融入"赓续报国情怀：第四次经济普查中的抽样调查

——《统计调查》课程思政教学案例

关　蓉
（中央财经大学统计与数学学院副教授）
王文静
（中央财经大学统计与数学学院讲师）
王会娟
（中央财经大学统计与数学学院副教授）

一、基本信息

课程名称：统计调查
授课对象：应用统计专业型硕士研究生
知 识 点：《市场调查理论与方法》，第六章中的"抽样方法的应用"
主讲教师：关蓉、王文静、王会娟

二、教学目标

（一）知识目标

阐述整群抽样、PPS 抽样方法的基本步骤和特点。

（二）能力目标

对某个给定的调查问题，使用整群抽样、PPS 抽样科学设计抽样方案。

（三）育人目标

（1）树立对经济普查重要性的认识。
（2）建立对我国普查工作使用创新技术的认同感。

三、教学重点与难点

上一节已经对抽样方法的基本理论和方法进行了系统学习。本节的教学重点为《第四次全国经济普查个体经营户抽样调查方案》中的具体内容，尤其是关于抽样设计的相关内容。

教学难点：在经济普查个体经营户调查中，引导学生理解个体经营户选择抽样调查的背景，以及如何将整群抽样与 PPS 抽样结合使用，从而完成对个体经营户的调查。

四、课程思政案例介绍

我国经济普查每五年进行一次，分别在逢 3、逢 8 的年份实施。新中国成立以来，我国已开展了四次经济普查。最近一次的第四次全国经济普查（以下简称"四经普"）以

2018年12月31日为普查时点开始正式入户登记。作为一项重大的国情国力调查，经济普查是一次大国“体检”，是一次对中国经济发展水平的全面透视。

本案例的教学内容包括：

第一，引导学生从普查数据看中国经济发展，培养学生的历史发展观与纵深发散能力。当前我国经济已从高速发展向高质量发展转变，且正在经历供给侧结构性改革等重要改革。相应地，四经普对于全面摸清我国第二、第三产业的发展规模、布局和效益，全面准确反映供给侧结构性改革、新旧动能转换、经济结构优化升级等方面的新进展，科学指导和推动高质量发展具有重要而深远的意义。学习四经普方案旨在培养学生掌握我国普查数据收集与生产方法，了解中国经济发展过程，培养学生对经济发展的历史发展观。

第二，塑造学生深厚的家国情怀。经济普查是将千万家企业的“小账本”汇聚成国家经济发展的大数据，为创新和完善宏观调控、科学制定中长期发展规划、推进国家治理体系和治理能力现代化提供科学准确的参考。学习四经普中的个体经营户调查，能够引导学生从微观个体的经济活动出发向开展宏观经济观察的转变，根据经济普查数据分析宏观经济发展状况，特别是新动能、新经济发展情况。引导学生站在统计调查组织者视角，系统了解一项政府统计调查的组织实施工作。

第三，培养学生的职业素养。在统计工作中需保持调查数据收集有法可依、有据可查、有序开展、质量可控的思想意识。四经普是根据《中华人民共和国统计法》《全国经济普查条例》，由国务院统一组织开展的重大国家调查。在执行过程中，依据上述法规，并遵循《国家统计质量保证框架》和《国家调查队统计流程规范》，国家统计局和国务院第四次全国经济普查领导小组办公室依次组织制定了《第四次全国经济普查总体框架思路》《第四次全国经济普查方案》《第四次全国经济普查个体经营户抽样调查方案》《第四次全国经济普查清查数据处理实施细则与规范》《第四次全国经济普查编码工作规范》《第四次全国经济普查普查员手册》《第四次全国经济普查事后质量抽查方案》《第四次全国经济普查资料开发应用计划》等一系列文件，并根据执行情况反馈修订了《全国经济普查条例》。四经普为各级政府管理和社会公众提供了重要指标数据，对政府统计相关改革提供了充分支撑。

第四，培养学生开拓的创新精神。本节将引导学生关注统计调查工作的新方法与新进展。四经普为减轻调查对象负担，提高工作效率，积极应用“五证合一”改革成果，大力提高部门参与程度。在清查和普查阶段，积极利用部门行政记录和业务资料，收集、整理了市场监管部门、税务、民政、机构编制等部门的单位名录信息，通过比对、合并生成底册信息条。全面提高普查数据采集信息化水平，扩大联网直报单位范围，全面使用手持移动终端采集数据，广泛应用行业代码自动识别赋码技术，普查数据生产全过程实行电子化、网络化，大大提高了数据采集处理效率。引导学生认识到在我国现有统计基础下，统计调查所使用的新方法和应用的新技术，激发学生对多学科融合的兴趣。

五、教学方法与手段

本节采用翻转课堂方法。课前，学生在回顾上节课所学的整群抽样、PPS 抽样方法的基础上，阅读老师发送的案例文档《第四次全国经济普查个体经营户抽样调查方案》，建立基本认识，思考以下问题并完成相应任务：

（1）四经普的实施过程是怎样的？（请学生结合时间轴进行梳理）

（2）四经普针对不同调查对象分别采取了何种调查方法？（请学生填写学习单表格）

（3）四经普在数据采集方面采取了何种新技术？

课堂上，教师引导学生进行分组讨论，对四经普个体经营户抽样调查方法展开深入研读。

六、教学实施过程

（一）案例引入（5 分钟）

老师结合 PPT 和视频，介绍第四次经济普查的基本背景。第四次经济普查是党的十九大之后开展的首次重大国情国力调查，具有重大的现实意义和深远的历史意义。第四次经济普查的目的是"全面调查我国第二产业和第三产业的发展规模、布局和效益，了解产业组织、产业结构、产业技术、产业形态的现状以及各生产要素的构成，摸清全部法人单位资产负债状况和新兴产业发展情况，进一步查实各类单位的基本情况和主要产品产量、服务活动，全面准确反映供给侧结构性改革、新动能培育壮大、经济结构优化升级等方面的新进展"。

（二）研讨环节 1（10 分钟）

老师提出研讨问题：经济普查的对象有哪些？为什么要对个体经营户开展抽样调查而非全面调查？

学生在独立思考后，与本小组同学讨论（约 5 分钟）。老师邀请 2—3 位同学分享思考结果，并针对学生的回答进行点评和补充。

（三）研讨环节 2（20 分钟）

老师提出研讨问题：如何针对个体经营户开展抽样调查设计？具体而言，个体经营户抽样调查抽样框如何建立？使用何种调查方法？

学生进行分组讨论（约 10 分钟），老师请各组同学分享抽样设计方案。在其他小组分享的过程中，各小组还要做好笔记、列出与本小组设计方案的相同与不同之处。教师对每组设计作出点评。

（四）案例总结（10 分钟）

教师总结学生讨论结果与个体经营户抽样方案设计，带领学生研读《第四次全国经济普查个体经营户抽样调查方案》，具体分析其总体单位及抽样框、抽样方法、样本量的测算与分配、样本抽选及调查。

七、考核与评价方式

本课程注重考察学生日常学习和投入、参与情况。学生在课前自主学习情况、课堂参与互动情况由“雨课堂”实时记录，计入学生的平时表现，平时成绩占总成绩的 30%。

在课后，作为拓展提高，请各小组结合分享环节的笔记，继续讨论并完善小组设计方案，形成分析报告，计入作业成绩。

八、实施成效

本节课的实施成效主要体现在两个方面：一是加深了学生对整群抽样、PPS 抽样方法的认知，帮助学生领会其在实际调查项目中的操作流程。二是增强了学生对我国经济普查工作的认同感和自豪感，有助于培养学生的统计职业素养、激发职业兴趣。

案例 13：科学决策与科学精神

——《高级计量经济学》课程思政教学案例

王立勇
（中央财经大学国际经济与贸易学院教授）

一、基本信息

课程名称：高级计量经济学
授课对象：博士研究生，硕博连读生
知 识 点：计量经济学模型功能
主讲教师：王立勇

二、教学目标

（一）知识目标

让同学们了解科研范式演变的典型事实，了解《高级计量经济学》课程学习的价值所在，了解计量经济学模型的基本功能，系统学习因果效应推断的思想、随机对照实验的含义以及潜在结果分析框架。

（二）能力目标

通过讲授计量模型功能和应用，培养学生发现问题、分析问题和解决问题的能力；通过分析常见计量模型的误用，培养学生逻辑思维和知识应用能力；通过分析科研范式转变和争论，提高学生的判断力和辨析能力。

（三）育人目标

通过本课程内容的讲授，为学生灌输科学精神与职业道德，使学生了解老一辈经济学家大公无私的情怀，培养迎难而上、知难而上的精神，深刻体会中国经济发展伟大成就和社会主义制度优越性，坚定“四个自信”，让学生充分体会到党中央国务院为了改善民生而作出的巨大努力。

三、教学重点与难点

（一）教学重点

重点介绍计量经济学模型的功能、因果效应推断的基本思想、随机对照实验的基本概念以及潜在结果分析框架。

（二）教学难点

因果效应推断虽然无处不在，但要作出准确推断实属不易，使学生清楚理解和掌握因果效应推断的基本思想是本课程的难点。

四、课程思政案例介绍

（一）课程学习的价值

近年来，党中央国务院明确强调科学决策、精准施策、精准调控等。“构建市场机制有效、微观主体有活力、宏观调控有度的经济体制”“把握好政策时度效”“提高政策的前瞻性、精准性和有效性”“政策操作上要更加精准有效”等一系列重要表述均说明了这一点。

而要做到这一点，就需要了解政策目标之间的量化关系、政策变量与宏观经济变量之间的量化关系以及宏观经济变量之间的量化关系，即需要了解宏观经济政策的真实因果效应。与此同时，要提高宏观经济政策调控的前瞻性，要保持政策适当的提前量，就应做好经济预测，凡事预则立、不预则废，这是坚持新发展理念、推动经济高质量发展的要义所在。

因为计量经济模型主要的功能是因果效应推断和预测，所以，本课程的一个重要价值自然是为科学决策、精准施策服务，为经济高质量发展服务，这也是本课程的出发点之一。

（二）灌输科学精神与职业道德

学生学习《高级计量经济学》课程的目的之一是服务于科学决策和经济高质量发展。具体而言，学生要学会运用计量经济模型推断因果效应和预测，这必然涉及数据采集、数据处理和数据分析，以得出科学、严谨的结论及政策启示。然而，目前国内应用计量领域的研究存在很多问题：第一，模型运用不准确，致使研究结论错误，经不起推敲；第二，为了得到一个理想的结果，存在篡改数据和模型结果的现象；第三，为了得到自己预设的结果，存在挑选样本的现象；第四，存在论证不充分问题，致使研究结论不稳健。针对以上现象，一方面，在课堂上给学生灌输科学精神、职业道德与实事求是的观念，并通过列举一些现实中的反面案例，使学生清楚了解数据造假、结果造假的危害性；另一方面，鼓励学生学好计量经济学理论与方法，掌握本领，从而更好地识别这些学术不端行为，弘扬正能量。

（三）坚定“四个自信”

首先，在讲授计量经济学模型的基本功能这一部分内容时，会列举四个案例，前三个案例是关于因果效应推断，后一个案例是关于中国经济增长预测，四个案例均能够体现中国经济发展的伟大成就（如扶贫成就）和社会主义制度的优越性。

其次，在经济预测功能的讲授中，会以中国经济增长为例，对比讲授中国与世界各国的经济增长数据，使学生在无形中了解中国经济增长奇迹和社会主义制度的优越性。

再次，在介绍政策评估功能和因果效应含义的部分以及运用随机对照实验方法推断因果效应的举例中，讲授精准扶贫政策、农业保险补贴政策、限购政策、减税降费政策等的效应评估，通过这一过程，让学生充分体会到党中央国务院为了改善民生而作出的巨大努力。

最后，在引入潜在结果分析框架时，以中国扩大开放政策为例，提出问题：中国实行更高水平对外开放（如海南自由贸易港、RCEP、“一带一路”倡议等）对企业的创新能力有何影响？通过这一举例，说明中国扩大开放的决心，特别地，使中国提出的人类命运共同体与美国奉行的美国优先形成鲜明对比。

（四）鼓励学生发挥先锋模范带头作用，培养迎难而上、知难而上的精神

首先，回顾我国数量经济学科发展的历程，从最初的颐和园讲习班到今天学科的蓬勃发展，使同学们了解到老一辈经济学家为国家、为大家所付出的努力，充分体现老一辈经济学家的朴素生活与大公无私的情怀，让同学们珍惜今天来之不易的学习机会和学习环境。

其次，课堂上会向同学们介绍几位著名的华人计量经济学家的故事，比如，讲授邹至庄、萧政、洪永淼等教授为了中国数量经济学科发展而做出的努力，充分体现了一个海外游子的思国之情和报国之愿，进行爱国主义教育。特别地，使同学们了解，邹至庄先生与夫人为了国内经济学科的发展，省吃俭用，为厦门大学经济学科捐献 1000 万美元。而且，年纪很大的邹至庄先生仍然坚持为同学们授课，这种为祖国教育做奉献的精神值得敬佩和学习。洪永淼教授作为美国康奈尔大学经济学和统计学的终身教授，在国内外均具有很大影响力和知名度，但他一直心系祖国，为国内数量经济学科和统计学科的发展付出了巨大心血，特别是后来毅然辞去美国教职回国任教，是我们学习的榜样。

最后，鼓励学生发挥先锋模范带头作用，培养迎难而上的韧性和啃硬骨头的精神。相较于其他经济学课程，《高级计量经济学》课程内容与数学联系更加紧密，研究生普遍存在畏难情绪，特别是在与模型推导有关的内容面前，更是如此。在课程中，引导学生从身边一点一滴做起（要有远大理想，但远大理想要靠脚踏实地去实现），积极发挥先锋模范带头作用，积极实践日常理论学习成果。同时借助一些现实生活中的励志故事引导广大同学培养迎难而上、知难而上的精神，在困难面前不能退却。

五、教学方法与手段

本章内容教学中将综合运用故事导引法、问题启发式教学法、案例式教学、讲授法等

多种方法，同时灵活运用多媒体等教学手段。

（一）故事导引法

在课程开始部分，为了让学生理解何为因果效应推断以及如何推断，使同学们理解“因果效应推断无所不在，更像是一种思维习惯或方式”，且给学生灌输科学精神，提高分析问题的能力，通过讲授一些小故事，使知识点和价值观传授通俗有效。类似的故事主要包括：

（1）因果循环、因果报应。

（2）一则小故事（狼、孩子、狗、主人）。

（3）想当然：家长们常爱犯的错误。

（4）误区：先发生的事件与后发生的事件，有因果吗？美国最初借武汉发生的新冠疫情来甩锅中国（新冠溯源）。

（5）经济学家常说：如果没有某个政策，情况会更糟！

（二）问题启发式教学法

通过设计思考题，启发学生思考并讨论。这种方式能够让学生对思政元素有更深刻的体会。

（1）举例一，针对以下倡议和一致呼吁进行讨论。

《管理世界》（2020 年 4 月）指出，“目前经济学研究有‘过度数学化迹象’，要避免数学模型滥用！不盲目崇拜数学模型；学术研究以问题为导向，而不是以技术为导向。文章是用来表达思想和观点的，不是玩数学游戏的。坚持以原创性、思想性、科学性为选稿标准，破除‘重模型、轻思想’‘重技术、轻问题’‘重国外、轻国内’等不良倾向。北大光华管理学院（35 周年回顾和展望）：研究不是‘故事会’，用科学理性的方法研究中国问题，用严谨的科学方法去论证问题。《经济研究》反对脱离于实践、片面追求研究方法的新颖与复杂的‘唯定量倾向’。作者的新问题意识、新思想意识、新理论意识，不仅是新方法意识、新数据意识，而且是本刊把握稿件的关键标准。”

提出问题：如何看待“反对过度使用数学模型”？借此让学生了解科研范式变化及背景，重要的是让学生准确理解其中的真正含义，而不是断章取义、片面理解。

（2）举例二，用简单模型还是复杂模型？

在这里主要给学生灌输一个基本思想或理念：经济学模型不是越复杂越高级，也不是越复杂就越准确，我们在做研究或者分析问题时究竟应该选择什么样的模型呢？判断标准是“只要够用就行”，所谓“够用”是指能够充分说明问题，从而引出经济学的本质，即经济学是讲节约的，我们要把有限的资源用在最应该让其发挥作用的地方，鼓励同学们利用上学期间的点滴时间学好本领、树立远大理想，将来在社会上才会有用武之地。

另外，类似启发式问题有很多，比如，“为什么是计量？”“计量模型能帮我们做什么？”“中国为什么会出现增长奇迹？”等，在学生思考的基础上，进行辅导和解答，自然而然地融入思政元素，实现润物细无声的思政教育效果。

（三）案例式教学法

在本节内容的讲授过程中涉及大量实际案例，如精准扶贫政策、农业保险补贴政策、国家高新区建设政策、限购政策、营改增政策、中央扩大开放政策、非常规货币政策、差异化准备金率、服务业开放以及改革开放以来中国经济发展所取得的伟大成就等。一方面通过案例分析让学生充分掌握计量经济学理论与方法，学会借助计量经济学理论与方法来分析问题和解决问题；另一方面，在案例选取、案例解读、案例分析和结论等层面能够自然融入思政元素，使案例与思政元素浑然实现一体化，让学生潜移默化地接受教育。

六、教学实施过程

该节内容是《高级计量经济学》课程第一章“计量经济学导论”中的一个重要知识点，是关于计量经济学模型功能的介绍，涉及具体内容包括：计量经济学模型的功能、因果效应推断、随机对照实验、潜在结果框架等。具体教学实施过程如下：

（一）通过四个案例导入模型功能

让学生阅读四个案例，通过四个案例来讲解计量经济学模型的功能，其中前三个案例是关于因果效应推断，最后一个案例是关于中国经济增长预测。借助本部分内容，一方面使学生了解计量经济学模型能够帮助我们做什么，了解模型功能分类（会介绍传统分类和目前分类的统一性）；另一方面，让学生理解学习本课程的一个重要价值和出发点是为科学决策、精准施策服务，为经济高质量发展服务。换言之，借助计量经济模型可以使我们精确理解宏观经济变量之间的量化关系，能够提高决策的科学性、精准性和有效性。此外，凡事预则立、不预则废，计量经济模型有利于保持政策适当的提前量，提高宏观经济政策调控的前瞻性和时度效。与此同时，本部分能够体现中国经济发展的伟大成就和社会主义制度的优越性，传递社会主义核心价值观。

由于本课程是博士生的《高级计量经济学》，同学们在本科或硕士阶段均或多或少学过计量经济学相关知识，因此为了让同学们端正学习态度，也为了引起同学们的共鸣，本部分指出了目前国内应用计量领域的研究存在很多问题，主要包括：第一，模型运用不准确，致使研究结论错误；第二，存在篡改数据和模型结果的现象；第三，存在选择样本或挑选样本的现象；第四，存在论证不充分问题。借助这些内容给学生灌输科学精神、职业道德与实事求是的理念，鼓励学生学好计量经济学理论与方法，避免学术不端行为，弘扬正能量。

（二）通过多则故事导入因果效应推断思想

提起因果效应推断，大家不自觉地会想到复杂的经济模型或计量模型，从而出现“生厌”和“畏难”情绪，在此通过讲解几个身边日常接触的小故事，让同学们理解“因果效应推断无处不在，更像是一种思维习惯或方式”，这样的故事主要包括：

（1）因果循环、因果报应。

（2）一则小故事（狼、孩子、狗、主人）。

（3）想当然：家长们常爱犯的错误。

（4）误区：先发生的事件与后发生的事件，有因果？美国最初借武汉发生的新冠疫情来甩锅中国（新冠溯源）。

（5）经济学家常说：如果没有某个政策，情况会更糟！

通过讲解小故事，一方面有助于学生克服的畏难情绪，另一方面，使学生充分理解因果效应推断的重要性。特别地，通过一些案例，能够传递社会主义核心价值观。最后，再次强调因果效应的基本含义：在其他条件不变的情况下，一个因素（X）的变化引起了另一个因素（Y）的变化，换言之，Y 的变化确实是由 X 的变化所引起，由此可以推断 X 和 Y 存在因果关系，所产生的影响便称为因果效应。我们怎么样来推断因果效应呢？

（三）通过中国案例导入因果效应推断方法（随机对照实验）

因果效应推断最好的方法是做实验，因为只有在实验室做实验才能更容易实现“在其他条件不变的情况”，即只有在实验里做实验才能更好地控制其他因素的干扰。这里所讲的实验，是指随机对照实验。

1. 引入 2019 年诺贝尔经济学奖

2019 年诺贝尔经济学奖颁给了麻省理工学院（MIT）的教授阿比吉特·巴纳吉（Abhijit Banerjee）、埃丝特·迪弗洛（Esther Duflo）以及哈佛大学教授迈克尔·克雷默（Michael Kremer），获奖理由是：他们运用随机对照实验的方法研究各种扶贫政策的效果。

诺贝尔经济学奖是大家最为关注的经济学奖项，已为经济学领域的学者和学生所熟知。通过讲解诺贝尔经济学奖，让学生理解借助实验来推断因果效应在近年来备受重视。

随后，在此引入一个问题：2019 年诺贝尔经济学奖颁布后，引起国内热议，主要集中在两个方面：第一，既然获奖者是因为研究扶贫政策，这一奖项应该颁给我们的习近平总书记；第二，随机对照实验是一种缺乏外部有效性的方法。请同学们讨论。借此很自然地引入中国扶贫取得的伟大成就，在这么短的时间内解决如此庞大规模的贫困人口问题，说明了党中央国务院始终奉行“生命至上”和“人民至上”，这是世界上任何其他国家都无法比拟的，从这个意义上说，大家认为诺贝尔经济学奖应该颁给习总书记，这是对中国扶贫成绩的肯定。

然而，诺贝尔经济学奖是学术奖励，而不是针对实践成果。这说明什么？这说明，在很多领域，实践是超前于理论，这要求我辈（博士生属于重要的科研力量）要更加努力，做好方法论储备，将论文写在祖国大地上。立足于现实重大问题，将现实问题凝练成学术问题，通过科学方法做规范的学术研究，提高研究成果对经济社会发展的支撑和引领作用。以此鼓励同学们积极投身于规范的学术研究中。

2. 引入 2021 年诺贝尔经济学奖

2021 年诺贝尔经济学奖授予加州大学教授大卫·卡德（David Card），以表彰其对“劳动经济学实证研究性的贡献”，他用自然实验方法解决了不少有关教育或低工资等社会复杂问题。同时获奖的还有以色列裔美国经济学家、麻省理工学院教授约书亚·安格里斯特（Joshua D. Angrist）和荷兰裔美籍经济学家吉多·伊本斯（Guido W. Imbens），以表彰他们对“因果关系分析的方法论贡献”。

通过此项内容，引入自然实验概念（后续有专门章节详细介绍），并给同学们介绍自然实验的应用范围，讲授精准扶贫政策、农业保险补贴政策、减税降费政策等的评估，让学生充分体会到党中央、国务院为了改善民生而作出的巨大努力。

（四）引入潜在结果框架

以中国扩大开放政策为例，提出问题：中国实行更高水平对外开放（如海南自由贸易港、RCEP、“一带一路”倡议等，中国提出的人类命运共同体与美国奉行的美国优先形成鲜明对比）对企业的创新能力有何影响？如何看待开放政策对某一个企业创新能力的影响？如何推断？由此引出潜在结果分析框架和个体因果效应含义。由于个体因果效应（因个体而不同）很难度量，从而引出平均因果效应或平均处理效应的概念，这是人们更关心的，也更有意义。随后，给出平均处理效应的数学表达，并解释其经济学含义：“因此，相对于不处理（$X_i=0$），处理（$X_i=1$）对 Y_i 产生的因果效应，等于条件期望之差 $E(Y_i \mid X_i=1)-E(Y_i \mid X_i=0)$，$E(Y_i \mid X_i=1)$ 和 $E(Y_i \mid X_i=0)$ 分别表示理想化随机对照实验中处理组和对照组 Y 的期望值。”

（五）将话题转到计量经济学模型

具体而言，我们如何得到一个政策或一个处理的因果效应呢？一个简单的方法是做实验，通过实验数据来分析，换言之，通过实验数据做回归。

关键一点是随机分组。只有随机分组，才能保证两组结果变量的差异是中国扩大对外开放（或其他处理）引起的。从计量模型角度看，只有随机分组，才能保证 $y=\alpha+\beta D+\varepsilon$ 中 $E(\varepsilon/D=1)=E(\varepsilon/D=0)$，如此得到的估计量才是 ATE（平均处理效应）。

到此为止，本课程的核心概念和核心问题基本已介绍清楚，随后跟同学们介绍整个课程体系和后续课程学习的内容安排，让大家在脑海里产生一个关于《高级计量经济学》课程的框架。

（六）鼓励学生发挥先锋模范带头作用，培养迎难而上、知难而上的精神

由于《高级计量经济学》课程内容与数学联系紧密，难度稍大，同学们学习较为吃力。在课程中，鼓励和引导学生从身边一点一滴做起，积极发挥先锋模范带头作用，积极实践日常理论学习成果。同时借助一些现实生活中的励志故事引导广大同学培养迎难而上、知难而上的精神，在困难面前不能退却。

七、考核与评价方式

（1）每节课开始时均会给大家准备几个问题，让同学们回答，通过回答问题来检测学生的掌握情况。例如，波士顿联邦储备银行的研究人员发现（基于20世纪90年代初以来的数据），在申请抵押贷款时，黑人中有28%的人遭到拒绝，而白人中仅有9%的人被拒。请思考：住房贷款市场中存在种族歧视吗？再如：如何看待“反对过度使用数学模型”？如何看待研究范式的变化？借此让学生了解科研范式变化及背景，重要的是让学生准确理解其中的真正含义，而不是断章取义、片面理解。

（2）通过对学生课上的参与情况、教学过程的记录、课上行为的观察进行评价、反馈。

（3）通过学生课后在线上平台进行开放性问题的讨论进行评价。

八、实施成效

《高级计量经济学》是数学、统计学与经济学的交叉融合，是与数学、统计学联系最为紧密的课程。对于绝大多数从事经济管理研究的学者而言，计量经济学模型更多地充当研究工具，工具本身是中性的，但这些工具的使用为谁服务、服务什么、如何服务等问题的答案，取决于工具使用者自身的思想境界和科学态度。近期，《管理世界》《经济研究》等编辑部倡导避免数学或定量工具误用、滥用，其实也正是说明了这一点。所以在《高级计量经济学》课程中强化思政建设尤为重要。特别地，《高级计量经济学》作为一门学科基础课，是经管类研究生的必修课程，受众面广，学生比较重视，如果能做好《高级计量经济学》课程思政建设，将会起到无可替代的作用。

通过本次教学，同学们不仅掌握了计量经济学模型的功能、因果效应推断思想、随机对照实验以及潜在结果框架下的平均处理效应等基本知识，还通过计量建模思想讲授培养学生发现问题、分析问题和解决问题的能力；通过分析常见计量模型错误来培养学生逻辑思维和知识应用能力；通过分析科研范式转变和争论提高学生的判断力和辨析能力。更为重要的是，通过本部分的讲授，为学生灌输科学精神与职业道德，使学生了解老一辈经济学家的朴素生活与大公无私的情怀，培养迎难而上、知难而上的精神，深刻体会中国经济发展的伟大成就和社会主义制度的优越性，坚定“四个自信”。

案例 14：“万华化学”跨国并购：从最佳重组交易到海外产业园区建设

——《国际直接投资与跨国公司管理》课程思政教学案例

张晓涛

（中央财经大学国际经济与贸易学院院长、教授）

一、基本信息

课程名称：国际直接投资与跨国公司管理
授课对象：国际贸易学、国际商务硕士研究生
知 识 点：国际直接投资理论
主讲教师：张晓涛

二、教学目标

（一）知识目标

（1）国际生产折中理论产生的原因与贡献。
（2）国际生产折中理论的内在逻辑。
（3）国际生产折中理论的核心观点。
（4）国际生产折中理论的运用。

（二）能力目标

（1）建立科学的分析框架，运用多种变量分析跨国企业海外直接投资决策与经营的能力。

（2）把握全局，用整体观去考虑与所有权优势相联系的各种因素之间的相互作用，指导企业进行科学的国际经营。

（三）育人目标

（1）国际生产折中理论对我国企业国际经营的指导意义和启示作用。

（2）根据我国企业国际化实践，剖析中国企业国际经营成功的案例，增加对国情的了解，增强道路自信。

三、教学重点与难点

（1）对国际生产折中理论内涵的理解。
（2）对国际生产折中理论的适应性与实用性的把握。
（3）在科学研究与实践中运用国际生产折中理论的意识与能力。

四、课程思政案例介绍

（一）案例名称

“万华化学”跨国并购：从最佳重组交易到海外产业园区建设。

（二）案例来源

《国际贸易》，2018 年第 5 期，作者：张晓涛（见附件 PDF 版资料）。

（三）案例意义

“万华化学”起步晚，底子薄，靠着 20 年如一日地埋头苦干、专注主业，最终跻身于世界化工领域顶级寡头企业行列，是中国企业成功国际化的典范。从最佳重组交易到建设海外产业园区，“万华化学”并购带动企业集群式走出去，走出了一条中国企业跨国经营的精彩之路。这条路也为其他企业的国际化经营提供了宝贵的经验与启示。

（四）案例介绍

随着“一带一路”倡议的实施，中国对外直接投资快速增长，企业走出去迎来了难得的历史机遇，也面临诸多挑战。如何提高我国企业海外收购的成功率，如何提升企业国际化经营能力是中国企业走出去过程中面临的核心问题。要想破解这一难题，既要向世界跨国公司发展的历史学习，也要从中国企业国际化的实践中总结经验。

1. 案例选取与分析框架

“万华化学”是我国化工行业的龙头企业，并购之前为世界上第二大二苯基甲烷二异氰酸酯（MDI）生产商，而匈牙利“博苏化学”是成立于 1949 年的老牌化工企业，是中东欧最大的 MDI 和甲苯二异氰酸酯（TDI）制造商，业务范围涵盖至欧洲、中东及非洲地区。MDI 是现代化工最基础的原料，被广泛应用于聚氨酯、合成革、氨纶、黏合剂、涂料等 100 多个行业，衣、住、行各方面都有 MDI 的身影。

中国企业“万华化学”收购匈牙利“博苏化学”的过程一波三折，几近失败，但最终转危为安，成功地完成了收购与整合，并购成果不断扩大——在博苏化学工业园基础上建设新的化学工业产业园区，带动中国相关企业“集群式”走出去。该并购案是中国拥有核心技术的资本密集型企业成功走出去的典范，是中国首个被西方主流媒体《国际金融评论》评为最佳重组交易的案例，因此具有典型性与代表性。该并购案于 2011 年完成收购，至今已有近 7 年时间，具有较长的观察期，可供研究的数据、信息丰富，做并购绩效的评价相对全面、客观。

本案例旨在探究中国企业跨国并购过程中遇到“什么样的困难”以及“怎样解决困

难”的问题，关于企业经营中“是什么”“为什么”和“怎么样”的问题适合采用案例方法进行研究（Einsenhardt，1989；Yin，2013），采用从个案到一般的分析范式有助于将具体企业典型经验归纳、提升为普遍规律，具有重要的现实意义。本案例根据研究对象特点，结合企业国际化相关理论，采用动态视角对并购事件做分阶段的全景式分析（见图 14－1）。

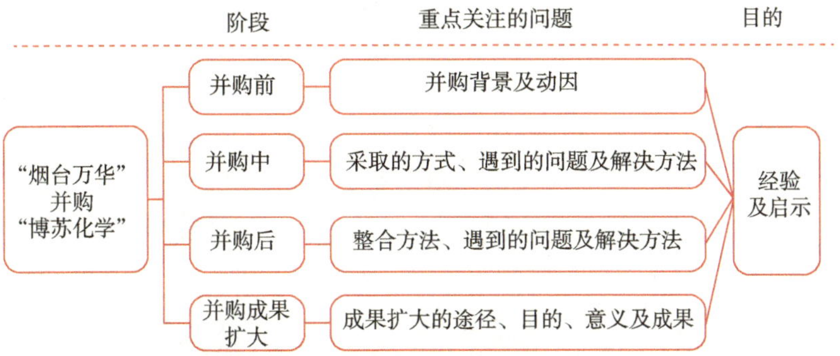

图 14－1　案例分析框架

2. 并购过程

“万华化学”前身为烟台万华聚氨酯股份有限公司，成立于 1998 年 12 月 20 日，是我国唯一一家拥有 MDI 制造技术自主知识产权的企业。自 2005 年起“万华化学”便开始国际化战略布局，在美国、日本、印度等十余个国家和地区设有法人公司和办事处。2011 年 1 月 31 日，“万华化学”以 12.63 亿美元成功地收购了匈牙利“博苏化学”公司（BorsodChem）96% 的股权。“博苏化学”是匈牙利最大的化工企业，也是世界生产 MDI 的八家公司之一，同时在捷克、波兰设有生产企业。由于国际金融危机，该企业遭遇经营困境和债务危机，面临重组和破产危险。“万华化学”抓住这一机遇，通过跨国并购将其收入囊中，实现了在欧洲大陆的生产与营销网络的布局。

“万华化学”通过此次并购实现了资本输出、技术输出、管理输出，从人事、业务、财务和文化几方面成功对“博苏化学”进行全面整合，并通过建立中匈经贸合作区将并购成果扩大，为更多走出去的中国企业搭建欧洲海外发展平台。

（1）第一阶段：山重水复，面临阻碍。2009 年 8 月，“万华化学”作出了收购“博苏化学”的战略决策，但“博苏化学”拒绝与“万华化学”谈判，主要原因如下：一是“博苏化学”原大股东是欧洲最大的私募基金 Permira，其实力雄厚，不想将企业卖给“万华化学”，一开始严厉拒绝与其谈判；二是匈牙利当地媒体，包括西方主流媒体对这一事件的报道不实，宣称“万华化学”要窃取技术，舆论负面渲染；三是“博苏化学”请来摩根士丹利的欧洲兼并总裁帮助其进行“反收购”防御。

（2）第二阶段：柳暗花明，迎来转折。“万华化学”与香港地区的 PE（私募股权投资）公司“合成国际”合作，发现了并购“博苏化学”的突破口：“博苏化学”一共负债 10 亿欧元，其中高级债 7.5 亿欧元，次级债 2.5 亿欧元，当时市场低迷，2.5 亿欧元次级债价值跌至5000万欧元。“合成国际”通过自己在海外广泛的金融网络，迅速拆借了3000万欧元，买入了“博苏化学”2/3的次级债。这使得“万华化学”以较低的成本成为次级债的主要债权人，具有否定大股东原先计划重组方案的权力，为并购谈判增加了筹码，获得了主动权。这一举动出乎“博苏化学”意料，令其大为震惊。

面对媒体和舆论的质疑，中国驻匈大使馆作为沟通桥梁，帮助“万华化学”向匈牙利政府说明万华作为投资商对匈牙利的经济复苏和就业情况带来的帮助，“万华化学”公司高管频繁会见匈牙利的很多高官，保持了非常密切的联络，匈牙利政府逐渐认可了“万华化学”的收购团队。“万华化学”与“博苏化学”原股东、匈牙利政府和当地金融机构的关系得到改善，最终与“博苏化学”签订了框架协议，以手中持有的次级债换取了对方36%的股权。此后“万华化学”在中国银行、交通银行的大力支持下，继续收购“博苏化学”的一些比较便宜的高级债，逐步获得“博苏化学”管理层和部分股东支持，双方于2011年1月31日签订了协议性重组方案。

（3）第三阶段：全面整合，实现协同。并购整合初期，“万华化学”留任了原Permira私募基金任命的管理层，只派去一名CFO，万华集团总经理兼任“博苏化学”董事长，每季度去匈牙利开一次董事会。这样的做法可以减少两公司合并时产生的内部矛盾和文化摩擦，但是“万华化学”无法真正掌控“博苏化学”，公司亏损不断增大，2011年亏损额高达1.5亿欧元。并且，由于原高管对万华的企业文化及管理机制极为陌生，双方矛盾始终难以协调，2012年“博苏化学”变成了整个“万华化学”包袱。随后，“万华化学”从人员、业务和文化三方面对“博苏化学”进行了全面整合（见表14－1），引入了具有特色的人事制度、先进的管理经验，对原有技术进行了升级改造，扩大了产能，尤其是通过文化融合使“博苏化学”员工树立起新的价值观，重新点燃了员工投身工作的热情。最终“博苏化学”扭亏为盈，这一跨国并购重组取得协同效应。

表14－1　　并购后万华对“博苏化学”的整合

整合领域	整合方式	整合效果
人员整合	1. 万华集团总裁丁建生亲自担任万华博苏化学公司董事长兼首席执行官 2. 对财务总监、销售总监等高管进行调整 3. 实施绩效管理，激活员工积极性	通过人事调整逐步把万华在国内的管理机制经验复制至“博苏化学”
业务整合	1. 进一步加大投资，对“博苏化学”原有装置进行优化改造和产能提升 2. 对“博苏化学”所有的应用软件和信息系统进行了梳理，实施信息系统整合	“博苏化学”扩大产能、提高质量，盈利增强 借助信息化平台，把“人管人”变成“机器管人”，保证了所有人员对万华集团战略的正确理解和贯彻执行

续表

整合领域	整合方式	整合效果
文化整合	1. 通过"家庭日""中国饺子"和"匈牙利国汤"等方式增强对中匈文化的理解 2. 请员工提合理化建议，设置评选先进、师傅带徒弟等方式 3. 在"开放日"邀请社区、消防等市民和企业到园区内参观 4. 提出六项核心价值观和对应的 30 条行为准则 5. 提出"一年现金流打平，2—3 年盈利，到 2020 年把博苏发展成为在 EMEA 地区最有竞争优势的行业前三位企业"的愿景	让外方员工理解万华、理解中国，重新点燃了员工投身工作的激情 原"博苏化学"员工逐渐开始认同万华，有不少员工（包括 2 位外籍高管）在当地孔子学院学汉语

资料来源：根据有关资料整理。

（4）第四阶段：乘胜追击，建立园区。随着欧洲产业逐渐从西欧向劳动力成本相对较低的中东欧地区转移、中国"一带一路"倡议和匈牙利"向东看"战略的推行，在我国商务部的指导下，"万华化学"作为主导方，于 2012 年开始以博苏化学老园区为依托，规划建设以化工、生物化工为主导产业的加工制造型园区"中国匈牙利宝思德经贸合作区"（以下简称"中匈经贸合作区"），一方面满足了自身发展的需要，另一方面为中国企业到欧洲投资发展提供了优良的基础设施环境，带动国内相关产业集群式走出去。2012 年的博苏工业园已形成了以博苏公司主导的聚氨酯化工行业为龙头的多种相关配套产业为一体的加工制造聚居区。2016 年，中匈经贸合作区获批为国家级境外经贸合作区，园区以此为契机，配套建设生产区、物流区、生活服务区等，为中国企业进入欧洲市场搭建了良好的平台。以万华作为纽带，匈牙利米什科尔茨大学已与北京化工大学共同建立了具有化工专业特色的孔子学院，并开办了中文教学，为向入园的中国企业提供中西方多元文化背景的人才提供了教育保障。并购主要事件时序图如图 14－2 所示。

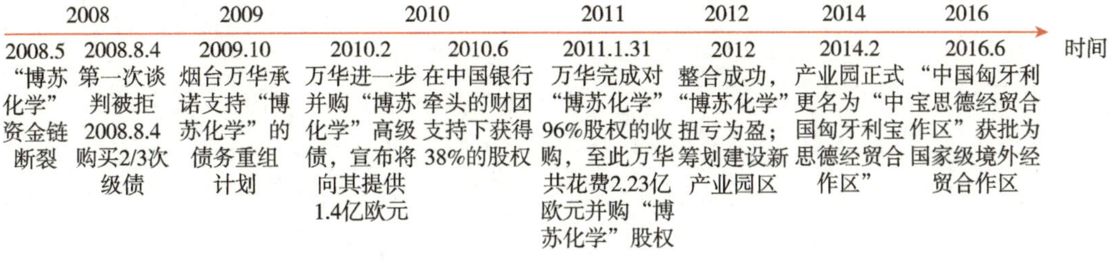

图 14－2　并购主要事件时序图

3. 案例分析

（1）并购背景与动机。

①并购背景。2008 年全球经济衰退的背景下，MDI 行业极为动荡，产能与行情都发生

了翻天覆地的变化，MDI 需求锐减，价格暴跌，MDI 生产企业的利润大幅下滑。“万华化学”最受到金融危机的影响，但是其凭借核心技术和规模，抗风险能力较强，销量持续上升，企业呈现持续扩张的态势。“博苏化学”在金融危机之后负债增加，财务状况不断恶化，2009 年 5 月陷入经营困境和债务危机。当时公司资本结构为股权约 4.6 亿美元，次级债 2.5 亿美元，高级债 7.5 亿美元，次级债与高级债马上到期需要偿还，而原股东已无力投入，企业价值大大降低（见表 14－2）。

表 14－2　“万华化学”与“博苏化学”并购前概况

项目	“万华化学”	“博苏化学”
公司简介	成立于 1998 年，前身为烟台万华聚氨酯股份有限公司	成立于 1949 年的老牌化工企业，地处匈牙利东北部老工业区
主营业务	主要从事异氰酸酯、多元醇等聚氨酯全系列产品、丙烯酸及酯等石化产品、水性涂料等功能性材料、特种化学品的研发、生产和销售	主要生产异氰酸酯与多元醇及其配合助剂合成的聚氨酯材料，产品主要面向欧洲市场，有少量产品销往中东、非洲以及亚洲等地区
产能状况	是全球最具竞争力的 MDI 制造商之一	当时是中东欧最大的 MDI 和 TDI 制造商，业务范围涵盖至欧洲、中东及非洲地区
金融危机影响程度	面对残酷的外部环境，万华在内部提出一系列改革措施，使其在金融危机后依然保持较好的发展	陷入财务困境，出现严重的资金链断裂，财务状况恶化，不堪负债重负，面临破产危机，不得不出售股权

资料来源：根据两家企业网站及公开资料整理。

②并购动机

第一，“万华化学”国际化战略的逻辑。Dunning（1996）国际投资理论也被称为 OLI 理论，该理论指出外南直接投资的选择主要决定于三个方面：一是所有权优势（ownership），即投资商拥有有形与无形技术、专利、商标、管理与协调技巧等方面的特有资源和能力；二是区位优势（location），即国内投资环境恶化（如土地取得困难、工资上涨、严格的环境规制等）或者东道国具有市场发展潜力、劳动力成本低、原料容易获得、对外资采取优惠政策等优势；三是内部化优势（intemalization），即投资商有能力结合所有权优势和区位优势，并将原本的市场交易纳入企业肉部使其内部化，以降低交易成本。

从所有权优势看，“万华化学”是中国唯一一家拥有 MDI 制造技术自主知识产权的企业、拥有先进的生产技术与管理经验。从区位优势看，“万华化学”在我国以及亚洲已经拥有完备的销售渠道和制造基地，但还没有打入欧洲市场，而欧洲是全球最大的 MDI 消费区以及寡头公司主要的盈利地区，“博苏化学”所在的匈牙利具有明显的区位优势。从内部化优势来看，通过并购“博苏化学”可以缩短在欧洲投资建厂的 3—4 年的审批时间，可以获得欧洲的市场渠道和销售团队以及有经验的员工队伍，还可以减少一家世界市场上的竞争对手。

第二，“万华化学”嵌入全球价值链高端。虽然“万华化学”在中国市场具有领头羊地位，拥有高知名度、高质量的产品，但在全球最大的聚氨酯市场——欧洲缺少布局，品牌国际化程度不高。从价值链"微笑曲线"看，"万华化学"还没有占据渠道的高端位置。要想实现全球竞争优势，必须占领欧洲市场。只有获得欧洲的市场渠道、销售团队、先进技术以及有经验的工作人员进入欧洲这一核心盈利区域，才能嵌入全球价值链渠道高端环节。

第三，MDI市场供需情况变化。2010年全球MDI总需求约460万吨，中国需求130万吨。随着国内MDI生产网络布局的优化，"万华化学"通过自主创新实现了中国市场50%的占有率。然而对"万华化学"而言，中国市场份额越大，风险就越大，因为国际巨头们也加速了在中国的"攻城略地"，巴斯夫、拜耳、亨斯迈、陶氏化学等国际企业都加快了在中国建设MDI生产工厂的步伐。MDI国内市场供给持续增加，需求增长减缓，市场竞争压力骤增。

第四，外部机遇。金融危机之后，"博苏化学"由于资金链断裂陷入危机之时，聚氨酯行业其他跨国公司由于受欧盟反垄断法的限制不能收购该公司，其他行业投资者由于不具备产业整合优势，在此期间又不敢贸然行动，这为"万华化学"收购提供了极好的机遇。当然，跨国并购是一项风险很大的商业活动，优势与劣势并存，机遇与威胁互现（见表14－3）。

表14－3　"万华化学"并购"博苏化学"SWOT分析

优势（S）	劣势（W）
1."万华化学"生产技术水平世界领先，拥有MDI制造技术自主知识产权，具有一定的成本优势； 2."万华化学"进行了系统而先进的企业管理改革； 3."万华化学"国内市场份额大，具有较强的市场后盾； 4."万华化学"的国际化战略广泛而深入	1."万华化学"科研成果产业化系统能力还有待提高； 2."万华化学"在海外的知名度不高，不会引起博苏方面的重视； 3."博苏化学"方面可能阻挠并购
机遇（O）	**威胁（T）**
1.全球经济和化工行业或将走出低谷、步入新一轮的增长周期，MDI全球需求也将随之增长； 2.金融危机使得万华能够抓住机遇，在"博苏化学"陷入破产危机之时，嵌入国际市场； 3.聚氨酯行业其他跨国公司由于受欧盟反垄断法的限制不能收购"博苏化学"	1."万华化学"和"博苏化学"在法规、文化制度等方面的差异。可能会导致万华在欧洲经营的"水土不服"； 2.金融危机出现给未来经营造成不确定性

（2）并购过程：一波三折、出奇制胜。从计划收购到第一次谈判被拒，再到舆论风波，"万华化学"巧妙寻找突破方式，借助多方力量成功突围，出奇制胜、转危为安，成功实现了与"博苏化学"的协议性重组（见表14－4）。

①联合盟友，出奇制胜。"合成国际"是香港地区的一家PE公司，也是"万华化学"的大股东之一，拥有丰富的海外并购经验与广泛的海外金融网络。此次并购中引入PE公

表 14-4　　并购过程中的困难及解决方式

困难	解决方式
“万华化学”不具备并购经验	寻求 PE 公司合作，结为盟友，形成并购利益共同体
“博苏化学”不给万华参与谈判的机会	购买“博苏化学”次级债、成为公司次级债的主要债权人，直接参与博苏化学重组方案
当地媒体舆论报道不利于万华，当地政府对万华持怀疑态度	通过中国驻匈牙利大使馆加强与当地政府、媒体的沟通，获得信任与支持

司作为战略伙伴是并购成功的重要保障。首先，国际知名的 PE 公司具有广泛的关系和信息网络，可以获得专业且深层的信息。在此案例中“合成国际”就是通过研究“博苏化学”债务情况找到使万华有机会和博苏谈判的突破口，即在市场上购买博苏的次级债，成为其债务人。其次，PE 公司的介入有利于拓展融资渠道，提高企业的外部融资能力，降低财务风险。“合成国际”通过其广泛的金融网络，一夜之间在国际金融市场上拆借到 3000 万欧元的资金，通过香港地区的机构在公开市场大举收购“博苏化学”次级债，成为“博苏化学”的重要债务方，将其逼上谈判桌。

②借助外交力量，化解舆论误解。匈牙利当地媒体一度对“万华化学”购买次级债的行为有很多不实的报道，认为“万华化学”是为了窃取“博苏化学”的技术，舆论对收购十分不利。在中国驻匈牙利大使馆的帮助下，匈牙利政府理解了“万华化学”的并购动机，认可了“万华化学”到匈牙利投资会对当地经济和就业带来帮助。中国驻匈牙利大使馆在此次并购中起到了企业与东道国政府之间沟通的桥梁与润滑剂作用，扭转了舆论形势。

（3）并购整合：克服困难、收获协同。虽然整合前期“万华化学对“博苏化学”的管理和控制并不顺利，但随着技术支持和管理输出，尤其是通过文化融合，“万华化学”和“博苏化学”实现全面整合，“博苏化学”扭亏为盈。主营产品（MDI、TDI）的年销售收入从收购前 2011 年的 7.6 亿欧元增长到 2014 年的 12.2 亿欧元，净利润从亏损 1.32 亿欧元到 2014 年实现净利润 1000 万欧元，2015 年实现税后盈利 5000 万欧元。在德勤《2015 年中东欧 500 强综合排名报告》中“博苏化学”在匈牙利企业中综合排名第 14 位，制造型企业排名第 5 位，2011 年至 2015 年累计向当地政府纳税总额 1.02 亿美元。“博苏化学”董事长也被匈牙利议会授予中匈友谊奖，这是第一位获此奖项的中国人，为日后中匈经贸合作区的发展奠定了坚实的基础。“万华化学”通过并购实现了在欧洲大陆的产能与营销网络布局，通过与欧洲巴斯夫、拜耳等国际巨头产能与销售网络交叉布局，实现了全球战略制约平衡。

（4）并购成果扩大：推动中匈经贸合作区建设。

①园区建设目标。中匈经贸合作区建设的总体目标是充分利用现有资源加快完善博苏集团自身产业链建设及公用工程配套，打造中东欧地区最具竞争优势的一体化的绿色生态制造产业链，充分发挥“万华化学”的“大树效应”“集群效应”和“灯塔效应”，带动

中国相关企业以产业集群的方式走出去。中匈经贸合作区不仅推动了当地化工产业的发展，而且带动了中国相关企业以产业集群的方式走出去。园区内有全方位的原料供应、公用工程和技术服务。"万华化学"在匈牙利发展的经验、与匈牙利各级政府构建的良好关系，以及在匈牙利树立起的良好的公众形象，都可以给到匈牙利发展的中国企业起到示范作用。同时，万华对匈牙利文化的深刻理解以及本地化的运营经验，也为后来的中国企业提供了很好的借鉴。目前，中国匈牙利经贸合作区发展规划分为"三阶段"（见图14－3）。

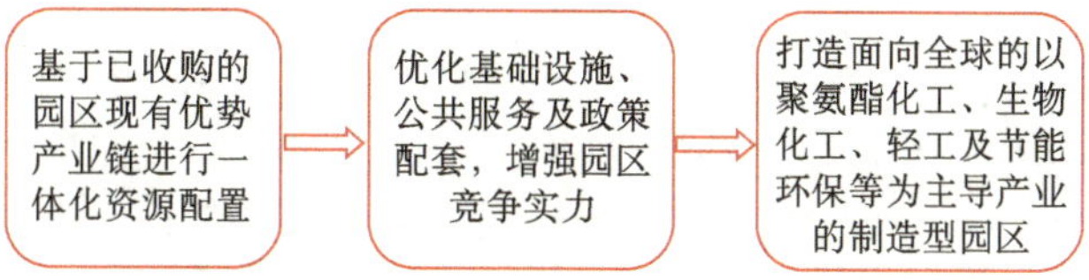

图14－3　中匈经贸合作区定位"三阶段"

②成功建立园区的要素。一是并购整合成功是产业园区建设的关键。不是每家实施跨国并购的企业都会成为海外园区建设的主体，只有那些在跨国并购后成功完成人事、业务、财务等方面的整合，尤其是文化整合的企业才有可能成为行业龙头，利用当地已有工业园区的优势，规划建设新的园区，带动中国企业集群式走出去。二是中匈两国的战略对接加快了万华建设产业园区的步伐。中匈两国关系密切、产业互补性强，与"一路一带"倡议相呼应，匈牙利政府也提出了"向东看"的外交战略，这必将使中匈两国的战略伙伴关系取得更大的发展。在这种形势下，万华历史性地肩负起了"一路一带"倡议赋予自己的"先遣兵"任务，致力于把工业园建设成为中国企业融入欧洲产业分工体系、引导国内企业步入中东欧的重要基地。三是"万华化学"具备建设大型产业园区的能力。一方面，万华收购"博苏化学"后进行了成功的整合，为发展产业园提供了坚实的基础。另一方面，万华拥有成功建设大型一体化化工园区的经验——分别于2003年开始连续投入150亿元人民币建设宁波工业园，2011年开始投资300亿元人民币建设烟台工业园，具有将国内园区建设经验移植到海外的能力。四是中匈经贸合作区得到匈牙利政府的大力支持。中匈经贸合作区位于欧盟境内，符合多项欧盟补贴条件。同时，合作区位于匈牙利东北部的传统工业区，为了振兴老工业基地，匈牙利政府以比较特殊的政策倾斜，重点支持该区域发展。2013年2月12日匈牙利总理欧尔班访华期间，合作区与匈牙利政府签订了战略合作协议，匈牙利政府将在天然气等能源价格、投资补贴、税收等方面给予合作区更多的优惠政策。

4. 案例启示与实践意义

"万华化学"起步晚，底子薄，靠着20年如一日地埋头苦干、专注主业，最终跻身于世界化工领域顶级寡头企业的行列，是中国企业成功国际化的典范。从最佳重组交易到建设海外产业园区带动企业集群式走出去，"万华化学"并购"博苏化学"走出了一条中国企业跨国经营的精彩之路。这条路也为其他企业的国际化经营提供了宝贵的经验与启示。

（1）掌握核心技术，形成所有权优势。

“万华化学”跨国并购的成功，离不开其先进技术所形成的所有权优势。万华首先立足于自主创新、自主开发，创建了全世界技术最先进、产能最优的MDI生产线。通过海外并购扩大产业市场布局，进入欧洲核心盈利区，降低未来营业收入的波动性，对企业可持续发展具有重要意义。相比之下，在中国企业海外投资的大潮中，有些企业没有把技术创新放在自主创新的基础上，而是寄希望于通过并购一步登天地获得技术。这种发展方式蕴藏着很大的风险。

（2）战略目标清晰，跨国并购水到渠成。

著名战略管理学家钱德勒认为，战略决定结构，结构紧随战略。不同的企业国际化成长战略要求不同的组织结构与其相适应，前期明确的战略可以为后期国际化活动的开展奠定关键性的基础。“万华化学”清晰的发展战略以及对自身国际化目标的明确使得其在并购浪潮中脱颖而出。“万华化学”早年便制定了企业战略，致力于发展成为全球化运营的一流化工新材料公司：2002年，烟台万华就开始放眼世界，2006年开始寻求海外建厂，制定明确的战略为万华海外建厂提供发展方向。万华方面认识到，MDI作为一个全球化的行业，行业内排名前几位的企业无论是销售渠道还是制造基地均已实现全球布局，并形成了很强的区域平衡能力。如果万华要成为一个全球化的公司，就必须在实现市场全球化的同时，实现制造基地的全球布局。因此，在全球最大的MDI消费区——欧洲拥有制造基地是万华发展过程中的必然选择。企业进行海外并购要谨慎，不能盲目地为了做大或者到海外“捡便宜”而实施海外并购，缺乏科学战略规划的并购失败概率非常大。

（3）提前做足准备，把握关键时机。

企业只有做足充分的准备，才能把握企业国际化进程中的机遇。“万华化学”此次能够成功进军匈牙利，正是恰当把握机会的结果：一方面，完成了自身内部管理与技技术的提升，找准了企业扩张的阶段；另一方面，利用金融危机带来的稍纵即逝的机遇，抓住了“博苏化学”公司资金链断裂的机会，迅速采取措施。正是因为这种能够把握住机会、敢于拼搏的勇气，使得“万华化学”迈向成功。

（4）储备专业人才，重视团队协作。

企业实施国际化战略，人才是关键，团队分工协作是重点“万华化学”之所以能够找到并购关键的突破口，最重要的原因是与PF公司“合成国际”的联合以及扎实的专业知识。“万华化学”并购团队所具备的人才优势是并购顺利进行的重要保障。决策团队对战略方向把握准确，并购团队拥有极强的专业知识和丰富的资本运营经验。

（5）合理利用外部资源，协调多方力量。

企业海外并购过程不可避免地会遇到诸多困难，单凭企业孤军奋战，很难达成目标。合理地利用外部资源，协调多方力量可以减轻国际化过程的阻力，提高成功率。“万华化学”获得政府与金融机构的帮助保证了并购的顺利进行。中国驻匈牙利大使馆作为“万华化学”与匈牙利政府之间沟通的桥梁，对消除误解起到了至关重要的作用。在并购资金方面，“万华化学”得到了中国银行、交通银行、工商银行等众多金融机构的鼎力支持，彰显出并购的资金实力。选择具有国际化背景的私募基金作为并购利益共同体能够带来投资经验和广泛的社会资源，对于通晓国际并购规则、充分运用金融市场十分重要。

（6）良好的文化整合，跨越文化交流的鸿沟。

企业文化是战略实施的重要手段。在企业战略实施的过程中，战略与文化的吻合程度越高，战略实施效果就越明显。在企业采取国际化程度较高的方式（如跨国并购）进入国际市场后，跨文化管理就成为企业管理工作的重中之重。企业的跨文化整合能力有助于全球员工间信任的建立和对国际经营环境的适应，是战略整合的重要内容。中国企业走出去的过程中，需要重视跨文化交流与中外文化的融合，这是企业能够在海外基业长青的关键。

五、教学方法与手段

整体属于课程思政案例教学，采用案头资料阅读、观看视频资料，小组讨论与发言，教师点评等手段。

六、教学实施过程

（一）课前布置

将学生分为6—7组，将案例背景等相关的资料提前一周发给学生，布置思考问题，要求学生自行查询相关资料，围绕的布置问题形成小组发言书面材料。

（二）课堂实施

主讲教师介绍本案例背景、案例价值，播放视频资料，各小组同学发言（6分钟）与讨论。任课教师对小组发言进行点评，分享案例研究的创作过程、研究发现以及心路历程。

（三）课后反馈

请小组在课后提交800字的课程学习心得体会，包括“如何运用经典理论分析中国问题”“如何挖掘中国企业国际经营典型经验”“中国企业国际经营研究范式革新与研究方法创新”等。

七、考核与评价方式

根据小组课堂发言与课后反馈书面材料情况给予相应分数，作为平时成绩的一部分。

八、实施成效

主讲教师多篇案例研究获得SSCI/CSSI期刊正式发表，积累了一批本土企业海外投资、国际化经营的案例，建立了高质量教学案例库，深谙案例蕴含的知识点与教学逻辑，同时本土化案例的运用得心应手，助力了学生更深入地体会中国“引进来”和“走出去”领域的中国故事、中国模式、中国方案、中国智慧，完成了与专业相关的国情、国力教育。

主讲教师坚持历史与现实结合、理论与实践结合、世情与国情结合，总结中国开放经济发展经验，培养学生关注当代国际直接投资领域新变化的自觉意识以及全球化背景下的家国情怀、责任感与使命感。注重案例教学方法的使用，尤其注重基于中国开放型经济实践的原创性案例开发与使用，将案例教学与案例研究融合，探索教研结合的新路径。

有效地解决了“课程”与“思政”的割裂，实现了专业教育与思政教育相互嵌入、相互融合，在专业目标达成过程中实现思政润物细无声，受到学生一致好评。

案例 15：产业政策助力中国制造业强国建设

——《国际贸易政策与规则》课程思政教学案例

符大海

（中央财经大学国际经济与贸易学院副教授）

一、基本信息

课程名称：国际贸易政策与规则
授课对象：国际商务专业硕士研究生
知 识 点：自编讲义，第二章“幼稚产业保护理论”
主讲教师：符大海

二、教学目标

（一）知识目标

了解幼稚产业保护理论的内涵和历史起源；理解幼稚产业保护的经济学逻辑；掌握幼稚产业保护的实践挑战和经验证据；深刻理解产业政策对中国制造业强国建设的现实意义和重要作用。

（二）能力目标

培养学生基于历史发展视角和经济发展阶段思想分析现实问题的逻辑思维能力；锻炼学生运用基础理论分析实际问题的知识应用能力；增强学生对国家产业政策制定和相关论调的判断力和辨析能力。

（三）育人目标

基于我国制造业发展所取得的伟大成就，激发学生的爱国情怀、民族自豪感和民族自信心，加深学生对“四个自信”的认识和理解；基于我国制造业大国与世界制造业强国的现实差距，帮助学生了解我国制造业转型升级正处于历史关键时期，增强学生认识我国制造业强国建设的紧迫感；基于中外制造业技术和创新差距的事实分析，提高学生努力学习、投身中国制造业强国建设的历史使命感，树立正确的理想信念和职业奋斗方向。

三、教学重点与难点

（一）教学重点

重点介绍幼稚产业保护理论的历史起源和基本内容及其对发展中国家进行民族工业发

展道路实践的指导意义，并从经济学理论视角分析幼稚产业保护理论的经济学逻辑。

（二）教学难点

深入探讨幼稚产业保护理论的科学内涵和实践挑战，进一步分析幼稚产业保护理论对中国制造业强国建设的时代意义。

四、课程思政案例介绍

（一）幼稚产业保护的历史起源

工业化是一个国家和民族繁荣富强的必由之路，但工业化的成功需要一国实施科学的产业政策，其中对幼稚产业的保护变得必不可少。保护幼稚产业一直都是贸易保护政策最强有力的理论支柱之一，也是经济发展相对落后的国家实行工业化、推动产业升级和发展经济不可缺少的手段。幼稚产业保护理论最早可追溯到英国伊丽莎白时代。尽管幼稚产业保护理论在英国遭到古典经济学家严厉批判，但它却在后发的工业国（包括德国、美国、日本等）受到了普遍欢迎。有两位知名人物美国的亚历山大·汉密尔顿（Alexander Hamilton，1755—1804）和德国的弗里德里希·李斯特（Friedrich List，1789—1846）为幼稚产业保护理论重新注入了活力。从发达国家的工业化历史可以看出，以幼稚产业保护为理论基础的产业政策在一国工业化发展阶段具有非常重要的历史作用。第二次世界大战结束后，广大取得民族独立的发展中国家纷纷开始实施工业化战略，保护幼稚产业也成为这些发展中国家在工业化落后情形下发展本国民族工业而采取贸易保护措施的理论基础。

（二）我国工业化之路及其成就

自新中国成立以来，我国一直坚持把实现工业化作为不懈奋斗的目标。然而，成立之初我国却面临着“一穷二白”的局面，正是依靠一系列产业政策，通过独立自主、自力更生，建立起了完善的工业体系和国民经济体系。特别是改革开放近 40 年来，我国经济发展迅速，从一个贫穷落后的弱国变成了世界第二大经济体，并且还保持着较好的发展节奏和趋势。在这一过程中，一系列产业政策的成功实施功不可没。

特别是党的十八大以来，以习近平同志为核心的党中央根据国内外科技和产业发展形势，作出坚定不移建设制造强国的重大战略决策。习近平总书记强调，“制造业是我国经济命脉所系，是立国之本、强国之基”，要“加快建设制造强国”。习近平总书记的系列重要论述，为新时代加快发展我国制造业指明了方向、提供了根本遵循。在以习近平同志为核心的党中央坚强领导下，我国制造业发展取得了辉煌成就。2012 — 2020 年，我国工业增加值从 20.9 万亿元增长到 31.3 万亿元，其中制造业增加值从 16.98 万亿元增长到 26.6 万亿元，占全球比重从 22.5% 提高到近 30%，连续 11 年保持世界第一制造大国地位。在世界500种主要工业品中，超过4成的产品产量位居世界第一。我国工业体系完备，拥有41个工业大类、207个工业中类、666个工业小类，是全球唯一一个拥有联合国产业分类全部工业门类的国家。高技术制造业占规模以上工业增加值比重从2012年的9.4%提高到2020年的15.1%；装备制造业占规模以上工业增加值比重从28%提高到33.7%，2020年对规模以上工业增长的贡献率超过70%。最新发布的世界500强企业榜单中，我国工业领域企业有73家入围，比2012年增加了28家。

（三）客观认识我国制造业面临的挑战

虽然我国制造业发展成就很大，但“大而不强、全而不优”的局面未得到根本改变，主要表现为：一是自主创新能力薄弱，高精尖领域有待突破；二是基础配套能力不足；三是部分领域产品质量可靠性有待提升；四是产业结构不合理。这些差距背后最直接的一个原因是欧美国家的工业化已经进行了几百年，甚至日本也超过了百年；再看我们几十年的工业化发展，是在被全球封锁的情况下（包括苏联的封锁）自我发展起来的，暂时存在差距是在所难免的。近年来，随着西方国家的技术封锁，我国制造业关键核心技术受制于人，“卡脖子”“掉链子”风险明显增大。

2015年，我国提出《中国制造2025》，成为实施制造强国战略第一个十年行动纲领。我国制造业强国进程可分为三个阶段：2025年中国制造业可进入世界第二方阵，迈入制造强国行列；2035年中国制造业将位居第二方阵前列，成为名副其实的制造强国；2045年中国制造业可进入第一方阵，成为具有全球引领影响力的制造强国。同时提出了“九大任务”“十大重点领域”和“五项重点工程”。其中，十大重点领域包括新一代信息通信技术产业、高档数控机床和机器人、航空航天装备、海洋工程装备及高技术船舶、轨道交通装备、节能与新能源汽车、电力装备、新材料、生物医药及高性能医疗器械、农业机械装备。

站在当下看中国的制造业，在客观认识差距的同时，我们也不必妄自菲薄。我国已经是世界范围内的制造大国，部分领域已进入世界领先水平，我国是全球唯一一个实现制造业全产业链的国家。但同时我们更不能夜郎自大，虽然我国制造业总量庞大，但仍存在行业结构不优、龙头产业不多以及自主创新不强等诸多问题。中国企业在创新之路上已经走了很远，但还有更远的路要走。我们既要保持战略定力，也要保持战略清醒，深刻认识差距和不足，咬定目标不放松，以更大力度推动制造业高质量发展。

（四）冷静分析产业政策对制造强国建设的重要意义

在推进“中国制造2025”中，产业政策如何发挥指引作用？有种论调提出，“产业政策是穿着马甲的计划经济”，应当废除任何形式的产业政策。不少学者将市场原教旨主义奉为圭臬。实际上，今天的美国新能源产业、信息产业、生物产业以及航空航天产业等都得到了政府政策的鼎力支持。尽管美国人自己很少讲产业政策，但只要看看美国总统的国情咨文和预算报告，就不能否认美国实际上存在着各式各样的产业政策。对此，更多理性的学者指出，“一味反对产业政策是不负责的”，我国制造业转型升级和高质量发展需要产业政策的支持。

五、教学方法与手段

本章内容教学中将综合运用引导法、讲授法、案例法、提问法、小组讨论法等多种方法，同时灵活运用多媒体等教学手段。课前布置学生观看《大国崛起》和《大国重器》纪录片，通过影片中的故事引导学生了解幼稚产业保护理论产生的历史背景以及中国装备制造业从小到大，赶超世界先进水平背后的艰辛历程；上课过程中，首先用提问方式引导学生思考幼稚工业保护理论的现实意义，对幼稚产业保护理论的历史渊源、经济学逻辑和历史实践等基本知识进行课堂讲授。然后就幼稚产业保护实践中面临的挑战以提问的方式进行讲授，包括如何选择幼稚产业？如何保护幼稚产业？幼稚产业应该保护多久？提问后进行小组讨论，结合知识点鼓励学生进行开放式思考、各抒已见，也可采用小组辩论的形式，启发学生多元化思考，培养学生逻辑思辨和知识运用的能力。最后，结合中国制造业强国建设的案例分析，思考如何发挥产业政策的引导和扶持作用。

六、教学实施过程

以《国际贸易政策与规则》课程第二章“幼稚产业保护理论”的一讲为例，该节内容属于国际贸易政策的基础理论，主要内容包括：幼稚产业保护理论的基本观点和历史渊源、幼稚产业保护的经济学逻辑和实践挑战、关于幼稚产业保护的实证检验、产业政策与中国制造业强国建设。具体教学实施过程如下：

（1）课前：布置课前观影。提前让学生观看《大国崛起》中美国和德国篇，了解在工业革命中落后的国家如何提出幼稚产业保护来发展本国工业的历史背景。另外，学生通过观看《大国重器》纪录片，了解30年来中国装备工业从无到有，从弱到强所取得的伟大成就，从而增进学生对制造业决定一国兴衰的历史认识。

（2）课中：一是进行基本理论讲授。开始课堂讲课时，首先向学生提出问题：为什么美国和德国在工业化初期要保护本国的幼稚产业？保护幼稚产业会损害国民福利吗？一国工业的制造能力要比从自由贸易中获得的利益更加重要吗？通过提问引导学生思考幼稚产业保护理论的历史起源和内在逻辑。然后开始讲解幼稚产业保护理论的基本观点和历史渊源，主要以美国的汉密尔顿和德国的李斯特的理论为主进行介绍，帮助学生从历史和辩证的视角理解一国实施幼稚产业保护的必要性和时代性。最后从经济学的角度分析一国保护幼稚产业的经济学逻辑并分析幼稚产业缺乏国际竞争力的主要原因。

二是组织学生讨论。结合已经学习的基本知识，组织学生就幼稚产业保护实践中面临的挑战进行讨论和汇报。具体问题包括：一国如何选择幼稚产业？如何保护幼稚产业？幼稚产业应该保护多久？在对这些问题的讨论和思辨中，培养学生的逻辑思维和多元化思考的能力，并进一步体会一国产业政策的实施不仅需要科学理论的指导，而且要结合不同的发展阶段和事实，要从一国资源禀赋特征和产业发展方向去思考幼稚产业的保护。

三是进行案例教学与师生互动。接着在总结幼稚产业保护实践的基础上，向同学们展示我国工业化所取得的举世瞩目的成就，了解我国作为制造业大国强大的国际影响力，并进一步讲解我国制造业“大而不强、全而不优”的现状和具体原因，随即结合习近平总书记的重要讲话提出我国建设制造业强国、推动制造业高质量发展的历史必然性和紧迫性。在讲解中，切入思政元素——为“中国制造”所取得的辉煌成就感到自豪，增进“四个自信”，发扬勤奋刻苦、敢于创新的精神，树立投身制造业强国建设的职业理想和奋斗目标。

四是阐述与启发。结合上述案例，总结并深化同学们对幼稚产业保护时代意义的审视，引导学生思考如何在推进我国制造业强国建设中发挥产业政策的引领作用，启发学生对“产业政策就是穿着马甲的计划经济”“幼稚产业保护已经过时”“产业政策与发展市场经济格格不入”等偏颇论调进行理性看待和批判。事实上，当今所有的发达国家在赶超时期都积极采取了干涉主义的工业、贸易和技术政策，以促进幼稚产业的发展。有产业政策未必成功，但没有产业政策，经济发展必然不成功。总之，对于一个国家特别是大国的经济发展而言，产业政策和宏观调控不仅非常有必要，而且还将发挥越来越重要的作用。助推“中国制造 2025”，我们需要的是“建设性”的意见，而非“颠覆性”的判断；需要更多、更适宜的产业政策，而不是相反的主张。

（3）课后：要求学生课后观看 2016 年 11 月 9 日在北京大学国家发展研究院举行的林毅夫与张维迎的《产业政策思辨会》，布置作业要求学生就思辨会的双方观点进行立场选边并进行自我观点的阐述和论证，完成 2000 字小论文。

七、考核与评价方式

（1）课堂参与度，包括出勤率、点名回答和讨论表现，如在课堂案例问题回答和讨论中考察学生对知识的掌握情况和价值取向，及时给予点评并加以引导。

（2）课后作业考核。依据观点明确、论证充分、逻辑合理、语言通顺的标准对 2000 字小论文进行打分。

八、实施成效

根据高校课程思政要“贯穿于课堂授课、教学研讨、实验实训、作业论文各环节”注重理论联系实际的要求，本章教学在专业知识讲授中充分挖掘思政元素，结合历史视角和现实问题，引导学生思考幼稚产业保护理论的时代属性和我国推进制造业强国建设中产业政策实施的必要性。

通过本次教学，同学们不仅掌握了幼稚产业保护理论的专业知识，同时也从历史发展视角感受了世界工业发展和中国制造业腾飞的历史，都表示对中国所取得的制造业成就感到自豪和骄傲，增进了同学们的民族自豪感，很多同学立志要努力学习专业知识，将来积极投身制造业强国建设中。

通过课上的问题思辨和课后的思考总结，加深了学生对产业政策助力制造业强国建设的必要性和科学性理解，提高了学生理论联系实际、应用历史唯物主义看待中国制造业新发展的能力，同学们清楚认识到，在中国制造业发展中不能盲目相信乃至套用所谓西方理论，而是要看实际的做法与经验得失，从历史中汲取教训、寻求答案并科学指导中国实践。同学们也提出未来产业政策的重点应该从“要不要”转移到“好不好”，对历史上的产业政策要做好复盘并通过科学方法进行政策评估，总结经验和教训，对当今层出不穷的产业政策应给予审慎客观的评价和科学的判断。

案例 16：马克思论“工作日”与“996 工作制”

——《〈资本论〉与社会主义市场经济》课程思政教学案例

韩金华
（中央财经大学经济学院教授）

一、基本信息

课程名称：《资本论》与社会主义市场经济
授课对象：政治经济学专业二年级硕士研究生
知 识 点：《资本论》第一卷，第八章“工作日”
主讲教师：韩金华

二、教学目标

（一）知识目标

掌握马克思在阐述绝对剩余价值的生产时对工作日的论述，了解作为影响绝对剩余价值生产方法主要因素的工作日的界限、工作日长短对劳资双方的不同影响及劳资双方的不同诉求、雇佣工人争取正常工作日的斗争以及机器的使用实际上延长了工作日等知识点。

（二）能力目标

运用所学的基本知识和基本理论解释现实生活中存在的热点问题，如解释企业实行“996 工作制”的最根本动因、企业能够实行“996 工作制”的原因、强制实行“996 工作制”的影响以及解决“996 工作制”问题的思路等。

（三）育人目标

通过学习马克思对工作日的论述以及运用马克思的相关论述对“996 工作制”进行解读，使学生进一步认识到马克思在《资本论》中所阐述的最基本原理和方法对社会主义市场经济中的许多现实问题依旧具有很强的解释力；使学生对资本的本质特征有更深入的了解，深刻领会 2021 年中央经济工作会议所提出的“要正确认识和把握资本的特性和行为规律，要为资本设置‘红绿灯’”等。

三、教学重点与难点

（一）教学重点

1. 对“996 工作制”及引发争论的介绍

这属于问题的提出，通过对“996 工作制”及其引发争论的介绍，可以让学生意识到存在一个很重要的问题，即“996 工作制”显然是违反《中华人民共和国劳动法》对工作时间的规定的，大部分人对此也持反对态度。但是为什么还会出现而且能够出现“996 工作制”这一现象呢？进而让学生进一步思考：“996 工作制”的实行会对企业、企业员工甚至是整个社会产生怎样的影响以及如何解决这一问题呢？

2. 马克思在《资本论》中对“工作日”的论述

这属于解决上述问题的理论基础部分，主要是通过对重要原文的解读理解和掌握马克思对工作日论述的核心思想，包括工作日是影响绝对剩余价值生产方法的主要因素、工作日是有界限的、工作日长短对劳资双方具有不同的影响、劳资双方对工作的长短有不同的诉求、雇佣工人为争取正常工作日经历了长期艰苦卓绝的斗争以及机器的使用实际上是延长了工作日等。

（二）教学难点

教学难点是用马克思对“工作日”的论述来解读“996 工作制”现象，包括企业为什么要企业实行“996 工作制”？企业为什么能够实行“996 工作制”？强制实行“996 工作制”会产生怎样的影响以及如何解决“996 工作制”等。

四、课程思政案例介绍

运用马克思对“工作日”的论述来解读“996 工作制”现象，既可以让学生意识到马克思对“工作日”的论述对“996 工作制”现象依旧具有很强的解释力，又能够使学生对资本的本质特征有更深入的了解，从而深刻领会 2021 年中央经济工作会议所提出的“要正确认识和把握资本的特性和行为规律，要为资本设置‘红绿灯’”，更能够增强学生继承和坚持、发展和创新马克思主义政治经济学基本原理和方法的信心。

五、教学方法与手段

（一）问题启发式教学法

在讲授课程之前，通过设置与课程密切相关的问题，引导并启发学生思考。该课程案例提出了为什么会出现“996 工作制”现象？“996 工作制”现象会产生怎样的影响以及如何解决这一问题。提出问题，在启发同学们思考的同时提出跟所讲课程内容有关的解决方案，即用马克思对“工作日”的论述就可以解读上述问题。

（二）经济时事热点案例教学法

选择学生比较关注的经济时事热点问题，通过营造多边互动的教学环境，在教学双方平等交流探讨的过程中，达到不同观点的碰撞交融，进而激发教学双方的主动性和探索性，提高教学效果。该课程案例选取了“‘996 工作制’及引发的争论”作为案例，运用马克思对“工作日”的论述对之进行解读，并让学生积极介入讨论，以激发学生学习的积极性和创造性，提高学生分析问题和表达的能力。

六、教学实施过程

（一）教师授课

授课内容分为三个方面：一是“996 工作制”及引发的争论，主要介绍什么是“996 工作制”，“996 工作制”引发争论的背景，社会各界（包括互联网企业员工和高管、媒体以及律师等）对争论的理解和回应；二是马克思对“工作日”的论述，主要是通过从五个方面对原文进行学习，包括工作日是影响绝对剩余价值生产方法的主要因素、工作日是有界限的、工作日长短对劳资双方具有不同的影响、劳资双方对工作的长短有不同的诉求、雇佣工人为争取正常工作日经历了长期的艰苦卓绝的斗争以及机器的使用实际上是延长了工作日等；三是运用马克思对“工作日”的论述对“996 工作制”进行解读，主要包括企业实行“996 工作制”的根本动因、企业能够实行“996 工作制”的原因、强制实行“996 工作制”的影响以及解决“996 工作制”问题的思路等。

（二）学生讨论和教师点评

在教师授课的基础上，让每位学生都各自阐述自己对该问题的理解，并就聚焦的问题展开热烈的讨论。在讨论的过程中很多学生也分享了在实习过程中的经历以及对“996 工作制”的切身体会，针对同学的讨论教师进行适时点评。

七、考核与评价方式

要求学生在课后继续自学《资本论》第一卷第八章“工作日”原文，并参考其他相关文献，将课堂上讨论的问题进一步深化和细化，撰写小论文作业并提交。

八、实施成效

通过教师授课、学生讨论和教师点评，再加上学生自学原著和撰写小论文作业，不仅能够让学生对马克思对“工作日”的论述有了全面的了解，还能够通过理论联系实际，运用所学理论来解读现实热点问题“996 工作制”现象；不仅能够让学生坚信马克思主义基本原理依旧具有极强的生命力，还能够提高学生分析问题和解决问题的能力。

案例 17：马克思经济周期理论和 DSGE 模型批判

——《高级宏观经济学》课程思政教学案例

樊茂清
（中央财经大学经济学院教授）

一、基本信息

课程名称：高级宏观经济学
授课对象：博士研究生
知 识 点：马克思经济周期理论和 DSGE 模型批判
主讲教师：樊茂清

二、教学目标

（一）知识目标

学生能够熟练掌握马克思主义的经济周期分析理论，基于马克思主义的经济周期理论观点，对西方主流宏观经济分析的 DSGE 模型进行批判，为进一步构建在习近平新时代中国特色社会主义经济思想指导下，适合中国经济国情的 DSGE 模型奠定基础。

（二）能力目标

培养学生基于马克思主义的经济周期分析理论，批判及吸收西方主流 DSGE 模型，培养学生认识鉴别 DSGE 模型局限性和适用范围的能力，破除学生对 DSGE 模型的迷信。培养学生在习近平新时代中国特色社会主义经济思想下，构建适合中国国情的 DSGE 模型的创新能力。

（三）育人目标

围绕立德树人，坚持“三全育人”“五育并举”，培养根植于中国，在习近平新时代中国特色社会主义经济思想下，为我国社会主义服务的合格的博士研究生。

三、教学重点与难点

（1）马克思经济周期理论。
（2）DSGE 模型批判。

四、课程思政案例介绍

本次课程教学的主要内容是讲解马克思经济周期理论。基于此，对现有的西方宏观经济学中的 DSGE 模型进行深入批判，用于指导中国经济的实践。

主要涉及的知识点是：

（1）马克思经济周期理论的内容。

（2）历史上主要经济周期理论的比较。

（3）马克思经济周期理论的价值。

（4）DSGE 模型批判。

课程思政的切入点：

DSGE 模型是西方经济学家建立的分析宏观经济的模型，在模型中引入企业、居民行为以及政府政策建立一般均衡模型，企业、居民在一定的约束下为了完成目标进行最优化决策，在此基础上分析技术进步以及政府购买等冲击对宏观经济的影响。在以前，谈论起经济周期或波动的理论，很多学生深受西方经济周期或波动理论的影响，尤其是对于西方宏观经济主流使用的 DSGE 模型，更是推崇至极。因此，有必要让学生深入学习和理解马克思的经济周期理论，在此基础上深刻认识 DSGE 模型的缺陷，对西方 DSGE 模型进行批判性的改造和吸收，以便更好地为我国社会主义经济服务。

在授课中，第一，让学生深入学习马克思经济周期的基本理论。马克思经济周期理论认为，经济周期专指资本主义周期性经济危机，是由资本主义制度造成的生产周期性波动。马克思经济周期理论主要内容包括了经济周期持续时间、产生基础、原因、后果和应对措施等。通过将马克思经济周期理论和西方经济周期理论比较，认识到马克思经济周期理论在当代的价值，达到教学的知识目标；第二，基于马克思经济周期理论，对西方主流 DSGE 模型进行批判，深刻认识其局限性和适用条件，提高学生批判及吸收 DSGE 模型、应用到中国经济实践的能力，达到教学的能力目标；第三，培养学生能够在习近平新时代中国特色社会主义经济思想指导下，立足于中国现实，建立适合中国国情、能够解释中国宏观经济典型事实的 DSGE 模型，从而能更好地为我国社会主义建设服务，达到教学的育人目标。

五、教学方法与手段

多媒体教学法。

六、教学实施过程

本次的思政教学，在章节讲述中，以 PPT 结合讲述的形式进行思政教学。

第一，讲述马克思主义经济周期理论。马克思经济周期理论认为，经济周期专指资本主义周期性经济危机，是由资本主义制度造成的生产周期性波动。马克思经济周期理论主要内容包括了经济周期持续时间、产生基础、原因、后果和应对措施。

第二，讲述历史上主要经济周期理论的比较。主要介绍凯恩斯主义与马克思经济周期理论的比较。二者的区别主要表现在：①危机（周期）的根源不同。凯恩斯强调需求不足主要是投资需求不足。而马克思所说的需求不足，主要是由于伴随着资本积累和贫富两极分化，广大劳动人民的实际收入相对太低而引起的消费需求不足，它不是主观心理原因造成的，具有客观基础。②不同于凯恩斯把生产过剩只看作是需求不足的结果，马克思认为在资本主义生产过程当中，资本家为了追求剩余价值盲目的扩大生产而造成的供给冲击以及由于预期失误或者劳动力生产力提高而导致的供给冲击，也是危机产生和加剧的主要原因。③虽然凯恩斯主义也认为经济周期波动是资本主义自身缺陷的必然产物，但其认为危机与资本主义根本制度没有必然的联系。而在马克思眼里，经济危机的最终根源正是资本主义根本制度，供给和需求冲击只是根源的表现而已。

第三，讲述马克思经济周期理论的当代价值。这主要体现在，科学指导世界各国遏制波动的实践运动，论证根治周期性危机的科学社会主义道路，丰富发展中国特色的政治经济学。基于马克思经济周期理论透视我国经济，要把握经济波动对生产力的影响，科学认识变化速度；要正确判断经济波动的特性，全面分析条件变化；要认清经济波动的内在规律，辩证看待发展趋势。在 2008 年国际金融危机后，世界经济不景气、国外需求大幅减少，使我国外部需求呈现常态性萎缩。加上近年来国际贸易保护主义盛行、贸易壁垒层出，受到波及和冲击的国内产业越来越多。马克思经济周期理论科学阐述了经济周期的波动原因，全面刻画了经济周期更替的运转过程，对于分析中国经济具有指导意义。

第四，对 DSGE 模型进行批判。批判表现为：一是针对模型基本假设的批判。DSGE 模型没有考虑经济主体之间合作的可能性，以及不同制度对经济主体的影响。二是针对参数识别问题的批判。这主要涉及“观测等价”现象，“局部识别不足”以及弱识别等问题。三是从微观到总量的加总存在问题。从经济系统的角度看，微观到宏观的转化应是一个非线性网络的加总过程；从时间角度看，该非线性的网络结构是演化的。但微观行为方程的线性加总并不能准确表达宏观行为的特征，因为基本单元在各自的规则下会在更高层面上表现出“涌现”现象，从微观到宏观的转化应该从网络结构和非线性动力系统的角度进行思考。四是金融市场的作用和金融摩擦的引入仍待推进。五是 DSGE 模型中变量存在误差测量。六是模型的实证表现尚待改善。

七、考核与评价方式

第一，课堂上注重过程考核。在课堂中鼓励学生大胆发言，深入学习马克思的经济周期理论，在此基础上，对西方宏观经济学主流 DSGE 模型展开批判，重点鼓励学生讨论如何在习近平新时代中国特色社会主义经济思想的指引下，将中国经济国情和 DSGE 模型结合起来。将课堂的表现计入平时成绩。

第二，课下布置作业。要求学生搜集学习马克思的经济周期理论文献，批判西方宏观经济学主流 DSGE 模型，这部分的表现计入平时作业成绩。

第三，课下以团队的形式布置阅读相关文献任务。这可以开阔学生的视野，使学生更好地接触到本课程的学术前沿。在此基础上，促进学生在习近平新时代中国特色社会主义经济思想下，基于中国国情，批判及吸收国内外本领域的相关最前沿学术成果，为将来在国际学术领域，讲好中国故事，发出中国声音奠定扎实基础。

八、实施成效

经过努力实践，师生做到了教学相长。课堂上，以育人目标为引领，统一知识目标、能力目标的教学理念深入人心。从教师的视角，通过思政教学改革，教学思政能力得到了极大地提升，以前上课想的是育才，现在想的是育人。对于学生来说，觉得上课更有温度，更有情感。不仅从中学到了马克思的经济周期理论，思想上得到了升华，而且破除了对西方主流 DSGE 模型的迷信，为进一步在习近平新时代中国特色社会主义经济思想下构建适合中国国情的 DSGE 模型奠定扎实的基础。

案例 18：中国在世界经济中相对位置的演变

——《中外经济关系史》课程思政教学案例

金星晔
（中央财经大学经济学院副教授）

一、基本信息

课程名称：中外经济关系史
授课对象：经济学院硕士研究生
知 识 点：中国 GDP 在世界总 GDP 中所占比重的演变、改革开放的历史意义
主讲教师：金星晔

二、教学目标

（一）知识目标

本次课程以人类社会发展与进步为课程主线，使学生了解自公元 1000 年到 2017 年中国 GDP 在世界总 GDP 中的比重的整体变化趋势，认识中国在世界经济中相对位置的演变，从经济史的角度把握改革开放的历史意义，挖掘不同国家、不同时期经济发展背后的深层次人文社会根源。并在梳理历史发展脉络的同时，比较不同国家和地区之间的异同，探求经济增长的规律和社会发展的动因。

（二）能力目标

本次课程的能力目标主要在于引导学生围绕具体问题运用不同学科方法进行多角度的研究分析，进行多元价值分析、批判思维与创新能力的训练，培养学生问题意识、批判精神和创新能力。在开放的环境下理解和分析问题，为不同专业学生提供共需的知识、能力、素养，为学生接受专业教育和终身学习提供发展基础。

（三）育人目标

本次课程秉持马克思主义实事求是的科研精神，充分发挥课堂教学的主渠道作用，积极挖掘各教学环节的思想教育资源，将培育社会主义核心价值观有机融入专业课程教学中。让学生们从经济史的角度认识中国经济的总体变化趋势以及改革开放对我国经济发展的重大推动作用，体会中国快速发展壮大所带来的影响，增强学生的民族自豪感，使学生对中国经济发展的道路充满信心，也对“中国梦”的实现更加充满信心。

三、教学重点与难点

本次课程的第一个重点在于大历史观，从较长的时间跨度对世界主要经济体在不同时

期的 GDP 占世界总 GDP 的比重进行整体认识和融合贯通，进而探究世界各国在不同历史时期经济增长的动因及中国改革开放的重大历史意义；第二个重点在于全球视角，在开放的环境下理解和分析问题，促进传统与现代、中国与西方文化的理解与融合。

本次课程的难点在于基础性，为不同专业学生提供共需的知识、能力、素养，要兼顾到不同专业学生的经济学基础。要从经济学的原理出发，讲清楚如何进行跨国别的、长时间段的比较。

四、课程思政案例介绍

1978 年改革开放以来，中国的经济就开始了高速增长，中国在很长一段时间都是世界上经济增长最快的经济体。虽然最近几年我国经济增长速度有所下降，但仍然排在世界前列。可以说，改革开放后中国经济的迅速增长，本质上代表了中华文明的复兴。

一个文明在世界上影响力的重要测度是其在世界经济中的相对地位，因此，深刻认识中华文明的历史影响力以及 1978 年以来的改革开放对中华民族复兴的意义，有必要对中国经济在世界经济中相对地位的演变进行长时间段的研究。

由表 18－1 可知，公元 1000—1978 年，中国 GDP 在世界总 GDP 中的比重先升后降，峰值为 1600 年的 34.6%。西方国家工业革命后，中国 GDP 在世界总 GDP 中的比重呈断崖式下降，1952 年和 1978 年分别仅占 5.2% 和 4.9%。以人均 GDP 衡量，中国从 18 世纪上半叶开始，生活水平开始落后于主要欧洲国家，中西大分流开始出现。

表 18－1　主要经济体在世界 GDP 中的比重（公元 1000—2017 年）（HNA 项目修正） 单位:%

	1000 年	1500 年	1600 年	1700 年	1820 年	1952 年	1978 年	2003 年	2008 年	2017 年
中国	26.6	31.7	34.6	32.8	32.3	5.2	4.9	15.1	17.5	18.2
印度		23.9	23.2	22.4	16.1	4.0	3.3	5.5	6.7	7.4
日本		2.7	2.8	3.6	3.2	3.4	7.6	6.6	5.7	4.2
欧洲		20.2	20.1	21.5	28.1	29.3	27.8	21.1	19.1	16.4
美国		0.3	0.2	0.1	1.7	27.5	21.6	20.6	18.6	15.2
苏联		2.7	2.9	3.5	5.1	9.2	9.0	3.8	4.4	3.1
中国 GDP 在世界的排名	1	1	1	1	1	3	4	2	2	1

改革开放后，中国 GDP 占世界 GDP 的比重迅速恢复，2017 年达到 18.2%。1978 年改革开放开启了自公元 1600 年以来中国经济的首次历史性复兴，也是中华文明的首次历史性复兴。

五、教学方法与手段

教学方法与手段上，结合本课程特点，通过课堂讲授与讨论、学生展示和翻转课堂等多种形式，引导学生开展自主学习、合作学习和探究学习，养成自我建构知识、能力和素质的本领。同时在课堂讲授与讨论的过程中，着重进行问题引领、多维互动的启发式、探究式、讨论式、案例式和体验式教学。加强师生之间互动，注重以人为本，因材施教。

六、教学实施过程

教学实施过程由课堂讲授、学生展示、翻转课堂以及小论文等多个环节组成。其中，课堂讲授要求学生积极参与到课堂讨论中来；学生关于此次课程主题相关内容的展示是课程深入学习和课上讨论的基础，要求学生以小组的形式参与到课程主题的讨论；翻转课堂要求学生全程参与，鼓励学生提前准备与参考内容相关的材料，鼓励学生参与讨论；课后小论文的目的在于在此次课程主题的基础上，作进一步的相关探讨，可在一定程度上进行主题的延展。

七、考核与评价方式

本次课程的考核与评价由学生课堂表现与小论文两部分构成，其中课堂表现与小论文的成绩占比分别为 40%、60%。课堂表现成绩的考核由小组展示互评得分、个人课堂讨论得分等部分组成；小论文要以课上讲授内容或者拓展内容为主，要求语言流畅、思路清晰、层次分明。

八、实施成效

通过此次课程的学习，学生们对于中国自公元 1000 年至 2017 年在世界经济中的相对位置的演变有了清晰的认识，从经济史、世界经济的角度把握了我国改革开放的重大历史意义。在小组展示及翻转课堂环节，学生进一步从历史的角度探究了中国与西方国家的经济力量的纵向对比、中国与日本的经济互动过程，培养了学生的自学能力以及团队合作能力。在小论文中，学生在课堂教学及讨论的基础上，对中国相对经济历史性兴衰的原因从制度、科技、地理、文化等多个角度进行进一步的讨论，学生与主讲教师均收获颇丰。同时，通过此次课程的学习，学生们了解了中国经济的发展历程，增强了民族自豪感，对中国经济发展的道路充满信心，也对“中国梦”的实现更加充满信心。

案例 19：战“疫”：中石化跨界卖菜啦

——《企业战略管理》课程思政教学案例

葛建新
（中央财经大学商学院教授）

一、基本信息

课程名称：企业战略管理
授课对象：商学院企业管理学术型研究生
知 识 点：《战略管理》，第五讲“公司层战略之多元化战略”
主讲教师：葛建新

二、教学目标

（一）知识目标

（1）掌握多元化战略的概念、类型。

（2）了解战略环境对企业实施多元化战略的影响，进而理解企业实施多元化战略的动机。

（3）掌握自发性渐显战略（Emergent Strategy）的概念，从该战略的成因了解战略管理是一门艺术。

（二）能力目标

（1）掌握战略环境的分析方法。

（2）建立科学的战略管理思维。

（三）育人目标

（1）了解我国的中央管理企业（以下简称“央企”）的性质，即作为推动经济社会发展的中坚力量，既要承担企业的经济责任，也要承担政治责任、社会责任。

（2）通过中石化跨界卖菜、为商家代卖滞销品、生产口罩的案例，理解央企在新冠疫情突发的背景下，勇于战“疫”的社会责任，有助于对学生伦理意识塑造以及职业价值观引领。

（3）通过学习明茨伯格战略范式，掌握战略管理的精髓，为日后职业发展奠定坚实的知识基础。

三、教学重点与难点

（1）教学的重点是：多元化战略相关知识图谱，包括战略类型、战略概念、战略动因以及战略评价。

（2）教学难点是：从战略环境的角度分析多元化战略的动因，了解自发式渐显战略在企业战略规划中的形成过程，以及该战略对企业成长的影响。

四、课程思政案例介绍

2020 年初突然袭来的新冠疫情给我国社会经济带来了严重的影响，危急时刻，一大批企业挺身而出，建立新的生产线提供抗疫物资以及居民生活保障物资，这其中就有中石化。通过易捷便利店，中石化在加油站提供了“不下车，不开窗，一键送到后备箱”的线上卖菜业务，帮助农户销售滞销农产品，生产医用口罩，受到全网好评。本案例从战略环境、中石化的关键资源、消费场景的视角，分析中石化跨界生产、多元化经营的动因，探讨央企履行社会责任与实现企业经济目标之间的关系；通过回顾近 10 余年来中石化立足加油站这一特殊消费场景，建立易捷便利店、销售咖啡等新的业务赛道，分析中石化公司战略演进的趋势，说明公司战略并非一成不变，而是随着战略环境的变化进行相应的调整，这一模式与明茨伯格提到的自发式渐显战略一脉相承。

五、教学方法与手段

教学手段包括：多媒体（播放教学 PPT 视频案例）、白板纸（60 × 90 厘米）、马克笔（用于小组讨论、绘制课程知识图谱）。

六、教学实施过程

（一）第一阶段：课程导入

【活动时间】20 分钟

【教学环节】视频案例 + 文字案例

分析“中石化跨界卖菜啦”案例，讨论中石化为什么会跨界卖菜，引出本次课程的核心话题：企业为什么要多元化经营？

【设计意图】企业成长需要战略设计引导，而战略设计的前提之一是对企业所处的战略环境进行分析。通过企业案例介绍，让学生了解中国改革开放以来央企的战略管理内容的变化。

【教师活动】

提问：

（1）在新冠疫情突发的背景下，中石化为什么会跨界卖菜？为什么会生产口罩？

（2）中石化生产口罩与跨界卖菜，从内部条件看，战略动机是一致的吗？

【学生活动】

分析中石化制定多元化战略时的战略环境，并与教材中的华立集团多元化案例中的战略环境进行对比。

【教师小结】

中石化跨界卖菜、生产防疫口罩，是疫情突发背景下的战略调整，同时也是承担社会责任的表现，从战略类型看，是明茨伯格所说的自发式渐显战略（Emergent Strategy）；本章另一个案例华立集团从电表行业扩展到制药等领域的多元化战略，则是企业战略规划的结果，属于深思熟虑的战略（Deliberate Strategy）。

（二）第二阶段：构建多元化战略知识框架

【教学环节】提问 + 对话 + 行动学习

【活动时间】25 分钟

【设计意图】通过老师提问，引导学生思考多元化战略在企业成长中的作用，以及多元化战略的发展路径，引导学生归纳多元化战略相关知识图谱，包括多元化战略的战略类型、战略概念、动因以及战略评价

【教师活动】提问 + 讲解

内容为多元化战略类型、实施途径、优劣评价。

【学生活动】回答问题 + 制作思维导图

（三）第三阶段：经典文献阅读

【教学环节】课堂讨论

【活动时间】45 分钟

【设计意图】在学生掌握上述多元化战略的知识概况、案例之后，让学生们通过经典文献阅读，进一步了解公司战略的理论构建过程

【教师活动】提问 + 讨论

讨论文献：自发式渐显战略。

七、考核与评价方式

基于 OBE“自顶向下，反向设计”的实施原则，以课程教学目标为导向，结合本节课教学阶段和教学任务，以激发学生积极态度为目的，多元化评价学习效果。

本节课的考核与评价方式是：课堂参与积极性（含班级课堂提问、小组讨论）、回答提问的内容、小组讨论报告 3 个部分构成，教师评价与学生自评相结合。另外，按照本课

程的教学设计，每节课后学生需要用可视化工具对课堂学习内容进行反思，绘制本节课程的知识图谱。具体考核与评价方式如表 19－1 所示。

表 19－1　本节课考核与评价方式

序号	考核维度	考核观测指标	评价主体	评价结果（优、良、中、差）
1	参与积极性	课堂提问：是否有发言的意愿？	教师/学生	
		小组讨论：是否对形成小组最终观点有贡献？是否与其他成员互动？	学生	
2	回答提问的内容	知识/能力维度：能否运用了课程所学的概念、理论？是否运用了战略分析工具与方法？	教师/学生	
		价值观难度：能否发现教学案例中所蕴含的商业伦理、社会责任？是否关注职业价值观？	教师/学生	
3	小组讨论报告	知识/能力维度：是否体现了课程学习结果？	教师	
		能力/态度：是否体现了所有成员的观点？是否做到了讨论中的包容与个性统一？	学生	
4	课后反思	反思笔记、知识图谱是否全面系统？反思过程是否认真？	教师	

八、实施成效

在本节授课中，学生提前阅读明茨伯格 *Strategy Safari* 一书的第 1 章以及“战‘疫’：跨界成魔中石化”案例，分组讨论中石化跨界线上售卖小汤山蔬菜包、生产口罩的战略制定过程。在疫情突发背景下，中石化看似临时之举的跨界行为，实则是以公司不断扩大消费场景的战略布局为基础，既是抗疫时期的暖心义举，也是企业战略管理中的深思熟虑，显示了央企战略管理水平，属于自发式渐显战略。由此，学生们很直观地认识到公司战略的产生逻辑，对基于理性的战略过程和基于直觉的战略过程有更深入的理解，尤其是了解承担社会责任与公司长远发展之间的正向关联。

本课程案例的定位是：介绍一个案例，讲明一个道理，学懂一个理论。

附录　战“疫”：中石化跨界卖菜啦

一、中石化卖菜啦

2020年2月15日，中石化正式官宣开始卖菜了。在举国上下齐心抗疫的背景下，“不下车不开窗，三天量，一整箱，一键送到后备箱”的广告词直戳消费者的痛点，全国3万座加油站中的2.7万家易捷便利店，开始向消费者提供蔬菜等生鲜食品。一份蔬菜礼包组合约14斤，包括西红柿、豆角、胡萝卜、西兰花等10多种蔬菜和10个鸡蛋，可满足三口之家3天左右的需求，售价99元。消费者可以通过易捷加油App中的“一键加油”下单后，在“配送到车”页面选择“蔬菜礼包组合”进行购买。更为贴心的是，购买蔬菜礼包还赠送一个口罩。蔬菜礼包刚一上线，加油站每天的蔬菜销售量在600箱左右。在北京，易捷加油App还推出了小汤山健康蔬菜包，共有4种套餐，内含15种蔬菜，重约10—12斤，售价186元。消费者在中午12点前下单，就能极速配送，次日送达。

中石化自己撸起袖子卖菜的同时，也不忘和同行们一起吆喝。自2月15日起，中国石化浙江石油辖区的加油站，将销售包括鸡蛋、猪肉、青菜在内的食材套餐。套餐均由盒马鲜生包装并直接配送至加油站。

与此同时，中石化浙江石油还推出公益活动——我有易捷店，谁有滞销品？寻找受疫情影响的优质农产品和食品。只要产品质量过硬，就可以帮忙售卖。很快，第一个求助电话打来了——江山市某农场业主因为鸡蛋运不出去，库存量已超100吨。

在核验了农场填报的信息和相关资料后，浙江衢州石油分公司从2月21日起在53座加油站内售卖该农场的鸡蛋，截至2月24日，共卖出1143箱鸡蛋。随着活动影响的不断扩大，2月25日起，杭州、金华、嘉兴、湖州、衢州地区133座加油站也开始销售鸡蛋。4毛一个，火爆异常。

万万没想到，中石化加油站开始卖菜了？消息一出就引发众多网友热议，“还有什么是中石化加油站不能卖的”“希望全国各地的中石化加油站赶紧来抄作业”“全国推广吧，以后不用去超市了，加油购物两不误”……甚至还有网友调侃道，“你以为大家是要买菜，其实是看上口罩了。”

二、中石化为什么要卖菜

中石化挎着菜篮子闪亮登场，生鲜电商迎来了一位意想不到的超级玩家。那么，中石化为什么要卖菜？下面从三个方面进行分析。

（一）从经营环境的视角分析

首先是不可抗力的影响。2020年，这场突如其来的疫情正形成一股冲击波，娱乐、餐饮、酒店、旅游、零售深受影响。各地政府纷纷出台扶持政策，为中小微企业纾困。

其次是生鲜电商的机会。2019 年以来一路被唱衰的生鲜电商，却在疫情中抓住了重焕活力的机会。一组公开数据或许可以佐证生鲜电商的火爆程度：2 月份，美团买菜销售量明显上涨，北京地区的日销售量最高为节前的 2—3 倍；每日优鲜交易额实现 3—4 倍的增长，客单价也由之前的 85—90 元攀升到 120—125 元；叮咚买菜日订单量增长 3—4 倍增长，客单价增长 70%。

（二）从关键资源的视角分析

根据中石化最新披露的数据，中石化拥有 30668 座自营加油站，而旗下的易捷便利店守着中国最大的成品油零售连锁终端，27362 家门店遍布全国，堪称中国便利店之王。这意味着，中石化一旦卖菜将有超过 27000 个前置仓，实力不容小觑。

（三）从消费场景的视角分析

在加油站消费场景中，所有进站人群都是潜在客户，卖菜能够将“加油站 + 个人消费”的模式发挥得淋漓尽致，并且中石化加油站的特殊场景，使得其与其他的生鲜电商玩家形成错位，不会直接冲进生鲜配送的“红海”。

中石化一举打入生鲜领域，App 线上下单，加油站提货，甚至还推出了极速配送模式，完整的流程之下，中石化的生鲜电商雏型初现。

2020 年最神奇消费场景恐怕就是：不下车，油箱加满，冰箱装满。

三、番外：中石化卖口罩啦

2020 年 3 月 20 日，据中国石化官方消息，中国石化北京石油分公司在 50 座加油站开始销售一次性防护口罩。目前，每日口罩供应量在 3 万只左右。新冠疫情暴发后，口罩是紧俏商品，中石化哪里来的能量如此大规模地卖口罩？

原来，燕山石化新建熔喷无纺布生产项目熔喷钢升降平台、螺杆挤压机已安装就位。作为国内最大的医用化工原材料生产商，中石化此前计划北京燕山石化会建设 2 条熔喷布生产线和 3 条纺粘布生产线，每天可生产 4 吨 N95 熔喷布或 6 吨医用平面口罩熔喷布——这些原料可以生产 120 万片 N95 口罩，或者 600 万片医用平面口罩。此外，中石化仪征化纤 4000 吨丙纶熔喷非织造布项目可行性报告正式完成，项目预计将于 4 月中旬陆续建成。

据 21 世纪经济报、澎湃新闻等媒体资料，中石化共建设 8 条熔喷布生产线，产能合计每年 4000 吨，投产后每天可生产 8 吨 N95 熔喷布，或 12 吨医用平面口罩原料——这些原料可生产 240 万片 N95 口罩，或 1200 万片医用平面口罩。

四、中石化的跨界脚步从未停歇

中石化加油站卖菜，究竟是抗疫时期的暖心义举，还是长期的谋局布阵？中石化新闻发言人曾向媒体透露，疫情结束后，加油站卖菜的模式依然会继续实行。显然，中石化把卖菜变成了一门长期加码的生鲜生意。实际上，这两年中石化屡次出手，化身跨界“狂魔”，完成了几件图谋已久的生意。

近十几年来，中石化投入 15 亿元，用于改造加油站，旨在将其改为集加油、中途休息、餐饮、购物及汽车维修于一体的综合性服务场所，让加油站不仅仅只是加油站。易捷便利店则是中石化跨界王国的第一块基石。

卖咖啡就是一笔图谋已久的生意。2018 年，中石化易捷便利店以“智慧、便利”体验升级为主题，引入火遍大街小巷的瑞幸咖啡作为专业合作伙伴，全线拓展非油品业务。2019 年 9 月，中石化旗下零售业务板块易捷发布全新自有品牌“易捷咖啡”。为了契合加油站场景，易捷咖啡一举推出三大系列产品：92#（黑白咖啡）、95#（时尚特饮）、98#（精品系列），完全是脑洞大开，跨界吸金。

正是基于拥有 3 万多个加油站这一优势，中石化的跨界之路才能花样百出。无论是卖菜，还是卖咖啡，都是“加油站 + 个人消费”模式的拓展。最为重要的是，无论中石化跨界的步子迈到哪里，都能惊起一股行业巨浪。

五、自发式渐显战略

关于企业战略的界定，加拿大麦吉尔大学教授亨利·明茨伯格提出了 5P 模式，即战略是计划（Plan）、计谋（Ploy）、模式（Pattern）、定位（Position）与观念（Perspective）。战略规划是企业战略管理中的一部分职能，但是，企业并非只按规定好的战略行事，还需要随着环境的变化将自身的战略进行相应的调整。

在企业经营过程中，随着时间的积累、经营环境的变化，企业会逐步开发出以前并没有考虑到的某种使命或战略目标，这就是自发式渐显战略（Emergent Strategy）。

明茨伯格以自发式渐显战略的形成过程，批判固化的战略规划思维，认为战略管理者应该抛开高高在上、强调英雄主义的领导力学说，重点放在洞察战略环境的变化，建立能够激发员工热情的领导力上。从本案例第四部分可以了解到，卖菜、卖咖啡就是中石化在多年的经营管理中逐渐明确的战略目标。

数据显示，中石化在 2019 年中期业绩中，实现营业收入 14989.96 亿元，同比增长 15.3%；实现净利润 313.38 亿元，同比下滑 24.7%。在国际油价巨烈波动的背景下，从净利率看，中石化的盈利率在 2%—3%。中石化虽然贵为“油老大”，却是一家低附加值的企业。而国外成熟市场加油站利润有 50% 以上来自非油业务，国内加油站看重这样的趋势，在近些年逐渐加大便利店相关业务的拓宽。

从这个角度看，中石化卖菜，看起来是抗疫期间的新举措，实则为公司战略管理中的长篇布局，看似偶然，实则必然。

参考资料：

［1］杨莉．最凶猛的生鲜新玩家：中石化正式卖菜，一铺开就是全国第一．［EB/OL］．https：//baijiahao. baidu. com/s? id = 1659783916317865289&wfr = spider&for = pc．新浪财经官方账号．

[2] 本报记者. 产口罩，卖蔬菜，助农户 中国石化跨界抗疫“放大招”[EB/OL]. http：//www. ce. cn/cysc/ny/gdxw/202003/17/t20200317_ 34499703. shtml. 经济日报，2020 - 03 - 17.

[3] Henry Mintzberg, Bruce Ahlstrand, Joseph Lampel. Strategy Safari: Your Complete Guide through the Wilds of Strategic Management. Pearson Canada, January 2009.

案例 20：中国企业主动承担海外社会责任，助力“一带一路”沿线国家培养属地化人才

——《专业英语（工程与项目管理）》课程思政教学案例

王　昊
（中央财经大学管理科学与工程学院教授）
高　然
（中央财经大学管理科学与工程学院副教授）

一、基本信息

课程名称：专业英语（工程与项目管理）

授课对象：工程与项目管理硕士研究生

知 识 点：《工程管理专业英语》，Chapter 10 Leadership and Management in Construction（建设工程领导力与管理）

主讲教师：王昊、高然

二、教学目标

（一）知识目标

了解我国企业主动承担社会责任，为“一带一路”国家培养属地化人才，促进当地教育、经济发展，强调施工专业人才的培训在工程建设过程中的重要性。

（二）能力目标

以培养高层次创新人才为核心，创新科教融合、产教融合培养模式，提升研究生知识创新和实践创新能力。

（三）育人目标

激发研究生使命感和责任感，培养研究生担当意识和家国情怀。

三、教学重点与难点

重点：认识施工技术专业人才的培训在工程建设过程中的重要性。

难点：从思政角度理解中国帮助“一带一路”沿线各国培养工程建设人才，并努力营造“稳定安全和谐友善互助”的建设环境。

四、课程思政案例介绍

当前世界百年变局和世纪疫情交织需要深化技能合作。数字经济和新技术集成创新，对工程人才的素质结构、能力结构、技能结构提出了全新要求和挑战，也将重构工程技能体系。面对以数字化技能为主的新产业、新业态、新模式、新职业，工程教育应该如何应对，更好地为全球数字化转型提供人才和技能支撑，这是全球工程领域面临的共同课题。

中非合作共建培训学校、向非洲青年提供技能培训、邀请非洲青年来华学习进修……中非在工程教育领域的务实合作，既为非洲国家培养了大批优秀技能人才，也为中非友好合作增添新的内涵。随着合作的深入开展，越来越多非洲青年的职业梦想成为现实，为提升非洲自主发展能力不断厚植人才基础。

中国—赞比亚职业技术学院是中国有色金属工业协会、中国有色矿业集团在中国教育部支持下组织国内10家职业院校共同设立的（见图20－1）。学院除了向中企赞方员工提供技能培训外，还面向赞比亚高中毕业生开展中高等职业教育。学院旨在为赞比亚培养技术和能力过硬的人才，中方为学院派遣了优秀的教师力量，提供了先进的设施，学生们不仅学习实用理论，还开展丰富的技能实践。

图20－1　中国—赞比亚职业技术学院

近年来，中国—赞比亚职业技术学院先后在赞比亚开展了近50期员工技能培训，包括电工、焊接、钳工、维修技术等20多个工种，从整体上提升了当地员工的职业素养和技能，目前受训人员达到1000多人。

在赞比亚深耕多年的中国有色矿业集团，始终视赞比亚员工为好朋友、好伙伴，与国内高职院校一同为赞方员工提供技能和工业汉语培训，开发专业教学标准，举办孔子课堂，组织学员赴华学习等，建立了校企协同、高效共赢、深度融合的联合工作机制，为企业培养了一大批熟悉中国技术、产品和工艺的本土技术技能人才。中国—赞比亚职业技术学院已先后从当地学校和企业员工子女中选派超过150名赞比亚学生赴中南大学、辽宁大学、昆明理工大学等院校学习。2020年，为了有针对性地帮助当地女生就业，学院还选派12名女生成立护理专业留学生班。受新冠肺炎疫情影响，学员们目前进行线上学习，待疫情好转后，也将赴中国学习。

此外，更多的中非合作职业学校也在建设中。2022年初位于科特迪瓦首都阿比让的职业培训学校正式开工，该项目由中航国际成套设备有限公司承建，涉及的7所职业培训学校位于阿比让、政治首都亚穆苏克罗及该国中北部地区。项目建设工期三年，除建造校园外，承建公司还将提供实验实训室规划、设备供货、教师培训、售后服务、运营维护期协助等一系列服务，以满足包括机械加工、电子电工、汽车维修、焊接铁艺、制冷空调、农业机械、土木工程、工程机械、食品加工、印刷技术等 14 大类学科或专业人才培养的需求。

该项目完成后，将帮助科特迪瓦培养更多职业技术人才，适应未来工业产业发展需求，缓解年轻人群就业困难，推动当地经济发展。

深化“一带一路”职业教育合作，聚焦职业教育在技能形成和建设中的作用，强化技能在提升个人就业竞争力、服务产业优化升级、维护全球产业链供应链稳定中的重要作用，通过构建人类技能共同体，为人类命运共同体建设注入新的动力和载体。

案例教学英文资料：

At present, the world's century changing situation and century epidemic intertwined need to deepen skill cooperation, and there is an urgent need to build more skill digital communication and people to people and cultural exchange platforms in the field of vocational education. The integrated innovation of digital economy and new technology puts forward new requirements and challenges to the quality structure, ability structure and skill structure of talents, and will also reconstruct the world skill system. In the face of new industries, new formats, new models and new occupations dominated by digital skills, how vocational education should respond to better provide talent and skill support for global digital transformation is a common topic facing the world.

China Africa cooperation in building vocational colleges, providing vocational skills training to African youth, and inviting African youth to study in China... China Africa practical cooperation in vocational education has not only cultivated a large number of excellent skilled talents for African countries, but also added new connotation to China Africa friendly cooperation. With the deepening of cooperation, the career dreams of more and more African youth have become a reality, and the talent foundation has been continuously strengthened to enhance Africa's independent development ability.

China Zambia vocational and technical college is jointly established by China Nonferrous Metals Industry Association and China Nonferrous Mining Group with the support of the Ministry of education. In addition to providing skill training for Zambian employees of Chinese enterprises, the college also carries out secondary and higher vocational education for Zambian high school graduates. The college aims to cultivate talents with excellent technology and ability for Zambia. China has sent excellent teachers and provided advanced facilities for the college. Students not only learn practical theories, but also carry out rich skill practice.

In recent years, China Zambia vocational and technical college has carried out nearly 50 employee skills training in Zambia, including more than 20 types of work such as electrician, welding, fitter and maintenance technology, which has improved the professional quality and skills of local employees as a whole. At present, there are more than 1000 trainees.

China nonferrous metals mining group, which has been working in Zambia for many years, has always regarded Zambian employees as good friends and partners. Together with domestic higher vocational colleges, it has provided Zambian employees with skills and industrial Chinese training, developed professional teaching standards, held Confucius Classrooms, organized students to study in China, established a joint working mechanism of school enterprise coordination, efficient win - win and deep integration, and trained a large number of enterprises familiar with Chinese technology Local technical talents of products and processes. China Zambia vocational and technical college has successively selected more than 150 Zambian students from local schools and the children of enterprise employees to study in Central South University, Liaoning University, Kunming University of technology and other institutions. In 2020, in order to help local girls find jobs, the college also selected 12 girls to set up a nursing international student class. Affected by the COVID - 19, the students are currently learning online. After the epidemic situation improves, they will also go to China to study.

In addition, more Sino African cooperative vocational schools are also under construction. At the beginning of 2022, the vocational training school in Abidjan, the capital of Tediwa, was officially started. The project was undertaken by AVIC international complete equipment Co. , Ltd. and the seven vocational training schools involved were located in Abidjan, the political capital Yamoussoukro and the central and northern region of the country. The construction period of the project is three years. In addition to the construction of the campus, the construction company will also provide a series of services such as experimental training room planning, equipment supply, teacher training, after - sales service and operation and maintenance assistance to meet the training needs of 14 disciplines or professionals, including machining, electronics and electricians, automobile maintenance, welding iron, refrigeration and air conditioning, agricultural machinery, civil engineering, engineering machinery, food processing and printing technology.

After the completion of the project, it will help Côte d'Ivoire cultivate more vocational and technical talents, meet the needs of future industrial development, alleviate the employment difficulties of young people and promote local economic development.

Deepen the "Belt and Road Initiative" vocational education cooperation, focus on the role of Vocational Education in the formation and construction of skills, strengthen the important role of skills in improving personal employment competitiveness, optimizing and upgrading the service industry, and maintaining the stability of the global industrial chain supply chain, and inject new impetus and carrier into the construction of a community of shared future for mankind by building a human skills community.

五、教学方法与手段

本课程通过建立课程案例库，全面引入“一带一路”工程实践案例，融合思政教学内容和方法，从专业基础知识和实践案例分析两个维度对工程建设案例进行剖析；同时联系选定的工程项目的建设企业，采用专家访谈等多种方式获取课程建设所需资料，根据资料的可获得性和思政工作的落实质量，确定最终选择的工程项目，形成课程案例库，方便教学时的调用。

六、教学实施过程

教学过程中首先基于教材和演示文稿讲授章节基础内容，再针对具体案例展开分析，理论联系实际，引导学生主动思考与讨论，剖析案例呈现出的专业知识与思政内涵，达到加深学生对知识的理解、培养研究生担当意识和家国情怀等目的。

七、考核与评价方式

本课程考核机制的核心是成果导向教学模式，注重参与式的教学过程与培养学生创造性思考、分析信息等高层次能力，着力提升课堂教学效果。教学过程中将教材与项目案例相结合，有助于加深学生对教学内容的理解。教材基础知识点考核与评价占总成绩的 60%，案例教学考核与评价占总成绩的 40%。

八、实施成效

经过实践检验，学生对理论知识掌握更加深刻，学生的积极性和课堂参与度得到显著提升，培养了学生的职业素养和家国情怀，案例教学取得良好的育人成效，基本达到预期效果。课后收集到多数学生的正反馈，认为课程教学案例丰富，教学方式多样，该教学改革模式也可应用在其他建筑工程类相关课程中。

案例 21：中国投资规模、投资效率、投资结构

——《投资学》课程思政教学案例

刘志东

（中央财经大学管理科学与工程学院院长、教授）

一、基本信息

课程名称：投资学
授课对象：研究生
知 识 点：《投资学》，第二章“投资规模、投资效率、投资结构”
主讲教师：刘志东

二、教学目标

（一）知识目标

控制投资规模、调整投资结构、提高投资效益是投资领域治理的三大目标。掌握投资规模的概念，了解在建投资规模和年度投资规模的区别和联系；掌握固定资产投资额、投资率以及投资贡献率等投资规模的度量和测算方法；掌握投资效率的概念及资本产出比率、增量资本产出比率、全要素生产率的测算，了解资本边际收益率均一化准则；掌握投资结构的常见划分方式，熟悉投资结构研究的意义；了解我国投资规模、投资效率和投资结构的发展现状及变化趋势。

（二）能力目标

培养学生分析和解决中国现实投资问题的能力。

（三）育人目标

培养学生家国情怀和使命意识，坚定社会主义核心价值观信仰，树立财经报国的理想。

三、教学重点与难点

（1）固定资产投资额、投资率以及投资贡献率等投资规模的度量和测算方法。
（2）投资效率的概念及资本产出比率、增量资本产出比率、全要素生产率的测算，了解资本边际收益率均一化准则。
（3）投资结构的常见划分方式，熟悉投资结构研究的意义。
（4）我国投资规模、投资效率和投资结构的发展现状及变化趋势。

四、课程思政案例介绍

（一）课程和案例的基本情况

本讲主要围绕中国固定资产投资规模、投资结构和投资效率的现实，一方面引导学生全面系统地掌握中国投资取得的成绩；另一方面让学生正确认识中国投资在转型时代面临的巨大挑战和严峻形势，理解中国投资建设对于中国经济发展的意义，从而培养学生的家国情怀和使命意识。

教学总体框架设计需要明确课程总体目标，根据目标设计教学过程，针对教学过程制定教学方法（见图 21－1）。本章知识结构如图 21－2 所示。

图 21－1　教学总体框架设计

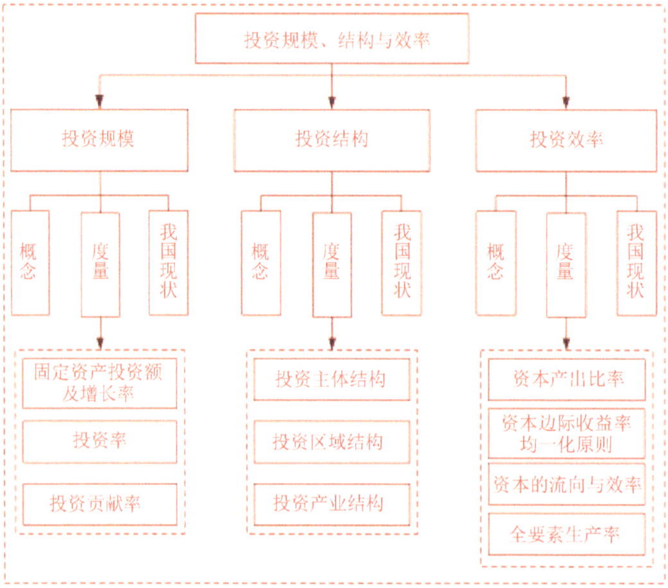

图 21－2　本章知识结构

（二）思政内容融入的理念和思路

首先采用中国投资的数据，为学生们揭示中国投资的形势与发展趋势，并结合近年来投资领域的产能过剩、投资效率逐年下降、投资领域的供给侧结构性改革等现实问题，让学生们思考这些问题存在的原因和解决方案。然后，基于第一章西方古典投资理论、新古典投资理论、内生增长理论中关于投资率、投资结构的理论知识，得出基于现有的经济理论推导不出适宜的储蓄率、投资率，也无从判断当前储蓄率、投资率合理性的结论。西方增长理论发展远远满足不了解释经济现实的需要。投资结构研究的任务，是揭示在一定生产关系下，由生产力发展状况决定的投资结构变化规律及其调节机制，用以指导社会主义经济建设、建立和维持合理的投资结构。教学内容的中国化，让学生更好地了解当代中国投资，有助于培养学生的国情观念，增强学生的国家意识。

（三）教学实践情况

采用大班教学、小组研讨和学生独立学习相结合的方式，以"经典阅读—感性体验—理性领悟—人生浸润—价值认同"的渐进式教学方法，化解学生在经典学习中的知识障碍和畏惧心理，帮助学生理解资本投资的理论和实践。

（四）案例的思政教学目标

围绕"立德树人"的目标，通过对投资规模、投资结构和投资效率的讲解，引导学生正确认识新时代经济高质量发展赋予投资的责任和使命。正如"十四五"规划中提到"优化投资结构，提高投资效率，保持投资合理增长。加快补齐基础设施、市政工程、农业农村、公共安全、生态环保、公共卫生、物资储备、防灾减灾、民生保障等领域短板，推动企业设备更新和技术改造，扩大战略性新兴产业投资。推进既促消费惠民生，又调结构增后劲的新型基础设施、新型城镇化、交通水利等重大工程建设。面向服务国家重大战略，实施川藏铁路、西部陆海新通道、国家水网、雅鲁藏布江下游水电开发、星际探测、北斗产业化等重大工程，推进重大科研设施、重大生态系统保护修复、公共卫生应急保障、重大引调水、防洪减灾、送电输气、沿边沿江沿海交通等一批强基础、增功能、利长远的重大项目建设。深化投融资体制改革，发挥政府投资撬动作用，激发民间投资活力，形成市场主导的投资内生增长机制。健全项目谋划、储备、推进机制，加大资金、用地等要素保障力度，加快投资项目落地见效。规范有序推进政府和社会资本合作（PPP），推动基础设施领域不动产投资信托基金（REITs）健康发展，有效盘活存量资产，形成存量资产和新增投资的良性循环。"本课程的思政教学目标是：帮助学生体验中国投资的现代魅力，拓展人生视野，激发财经报国热情，增进扎根中国大地，提升文化认同，坚定文化自信等。

五、教学方法与手段

（一）问题导学法（激发兴趣，拓展视野，知识积累）

兴趣是最好的老师。采用问题导入法，一方面能帮助学生温故知新；另一方面也能带领学生体验中国投资的独特魅力。

问题1：中国投资发展和投资体制改革的理论基础和时代背景是什么？

问题2：中国的固定资产投资到底是多了还是少了？

问题3：中国投资结构有最优的标准吗？

问题4：如何发挥投资在优化供给侧结构的关键作用？

说明：通过以上4个问题，可以很快地将学生引入课堂教学的中心。在回答这4个问题的过程中，很多同学会发现，虽然资本、投资等名词如雷贯耳，但实际上自己对这些问题的了解并不多或不深，因此，可使学生的学习欲望油然而起。

（二）重要文献细读法（能力培养与价值判断）

文献细读是文献阅读中最常用的方法之一，但很多学生贪多求快，没有耐心细读，也不会细读，致使欲速而不达。就教学而言，文献细读也是解决教学难点、提升学生的投资分析能力的不二法门。可通过举例说明的方式进行示范教学。

说明：本章通过对李稻葵（清华大学）、白重恩（清华大学）、张军（复旦大学）、刘慧勇（中国投资协会）关于中国投资、投资率、投资效率文章的仔细研读和比较（见图21－3），引导学生用文献阅读的方式展开思考。

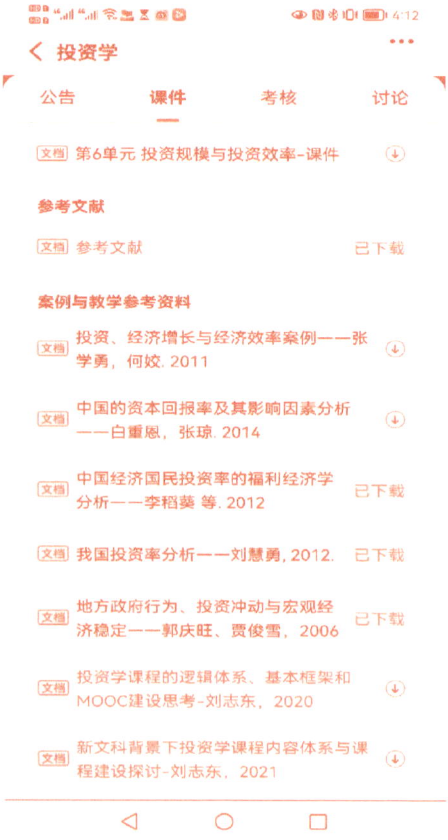

图21－3　本章阅读与讨论的文献

（三）讨论法（提升境界，价值塑造）

讨论 1：学习投资学理论的意义和价值是什么？

讨论 2：西方各种资本投资理论存在哪些优点和不足？

讨论 3：如何对西方资本投资理论进行辩证的取舍？

讨论 4：如何发挥投资在“惠民生、稳增长、补短板、调结构、促创新”的作用？

说明：通过讨论，加深学生对投资理论和投资实践的理解。通过讨论，锻炼学生的交流能力和表达能力。通过讨论，引导学生将经典的文献学习引向历史、文化、人性的深处，打通课堂与生活、校园与社会的隔膜，与历史对话、与人生对话、与心灵对话，培养学生的社会关怀，厚植学生扎根中国、财经报国的决心，提高他们的历史责任感和社会使命感，帮助他们在思想上成长和人格上成熟。

六、教学实施过程

（一）知识梳理和知识积累方面

学习年度投资规模、在建投资规模、投资率等内容（见图 21－4、图 21－5）。

年度	全社会固定资产投资（亿元）	投资增长率	年度	全社会固定资产投资（亿元）	投资增长率
1995	20019.3	18.80%	2008	172828.4	25.85%
1996	22974	14.76%	2009	224598.8	29.95%
1997	24941.1	8.56%	2010	278121.9	12.06%
1998	28406.2	13.89%	2011	311485.1	23.76%
1999	29854.7	5.10%	2012	374694.7	20.29%
2000	32917.7	10.26%	2013	446294.1	19.11%
2001	37213.5	13.05%	2014	512020.7	14.73%
2002	43499.9	16.89%	2015	561999.8	9.76%
2003	55566.6	27.74%	2016	606465.7	7.91%
2004	70477.4	26.83%	2017	641238	5.73%
2005	88773.6	25.96%	2018	645,675.00	0.69%
2006	109998.2	23.91%	[illegible]	[illegible]	[illegible]
2007	137323.9	24.84%	[illegible]	[illegible]	[illegible]

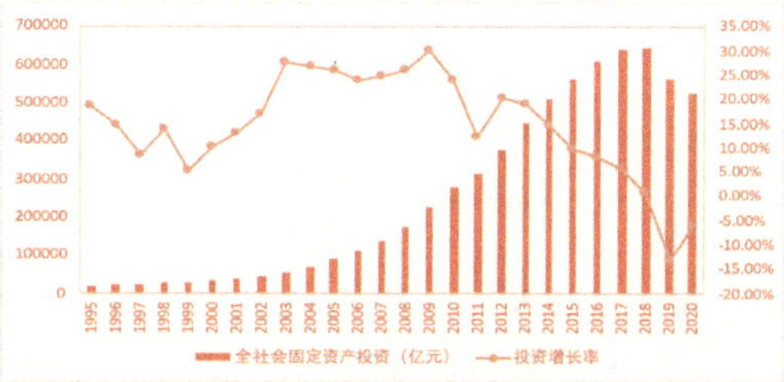

指标	名义GDP（亿元）	增速（%）	固定资产投资完成额（亿元）	增速（%）	资本形成额（亿元）	增速（%）
1995	61,050.36		20,019.30		23,823.02	
1996	71,541.48	14.66%	22,913.50	12.63%	26,960.07	11.64%
1997	79,415.84	9.92%	24,941.10	8.13%	28,317.13	4.79%
1998	84,790.80	6.34%	28,406.20	12.20%	29,659.69	4.53%
1999	90,095.11	5.89%	29,854.70	4.85%	30,891.24	3.99%
2000	99,798.96	9.72%	32,917.70	9.31%	33,667.08	8.24%
2001	110,388.35	9.59%	37,213.50	11.54%	39,402.52	14.56%
2002	121,326.68	9.02%	43,499.90	14.45%	44,005.04	10.46%
2003	137,146.71	11.54%	55,566.60	21.72%	54,446.79	19.18%
2004	161,355.61	15.00%	70,477.40	21.16%	67,725.57	19.61%
2005	187,657.54	14.02%	88,773.60	20.61%	75,575.96	10.39%
2006	219,597.52	14.54%	109,998.20	19.30%	87,578.64	13.71%
2007	270,499.41	18.82%	137,323.90	19.90%	109,339.29	19.90%
2008	318,067.56	14.96%	172,828.40	20.54%	134,941.59	18.97%
2009	347,650.27	8.51%	224,598.80	23.05%	158,074.53	14.63%
2010	408,505.40	14.90%	251,683.77	10.76%	191,866.88	17.61%
2011	484,109.31	15.62%	311,485.13	19.20%	227,673.48	15.73%
2012	539,039.91	10.19%	374,694.74	16.87%	248,960.01	8.55%
2013	596,344.48	9.61%	446,294.09	16.04%	275,128.71	9.51%
2014	646,547.96	7.76%	512,020.65	12.84%	294,906.05	6.71%
2015	692,093.70	6.58%	561,999.83	8.89%	297,826.52	0.98%
2016	745,980.51	7.22%	606,465.66	7.33%	318,198.49	6.40%
2017	828,982.76	10.01%	641,238.39	5.42%	357,886.10	11.09%
2018	915,774.26	9.48%	645,675.00	0.69%	402,585.15	11.10%
2019	994,927.39	7.96%	560,874.00	-15.12%	428,627.81	6.08%
2020	1,025,916.60	3.02%	527,270.00	-6.37%	442,400.60	3.11%

图 21－4　中国 1995—2020 年固定资产投资情况

支出法GDP及构成		2019年（亿元）
支出法国内生产总值（GDP）		994927（100%）
三驾马车	最终消费支出	551495（55.43%）
	资本形成总额	428628（43.10%）
	货物和服务净出口	14805（1.49%）

		2019年（亿元）
固定资产投资完成额		551478（100%）
按构成	建筑安装工程	347657（63.04%）
	设备工器具购置	88514（16.05%）
	其他费用	115316（20.91%）
按产业	第一产业	12633（2.29%）
	第二产业	163070（29.57%）
	第三产业	375775（68.14%）

	2019年（亿元）
资本形成总额	428628（100%）
固定资本形成总额	422019（98.46%）
存货变动	6609（1.54%）

图 21－5　中国 2019 年投资构成的分解情况

（二）能力提升方面

探讨投资总量的多与少问题（见图 21－6、图 21－7 和图 21－8）。

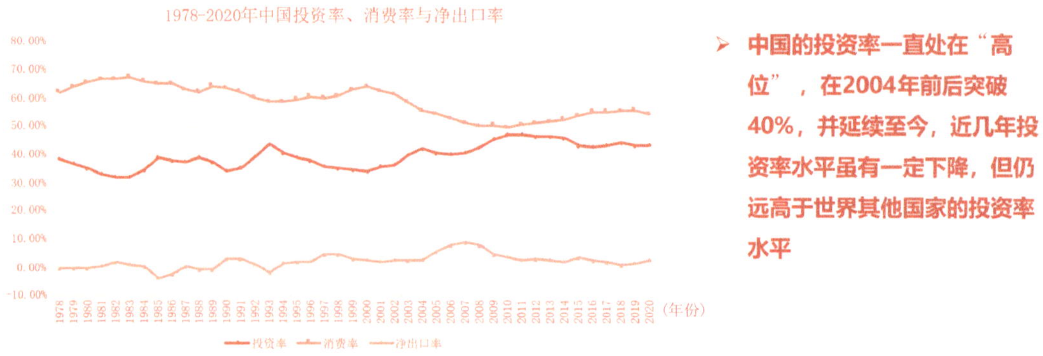

图 21－6　中国 1978—2020 年投资率变化情况

（1）用“资本的黄金律”衡量“适宜储蓄率”的科学性。

（2）宏观投资效益下降的事实至多推导出投资结构不合理。

（3）从哪些角度观察消费率降低或投资率升高，简单的国际比较站不住脚。

（4）投资率与一个经济体的人口结构或老龄化程度、社保体系完善程度、储蓄习惯、发展阶段、发展战略、资源条件等密切相关。

（5）调整要素收入分配格局的渐进性。

（6）盲目抑制投资、降低储蓄率会降低居民经济福利。

内生增长中高储蓄率对应高经济增长率，不存在稳态和黄金律，不存在人均最大消费点

事实：资本形成中凝结了发明、创新所形成的知识与技术。劳动投入也包含了教育、培训、在职学习所掌握的知识。将新古典增长模型中的资本拓展为固定资本和知识，科技创新加速使知识的边际产出不是递减，而是递增。知识的边际产出递增与固定资本的边际产出递减加在一起，就有可能使资本的边际产出不变，而不是如新古典增长理论中所描述的那样不断下降。

结论：基于现有的经济理论推导不出适宜的储蓄率、投资率，也无从判断当前储蓄率、投资率的合理性。增长理论发展远远满足不了解释经济现实的需要。

增长理论研究的重要性：“长期经济增长是一国国民的经济福利的惟一最重要的因素。相比之下，宏观经济学家研究的其他每一件事——失业、通货膨胀、贸易赤字等都黯然失色”（格里高利·曼昆）。

图 21－7　西方资本投资理论不能完全解释和指导我国投资

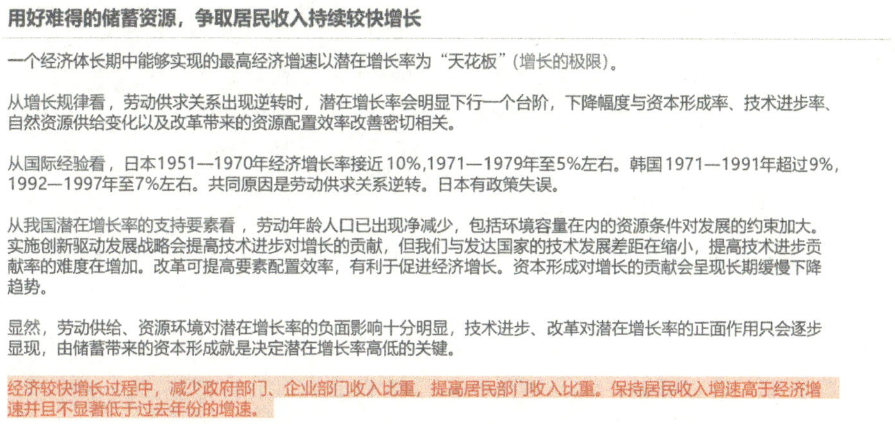

图 21－8　要结合发展阶段和国情，选择自己的路

（三）学生能力培养方面

（1）对资本投资理论的深度思考。

（2）对投资本质的理解。

（3）让学生系统掌握投资学的基本概念和投资的逻辑，理解投资学的基本原理，学会用投资学理论与方法分析、解决问题，提高投资决策管理能力和投资效率。

（四）学生价值塑造与精神引领方面

（1）富民强国的选择：发挥投资储蓄推动经济增长的独特功能。

（2）总量多少不是问题，关键是结构、质量和效益（效率）。

（3）新时代投资在高质量发展中的关键作用。

七、考核与评价方式

期末闭卷考试占总成绩的 70%，平时作业占总成绩的 30%。

八、实施成效

本专题以课堂讲授的方式讲授了“投资规模、投资结构和投资效率”，对中国固定资产投资问题进行深入全面的介绍，对相关问题进行了深入浅出的解析和点拨。

通过本课程的学习，学生明白扎根中国大地，在中国经济运行中研究中国投资理论和开展投资实践，服务国家经济建设是义不容辞的责任。教学有很强的思想性和励志作用，对青年学生的成长是难得的好案例。

（一）实施效果及成果

（1）明确了课程的价值目标，提高了育人效果。较好地发挥了教学中不机械说教、不枯燥，但有深度、有思想、有立场的优长。对于培养学生的家国情怀、社会责任感和历史使命感等具有积极的教育作用。

（2）注重课程设计，较好地满足了大学生对有难度的高质量学习内容的需求，课程的挑战度增加了，学生的获得感也增强了。

（3）从知识与能力、情感与态度、价值与立场三个维度，组织课堂教学和课下阅读，同步实现价值塑造、能力培养、知识传授三位一体的教学目标，教学方法接地气，课堂互动感强，学生参与度高。

（4）课程教学的理念和相关总结成果“新文科背景下投资学课程内容体系与课程建设探讨”在《中国大学教学》发表，并被“全国新文科”平台推送。

（二）存在的实际困难和问题

（1）大班上课与小班研讨的衔接不畅，经验不足。

（2）学生的课后阅读情况参差不齐。

（3）总体上学生对选修课的重要性认识不足，不愿投入更多的时间和精力，绝大多数同学只是做到了上课认真听。

（三）今后的改进思路和注意事项

（1）采用现代教育技术，如雨课堂等，优化课程设计，进一步提高学生的课堂参与度和课堂教学效果。

（2）加大课后阅读的指导和监控力度。

案例 22：北京冬奥会志愿者闭环管理的决策实施

——《公共决策理论与实践》课程思政教学案例

宋魏巍
（中央财经大学政府管理学院副教授）

一、基本信息

课程名称：公共决策理论与实践

授课对象：行政管理、教育经济与管理、城市规划与管理专业学术型硕士研究生，公共管理硕士（MPA）研究生

知 识 点：《公共部门决策的理论与方法（第三版）》，第十三章“决策实施与追踪决策”

主讲教师：宋魏巍

二、教学目标

（一）知识目标

帮助学生掌握并理解决策实施和追踪决策的概念、特点及过程，形成决策实施与追踪决策的完整知识体系。

（二）能力目标

结合知识讲授与实践案例分析，将决策实施和追踪决策知识代入实践工作，提升学生运用理论知识分析、解决问题的能力。

（三）育人目标

通过北京冬奥组会志愿者闭环管理案例，加深对决策实施与反馈的理解，以实践教学促进学生对奥运精神的理解，加深对志愿者奉献意识的感悟，激发大学生的使命担当。

三、教学重点与难点

（1）生动形象地介绍案例，并将其与决策实施和追踪决策课堂知识点进行结合，激发学生的学习兴趣，为思政教育提供接口。

（2）将理论知识有效带入北京冬奥会志愿者闭环管理实践案例，既明确专业学习主线，又强化思政引领效果，实现专业教育和思政教育的协同育人。

四、课程思政案例介绍

本课程围绕教学目标，讲解公共决策问题及其解决方案的理论知识，将第一、第二课堂深度结合，以案例讨论、实践教学等多元化教学形式建构教学情境。本课程主要包括以下三个方面教学内容：

（1）讲解公共决策实施与追踪决策的核心知识点：决策实施的含义、特点、作用和过程；追踪决策的含义与过程；公共决策的可靠性与连续性。

（2）对公共决策问题及其解决方案的重点知识进行精讲，并在翻转课堂中进行讨论。围绕思政教育的课程着力点和专业知识着力点激发学生产生思想共鸣。

（3）带领学生前往北京冬奥组委开展实践教学，结合知识点分析实践问题。以实践案例增强学生对中华文明与奥运精神交汇相融的理解，感悟新时代中国从容自信、开放包容的大国风范，激发学生的爱国热情。

五、教学方法与手段

（1）以翻转课堂的方式开展课堂教学，首先通过在线教学让学生建立基本知识体系（见图 22 -1）；其次通过课堂精讲和研讨加深对知识点的理解（见图 22 -2）。

图 22 -1　在线教学示例

图 22 -2　课堂教学

（2）结合案例教学法和互动参与式教学法开展课堂讨论，提高学生的课堂参与度，激发学生弘扬社会正能量的内生动力。

（3）运用直观演示法和现场教学法开展实践教学，加强学生对公共决策问题及其解决方案的理解，同时强化对中国决策实践经验和成就的认知，激发思想共鸣。

六、教学实施过程

（一）知识讲授—知识构建

（1）公共决策实施的含义、特点及作用。
（2）公共决策实施的过程。
（3）公共决策实施的信息反馈与决策修正。
（4）追踪决策的含义与过程。
（5）公共决策的可靠性与连续性。

（二）启发互动—发散思维

主题：北京冬奥会的志愿者管理

导入：播放北京冬奥会宣传视频及志愿者视频。介绍北京冬奥会大学生志愿者选拔过程。提出互动问题：你对北京冬奥会的现场向往吗？你是否想成为一名冬奥志愿者？你认为北京冬奥会志愿者管理的难点是什么？

通过问题引导学生对案例开展讨论，让学生通过资料查阅、简短讨论，了解北京冬奥会的志愿者选拔与管理工作。基于此，提出本节课程要讨论的重点问题：北京冬奥会志愿者闭环管理这一决策实施的关键环节是什么？

（三）问题探讨—理论分析

主题：北京冬奥会的志愿者闭环管理

组织形式：学生分组（5—7 人为 1 个小组）

基于对北京冬奥会志愿者闭环管理的介绍，提出与本节课相关的理论问题：志愿者闭环管理存在哪些困境？如何动态应对志愿者闭环管理的困境？

对学生进行分组，每个小组 4—5 名同学，围绕问题展开讨论（见图 22 –3）。

图 22 –3　分组讨论

规定时长为 10 分钟，前 5 分钟教师不介入小组讨论，避免学生产生心理紧张，鼓励学生畅所欲言。后 5 分钟教师参与小组讨论，对讨论问题发表个人看法，并对学生讨论进行指导。

学生汇报讨论结果：每组选出一位同学汇报本组的讨论结果，限时 1 分钟，并将讨论结果汇总成 PPT，方便进行总结比较。

（四）思政启发—思想共鸣

主题：北京冬奥会的志愿者的奉献精神

组织形式：学生分组（5—7 人为 1 个小组）

根据北京冬奥会志愿者闭环管理过程的探讨，继续提出思政问题：冬奥志愿服务工作体现了当代中国青年怎样的担当精神？

各组收集冬奥志愿者开展志愿服务工作材料，总结当代中国青年如何在冬奥志愿工作中展现良好形象，给大学生树立了怎样的优秀榜样。各组根据讨论结果进行 5 分钟的总结发言。

（五）实践设计—全面认知，树立自信

北京冬奥组委志愿者部实践调研主要有以下几部分内容：

（1）实践教学主题：北京冬奥会志愿者闭环管理的决策实施。

（2）实践单位：北京冬奥组委。

（3）组织形式：教师组织学生集体前往实践单位考察调研。

（4）教学目的：了解北京冬奥会志愿者组织工作；了解志愿者闭环管理的决策过程与实施工作。

（5）参加人员：授课教师、全体学生、北京冬奥组委志愿者部工作人员。

（6）前期准备：教师指导学生以小组为单位对实践案例背景展开网络调研与分析，掌握实践案例的基本情况，为实践教学中的深化学习做好准备。

（7）实践过程：

首先，考察北京冬奥会和冬残奥会展示中心（见图 22－4）。由北京冬奥组委工作人员向全体师生讲解北京冬奥会的组织过程、项目建设工作等。

图 22－4　参观北京冬奥会和冬残奥会展示中心

其次，参观北京冬奥会志愿者部工作现场（见图 22－5）。由北京冬奥组委志愿者部工作人员讲解北京冬奥会志愿者选拔与组织工作。

图 22－5　参观北京冬奥会志愿者部工作现场

再次，在北京冬奥组委志愿者部开展座谈交流（见图 22－6）。师生就志愿者闭环管理的决策实施与调整进行交流探讨。

图 22－6　师生在北京冬奥组委调研合影

最后，对实践调研进行总结。邀请北京冬奥组委志愿者部工作人员对调研进行总结；学生代表对本次调研活动进行总结，发表感想；教师对实践调研收获进行总结，并向实践单位反馈调研结论，为北京冬奥会志愿者闭环管理提供建议。调研结束后，指导学生完成调研报告和案例分析报告。

七、考核与评价方式

本课程采取“软性＋动态”的全过程考核方法，通过知识学习、社会实践、调研报告全方位考察学生的知识学习效果、问题分析和解决能力。主要包括以下三种考核形式：

（1）课堂出勤。考察学生在第一、第二课堂中的出勤情况。

（2）课堂参与度。考察学生在课堂互动、案例讨论、实践调研中的参与效果。

（3）调研报告。以小组为单位撰写实践调研报告、案例分析报告，进行分析报告演示。要求各小组注明成员分工及完成情况。

八、实施成效

经过本课程学习，学生掌握并理解公共决策实施与追踪决策理论知识，能够将专业知识应用于疫情防控背景下大型赛事志愿者管理实践，问题分析与解决能力具有显著提升。思政元素的挖掘与融入深度激发学生对中国特色社会主义制度优势的深层认知和共鸣。具体教学成果如下：

（1）学科竞赛。学术型硕士研究生和 MPA 组建团队，联合开发公共管理实践案例。基于课程实践教学撰写的"'封闭'与'开放'何以兼容——北京 2022 年冬奥会赛会志愿者闭环管理运行之策"参加第六届中国研究生公共管理案例大赛，已成功晋级全国 32 强。

（2）成果采纳。授课教师带领学生撰写调研报告"疫情防控背景下北京 2022 年冬季奥运会志愿者闭环管理中的心理调适调研报告"获北京冬奥组委采纳，应用于冬奥志愿者闭环管理工作。

案例 23：创造公共价值：政府战略管理三角模型

——《公共部门战略管理》课程思政教学案例

李宇环
（中央财经大学政府管理学院副院长、副教授）

一、基本信息

课程名称：公共部门战略管理
授课对象：学术型研究生
知 识 点：《公共部门战略管理（修订版）》，第四章第二节“公共部门战略管理过程模式”
主讲教师：李宇环

二、教学目标

教师在讲授基本理论和分析案例的基础上，积极组织学生讨论，重在启发学生思考，培养其分析现实问题的能力，帮助学生树立正确的价值观。具体包括以下三个层次：

（一）知识目标

通过本节内容的教学，使学生了解公共部门面临的复杂环境与“棘手问题”，理解政府战略三角模型的框架，明确政府战略管理的价值取向，掌握政府战略三角模型的要素构成，并能够运用所学知识对公共部门战略管理的案例进行分析。

（二）能力目标

针对公共部门管理者面临的现实问题，通过案例分析和课堂讨论的方式，让学生理解将战略管理理念引入公共部门的重要性，培养学生运用公共部门战略管理的基本原理和分析工具来解决现实问题的能力。

（三）育人目标

使学生认识到公共部门面临的复杂的交互影响以及不确定性的环境，明白公共管理者在面对棘手问题时亟须以探索者的角色，争取支持和整合资源，以创造公共价值为最根本目标，从而培养学生树立正确的以民为本的公共价值理念。

三、教学重点与难点

（一）教学重点

（1）理解政府战略三角模型的公共价值理念。莫尔围绕创造公共价值这一主要目标为公共部门管理者构建了一个行动框架。这个框架要回答的问题是：公共部门的管理者应该怎样根据所处的环境来思考和行动，以创造公共价值？

（2）理解创造公共价值的使命目标、政治支持和运作能力等构成要素。其中，价值目标，即确定组织工作的目的；政治支持，即积极争取外部支持，使自己的工作目的具有合法性；运作能力，即整合资源、提高组织能力，以真正实现工作目的。

（3）理解政府在战略管理过程中面临的复杂的、不确定的环境，学会运用政府战略三角模型的理论方法来回应外部环境的合理诉求。

（二）教学难点

（1）理解公共价值管理的内涵以及兴起的现实逻辑，分析公共部门如何应对实践中的棘手问题，根据环境变化选择与之相适应的行为模式，以创造公共价值，这是一个教学难点。

（2）在创造公共价值的过程中，领导者既要考虑组织的使命目标，又要获取政治合法性的支持以及整合组织的内外部资源。创造公共价值的关键在于实现这三个方面的有机配合和相互支撑。如何同时满足三个要素条件是本节课的另一个教学难点。

四、课程思政案例介绍

围绕政府战略管理三角模型理论，本节课的教学内容主要分为三部分：一是政府战略三角模型的公共价值理念，以及围绕这一理念构建的公共部门管理者的行动框架。这个框架要回答的问题是，公共部门的管理者应该怎样根据所处的环境来思考和行动，以创造公共价值。二是政府战略三角模型的要素构成。价值目标，即确定组织工作的目的；政治支持，即积极争取外部支持，使自己的工作目的具有合法性；运作能力，即整合资源、提高组织能力，以真正实现工作目的。三是政府战略三角模型的方法应用。战略管理者的责任不是确保组织的延续，而是作为创造者，根据情况的变化和他们对于公共价值的理解，改变组织的职能和行为。

通过对理论知识的学习以及案例的分析，让同学们深刻体会中国共产党“全心全意为人民服务”的宗旨，以及党的十八大以来逐渐形成的以人民为中心的发展思想。在知识学习和能力提升的同时，培养学生树立正确的价值观念，使社会主义核心价值观的种子在学生心中生根发芽，激发学生对社会主义核心价值观的学习兴趣、对国家的认同，引导学生争做具有家国情怀的道德榜样。

五、教学方法与手段

（1）运用多媒体演示和板书相结合的方式展开教学。

（2）通过课堂提问和互动，帮助学生复习已经学过的知识和产生对新知识点的兴趣，注重采用启发式教学模式。

（3）案例教学贯穿课程始终。开篇案例引入话题、中间案例论证教学要点、最后用一个案例作为总结性收尾。

（4）鼓励学生自己课下思考和总结。通过课后阅读材料、思考问题、找相关案例，来复习和体会课堂上讲授过的内容。

六、教学实施过程

（一）教学过程设计

本节课分为三个阶段：第一个阶段在回顾上节课的基础上提出本节课的主要内容，通过引入一个案例提出本节课要讲的理论模型。第二阶段为本节课的主体部分，即围绕三角模型框架及其三个主要因素展开讲解，并在最后提出该方法的具体应用，这一过程会插入对中国政府管理过程中如何创造公共价值的讨论，引导学生树立正确的价值观，激发学生的家国情怀。第三个阶段为本节课的总结部分。具体教学过程设计如图 23－1 所示。

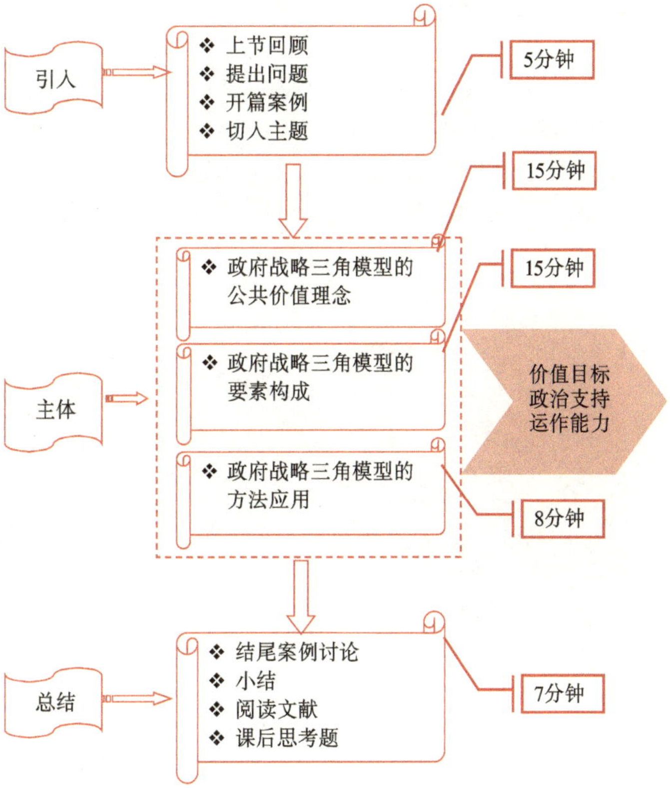

图 23－1　教学过程设计

（二）具体实施过程

<table>
<tr><th>教学要求</th><th>教学内容</th><th>教学形式与手段</th><th>时间</th></tr>
<tr><td>（1）回顾上节课内容，并通过提出问题、导入新课，引发学生对新知识的兴趣。</td><td>（一）上节内容回顾和问题的切入
1. 上节内容回顾
简要回顾上节课内容，使学生回忆起战略管理的起源与发展，公共部门战略管理的内涵、特征与必要性等知识。</td><td>讲解</td><td>1 分钟</td></tr>
<tr><td></td><td>2. 本节问题的切入
在回顾上节知识的基础上，抛出一些问题：公共管理者面临的内外部环境有哪些特征？管理者是否需要回应内外部环境发生的变化？如果要回应，他们又该如何进行思考和行动？——导入本节的内容。</td><td>提问，启发学生思考</td><td>2 分钟</td></tr>
<tr><td>（2）理解本节课主题的三方面内容。</td><td>3. 阐明主题
在前面思考和分析的基础上，提出本节课的主题“政府战略三角模型”，遵循从战略理念到战略工具的方法逻辑，本节主题共分为三个部分：政府战略三角模型的公共价值理念；政府战略三角模型的要素构成；政府战略三角模型的方法应用。</td><td>讲解</td><td>2 分钟</td></tr>
<tr><td>（3）引入案例，分析管理者行为在传统视角与战略视角下的差异。</td><td>（二）政府战略三角模型的公共价值理念
1. 案例引入
讲解某镇图书馆管理员面临的管理困境（见图 23－2）。对图书馆被当成了双职工家庭孩子的日托所这一现象发生的始末进行一般性描述。</td><td>板书讲解、多媒体演示、案例描述</td><td>1 分钟</td></tr>
<tr><td></td><td>提出问题“图书馆管理员是否应响应双职工家庭孩子提出的新要求，为他们提供看护？这样做是否值得？如果值得的话，应该怎样提供?”（见图 23－3）供学生思考（后面会继续讨论）。</td><td>设问，启发学生思考</td><td>1 分钟</td></tr>
<tr><td></td><td>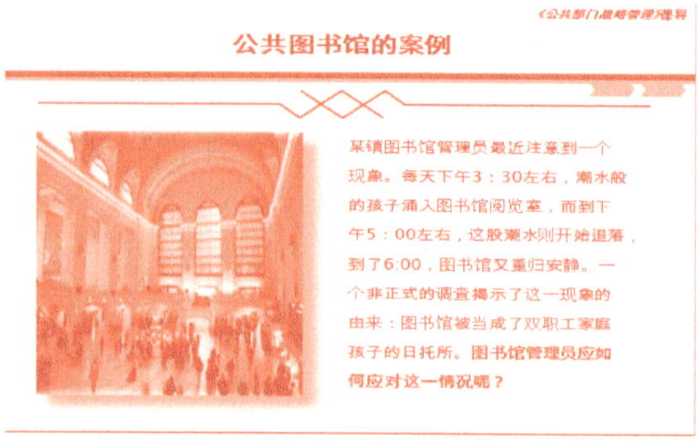

图 23－2　公共图书馆案例介绍
【提问、互动】比较传统视角与战略视角下图书管理员应对这一困境的行为有何差异?</td><td>提问互动、讲解、多媒体演示</td><td>5 分钟</td></tr>
</table>

续表

教学要求	教学内容	教学形式与手段	时间
	【答案】主要体现在是否积极应对外部环境的变化，为社会创造公共价值。  **图 23－3　案例引出的问题**	讲解、多媒体演示、案例分析	2 分钟
(4) 理解公共价值提出的现实逻辑。	2. 强化问题 从公共图书馆面临的困境入手，简要列出其他类似案例，对比传统视角和战略视角的差异，提出问题："面临复杂的、不确定性的环境，从战略管理的视角来看，公共部门应如何应对？"引出公共部门实践中面临着复杂的棘手问题，而解决这些问题的战略之路就是找出环境中的各种机遇，并充分利用它们来创造公共价值（见图 23－4）。 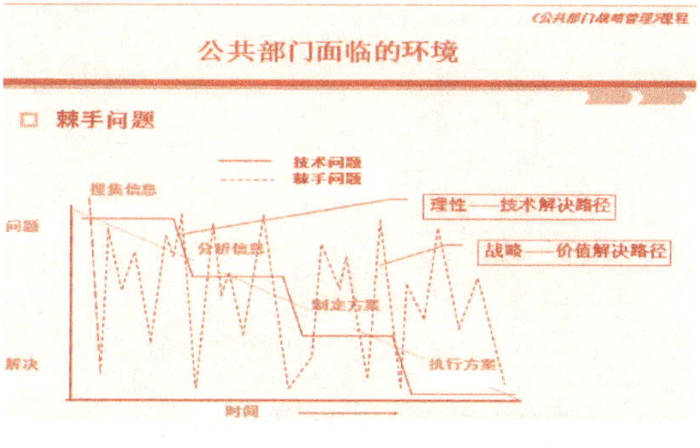 **图 23－4　公共部门面临的棘手问题的解决路径**	简单介绍、多媒体演示	3 分钟
(5) 理解公共价值的内涵。	3. 公共价值理念提出的现实逻辑 公共领域的复杂性与不确定性正是公共价值管理源起的现实逻辑。而以"复杂、交互影响与争议性为基本特征"的"棘手问题"则是这种复杂性与不确定性的具体体现。 4. 公共价值的内涵 【简要分析】公共价值的概念不仅包括创造的收益，而且它也包括了在创造价值的过程中公共部门使用的资源成本，包括财	讲解、多媒体演示	3 分钟

续表

教学要求	教学内容	教学形式与手段	时间
	政资源、立法权威和公共权力等。 【注意】一是是否有效满足了社会公众的期望和要求；二是满足这一期望和要求的运营成本是否合理（见图 23－5）。 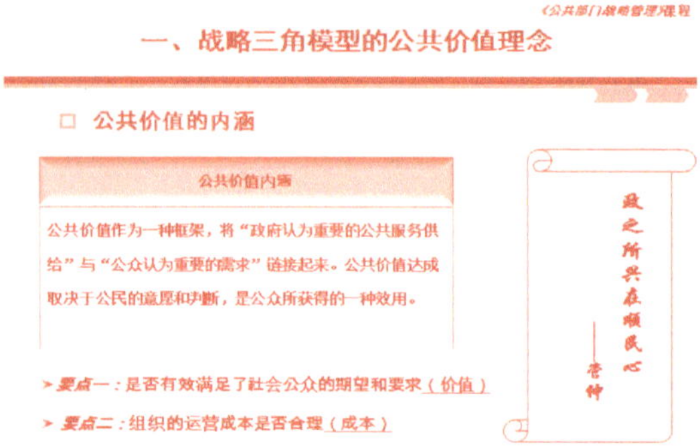 **图 23－5　公共价值的内涵**		
（6）理解战略三角模型的要素构成。	**（三）政府战略三角模型的要素构成** 那接下来组织到底如何创造公共价值呢? 公共管理者需要做到以下几点：确定自己头脑中的价值；将管理指向上方，即政治一面，将目标和合法性及获得支持结合起来；将管理指向下方，即提高组织的能力以达成既定的目标（见图 23－6）。 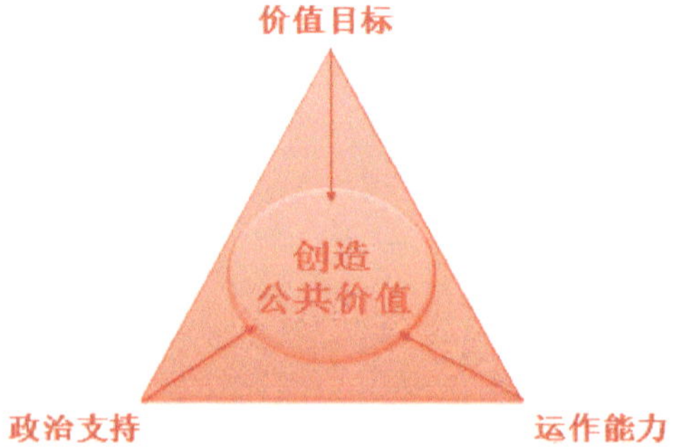 **图 23－6　政府战略三角模型的要素构成**	板书 简单介绍三角模型框架、多媒体演示	1 分钟
（7）理解确立价值目标是创造公共价值的首要因素。	1. 价值目标 【简要分析】价值目标可以明确组织使命，即定位组织在社会经济活动中的身份或角色。组织的价值目标规定了组织的根本性质和存在的理由，说明组织的职责范围、指导思想，为组织使命的确立与战略的制定提供依据（见图 23－7）。 （1）进行使命陈述。对公共组织而言，要确定组织使命通常需要回答以下几个问题（见图 23－8）： ①我们的事业是什么?	板书 简要分析、多媒体展示、案例讨论	1 分钟

续表

<table>
<tr><th>教学要求</th><th>教学内容</th><th>教学形式与手段</th><th>时间</th></tr>
<tr><td>（8）理解使命陈述需要回答的问题。</td><td>
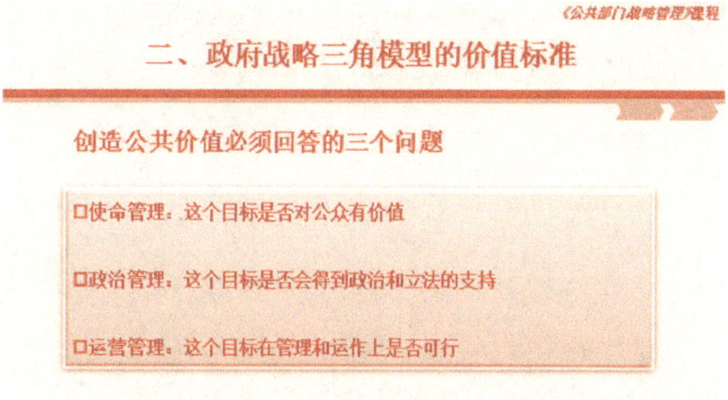

图23－7　政府战略三角模型的价值标准

②我们的服务对象是谁？
③社会的需要是什么？
④我们用什么特殊的能力来满足这些需求？

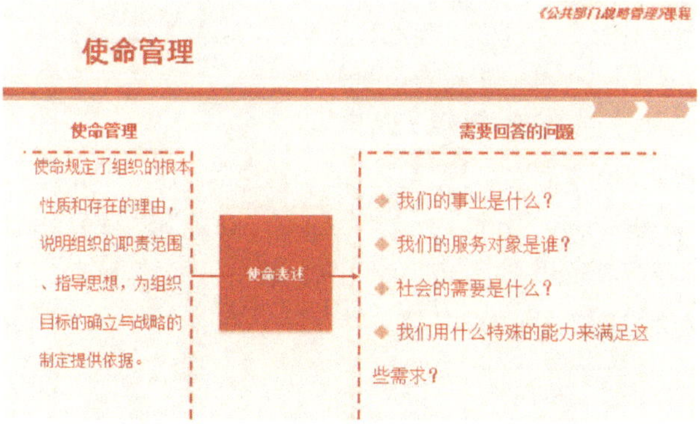

图23－8　确定组织使命需要回答的问题
</td><td>讲解、多媒体演示</td><td>1分钟</td></tr>
<tr><td>（9）理解确定价值目标对创造公共价值的意义。</td><td>（2）明确价值目标的意义，可分为以下几个方面：
①可增加外部利益相关者对公共组织发展战略的了解、认同和支持，减少战略实施的障碍。
②在组织内部，明确的使命定位可使公共部门的人员目标明确、行动协调，提升组织认同感和工作积极性。
③使命还可以为组织发展指明方向，尤其是在复杂混乱的变革时期保证组织坚定目标方向，并为重大战略决策提供参考依据。</td><td>讲解、多媒体演示</td><td>1分钟</td></tr>
<tr><td></td><td>【承前案例分析】公共图书管理员是如何确认组织的价值目标的？双职工家庭的孩子对图书馆提出了新要求，图书馆管理员以创造公共价值为根本目的，根据环境的变化重新审视组织的职能，明确组织的使命价值，积极寻求支持和解决方案来回应外部需求。</td><td>案例分析</td><td>1分钟</td></tr>
</table>

续表

<table>
<tr><th>教学要求</th><th>教学内容</th><th>教学形式与手段</th><th>时间</th></tr>
<tr><td>（10）分析开篇案例中图书管理员的回应行为。</td><td>

【提问、互动】图书馆管理员为回应外部需求所列出的如图 23－9 所示的各种解决方案是否一定能创造公共价值呢？

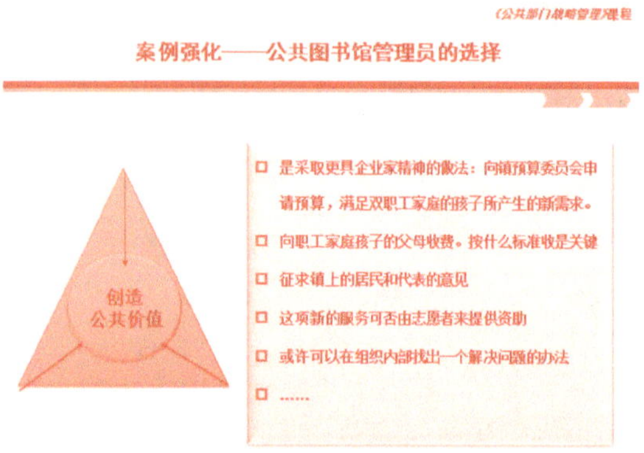

图 23－9　公共图书管理员可能的选择

【答案】能否创造公共价值还需要看这些方案是否能得到政治支持——引出第二个标准政治支持。

</td><td>通过互动启发学生思考</td><td>1 分钟</td></tr>
<tr><td></td><td>

2. 政治支持

【简要分析】政治管理实际上是解决一个合法性的问题。所谓合法性，就是要获取政治、法律、社会各方面的支持。第二章中我们也讲到过，这也是公共部门与私人部门之间的一个重要差异。

</td><td>板书</td><td></td></tr>
<tr><td>（11）理解政治管理的重要性。</td><td>

（1）获取政治支持的意义如图 23－10 所示。

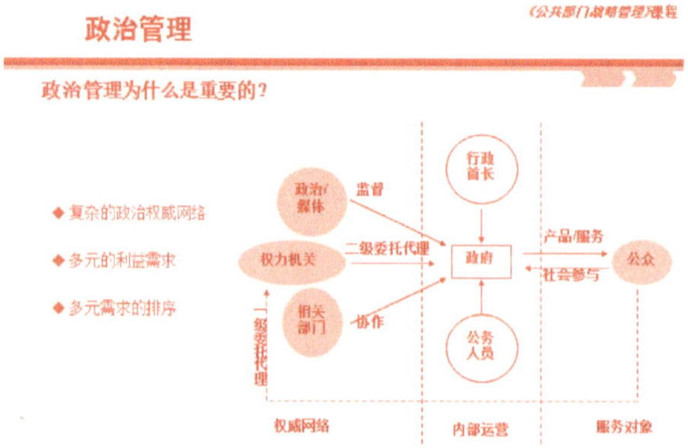

图 23－10　政治管理框架

①影响公共部门重要利益相关者组成了一个复杂的政治权威网络，这与私人组织面临的市场环境类似，只是这个政治权威网络所涉及的利益主体更广泛、复杂。

②政治权威网络中存在多元利益需求，凡是公共部门管辖领

</td><td>模型讲解、多媒体演示</td><td>2 分钟</td></tr>
</table>

续表

教学要求	教学内容	教学形式与手段	时间
	域范围内的社会公众都是它的服务对象，它与企业只需满足顾客群体的需要相比，服务群体更多元，而且需要同时兼顾公平与效率、发展与稳定、改革与传统的平衡。 ③多元利益需求间通常是相互冲突但又各自言之成理，政治管理还需要在创造公共价值的前提下，对这些需求进行平衡和排序。 （2）获取政治支持需要回答以下几个问题： ①哪些政治因素会影响组织战略？ ②它们对组织战略持什么态度？ ③它们的影响力如何？ ④应运用什么策略和手段去争取支持力量、化解反对力量？ （3）利益相关者分类与管理策略 根据这一问题，我们可以根据影响力和态度，将政治利益相关者分为五类（见图 23－11）。	讲解、多媒体演示	1 分钟
（12）利益相关者分类、政治管理的策略。	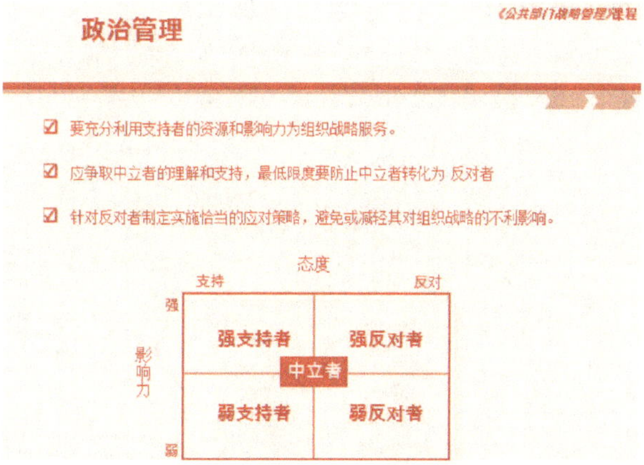 **图 23－11　五类政治利益相关者**	讲解、多媒体演示	1 分钟
	【提问、互动】图书管理员确定了目标，并获得了合法性支持，是否意味着可以实现创造公共价值的目的了呢？ 【答案】还要判断是否有充足的条件和资源来实现这个目标——引出第三个标准运营管理。 【推荐阅读】对于本部分内容感兴趣的同学可以阅读以下材料： （1）弗里德里克森．《走向一种新的公共行政学》，明尼布鲁克会议论文． （2）戈德·史密斯等．《网络化治理：公共部门的新形态》，北京大学出版社，2008.	提问互动，引导学生进一步思考	1 分钟

续表

教学要求	教学内容	教学形式与手段	时间
（13）理解运作能力的内涵。	3. 运作能力 【简要分析】打个比喻，运作能力就是解决一个巧妇难为无米之炊的问题。简单地说，运营能力的提升就是通过有效整合、利用组织内部资源来实现组织的战略目标，它是将组织战略计划转化为战略行动的步骤和环节。所以对提升运营能力来说，它的关键词就是“资源问题”。要完成组织使命，至少需要考虑的资源有哪些呢？在这个问题上新公共管理理论的研究是可以借鉴的。 （1）从战略角度看运作能力，需要注意以下几点： ①管理者不仅要对使用的权威负责，也要对使用的资金负责。 ②在使用资金时有义务保证政府的公正性。 ③必须同时让监督者和客户双方都满意。 ④不仅有责任使组织可控且高效，而且要使组织具有较强的适应能力和灵活性。 ⑤组织运营能力通常存在于组织以外的环境中。 （2）提升运作能力需要回答的关键问题：为了达到组织目标，实现组织使命，组织应该在组织结构、组织文化、人力资源、财务资源、工作流程等方面进行哪些变革和创新？（见图 23－12）	板书 简要介绍、多媒体演示	2 分钟
（14）理解提升运作能力的途径。	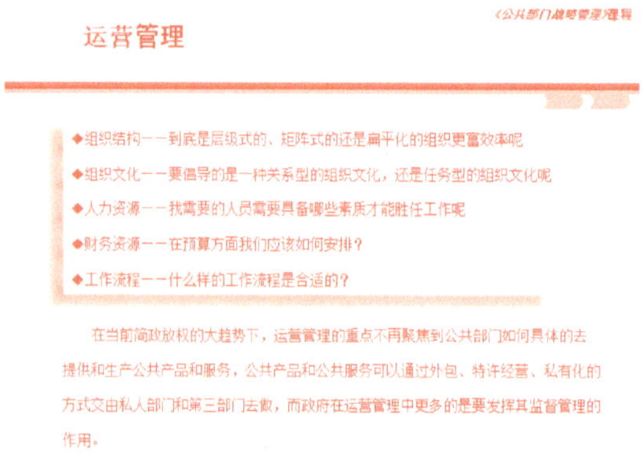 **图 23－12　提升运作能力需要回答的问题**	讲解，多媒体演示	2 分钟
（15）理解三个要素之间的联系。	4. 三个要素之间的关联 【注意】战略三角模型同时强调三个维度的共同重要性。任一要素的成功均需其他两个要素的支撑和配合；任一要素的失败也会影响其他两个要素，并最终导致整个战略管理的失败。对公共管理者而言，在制定和实施战略过程中最具有挑战性的工作是：不断寻求价值、合法性和支持以及运作能力三个维度之间最大程度的匹配。	板书 讲解，多媒体演示	1 分钟

续表

教学要求	教学内容	教学形式与手段	时间
（16）理解如何应用政府战略管理三角模型。	**（四）政府战略管理三角模型的方法应用** 【引子】公共管理者在创造公共价值的过程中往往会面临来自政治、合法支持以及资源等方面的制约。政治支持追求不同利益群体的代表性、对不同利益相关者的回应性和责任性；资源运作追求管理过程中的效率、效能和对顾客的回应性。只有同时满足价值、政治支持与运作能力三者之间的协调一致，才算创造了公共价值。这三种要素很难同时满足。比如如果政治管理失败，将使组织处于政治威胁之中，组织的生存难以保障，就更不用说争取资源、提升能力以实现组织使命了；如果运作管理失败，组织资源和能力不足，无法实现它向监督者承诺的使命，那么就会引起政治管理危机，组织存在的合法性将受到威胁。 【提问】在进行政府战略管理时，管理者如何全面、系统地对这三个要素进行分析？	板书 讲解，多媒体演示	1 分钟
（17）了解公共管理者扮演的角色。	1. 公共部门管理者——战略家而不是技工 在传统公共行政范式中，公共管理者的角色是受限制的，他们是政治意志和政府宏大计划的执行者；在新公共管理理论中，他们是结果和效率的追求者；而如今，他们要扮演的角色是公共价值的追随者和创造者（见图 23－13）。 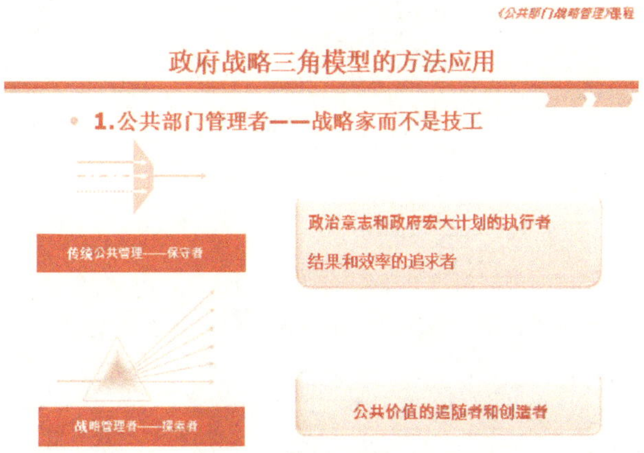 **图 23－13　公共部门管理者的角色定位**	提问，强化学生理解 讲解，多媒体演示	2 分钟
	2. 专注管理创新而不是体制改革 本框架专注于管理者如何思考和行动，不是组织如何进行制度变革，也不是它与专注于体制改革的理论不同，而是关注管理者的管理技术。这里的公共管理者是指很小一部分真正被赋予了支配公共资源权力，并对公共部门的工作绩效负责的人员（见图 23－14）。	讲解，启发学生与政策视角的关注点进行比较	2 分钟

续表

<table>
<tr><th>教学要求</th><th>教学内容</th><th>教学形式与手段</th><th>时间</th></tr>
<tr><td>（18）理解本框架的构建视角是基于公共组织的视角，而不是政策的视角。</td><td>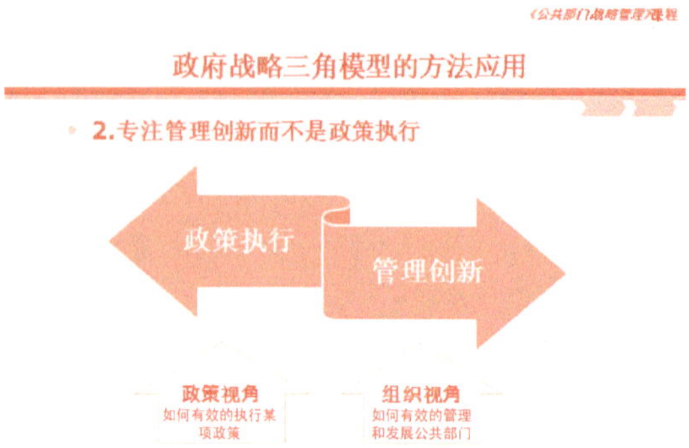

图 23－14　公共管理者的思考框架

3. 专注于寻求“创造公共价值”
战略管理者像是探索者，他们能够发现、定义和创造公共价值，其责任不是确保组织的延续，而是作为创造者，根据情况的变化和他们对于公共价值的理解，改变组织的职能和行为（见图 23－15）。</td><td rowspan="2">讲解，多媒体演示</td><td rowspan="2">2 分钟</td></tr>
<tr><td>（19）理解创造公共价值是本行动框架的核心。</td><td>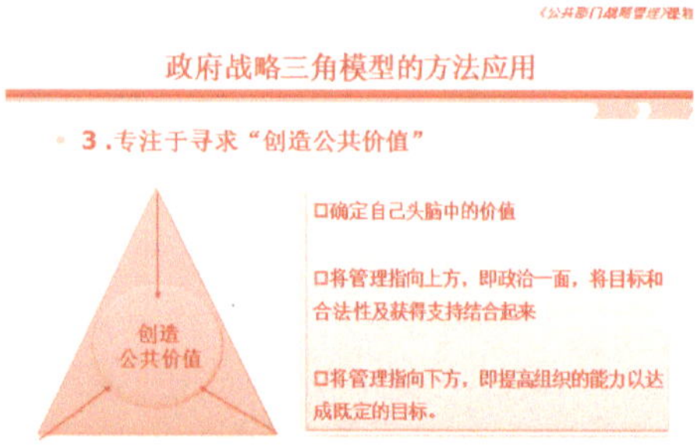

图 23－15　公共管理者的行动框架</td></tr>
<tr><td>（20）了解首都城市治理面临的内外部环境，用战略三角模型分析城市管理者的战略行动。</td><td>【讨论】从政府战略三角模型的方法出发，进一步讨论：从战略发起、战略制定、战略实施到战略评估的管理过程中，公共管理者是如何在不同阶段确立组织的价值目标、寻求合法性支持以及提升运作能力的？并引出下节课要讲的政府战略转变循环理论，请同学们提前做好预习。
（五）结尾案例：首都城市治理的实践创新
【案例描述】北京是中国首都，也是一座拥有 2100 万人口的世界超大型城市。怎样回答好“建设一个什么样的首都，怎样建设首都”的时代之问、解答好“首都治理体系和治理能力现代化”的重大时代课题？进入新时代，广大市民的诉求日益多元，发声渠道也逐渐增多。基层的街道乡镇是距离快速响应群众诉求最近的服务关口，也是城市精细化治理的单元。在 2018 年全市</td><td>强化学生对本节内容的理解，并预习下节内容</td><td>1 分钟</td></tr>
</table>

续表

教学要求	教学内容	教学形式与手段	时间
(21) 回顾本节课程知识，强调重点问题。	推广的“街乡吹哨，部门报到”工作机制基础上，北京又向前迈出了一步，开始“接诉即办”，所谓接诉即办，是指建立群众诉求快速响应机制，就是以12345市民服务热线为主渠道的群众诉求快速响应机制（见图23－16），力求快速响应群众诉求，把“吹哨报到”工作落到实处。据统计，12345市民服务热线反映的近一半的群众一般性诉求都在三天内得到了妥善解决。 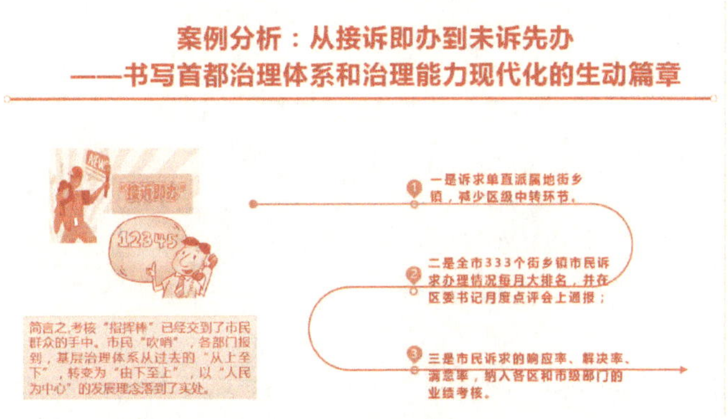 **图23－16　首都城市治理案例** 2020年初，北京市朝阳区金盏地区多部门纷纷走进社区，通过主动深入走访，广泛了解群众需求，着力解决群众关心的热点、难点问题。聚合各方力量，全面收集信息，科学分类内容，切实将城市管理、平安建设、民生保障、便民服务、投诉举报等相关问题归纳整理，同时针对问题的来源地区、案件性质分门别类，总结数据表象后的规律和共性。切实挖掘诉求高发类型、频发区域、事件特性，通过数据价值挖掘、强化分析预判，提前做好预判感知，找准痛点、投入力量、对症下药，消解问题于萌芽。从舆情分析、民意需求汇总等多角度，发现问题苗头，提早介入，引入力量处理，实现了诉求矛盾信息全收集、问题解决全响应、社区治理全参与。北京基层管理部门从“接诉即办”到“未诉先办”，所秉承的正是一切工作皆以人民为中心的思想。 从“吹哨报到”到“接诉即办”，解决的大多是胡同周边乱停车、商家占道经营、居民家中水电气热出故障等问题，事无巨细、不厌其细，这种以民为本的价值导向，闻风而动的高回应姿态，折射着服务型政府的应有样貌。闻风而动、迅速处理、及时反馈，“接诉即办”构筑起一幅群众诉求的热力图，既有“为了人民”的明确指向，又有“依靠人民”的共治导向，居民脸上的	讲解，多媒体展示 提出需要课下思考的问题	2分钟 1分钟

续表

教学要求	教学内容	教学形式与手段	时间
	微笑、不断提升的满意率，正是对“为人民服务”的最好肯定。从一个诉求一个诉求地办理，到一类诉求地打包解决，再到民生大问题地根本性梳理，从而实现“未诉先办”“接诉即办”机制大大增强了政府工作的靶向性。从“有一办一、举一反三”到“主动治理、未诉先办”，“接诉即办”在“打通服务群众最后一公里”的探索过程中逐渐演进。这种自下而上和自上而下的工作创新、机制创新、制度创新层层涌现，为创新超大城市基层治理路径做出了有益探索。	讲解，多媒体演示 讲解，多媒体演示	1分钟 1分钟
	【案例思考】请同学们运用本节课“政府战略三角模型”分析该案例中的城市管理者是如何为社会创造公共价值的？ 【案例总结】群众身边的桩桩件件小事，对接的其实就是国家治理能力和治理体系现代化的重大命题。从“接诉即办”到“未诉先办”使市民对政府工作的满意率大幅提升。正是一个个具体事项的解决，一次次“啃硬骨头”的攻坚，使得“以人民为中心”这句话不再是抽象的理念，而是百姓切实可以触摸到的温暖、能够感受到的幸福。从“接诉即办”演进到“未诉先办”，体现了基层部门主动服务的理念，同时也为发挥“中国之治”的优势和效能贡献了智慧和力量。	鼓励学生课下查找和阅读文献	1分钟
（22）了解课后阅读材料。	**（六）政府战略三角模型总结** 本节课程的总结如图 23－17 所示。 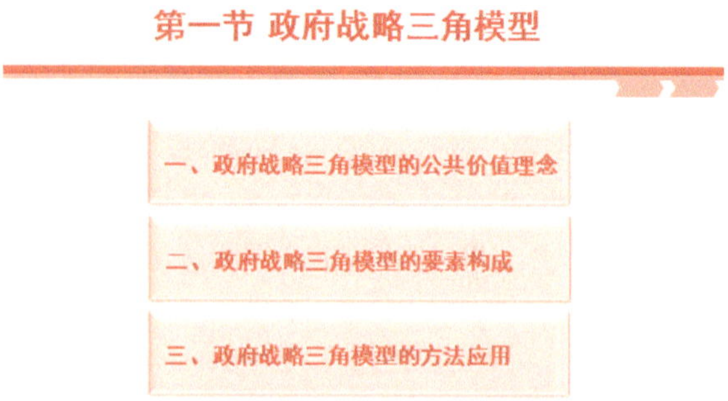 **图 23－17　本节课程总结**	提出需要课下思考的问题	1分钟
（23）加强对本节内容的理解，思考下一节课内容。	1. 政府战略三角模型的理论贡献 “公共价值战略三角”的理论贡献在于，它首次将“公共价值创造”作为公共部门的战略目标，并将公共行动所需的外在环境与内在能力融合进这一价值创造的过程，这有助于公共管理者思考未来战略行动的方向和方法。		

续表

教学要求	教学内容	教学形式与手段	时间
	2. 对中国本土化公共管理的启示 随着中国日益与世界接轨以及政府职能的转变和行政体制改革的深化，中国的公共管理者也必然面临与西方公共管理者相同或相似的问题。例如，近年来，随着中国社会的转型，社会矛盾日益凸显，变革更加复杂，矛盾冲突加剧，社会危机随时可能出现。有学者认为，中国已经进入了风险社会。此外，随着改革开放的深入和民主政治建设的发展，公民的民主意识和参与意识逐渐增强，这对公共部门管理的效益、效率和公平提出了更高的要求，对公共部门回应公众服务需求的呼声高涨，因此政府应该培养回应公众多样化公共服务需求的能力。现阶段，中国公共部门管理的理论与实践迫切需要引入战略思维和公共价值创造思维。 **（七）课后阅读材料** [1] 何艳玲．“公共价值管理”：一个新的公共行政学范式 [J]．政治学研究，2009（6）：7. [2] 包国宪，王学军．以公共价值为基础的政府绩效治理——源起、架构与研究问题 [C] // CNKI；WanFang. CNKI；WanFang，2012：9. [3] 陈振明．战略管理的实施与公共价值的创造 [J]．东南学术，2006（2）：8. [4] 杨博，谢光远．论“公共价值管理”：一种后新公共管理理论的超越与限度 [J]．政治学研究，2014（6）：13. **（八）课后思考题**（见图 23－18） 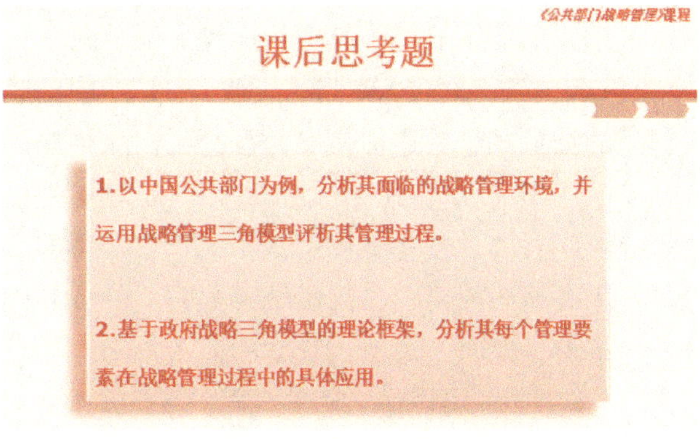 **图 23－18　课后思考题**		

七、考核与评价方式

在考核与评价上，建立起能综合体现“过程性”“增值性”和“综合性”特征的评价模式，明晰评价的观察点，科学设计评价程序，立体呈现评价结果。

基于目标评价与过程评价相结合的模式，全方位评价学生思想政治素养发展的过程、增值程度及预设目标的实现程度。以课程思政目标中的思政元素作为观察点，基于学生的言行进行评价。在本节课中，从学生对中国治理制度以及治理制度所体现的独特优势和治理经验的了解，观察学生的言论及行为，从中判断学生对“四个自信”的坚定程度，学生的言行无疑折射出其思想和价值观的发展情况。

在评价的具体程序上，对学生思想发展评价分为以下几步：背景评价或前测（了解学生发展程度、需求等），课程思政目标设计，课程实施过程中学生思想政治素养发展材料收集（与评价），后测。从单次教学来看，主要分为（前次课）学生思想发展情况（表现）评价，教学目标设计（形成教学案），教学实施，学生表现、评价与反馈。

评价结果的呈现主要以描述性为主。学生发展评价以过程性评价为主，以结果性评价为辅。过程性评价更注重形成性，即以形成性评价方式呈现，注重对学生发展的描述，客观反映课程思政教学中知识传授与思想启迪、价值引领的结合程度，以科学评价提升教学效果，以凸显产出导向和持续改进导向。

八、实施成效

本门课评教成绩每学期都在95%以上。学生普遍反映在课堂学习中不仅增长了理论知识，更加认识到公共价值创造在推进治理体系和治理能力现代化过程中的重要意义，同时在结合中国案例的分析中认识到我们国家的治理制度的优势。课后同学们的评价如下：

某2020级公共管理专业硕士：“老师在授课期间用到了大量的中国案例讲解知识，不仅让抽象的公共部门战略管理的抽象概念更通俗易懂，也让我们深刻地认识到公共价值创造的重要性。”

某2021级行政管理学术研究生：“课堂上老师引入了北京市接诉即办的案例讨论，让我们从城市管理的角度理解了人民城市人民建，人民城市为人民的公共价值创造理念，既加深了我们对公共价值的概念理解，同时也能深入真实的公共管理世界发现中国特色公共治理的智慧。”

本次课主要是通过理论讲授和案例讨论进行讲授，后续将带领学生进入社会实践，将实地调研、案例开发、学术研究和课堂教学相串联，从实践中提炼理论案例，再反哺课堂讲学，让学生从实践中感受公共管理知识的魅力，使课堂教学更好地服务于面向中国之治的探索实践。

案例 24：正确把握教育评价的意义与功能 深刻领悟新时代教育评价改革精神

——《教育管理学》课程思政教学案例

周湘林
（中央财经大学政府管理学院副教授）

一、基本信息

课程名称：教育管理学
授课对象：教育经济与管理学术型研究生
知 识 点：《教育管理学教程》，第十五章“教育评价”
主讲教师：周湘林

二、教学目标

（一）知识目标

学习并理解教育评价的含义；学习并理解教育评价的意义；学习并理解教育评价的功能。

（二）能力目标

能够对教育评价的功能进行准确把握和认知，并运用所学知识思考如何“以教育评价综合改革引导和促进高校教师潜心教书育人”等问题，提高分析和解决教育评价相关实际问题的能力。

（三）育人目标

通过对教育评价意义和功能的讲解，感受教育评价的重要性，树立良好的教育评价态度和价值观。通过学习中共中央、国务院印发的《深化新时代教育评价改革总体方案》等重要材料，感受党和国家对教育评价的重视及改革的力度与方向，并形成科学的教育评价观。

三、教学重点与难点

（一）教学重点

教育评价的意义；教育评价的功能。

（二）教学难点

教育评价功能的体现和发挥。

四、课程思政案例介绍

本节课程思政案例通过结合教育评价相关专业知识点，指导学生学习和理解有关“教育评价改革”“破五唯”等方面的重要文件精神，深入体会党和国家对教育评价的重视及改革的力度与方向，指导和帮助学生形成科学的教育评价观，增强分析和解决教育评价相关实际问题的能力。

（一）理解教育评价的含义、意义与功能

教育评价是指在系统、科学和全面地搜集、整理、处理和分析教育信息的基础上，对教育的价值作出判断的过程，目的在于促进教育改革，提高教育质量。教育评价主要包含两个要素，即事实判断和价值判断。从评价与教育的关系来看，教育评价活动只是实现教育目的的手段，它永远不可能上升为教育目的本身，更不能超越教育目的。教育评价的最终目的就在于促进教育教学质量提高，促进学生身心全面发展。

教育评价具有重要的意义。教育评价是教育管理的重要组成部分；教育评价是深化教育改革的重要举措；教育评价是全面提高教育质量的重要手段；教育评价还是教育科学研究的重要手段。

教育评价具有多方面的功能。一是导向功能，指引方向，通过评价目标、指标体系的引导，可以为学校指明办学方向，为教师与学生指明教与学的目标。二是监督检查功能，社会各界、教育行政部门、学校可以通过评价全面地掌握教育的各种情况，敏锐地发现问题，对教育任务完成数量和质量进行监控，为促进教育活动的有效性提供依据。三是激励功能，激发各教育主体争先创优的欲望和情绪，创造竞争环境，激励先进，鞭策后进。四是筛选择优功能，对教育领域众多对象根据一定的标准来进行衡量和判断，从而比较优劣。五是诊断改进功能，发现教育、教学过程中的问题和不足，针对薄弱环节提出改进的措施。

（二）理解新时代教育评价改革的宗旨与目标

党的十八大以来，党中央非常重视教育评价改革，党和国家有关部门先后颁布诸多重要文件对教育评价改革予以指导和规范，包括中共中央办公厅、国务院办公厅印发的《关于深化职称制度改革的意见》（2017），中共中央、国务院印发的《深化新时代教育评价改革总体方案》（2020）（以下简称《总体方案》），教育部印发的《关于正确认识和规范使用高校人才称号的若干意见》（2020）和教育部印发的《关于破除高校哲学社会科学研究评价中“唯论文”不良导向的若干意见》（2020）（以下简称《若干意见》）等。

教育评价事关教育发展方向，有什么样的评价指挥棒，就有什么样的办学导向。《总体方案》就是为了深入贯彻落实习近平总书记关于教育的重要论述和全国教育大会精神，完善立德树人体制机制，扭转不科学的教育评价导向，坚决克服唯分数、唯升学、唯文

凭、唯论文、唯帽子的顽瘴痼疾，提高教育治理能力和水平，加快推进教育现代化、建设教育强国、办好人民满意的教育而制定的。新时代教育评价改革的目标是，经过 5—10 年努力，各级党委和政府科学履行职责水平明显提高，各级各类学校立德树人落实机制更加完善，引导教师潜心育人的评价制度更加健全，促进学生全面发展的评价办法更加多元，社会选人用人方式更加科学。到 2035 年，基本形成富有时代特征、彰显中国特色、体现世界水平的教育评价体系。

（三）基于科学的教育评价观思考实际问题

《总体方案》指出，教育评价改革应以习近平新时代中国特色社会主义思想为指导，全面贯彻党的十九大和党的十九届二中、三中、四中全会精神，全面贯彻党的教育方针，坚持社会主义办学方向，落实立德树人根本任务，遵循教育规律，系统推进教育评价改革，发展素质教育，引导全党全社会树立科学的教育发展观、人才成长观、选人用人观，推动构建服务全民终身学习的教育体系，努力培养担当民族复兴大任的时代新人，培养德智体美劳全面发展的社会主义建设者和接班人。

这就要求我们坚决“破五唯”，扭转过去不科学的评价标准，树立新的教育评价观，以立德树人为根本准绳，重视质量，更好地发挥教育评价的功能，产生正能量。例如，就“引导教师潜心教书育人”而言，如何发挥评价的导向功能、激励功能、改进功能等多元功能，加强教育评价综合改革，“以评促改、以评促建”，大力推进高校治理现代化，从而更好地引导教师潜心教书育人，是值得探讨的重要问题。

五、教学方法与手段

教学方法与手段包括课堂讲授、案例分析、政策文本学习、内容研讨、问题探究等。

六、教学实施过程

本节课程思政案例遵循“导入—分析—归纳—提升”的基本思路，设计案例导入、知识点讲解、政策文本学习、相关内容讨论、问题探究、归纳提升、布置作业等环节。具体教学实施过程如下。

（一）案例导入

学习案例材料《教育评价改革典型案例：南方科技大学基于“三大教学模式”的改革创新》，思考“南方科技大学在强化对学生学习的过程性考核方面采取了哪些有力措施？取得了怎样的效果？”，从而引出本节课学习的知识点内容：教育评价的含义、意义与功能以及为什么要加强教育评价改革等。

（二）知识点讲授

讲授什么是教育评价；讲授教育评价有什么意义；讲授教育评价能发挥什么功能（内容详见前述）。

（三）政策文本学习

指导学生集中学习2020年中共中央、国务院印发的《深化新时代教育评价改革总体方案》，梳理清楚教育评价改革的宗旨、指导思想、重点任务及组织实施等要点。

（四）讨论

第一，《总体方案》中哪些内容体现出了教育评价的含义、意义与功能？

第二，在《总体方案》的指导和要求下，我们应当树立怎样的教育绩效观和评价观？如何科学开展教育评价？如何结合实际推进教育评价改革？

（五）问题探究

党和国家高度重视教师队伍建设，党的十九大以来先后颁布了系列相关政策，教育部等部委则加强部署，深入贯彻落实党和国家在这些方面的顶层设计。例如，2021年1月，教育部等六部门印发《关于加强新时代高校教师队伍建设改革的指导意见》，旨在全面贯彻习近平总书记关于教育的重要论述和全国教育大会精神，深入落实中共中央、国务院印发的《关于全面深化新时代教师队伍建设改革的意见》和《深化新时代教育评价改革总体方案》，加强新时代高校教师队伍建设。关于教师队伍建设相关政策的核心要义是落实立德树人根本任务，激励教师潜心教书育人，加快教育现代化，建设教育强国，办好人民满意的教育。就高校教师队伍建设而言，通过政策梳理与分析可以看出，其中主线之一是明确高校教师的本职工作是教书育人。但现实中也存在一些不科学评价导向的影响，那么，应如何通过教育评价综合改革引导和促进高校教师潜心教书育人？本节课基于此问题指导学生思考探究。

（六）归纳提升

在学生思考探究的基础上进行归纳总结和凝练提升。教育评价是对教育的价值作出判断的过程，目的在于促进教育改革，提高教育质量。教育评价具有多方面的重要意义，也具有多元化的功能。

党的十八大以来，党中央非常重视教育评价改革，党和国家有关部门先后颁布诸多重要文件予以指导和规范。新时代，我们应坚决“破五唯”，扭转过去不科学的评价标准，树立新的教育评价观，以立德树人为根本准绳，重视质量，更好地发挥教育评价的功能，产生正能量，助力教育强国建设。

评价具有传导效应，应从组织、个人等多个层面进行教育评价综合改革，也即应从高校、师德、人才、工作、职称等多方面全方位进行教育评价综合改革，充分发挥教育评价的多元功能，以便更好地实质性引导与促进高校教师潜心教书育人。具体而言，可以从改革高校各类评估、改革师德师风评价、改革人才评价、改革高校教师工作评价、改革高校教师职称评审、重视直接评价、加强评价一致性建构等方面着手加强新时代教育评价综合改革。

（七）布置作业

第一，复习教育评价的含义、意义与功能等知识内容。

第二，继续深入学习《深化新时代教育评价改革总体方案》《关于正确认识和规范使用高校人才称号的若干意见》《关于破除高校哲学社会科学研究评价中“唯论文”不良导向的若干意见》等重要文件，领悟其中的精神要旨，反思实践中的相关问题并思考可能的改进思路。

第三，回顾本讲中“问题探究”环节的过程，进行思考方式迁移，尝试对“如何以教育评价综合改革助推高校治理现代化”这一新问题进行思考探究。

七、考核与评价方式

采用全程考核与评价方式，具体包含课堂提问与辨析、师生集中研讨、学生主题发言等环节的观察与评价。

八、实施成效

（一）实施效果

第一，完成预定课时计划，课堂气氛融洽，学生学习积极性高、思维活跃，学生在知识、能力、思政育人三个层面的目标均已达到。

第二，专业知识点与课程思政元素有机结合，较好地解决“两张皮”问题。

第三，摆事实讲道理，使感性认识与理性认识相结合，促进学生对知识的接受程度与理解深度。

（二）存在问题及今后改进思路

本节课主要为课堂讲授与交流互动，有较为丰富的学习材料，但后续宜带领学生适度参与实地考察和相关实践活动，进一步拓展社会实际案例，进一步发挥学生主体作用，切实增强学生的思想认识与行动能力，力求取得更好的课程实施与育人效果。

案例 25：党的纪检监察机构百年发展历程

——《监察法》课程思政教学案例

李　伟
（中央财经大学法学院副教授）

一、基本信息

课程名称：监察法
授课对象：法律硕士（非法学）、法律硕士（法学）、法学研究生
知 识 点：党的监察机构的百年历程
主讲教师：李伟

二、教学目标

（一）知识目标

了解党的监察机构的发展历程；理解不同历史时期党的监察机构变化的背景、原因、内容及影响；掌握党的十八大以来监察体制改革的背景、内容和影响。

（二）能力目标

理解监察机关改革对党的建设和法治中国建设的重要意义，培养资料搜集、分析、解读能力。

（三）育人目标

了解党和国家为了国家监察体制改革，确保把权力关进制度的笼子而作出的努力，以及推进监察体制改革的决心和使命，进一步增强“四个自信”，做到“两个维护”。

三、教学重点与难点

（1）如何历史地看待制度引入（建党早期）和制度曲折发展的关系。
（2）如何理解检察院反贪部门整体转隶纪检监察部门。
（3）如何看待《中华人民共和国监察法》（以下简称《监察法》）的制定与监察体制改革。

四、课程思政案例介绍

党的纪检监察机构百年发展历程

习近平总书记指出，“我们党从成立之日起就高度重视权力监督问题。在中央苏区、

延安时期，我们党探索了一套对苏维埃政府、边区政府和革命根据地人民政权组织及其工作人员的监督办法。新中国成立后，我们对加强公权力监督进行了不懈探索。党的十八大之后，我们党在加强对国家机器的监督、切实把公权力关进制度的笼子方面做了大量探索和努力，目的就是要确保人民赋予的权力始终用来为人民谋幸福。”从历史角度来看，我国纪检监察机关经历了一个从无到有、从加强到撤销、由分散到集中的过程。梳理和总结建党百年来我党纪检监察机关构建的过程，认真归纳和总结其中的经验，对于指导新时代我国纪检监察体制改革的深入推进无疑将具有重要意义。

（一）新民主主义革命时期

1921 年 7 月，中共一大通过党的第一个纲领，其中就强调遵守组织纪律和接受监督。1922 年，中共二大通过第一个党章，把“纪律”单列一章。会议上提出，“最显著的事实，就是贪污的行为，往往在经济上发生吞款、揩油的情弊”。1923 年 11 月，党的第三届一次中央执行委员会专门讨论了郭平伯等 9 人的党籍问题。党中央在 1926 年发布了第一份反腐文件《关于坚决清洗贪污腐化分子的通告》，要求各级党组织“迅速审查所属同志，如有此类行为者，务必清洗出党，不可令其留存党中”。

1. 中央监察委员会时期

在大革命的危机时刻，1927 年 4 月 27 日至 5 月 9 日，中国共产党在武汉举行第五次全国代表大会。这次代表大会选举产生了党的中央监察委员会，这是中国共产党第一个正式的纪律检查（监察）机构。王荷波当选为中央监察委员会主席。1927 年 6 月 1 日，中共中央政治局会议通过《中国共产党第三次修正章程决案》，专门列了“监察委员会”一章，规定了中央和省的监察委员会的设置、产生及其职能。

2. 中央审查委员会

八七会议上通过的《党的组织问题议决案》指出：“每一党部委员会之下，现时须即组织审查委员会（各省委就是监查委员会），以审查各该党部之党员有否不可靠的分子。这种审查不带有清党的性质，而只是去掉对于党部不可靠的分子，以及可疑的分子 。”

3. 中央党务委员会

1933 年 8 月 8 日，中共中央作出决定：“为防止党内有违反党章，破坏党纪，不遵守党的决议及官僚腐化等情况发生，在党的中央监察委员会未正式成立之前，特设立中央党务委员会。”中央党务委员会主要负责处理党员的党纪、党籍和申诉等问题。1933 年 9 月，中共中央作出《关于成立中央党务委员会及中央苏区省县监察委员会的决定》。1934 年 1 月，党的六届五中全会选举产生了以李维汉为书记的中央党务委员会。

当时的一个特色是检监合署。1933 年 12 月 12 日，中央执行委员会颁布《中华苏维埃共和国地方苏维埃暂行组织法（草案）》，要求省、县、区、市各级工农检察委员会应与党的省、县、区、市各级监察委员会合并在一个机关内办公。

4. 各级党委代行纪检监察机构职权

1938 年 11 月，党的六届六中全会决定“在区党委之下，设立监察委员会”。此时监察委员会的职权除了处理党员问题外，把原属于审查委员会的“审查党的各种机关之账目”和“监督各种党的机关、党的干部及党员的工作”纳入进来，由此把纪检监察两方面职责合二为一。

1943 年 3 月，中共中央政治局会议通过《中央机构调整及精简的决定》，中共中央设立组织委员会，下设中共中央党务委员会（中共七大后未设此机构）。党务委员会对加强党的纪律、惩处违纪党员起了一定作用，但由于它并不从总体上负责纪律建设工作，因此在党的纪律检查（监察）史上并未发挥较大作用。

5. 党的监察机关的恢复

1945 年 4 月 23 日至 6 月 11 日在延安召开的党的七大，没有再选举产生中央审查委员会。中共七大党章重新恢复了“党的监督机关”一章，明确规定了党的监察机关的产生方式、职能和领导体制。

党章规定，当党的中央委员会认为必要时，可成立党的中央监察委员会及各地方党的监察委员会。中央监督委员会，由中央全体会议选举之。各地方党的监察委员会，由各该地方党委全体会议选举，并由上级组织批准之。中央及地方监察委员会的任务与职权，是决定或取消对党员的处分，受理党员的控诉。对于党委和监察委员会的关系，党章明确，党的各级监察委员会，在各该级党的委员会指导下进行工作。

（二）社会主义革命和建设时期

1. 中央及各级纪律检查委员会的成立

1949 年 11 月，中共中央作出《关于成立中央及各级党的纪律检查委员会的决定》，成立了由朱德等 11 人组成的中共中央纪律检查委员会。各中央局、分局、省委、区党委、市委、地委、县委的纪律检查委员会的主要任务和职权是：检查中央直属各部门及各级党的组织、党的干部及党员违反党纪的行为；受理、审查中央直属各部门、各级党的组织及党员违纪案例并决定处分，在党内加强纪律教育等。

朱德于 1950 年 5 月在《加强党的纪律检查工作》一文中指出，“党的纪律检查委员会的责任，就是在各级党委领导下配合有关部门维护党的发展生产的政策，保证国家计划的切实执行”。将纪委定位为党委的一个工作部门，这一定位直接决定了纪委并不具有监督中央委员会的职能，而只是党的执行机构的工作部门，与党的宣传部和组织部具有相同属性。在产生方式上，纪委成员由中央直接决定或选择。这种相当于“委任制”并非“选举制”的产生方式，使得纪委成员的权力直接来源于中央，而不是来源于党代表。纪委在工作上直接受党委领导，业务上受上级纪委的指导。作为具体的“办事机关”，中央纪委是“中央在执行党的纪律方面的助手”，主要承担检查和处理违反党纪的党员和党的组织的工作。

1951 年，反贪污、反浪费、反官僚主义的“三反”运动开始，朱德领导中纪委查处了一大批有贪腐问题的党政领导，著名的“大老虎”天津地委书记刘青山、天津地区专员张子善就是在这次运动中落网并被枪决的。但“三反”运动也出现一些过激行为，后来，朱德指导各级纪委进行了大量繁琐的复查工作。作为第一任书记，朱德以身作则、细致严谨的作风，是宝贵的精神财富。

1954 年 9 月，根据《中华人民共和国宪法》和《中华人民共和国国务院组织法》，政务院改为国务院，政务院人民监察委员会改为国务院监察部。钱瑛（女）任监察部部长。

2. 中央及各级监察委员会的重新确立

1956 年 9 月，党的八大党章规定，“中央监察委员会由党的中央委员会全体会议选举。地方监察委员会由本级党的委员会全体会议选举，并且经过上一级党的委员会的批准。”其任务是“经常检查和处理党员违反党的章程、党的纪律、共产主义道德和国家法律、法令的案件；决定和取消对于党员的处分；受理党员的控诉和申诉。”“各级监察委员会在各级党的委员会领导下进行工作。”党的八大以后，各级监察委员会建立健全起来。

1962 年 9 月，中共八届十中全会召开，通过了《关于加强党的监察机关的决定》，规定要“加强中央和地方各级的监察委员会，扩大各级监察委员会委员的名额。”

1962 年 12 月 28 日，中央监委在各中央局设常驻监察组，在国务院各部门根据工作需要设常驻监察组。

1963 年 11 月 14 日，颁布了《中央监察委员会工作条例（草案）》。

1964 年 2 月 5 日，中央办公厅向国务院各部委党组发出通知，为使中央监委“正确地监察处理党员干部违反工业、农业、财贸、文教、政法等方面的方针、政策和纪律问题”，国务院各部委“在召开全国性的计划、检查和总结工作以及政治思想工作会议时，通知中央监委派人参加”。

3. 中央及各级监察机关的撤销

1967 年 1 月，中央监察委员会被全面夺权，常委、处级领导干部全部被解职。1968 年，中央监察委员会超过半数的机关干部受到批斗和审查。

1969 年 1 月，中共中央组织部“业务组”向中央提出了《关于撤消中央监察委员会机关的建议》。

1969 年 2 月，中共中央组织部又提交了《关于中组部中监委机关人员下放劳动的报告》。

1969 年 4 月，中共第九次全国代表大会通过的党章取消了党的监察机关的条款。

1969 年 7 月，毛泽东同志批示“原则同意”，取消了中共中央监察机关，善后工作由中共中央组织部“业务组”负责处理。

（三）改革开放和社会主义现代化建设新时期

1. 中共各级纪律检查委员会的恢复重建

从“文革”结束到 1978 年 12 月党的十一届三中全会召开，这一时期，在各级党委的领导下，由组织部门履行执纪职能，承担具体的纪律检查工作，党的专门纪律检查机关并没有恢复成立。

1977 年 8 月 12 日至 18 日，在党的十一大上，叶剑英在作关于修改党章的报告时正式提出恢复党的纪律检查机关。党的十一大党章规定“党的中央委员会，地方县和县以上、军队团和团以上各级党的委员会，都设立纪律检查委员会”。

2. 纪检监察机构的双重领导体制

1982 年 9 月，中国共产党第十二次全国代表大会通过的《中国共产党章程》规定，党的各级纪律检查委员会都由同级党的代表大会选举产生。党的中央纪律检查委员会在党的中央委员会领导下进行工作。党的地方各级纪律检查委员会在同级党的委员会和上级纪律检查委员会的双重领导下进行工作。中国共产党第十二次全国代表大会选举了由陈云等 132 人组成的中共中央纪律检查委员会。

3. 纪检监察机构的调整与改革

1987 年 10 月 25 日至 11 月 1 日，中共十三大在北京召开，大会选举产生了由乔石等 69 人组成的中共中央纪律检查委员会。

1988 年初，党中央提出了“经济要繁荣，党政机关要廉洁”的要求。在此背景下，中纪委采取的一个重要措施就是建立信访机制，重视群众监督的力量。1988 年，中纪委信访部门陆续收到许多举报线索，检举时任铁道部副部长的张辛泰以权谋私，中纪委十分重视。紧接着，铁道部另一名副部长罗云光的严重失职和受贿问题被发现，中纪委要求张辛泰赴郑州，协助调查罗云光案。张辛泰居然顶风作案，表面上“协助调查”，暗地里却先后 3 次潜回北京，接受他人贿赂。1990 年 5 月，办完罗云光案后，中纪委集中调查张辛泰的受贿线索，张辛泰自以为天衣无缝：“送礼人送东西时，我当时不在北京，现在正要向组织说明。”最终，中纪委工作人员在郑州查到了张辛泰潜返北京受贿的证据，拆穿了其谎言，张辛泰落马。

1986 年 12 月，第六届全国人民代表大会常务委员会第十八次会议决定设立中华人民共和国监察部。1987 年 7 月，监察部正式挂牌办公。1988 年 3 月 16 日，中央纪委颁布《关于党的纪律检查机关和国家行政监察机关在案件查处工作中分工协作的暂行规定》，指出党的纪检机关依据党章和有关规定履行党的职能，检查处理违反党纪的案件；行政监察机关依据国家法律、法规和政策履行行政职能，监察对象是违反政纪的案件，该暂行规定成为纪检和监察机关分工合作的总原则。

1988 年 3 月 20 日至 22 日，中央纪委二次全会讨论了《党的纪律检查机关体制改革方案》，作出逐步撤销中央和地方纪检机关派驻政府各部门和国家有关部门纪检组的重要决定，以适应党政分离和机构改革的需要。1988 年 7 月，中央决定党组纪检组或中央纪委派驻纪检组均应撤销。少数部门因工作需要可以保留或设立纪委，因此，外交部、铁道部、民航局的纪委和中央派驻海关总署纪委得以保留，公安部、安全部设立纪委代替原来的纪检组。中央纪委派驻纪检组需在报告中央纪委并获得批准后撤销，其他党组纪检组撤销的具体事宜由党组自行决定。

4. 纪检监察机关合署办公

1992 年，党的十四大召开，尉健行成为新一任中纪委书记，并在 1997 年党的十五大上连任。一上任，尉健行就推动了中纪委和监察部的合署办公——监察部于 1986 年恢复，

1993 年合署办公后，与中纪委“一班人马、两块牌子”，从而把党的纪检职能和国家的行政监察职能统一起来，理顺了党政监督关系。

5. 纪检监察机构职能的明确

党的十六大根据我国现代化建设的客观进程和社会经济发展阶段性变化的实际情况，确定了全面建设小康社会的奋斗目标和行动纲领。大会还对党风建设和反腐败斗争、对党的纪律检查机关的主要职责和任务都提出了新的明确要求。

2003 年，胡锦涛同志在十六届中纪委第二次全会上，对中共纪检监察机关的职能定位作了明确界定：“各级纪律检查机关是党的监督机关，在党风廉政建设和反腐败工作中肩负着重要使命。”这是在中共的文件中第一次明确界定。

2004 年 2 月，中共中央颁布了《中国共产党党内监督条例（试行）》，以党内法规的形式进一步明确：“党的各级纪律检查委员会是党内监督的专门机关。”

6. 巡视制度的确立

党的十六大提出“建立和完善巡视制度”。2003 年 8 月 18 日，中共中央、国务院正式批准中纪委、中组部关于设立专门巡视机构的请示。随后，组建 5 个巡视组，共有 45 名巡视工作人员。各巡视组组长从刚离开工作岗位、尚未办理退（离）休手续的正省部级干部中选任，副组长由副部级巡视专员担任。

巡视组成立的第二年，即 2004 年，便有 16 个省部级官员落马，创下历年来的新高。2006 年的十六届中央政治局原委员、上海市委原书记陈良宇案，2007 年的山东省委原副书记杜世成案，都是在巡视中发现线索的。

中共十七大通过《中国共产党章程（修正案）》，对党员领导干部行使权力进行监督；在中央、省、市、自治区委员会实行巡视制度。

（四）中国特色社会主义新时代

1. 制造对腐败的压倒性态势

党在十八大后，为制造对腐败的压倒性态势，主要做了三方面的改革：一是改革机构设置。2013 年 5 月，中纪委又对内设机构和议事协调机构进行了调整。此前，中纪委共有 27 个内设职能部门，包括 8 个纪检监察室和预防腐败室、案件审理室、信访室等。改革后纪检监察室由 8 个增加到了 10 个。第一至第四室主要查办国家机关和国有企业的腐败案件，第五至第十室主要查办 31 个省、市、自治区党政机关的腐败案件。二是改革巡视制度。巡视组开始试行 3 个“不固定”：首先，是巡视组长不固定，中纪委建立了自己的巡视组长库，组长不再是“铁帽子”，而是一次一授权；其次，是巡视的地区和单位不固定，巡视组“下沉一级”，到领导干部曾经担任过“一把手”的地方了解情况，还要协调银行、住房和城乡建设等部门，抽查领导干部报告个人事项的情况。最后，是巡视组与巡视对象的关系不固定，纪检监察机关派员全程参与。三是改革管理体制。党的十八届三中全会《中共中央关于全面深化改革若干重大问题的决定》提出，“强化上级纪委对下级纪委的领导。查办腐败案件以上级纪委领导为主”。这意味着，由陈云始创的纪委双重领导体制，从当年的“同级党委领导为主”变为“上级纪委领导为主”。

2. 监察体制改革

2016 年 11 月，中办印发《关于在北京市、山西省、浙江省开展国家监察体制改革试点方案》，部署在三省、市设立各级监察委员会，从体制机制、制度建设上先行先试、探索实践，为在全国推开积累经验。

2018 年 2 月，《中国共产党中央委员会关于修改宪法部分内容的建议》正式发布，决定在全国设立与“一府两院”平行的国家监察委员会，实现对所有行使公权力的公职人员监察全覆盖。

2018 年 3 月，十三届全国人大一次会议通过《中华人民共和国监察法》（以下简称《监察法》）。作为反腐败国家立法，《监察法》的通过，意味着国家监察体制改革成果进一步固化为法律制度，是反腐败工作法治化的重要里程碑。

3. 《监察法》的进一步完善

2021 年 7 月 20 日国家监察委员会全体会议决定，为贯彻落实中华人民共和国监察法，规范监察机关的职权行使，保障公民的合法权益，促进国家治理体系和治理能力现代化，自 2021 年 9 月 20 日起施行《监察法实施条例》。

2021 年 8 月 20 日，为了加强对监察官的管理和监督，保障监察官依法履行职责，维护监察官合法权益，推进高素质专业化监察官队伍建设，推进监察工作规范化、法治化，第十三届全国人民代表大会常务委员会第三十次会议通过《监察官法》。

党的二十大报告提出，完善党的自我革命制度规范体系。第二十届中央纪律检查委员会第二次全体会议要求，促进完善党内法规制度体系，研究修订党纪处分条例，推进反腐败国家立法，不断健全完善纪检监察法规制度体系。按照党统一领导、全面覆盖、权威高效的要求，推动完善纪检监察专责监督体系、党内监督体系、各类监督贯通协调机制和基层监督体系，形成监督合力。

（五）启示

纪检监察工作走过一些弯路，也积累了丰富的经验。梳理和总结建党百年以来我国纪检监察机关的构建和运行，可以带给我们如下启示：

（1）必须坚持和强化党对纪检监察工作的集中统一领导。

（2）必须进一步强化纪检监察法治建设。

（3）必须创新纪检监察体制机制。

（4）必须从严从实加强纪检监察队伍建设。

五、教学方法与手段

（一）教学方法

灵活运用任务引导教学法、历史分析法、案例分析法、小组合作讨论等方法，引导学生参与到教学过程中，积极思考。

（二）教学手段

综合运用讲授、板书、多媒体网络技术等教学手段。

六、教学实施过程

（一）课堂前准备

法律文本、历史文献、案例、图片资料、相关视频。

（二）课堂讲授

问题导入，展示部分文献资料和视频资料，使学生了解党的监察机构的百年历程。控制时间，以20—30分钟为一个问题阶段。

（三）课堂讨论

引导学生围绕四个阶段的具体问题展开讨论，控制时间为20分钟左右。

（四）课堂总结和课后安排

在融入社会主义核心价值观的基础上，教师进行课堂总结，引导学生对更为具体的问题进行课后文献检索和研究。

七、考核与评价方式

（一）学生课堂讨论的参与度

能够积极参与讨论，在不断思辨中，领悟观点冲突的本质，从而深刻把握党的监察机构的历史发展，理解监察体制的当下改革。

（二）课后文献检索和延伸思考的量化

通过量化的课后任务，促进学生的自主学习，也将之作为课程考核的依据。

八、实施成效

我们党的历史是最生动、最有说服力的教科书。党的百年历史进程充分表明，我们党是革命的党，也是富于改革创新精神的党。通过回顾我们党以改革不断完善自身的历史过程，总结党的自我革命宝贵经验，对于把握历史规律、赢得历史主动、让学生更加深入理解推进纪检监察体制改革具有重大意义。

案例 26：以中国中铁、一汽富维等案例切入探讨党组织如何嵌入企业治理

——《商法案例研习》课程思政教学案例

周　游
（中央财经大学法学院副教授）

一、基本信息

课程名称：商法案例研习
授课对象：法律（法学）研究生、法律（非法学）研究生、法学研究生
知 识 点：《商法学》，第四章第四节
主讲教师：周游

二、教学目标

（一）知识目标

本课程旨在通过厘清党组织相关规定在《公司法》中发展的历史沿革，深刻剖析党组织如何在现行制度体系下嵌入企业治理，从而推动学生进一步理解党组织在中国现行企业经营模式中的重要作用，培养学生对于中国特色经济发展模式的道路自信，并进一步思考党组织参与公司治理的制度设计理念与方案。

学生应掌握现行《公司法》《企业国有资产法》及相关法律法规中对于党组织参与公司治理的规定，查阅并分析国有企业治理结构改革和优化的既有方案，进一步就党组织的政治性领导作用与企业内部治理机关日常管理经营的协调配合提出自己的见解与思考。

（二）能力目标

学生应当通过在课堂上对于相关制度的学习和典型案例的交流讨论，熟练掌握对于既有研究成果的总结归纳方法以及对于具体法律问题的分析模式与路径，进而有能力将典型个案模式化上升为理论问题，进行类型化分析。

对于本课程中所涉及的党组织与企业治理的嵌入问题，学生应当同时培养自身政治性和专业性素养，做到在重大理论创新中的立场坚定和尊重科学兼顾，政治方向和学术价值并重。以创新性和实践性人才要求自身，在学习中践行知行合一理念，所得出的方案应当切实服务于新时代中国特色的公司治理现实，确保使企业公司法为党组织发挥作用保驾护航。

（三）育人目标

本课程首先通过本节课为研究生讲解将党组织嵌入企业治理的原因、演进脉络和方式等，帮助学生切实体会企业设立党组织的时代意义，明确党组织的作用不仅局限在企业治理中，而且在各行各业中都发挥了举足轻重的作用。借助于深入浅出的课堂教学，让价值

塑造、知识传授和能力培养三者在课堂教学中融为一体，落实立德树人根本任务，达到润物无声的育人效果。其次在课堂教学中，尽量达到深化法律职业道德教育的目的。引导研究生深刻理解并自觉实践法律行业的职业精神和职业规范，增强研究生对于法律职业的责任感、使命感和荣誉感，帮助其塑造正确的世界观、人生观、价值观，专注培养法学知识扎实、法学技能过硬、法律职业道德强的高素质法学专业人才。

三、教学重点与难点

（一）嵌入导向：政治嵌入与私法自治之间的平衡

要组织学生讨论并理解党组织嵌入国有企业治理的问题，需要明确此种嵌入应当以何种价值目标为导向。在社会主义市场经济条件下，代表着私法自治的公司自治在公司治理过程中应当具有首要的基石性地位，国有企业的治理也不例外。2016 年 10 月，习近平总书记在全国国企党建工作会议上的讲话指出，“建立现代企业制度是国企改革的方向”，这意味着我国国企改革的方向依然是建立现代企业制度，而非将国企变成一个单纯的行政机关，即在国企党建工作的推进过程中，在党组织嵌入企业治理的过程中，私法自治与公司自治是不可以被抹杀的，党组织的引领作用不是要干涉或者取代国企的自主经营。

一方面，党组织的政治引领可以降低国有企业的内部治理成本，学者们研究发现，党组织的政治作用可以加强高级管理层的责任心，减少企业中存在的薪酬差距过大的问题，或者说，当党组织与董监高之间的交叉任职达到一定比例时，企业内部的薪酬差距可以被控制在一个相对比较低的水平。又比如，对于公司法利用私法自治的市场逻辑比较难以处理的隐性代理成本问题，党组织通过发挥其政治引领作用，对内部人课以政治责任的方式（即政治逻辑的体现），可以有效地抑制并降低隐性代理成本，节约国有企业的内部资源，进而提高国有企业的经营效率。另一方面，党组织的政治嵌入也要把握必要的限度，实现依法依规引领。有学者指出，“作为政治机制的党组织”的嵌入力度应当维持在一个适当的水平，以免过分干预国有企业的正常经营，进而影响其经济效益的实现。

综上所述，就党组织嵌入公司治理的导向问题而言，核心便在于政治嵌入与私法自治之间的平衡，二者不可偏废，以达到既注重政治引领，发挥政治责任的压舱石作用，又保证国企作为企业的经营自由与经营活力。这也是此次授课的第一个重点与难点所在，即让学生理解与把握党组织与公司所代表的两种不同价值逻辑之间的平衡点。

（二）嵌入手段：有效贯彻落实“双向进入、交叉任职”背景下党对企业的领导体制

组织学生讨论和理解党组织嵌入国有企业治理的问题，弄明白“双向进入、交叉任职”的领导体制是关键。如果说平衡“政治嵌入”和“私法自治”是在“价值目标导向”这个层面解决了党组织嵌入国有企业治理的问题，那么“双向进入、交叉任职”则是从

“有效的手段”这一层面出发，为党组织参与并嵌入国有企业治理提供了一个有效的渠道。

2016年10月，习近平总书记在全国国有企业党的建设工作会议上的讲话中明确要求，完善“双向进入、交叉任职”领导体制。“双向进入、交叉任职”主要是指党委（党组）书记、董事长由一人担任，党委成员通过法定程序分别进入董事会、监事会和经理班子，董事会、监事会、经理班子中的党员依照有关规定进入党委会。

如果要落实“双向管理、交叉任职”领导体制，以下几点是关键所在：首先，国有企业党委（党组）发挥领导作用，把方向、管大局、保落实，依照规定讨论和决定企业重大事项。国有企业和集体企业中党的基层组织，围绕企业生产经营开展工作。保证监督党和国家的方针、政策在本企业的贯彻执行；支持股东会、董事会、监事会和经理依法行使职权；全心全意依靠职工群众，支持职工代表大会开展工作；参与企业重大问题的决策；加强党组织的自身建设，领导思想政治工作、精神文明建设和工会、共青团等群团组织。其次，发挥非公有制经济组织中党的基层组织作用，贯彻党的方针政策，引导和监督企业遵守国家的法律法规，领导工会、共青团等群团组织，团结凝聚职工群众，维护各方合法权益，促进企业健康发展。最后，党组织必须对相关人员进行严格要求，强化督查。交叉任职人员要增强责任感，履行好“一岗双责”，经常与企业党支部书记、企业负责人谈心，在企业生产经营中起到党员模范带头作用。要掌握工作原则和方法，力求做到“到位不越位，参与不干预”。建立季度交叉任职人员交流会制度，实施优秀交叉任职人员评选和考核制度，定期与企业负责人交流有关情况，推进企业党建工作和企业发展。

总而言之，欲深刻落实党组织对企业的“双向管理、交叉任职”领导体制，归根结底在于使党组织形成的意见通过企业管理层中的党员管理到企业的发展战略中，通过交叉任职，使党组织的意见有效融入到企业改革和技术创新的各个关键环节，使党的领导渗透到企业的方方面面，最终达到使企业健康快速发展的效果。让学生深刻明白党组织应当如何通过该领导体制发挥其在国有企业中的领导作用，进而明确党组织在企业经营方面的“可为”与“不可为”，这对正确理解党组织嵌入国有企业治理大有裨益，也为党组织科学治理国有企业提供了一份良好样板。

（三）公司法如何为党组织嵌入企业发挥作用保驾护航

从公司法修改的角度理解企业设立党组织的意义，需要与学生们探讨党组织在嵌入企业后，公司法是如何保障党组织在企业中发挥作用的。

1. 方案一：完善党组织与监事会的关系

监事会因其监督职责的内核与党组织以“把方向、管大局、保落实”为核心的领导作用高度契合，可作为更为妥适的融合对象。相关的实证研究同样提供了支撑，在更注重市场化经营的国企中，党组织成员与监事会的融合可以在保障企业经营自主性的前提下与其他治理主体形成有效制衡，使国企内部人控制的问题得以缓解，企业绩效得以提升。

国企党组织本身享有的针对董事高管的人事任免权、薪酬决定权以及针对“三重一大”的决策权，将成为监事会与党组织融合后对公司经营管理实施高效监督的有力保障。

由此，党组织在嵌入国企监事会后通过党的组织行为履行监事会职责，党委在法人治理结构中的法定地位得以确立，党组织依托监事会对经营管理行为实施监督更为便利，党组织对法人治理结构运行的监督保障功能得以发挥。同时，由于党员监事全都独立于董事和高管，监事会的独立性亦可以得到保证。

在党组织融入监事会后，其主要权限包括：人事任免权、薪酬决定权、经营决策监督权等，其中人事任免权和薪酬决定权构成了保障监事会高效履职的核心机制。人事任免权是监事会获得权威地位和实施有效监督的根本保障，是监事会对董事会形成有效制衡的决定性因素，享有人事任免权的党组织与监事会的融合使党组织可以通过任免董事、高管的方式对企业经营决策产生影响。薪酬决定权是激励董事和高管实施高效经营管理行为的有力工具。

2. 方案二：完善党组织与合规委员会的关系

《中央企业合规管理指引（试行）》（以下简称《指引》）第八条指出，中央企业设立合规委员会，与企业法治建设领导小组或风险控制委员会等合署，承担合规管理的组织领导和统筹协调工作，定期召开会议，研究决定合规管理重大事项或提出意见建议，指导、监督和评价合规管理工作。继而，《指引》第十一条第二款规定，监察、审计、法律、内控、风险管理、安全生产、质量环保等相关部门，在职权范围内履行合规管理职责。此外，指引第二条对合规管理概念进行了规定，以有效防控合规风险为目的，以企业和员工经营管理行为为对象，开展包括制度制定、风险识别、合规审查、风险应对、责任追究、考核评价、合规培训等有组织、有计划的管理活动。

从上述概念界定可以看出，合规管理的主体是企业，管理的对象是企业经营和员工工作行为，党组织融入合规委员会可以对企业各部门的职责履行予以过程监督。

综上所述，通过探讨完善党组织与公司的监事会、合规委员会的关系两种方案解释了公司法如何为党组织发挥作用保驾护航。该部分也是授课的第三个重难点，即让同学们以公司法角度切入，探寻如何在保证党组织嵌入企业发挥作用的同时不会影响企业的经营效率与日常运转。

四、课程思政案例介绍

（一）案例介绍

1. 中国中铁：党建工作纳入公司章程

中国中铁股份有限公司（以下简称“中国中铁”）党组织的隶属关系，实行以股份公司党委和地方党委双重领导、以股份公司党委领导为主的领导体制。目前，全公司共设有各级党委 649 个，党总支 614 个，党支部 6714 个。

2016 年召开的全国国有企业党的建设工作会议对新时期国有企业党的建设提出一系列

新要求。国务院国资委党委在部署落实会议精神重点任务中，要求国有企业要大力推动党建工作纳入公司章程。

2017 年 6 月 28 日，中国中铁召开 2016 年年度股东大会，以 95% 赞成票高票通过了党建工作纳入公司章程的章程修正案。此次修订后的公司章程中新增党委章节，明确了党组织的职责权限、机构设置、运行机制、基础保障等内容。

自治是市场主体治理的首要特征，其为私法自治在市场主体制度中的反映。当私法自治反映到公司治理中时，就出现了公司自治。公司自治的主要依据自然是在公司内部管理和规范中占据重要地位的公司章程。中国中铁作为世界五百强企业，中国国企的海外金名片，为何要将党建工作纳入公司章程？换言之，党建工作纳入公司章程对公司治理有哪些作用？

2. 一汽富维：如何提升公司章程的特色

一汽富维公司章程设党建工作一章，第八章第三节系公司纪委职权的规定。第一百五十六条规定公司纪委的职权包括：（1）维护党的章程和其他党内法规；（2）检查党的路线、方针、政策和决议的执行情况；（3）协助党委加强党风建设和组织协调反腐败工作，研究、部署纪检监察工作；（4）贯彻执行上级纪委和公司党委有关重要决定、决议及工作部署；（5）经常对党员进行党纪党规的教育，作出关于维护党纪的决定；（6）对党员领导干部行使权力进行监督；（7）按职责管理权限，检查和处理公司所属各单位党组织和党员违反党的章程和其他党内法规的案件；（8）受理党员的控告和申诉，保障党员权利；（9）研究其他应由公司纪委决定的事项。

在集中规定了纪委职权的国有公司章程中，同属于一汽集团子公司的一汽轿车、一汽夏利、一汽富维 3 家上市国有公司的章程规定无论是内容、措辞，还是顺序均完全相同，没有突出企业自身特点。

一汽富维既是集团公司的子公司，又是其他关联企业的零部件供应商（一汽富维以汽车内饰、汽车外饰、车身电子、车轮四大核心产品为主业，产品主要供应一汽集团公司下属子公司，是主机厂核心供应商），其相较于一汽轿车、一汽夏利等整车制造企业而言，更容易发生通过不当关联交易向大股东输送利益以及由此引发的贪腐行为，因此公司章程应当加大党组织（纪委）对关联交易纪律检查的力度。但是，该章程并未按照《关于加强和改进企业国有资产监督防止国有资产流失的意见》的要求，落实党组织在企业党风廉政建设和反腐败工作中的主体责任和纪检机构的监督责任，健全党组织参与重大决策机制，强化党组织对企业领导人员履职行为的监督。换言之，公司章程间内容雷同、缺乏特色的情况屡见不鲜，表明公司章程在党组织参与国企治理中的作用不受重视或者说仅起到形式作用。那么，此类形式化的规定对于党组织参与公司治理有无法律上的约束力和保障效果呢？其与公司法中宣示性规定有无异同之处？

（二）议题聚焦讨论

中国中铁、一汽富维的案例实际上是党组织在企业治理，特别是国有企业治理中发挥重要作用的缩影。故本课程以公司法修改为切入点，探讨党组织之于企业治理的历史背景和时代意义，主要引导学生讨论以下议题：

（1）企业公司法为何要对设立党组织予以规定。

（2）企业公司法有关党组织规定的演变进程。

（3）党组织为什么要参与企业治理。

（4）党组织如何嵌入企业治理。

（5）企业公司法如何为党组织发挥作用保驾护航。

五、教学方法与手段

教学的方法与手段对于思政课程的教学效果而言至关重要。在课堂教学形式的选择上，《商法案例研习》课程坚持以学生为主体、学为主、学习效果为目标的“三学”理念为引领，设计了形式多样且适宜开展案例研习的教学活动，吸引学生参与到课堂教学环节中，推动实现“课程思政”的育人目标。

一方面，选取具有价值引领性与逻辑关联性的商事思政案例。习近平总书记曾指示，党组织参与国企的公司治理是一项重大的政治原则。在以公司法修改为切入视角，探讨企业设立党组织的历史背景及时代意义时，《商法案例研习》课程综合采用案例式、启发式、探究式、问题式的教学方法，引入“中国中铁用好督查考核指挥棒”“中国移动建好用好管好干部人才队伍”等一系列鲜活实例。首先，通过小组讨论、分组辩论等方式，从经济现实、历史背景、体制本质以及法治逻辑等多方面，对企业公司法为何要对设立党组织予以规定进行探究；其次，梳理出企业公司法有关党组织规定的演变，并以此为基础，捋清党组织如何嵌入企业治理的脉络；最后，将理论积淀扎根于实践案例，反思新时代下企业公司法如何为党组织发挥作用保驾护航。整体案例研习思路是，以商法专业知识为载体，从具体的思政教育维度切入，厘清知识与思政案例的脉络，阐述其背后的思政元素，组织和引导学生积极开展小组讨论，培养学生的自觉性和主动性，在获得了课堂参与感的同时，使其学习内动力也被激发出来，充分发挥了课堂育人主渠道的作用。

另一方面，现代信息技术的应用也成为了课堂教学的新兴方式。借助信息化的教学技术增强课堂教学的德育效果，推动课程思政同新媒体技术的高度融合，增强时代感和吸引力。企业合规治理学术研究团队党支部的公众号可以适时传达学术新信息；超星学习通等相关学习软件，也对形式多样的教学活动的开展给予了强有力的支持；微信等线上交流平台为老师和同学以及同学们之间，创造了互动探讨的一方净土。

课程思政要达到有效的价值引领作用，适当的考核评价是教育效果的指挥棒。教师通过对学生实践能力和知识掌握等多方面考察，了解《商法案例研习》课程的思政教学目标达成度。同时，教师在结束课程授课任务后，会对课程思政案例的教学情况进行合理性反思，总结教学内容与方法的优势与不足，总结学生的参与和接受程度，不断更新课程思政教学内容，为后续教学提供宝贵教学经验，不断总结提升课程思政教学效果。

全面落实立德树人根本任务，根据法学专业人才培养特点，深入挖掘《商法案例研习》课程中所蕴含的思政元素，将鲜活的教学实践案例生动地呈现在课堂中，塑造“有温度”“有思考张力”“有亲和力”的课堂氛围，润物细无声地浸润学生心灵，真正实现价值塑造、知识传授和能力培养的有机统一，从而推动课程思政的卓越教学，塑造课程思政的高效课堂。

六、教学实施过程

（一）课前准备

案例研习课主要由学生前期自行阅读思考相关主题案例、课上分组交流讨论两部分构成，采用以学生为主导、以教师为引导的基本教学模式。在教师全面掌握党组织嵌入公司治理的矛盾冲突和必要性后，选定“党组织如何嵌入企业治理”为主题的典型案例，通过启发式提问引导学生有重点的阅读案例和思考，并充分结合《中国共产党国有企业基层组织工作条例（试行）》，引导学生发掘企业设立党组织的历史背景和现实意义。引导学生思考企业为什么要设立党组织、企业公司法有关党组织规定的演变过程、党组织如何嵌入企业当中；引导学生思考如何厘清与党委（党组）的权责边界，怎样清晰地认识在党的领导下发挥董事会治理功能的必要性。

（二）课程开展

本课程主要以授课教师导学、研学小组汇报、集体讨论的方式展开，由授课教师带领学生研读商法前沿文献，聚焦商法热点问题。每次课程的活动环节大致如下：

（1）指导老师对议题作引导式发言。

（2）发言人展示，就案例和议题进行阐述与反思。

（3）小组成员与其他师生互相提问，并通过扫描二维码对本此研学小组的研学内容进行评价。

（4）授课教师及其他同学评议。

（5）授课教师及同学向研学小组提问并由小组成员对问题进行回应。

（6）授课教师回应及延伸。

（三）课后整理

根据学生研读案例后的思考总结分析案例选取的合理与不足之处，反思引导式提问是否达到预期效果。回顾学生在课上开展案例研读汇报时与本课程教学范围和教学目标是否一致。课程开展过程中方法恰当、成果显著的地方可以在今后的教学工作中沿用，不足之处及时调整并加以改正。总结学生的参与度和接受程度，了解学生在实践中对理论知识的应用成果。总结本次课程的宝贵教学经验，不断总结提升思政课教学成果。

七、考核评价方式

本系列课程的考核评价方式为过程考核+结果考核，其中过程考核占比60%，结果考核占比40%。具体方式如下。

（一）过程考核（60分）

（1）出勤（10分）。

（2）参与程度（10分）：每次教师课程导学和同学研学部分结束后，依据本次课程学习的重点和难点由授课教师拟定讨论命题，通过讨论加强学生的思考与理解，确立学生的主体地位并提升学生的参加意识。

（3）书写分析报告（40分）：由负责本次研学的学生团队整体提交一份与本次授课内容相关的理论或事例分析报告，通过对特定问题或现象的学习与研究，提升学生发现问题、分析问题、解决问题的能力，并通过书面报告的形式提交，以锻炼学生的书面表达能力和逻辑思想能力。

（二）结果考核（40分）

（1）实践能力考查——口试（20分）：由授课教师作为主授课主体，在校内外商法领域专家参与下进行。学生小组从实务问题中抽取考题，考题满分为10分，题型有理论剖析和案例分析。抽题后以小组为单位在半小时内讨论完毕并派代表进行回答，其他小组成员可进行补充，小组代表的回答为全组得分。

（2）理论知识考察——期末标准化试题（20分）：每次课程结束后，由授课教师与参加本次课程研学的学生团队依据本次课程的重点与难点，自己模拟命题并作出回答，授课教师一并收齐，期末对学生命题部分进行挑选并将挑选出的部分放入正式的期末试题中，学生命题部分占到期末标准化试题的50%。

八、实施成效

（一）知识掌握

结合公司法修改的大背景，学生们进一步学习了《中国共产党国有企业基层组织工作条例（试行）》的核心内涵，对企业设立党组织、企业党建、企业的党组织领导力等新议题有了更加深入和全面的认识。进一步了解企业与公司法为什么要规定设立党组织，国有企业与中国经济的发展使党组织的设立成为必然。学生们深入了解到党委（党组）与董事会共同参与企业和公司经营决策的制度优势。明确了党委（党组）和董事会共同把握经营发展方向、管控大局、定战略、作决策、防风险的职责定位。能够清晰区分不同权力类型及效力作为决策主体应当承担的相应责任。

（二）技能培养

在实践中面对不同层级、不同类别、不同股权结构的国有企业时，能够根据不同股权结构和分层分类差异化落实董事会职权；具备能够根据不同类型的董事会职权落实情况，制定严格的责任承担机制和发挥党组织在企业中对公司经营发展制定决策的流程把控的能力。在实践中能够坚持把党的领导融入公司治理各个环节，在工作中坚持把党建工作与生产经营深度融合；能够在中央企业党委（党组）的领导下发挥把方向、管大局、促落实的领导作用，依照规定讨论和决定企业重大事项。在企业党建工作中充分发挥商法学专业学生的法学素养，依法合规发展党组织在企业经营发展中的职责与权力。

（三）情感与价值观

深入学习习近平新时代中国特色社会主义思想，贯彻落实新时代党的建设总要求和新时代党的组织路线，在实践中坚持和加强党对国有企业的全面领导，提高国有企业党的建设质量，推动国有企业高质量发展。坚定国有企业党组织必须高举中国特色社会主义伟大旗帜的理念。思想上坚持以社会主义核心价值观引领企业文化建设，增强了学生们应对挑战的斗志，提升了产业兴国、实业报国的精气神。坚定了全体学生党员始终在政治立场、政治方向、政治原则、政治道路上与以习近平同志为核心的党中央保持高度一致。

案例 27：诚信价值观在合同法中的体现

——《合同法》课程思政教学案例

武　腾
（中央财经大学法学院副教授）

一、基本信息

课程名称：合同法
授课对象：一年级学术型硕士研究生、一年级专业型硕士研究生
知 识 点：《民法学》，第一章第一节“民法概述”；《合同法》，第一章第四节“合同法的原则”
主讲教师：武腾

二、教学目标

（一）知识目标

诚信价值观在合同法原则、制度中的具体体现。

（二）能力目标

掌握合同法基本原则的要义、价值基础，将价值判断融入合同法具体制度的适用中，对一般条款的运用注重价值理念的贯彻，通过核心价值观的引领实现个案裁判中的正义。

（三）育人目标

对社会主义核心价值观在合同法原则中的体现有深切的体会，加深对社会主义核心价值观的认同。增强在合同法学习、研究过程中对社会主义核心价值观的贯彻和落实。

三、教学重点与难点

诚信价值观与诚信原则的关系。诚信价值观要求言必信、行必果，诚信原则在民法学界被长期研究，被赋予了丰富内涵。将诚信价值观作为诚信原则的基础，指引诚信原则的理解和适用，将诚信原则中“照顾对方利益”的内涵奠定在诚信价值观的基础上。

四、课程思政案例介绍

诚实信用原则是指当事人在从事民事活动时，应诚实守信，以善意的方式履行义务，

不得滥用权利以及规避法律或合同规定的义务。诚信原则的核心是“言必信行必果”，在大陆法国家，诚实信用原则被称为“帝王规则”，或者最高指导原则。

在合同订立过程中，如果出卖人标价错误，买受人作为一个诚实信用的理性人能够识别到该错误，那么买受人大量下单的“薅羊毛”行为便是违反诚信原则的，在合同被撤销后，违反诚信原则的买受人因为存在过错而需要对损失承担一定责任（见图 27－1）。通过案例教学，加深对诚信原则适用的理解，增强对社会主义核心价值观的体会和认识。

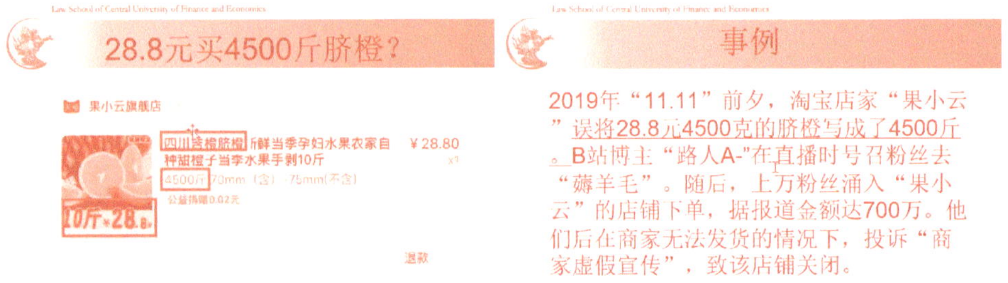

图 27－1　“薅羊毛”事例

五、教学方法与手段

（一）课堂讲授

我国《民法典》合同编很多制度的设计背后都蕴含着诚实信用原则的逻辑：①在合同订立阶段，尽管此时合同尚未成立，但当事人之间负有依据诚实信用原则产生的先合同义务，违反该义务则可能承担缔约过失责任；②在合同订立后至履行前，当事人应当依据诚实信用原则，认真做好各种履约准备；③在合同履行过程中，除约定义务外，还应履行依诚实信用原则所产生的各种附随义务，而当约定的内容不明确时，应当依据诚实信用原则履行义务；④在情势变更场合，当事人也应当依据诚实信用原则承担再磋商义务；⑤即使在合同终止以后，当事人仍需承担某些必要的后合同义务，如《民法典》规定的通知、协助、保密等义务。只有深刻认识到诚实信用作为社会重要的道德要求，才能对这些法律制度背后的运行逻辑加以理解，反之亦然；只有在成文法中确认诚实信用原则，才能保持和弘扬传统道德和商业道德，才能保障合同严守，维护社会秩序。

（二）案例分析

结合关于重大误解、公序良俗、欺诈等方面的具体事例，介绍违反诚信原则的法律后果，帮助学生对诚信原则在司法实践中的适用效果产生深刻的认识。

（三）作业考察

将社会主义核心价值观的文化基础从中国传统文化中找寻出来，设计相关题目，在增强学生对传统文化的体认的同时，加深对社会主义核心价值观和合同法原则的认识。

（四）第二课堂研讨

私法工作坊是《中华人民共和国合同法》（以下简称《合同法》）“课程思政”教学改革试点项目的第二阵地，在工作坊上通过研讨，加深对社会主义核心价值观的认识。

六、教学实施过程

（一）课堂讲授

在《合同法》课程改革之前，教学内容往往“重规则而轻原则”，法律规则作为司法裁判的具体适用是课程讲授的重点，而原则性的条文往往会大而化之，粗略带过。课程改革为教学内容的完善提供了良好契机，合同法的基本原则正是由社会经济生活条件决定的，是以法律形式表现的社会经济生活条件，因此在授课时既要带领学生对规则性条款进行分析，也要融入对原则性条款与时代精神的理解。《合同法》全面体现了诚信原则的要求。通过课堂讲授，对诚信原则的内涵与诚信价值观的要求进行讲授、辨析。

（二）线上讨论

在近 3 年合同法教学实践中，主讲教师利用超星学习通、大学慕课网等开展线上教学，与学生们广泛讨论（见图 27－2），对诚信原则的内涵进行交流，加深对诚信原则和诚信价值观的理解。

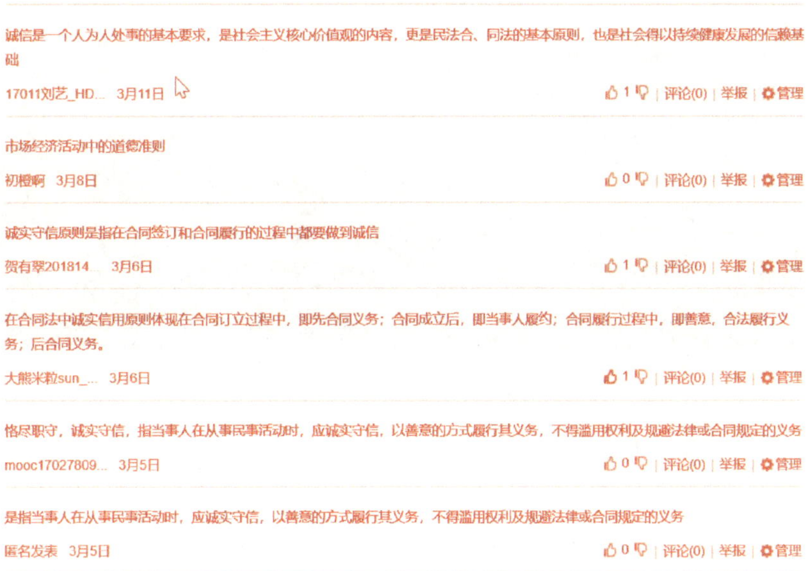

图 27－2 线上教学中部分知识内容

（三）作业考察

结合中国传统成语或者谚语，对诚信原则的内涵进行说明和解释，将社会主义核心价值观中的内容与中国传统文化相结合，增加其感染力（见图 27－3）。

1 下列表述中体现诚信原则内涵的有：

A、 精诚所至，金石为开

B、 货真价实，童叟无欺

C、 一言既出，驷马难追

D、 千里之行，始于足下

图 27－3 诚信原则的内涵

（四）第二课堂研讨

私法工作坊是《合同法》“课程思政”教学改革试点项目的第二阵地，“社会主义核心价值观引领下的合同法学习”系列活动符合中央财经大学法学院的“坚持价值引领、立足中国实践、聚焦信息时代、着力风险防控”的方针要求，满足法学学科“一流标准、财经特色”的人才培养需求。同时，私法工作坊为同学们增强专业认同感、使命感，增加交流和表达机会搭建了平台。通过私法工作坊这一形式，加强了师生之间的良性互动（见图 27－4），有助于社会主义核心价值观内化于心、外化于行。

图 27－4 师生积极参与私法工作坊

七、考核与评价方式

（一）传统考核方式

设计选择题等题目，考察学生对诚信价值观和诚信原则的理解。

（二）新型考核方式

通过案例研讨和工作坊，全面考察学生对社会主义核心价值观的体会、认识和运用。

八、实施成效

《合同法》课程作为研究生“课程思政”教学改革试点项目已取得显著成果，在课程设计与教学内容的完善上融入了时代精神，更加关注道德共识、价值理念和文化象征等精神层面的因素，并将这些精神要素融入具体制度与法律条文的教学中去，直面社会实践中的热点、难点问题，回应立法期待，使得学生在《合同法》的学习过程中更能体会到社会生活和社会行为中的伦理道德、价值秩序、意义体系、文化观念等。同时，还可利用网络平台，进一步巩固和扩大《合同法》课程改革的影响力，使更多的同学参与到社会主义核心价值观引领下的《合同法》学习中来。

案例28：金钱与幸福

——《经济心理学》课程思政教学案例

窦东徽
（中央财经大学社会与心理学院党委副书记、副教授）

一、基本信息

课程名称：金钱与幸福
授课对象：研究生
知 识 点：金钱与幸福的关系（非教材中固定章节）
主讲教师：窦东徽

二、教学目标

（一）知识目标

金钱对个体心理和行为的影响；个体和国家层面上收入与幸福感的关系；国民幸福指数。

（二）能力目标

（1）理性认知：金钱对个体心理和行为的影响存在正反两个方面；拥有财富并不完全等同于幸福。

（2）健康心态：面对财富心态调适的重要性。

（3）爱岗敬业：内部动机的重要性。

（4）家国情怀：国家和政府对于国民幸福感的重视。

（三）育人目标

（1）竖立健康的财富观和正确的幸福观。

（2）认识内部动机对于事业和幸福的重要性。

（3）感受国家和政府对于国民幸福感的重视。

三、教学重点与难点

（1）金钱对个体正反两方面的作用和影响。

（2）个体/国家层面收入与幸福的关系。

（3）通过财富获得幸福的正确途径。

四、课程思政案例介绍

本节课程内容从金钱对个体心理行为的影响引申开始，首先，通过对流行的金钱观念的批判性解读，引导学生树立正确的金钱观和财富价值观；其次，通过彩票中奖者的幸福感变化、金钱奖励对儿童绘画坚持性的影响、幸福城市排名等案例，引导学生意识到金钱、收入和幸福感的关系并不是完全的正相关关系；再次，通过财富支配决策等相关研究案例，引导学生了解通过财富获得幸福的条件和正确途径；最后，通过讲解国民幸福指数的建立和我国政府对于人民民生、获得感和幸福感的关注，引导学生知晓党和国家“为人民谋幸福”的使命和担当。

五、教学方法与手段

（1）引入：通过对流行金钱观念的讨论，引出金钱和幸福关系的话题。

（2）分析和讲解：通过对理论的阐述、研究案例和现实案例的讲解，帮助学生理解金钱和幸福非直接对应的关系，以及通过财富获得幸福的正确途径。

（3）课堂互动：在案例分析时，不直接揭晓结论，而是设置成不同问题，让学生选择或回答。

（4）小组报告：事先将学生分成小组，提前收集整理与课内容相关的文献并准备课堂报告，内容分为三部分：第一是对该领域最新的研究成果进行综述性的报告；第二是相关主题的现实应用案例讲授；第三是总结感悟和收获。

六、教学实施过程

（一）环节1：课程引入

教师：今天这一章，我们讲金钱和幸福的关系。我想请几个同学来谈谈你们对金钱的看法。

学生：（各自发表观点）。

教师结合学生的回答，总结典型的几种关于金钱的观念，讲解人们对待金钱的流行观念、态度及成因：人们对金钱的普遍态度就是喜欢金钱、迷恋金钱，因为金钱可以换来物质和精神的享受，金钱也标志着权势和地位。金钱本身并不能直接满足我们的需要，钱本身不能充饥解渴、带来快乐，但它可以换来饮食和娱乐。所以我们对钱的迷恋类似一种二级条件反射，它是我们需要的替代强化物，就像巴甫洛夫的狗听到的铃声一样。但金钱是一种强有力的替代强化物，脑科学研究发现，获得金钱时，人们大脑中的奖赏回路会被激活，和吸毒者吸食毒品后的脑激活模式非常相似。所以说金钱是一种毒品也毫不为过（见图 28 – 1）。

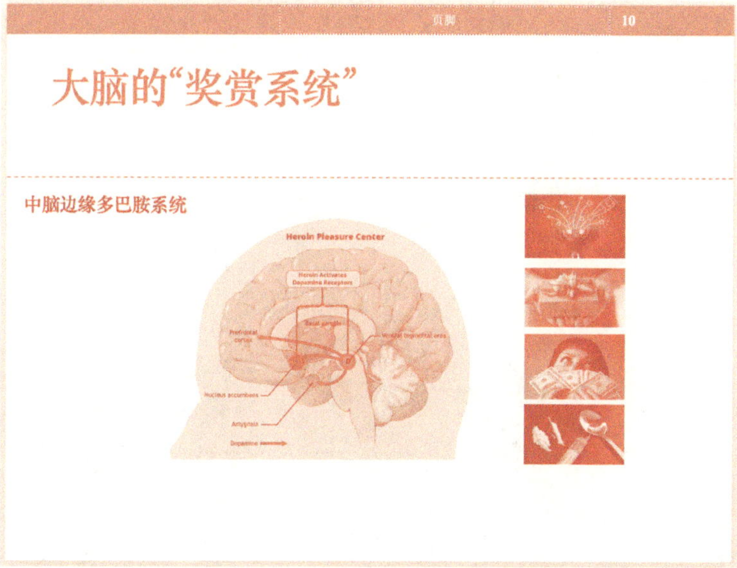

图 28 – 1　金钱激活大脑的奖赏系统

【问题反思：流行金钱观念的问题】★

人们常说，"钱不是万能的，但没有钱却是万万不能的"，这说明了金钱的另外一种功能，即可以作为一种抵御风险的保障，这也是人们喜欢和追逐金钱的一个原因。《我不是药神》中反派有句话很扎心："世界上只有一种病，就是穷病。"现实生活中大病致贫的例子并不少见。此外，有钱让人更从容、更有定力，同样是炒股损失了 10 万元，对钱少的股民来说可能是灭顶之灾，而对于有钱人来说可能只是"挠痒痒"。为什么股市里有钱人更容易赚钱？因为充足的资金让他们更有应对损失的本钱，更有定力。有恒产者有恒心也是这个道理。这就是我们说的人们对待金钱的第一种态度。

金钱的诱惑力会产生巨大的行动力。在很多影视剧中，戏剧冲突的焦点都是争夺金钱或财宝，有人为了获得金钱不择手段（比如麦高芬）。但是人世间也有淡泊名利、视金钱如粪土的人，也有乐善好施、慷慨解囊、用金钱造福苍生的人。

（二）环节 2：金钱和幸福的关系

教师：现在有一种戏谑的说法："有钱人并不是你想象的那样快乐，因为有钱人的快乐你根本想象不到"。人们羡慕有钱人光鲜亮丽的生活，尤其是网络发达之后，网上各种花式炫富的行为给人们一种印象，即有钱人比普通人幸福得多。同学们，你们觉得金钱能带来幸福吗？

学生：（各自发表观点）。

教师：（总结）确实有研究证明，钱能降低生存焦虑（Zaleskiewicz 等，2013）；现金比资产更能提高生活满意度（Ruberton，Gladstone，Lyubomirsky，2016）（见图 28－2），但是也有大量研究和调查发现，金钱和幸福的关系并非大家所想的那么简单。

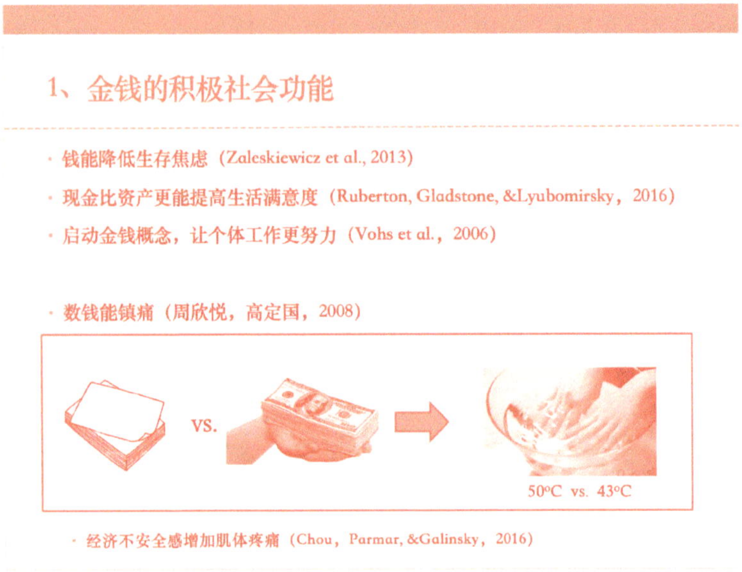

图 28－2　金钱的积极社会功能

【理性认知：拥有财富可能不等同于幸福】★

教师：通过以下 3 个研究讲解个人收入和幸福的关系。

（1）美国有项调查的问题是：家庭年收入达到多少才会感到富有和满足？答案的中值是 25 万美元（中值是指该数字上下人数相等），现实中美国家庭年收入中值才 4.5 万美元。进一步研究发现，不管收入水平如何，自己会感到富有的收入数值，都要超过其实际收入的两倍。这也在一定程度上证明了：不管挣多少，满足的感觉是永远也达不到的。

（2）美国对 100 位最富有的人进行调查，发现他们的幸福感只比普通美国人高一点，这被称为“美国困惑”。

（3）依据世界幸福数据库（World Database of Happiness）和盖洛普世界调查的数据发现，收入增长与生活满意度增长的相关性为 0.25，而收入增长与幸福增长的相关性却是－0.13。

教师：通过以下 2 个研究讲解国民收入与幸福的关系。

（1）20 世纪中期出生的人患严重抑郁症的可能性是 20 世纪早期出生的人的 10 倍，而这 50 年是人类物质文明超速发展的时期。

（2）伊斯特林悖论（Easterling Paradox）：个人收入与幸福存在相关关系，但国家的财富与国民幸福之间几乎没有相关关系，经济发展并不能有效提升国民幸福感。

教师：讲解幸福城市排名案例。

（1）奚恺元和《东方瞭望周刊》所做的幸福城市排名前六名分别是：杭州、成都、北京、西安、上海、武汉。

（2）请学生思考：为何幸福城市排名靠前的不是经济最发达的城市？

（3）结合学生的回答，总结幸福城市的几个非 GDP 的典型特征。

教师：讲解彩票大奖得主的幸福感研究。

- Brickman 等（1971）通过一项研究发现，彩票大奖得主和车祸截肢患者虽然开始的幸福感差异巨大，但在 6 个月之后，两者的幸福感都回到了中等水平，差异不再显著。这可以用适应水平理论和需求层次理论来解释。

【健康心态：面对财富心态调适的重要性】★

教师：讲解金钱及物质奖励能否带来幸福。

（1）心理学家让幼儿园的孩子画画，并将他们平均分成了 A、B、C 三组。A 组：画完给予物质奖励（比如棒棒糖或代币）；B 组：画完给予精神奖励（比如口头表扬或小红花）；C 组：画完不给予任何反馈。一周之后，心理学家回到幼儿园，再让这些孩子画画，并记录其画画时间。如果画的时间越长，即代表他们对画画这件事更感兴趣，并能从中得到乐趣。结果是，受到精神奖励的孩子画画坚持时间最久，而物质奖励组的孩子坚持时间最短。这一现象可以用过度理由效应来解释。

（2）沉浸在喜欢做的事情中本身就能够带来愉悦体验。介绍奇特岑科米哈伊的“福流”理论。

【爱岗敬业：内部动机的重要性；做自己喜欢的工作能够获得“福流”】★

（三）环节 3：金钱能够带来幸福的条件

学生：讨论如何让个体财富带来真正的幸福？（见图 28－3、图 28－4）

图 28－3　课堂讨论个体财富带来幸福有哪些方法时的场景

图 28－4　学生汇报讨论结果——为别人花钱更幸福时的场景

教师：总结幸福等于快乐加持久的意义。

【理性认知】★

教师：从个人层面讲解：让财富稳定能够带来更为踏实持久的幸福，不要期待一夜暴富。面对财富，要进行心态的调适。从社会层面讲解：胡鞍钢曾经提出，科学发展观就是人民幸福观。首先，经济增长转化为幸福感需要条件（举例：成都、杭州为何是居民幸福感最高的城市）；第二，找出幸福"最大公约数"是政府职责（举例：既要金山银山，也要绿水青山，乡村经济发展和环保并重）；第三，经济转型要与社会转型良性互动（举例：城镇化过程中的拆迁问题及国家相关政策）。

【家国情怀：社会善治】★

（四）环节 4：国民幸福指数

教师：幸福指数是衡量人们对自身生存和发展状况的感受和体验，即人们的幸福感的一种指数。大家知道首先提出国民幸福指数的是哪个国家？

学生：（猜测）。

教师：（揭晓答案：不丹）国民幸福指数 GNH（Gross National Happiness）最早由不丹提出。无论是 2009 年由 Amartya Sen 等经济学家执笔的《法国社会发展报告》（Stiglitz et al.，2009），还是 2008 年不丹推出的"国民幸福指数"（Gross National Happiness，GNH），都暗示了一种社会进步观的转折：从单一地重视经济发展和人民物质水平的提高到关注民众对于经济增长的主观感受。不丹、法国、澳大利亚、泰国、英国、日本等国均已采用各自的"幸福指数"分析社会发展程度。从世界趋势看，幸福指数正与 GDP 一起，日益成为评估社会进步与和谐的重要参考因素。但 GNH 目前尚缺乏统一的标准。我国将推出幸福指数、人的全面发展指数、地区创新指数以及社会和谐指数等新的统计内容。

【家国情怀：党和政府对于民 生和幸福感的关注】★

（五）环节 5：内容总结

教师：总结课程内容要点。即金钱不一定能够带来幸福；金钱财富转化为幸福是有条件的；树立正确的财富观念有助于促进幸福。

七、考核与评价方式

（一）中期课堂报告

学生分成小组，准备并报告相关领域前沿研究和应用成果（见图 28－5），中期课堂报告成绩满分 100 分，思政收获占 20 分。

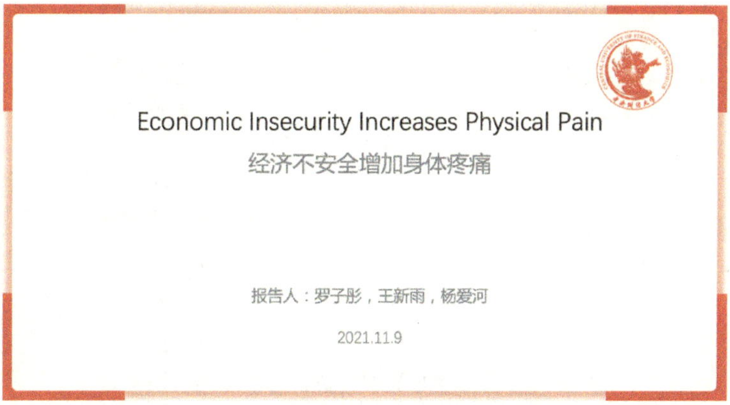

图 28－5　某研究生所做的课堂报告：经济不安全感增加身体疼痛

（二）期末作业考核

期末作业以论文形式进行，满分 100 分，思政反思和收获占 20 分。

（三）最终课程成绩

期末作业成绩乘以 80% 的比例系数，与期中课堂报告成绩乘以 20% 的结果相加，得到期末最终成绩。

（四）示范课观摩

学院领导和教师组成评课团队，观摩示范课，对课程思政内容和方式进行评价。

八、实施成效

（1）学生在讨论流行的金钱观念（如金钱至上、有钱拜金主义）时，持有批判和怀疑的态度。

（2）学生对思政案例感兴趣，有共鸣，接受度高。

（3）在中期报告和期末作业中，体现出关于主题的反思和感悟。如图 28－6 所示，学生在报告的结尾，提出了在资源匮乏状态下，保持积极乐观的重要性及提高掌控感的建议。

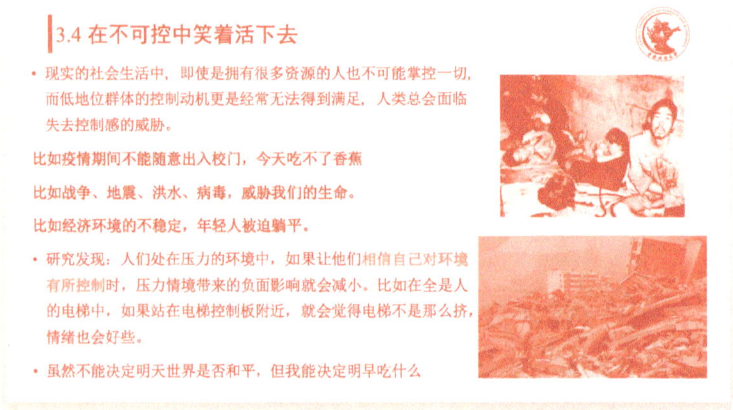

图 28－6　某学生依据报告提出的思政内容反思

案例29：乡村振兴背景下的农村公益金融案例比较

——《社区问题与社区治理》课程思政教学案例

程士强
（中央财经大学社会与心理学院副教授）

一、基本信息

课程名称：社区问题与社区治理
授课对象：社会工作专业型硕士研究生
知 识 点：《社区社会工作》，第九章第四节“金融社工介入乡村社区治理的基本路径与方法”
主讲教师：程士强

二、教学目标

（一）知识目标

介绍乡村振兴战略和乡村社区治理工作开展的基本背景，演示金融社工介入乡村社区治理的基本路径和备选方案。

（二）能力目标

掌握金融社工介入乡村社区治理的基本方法，学会对不同的方案进行比较分析。

（三）育人目标

坚定学生对“加强党的领导，夯实农村基层组织基础”这一乡村社区治理道路的信念；增强学生对城乡发展中弱势群体的人文关怀，培养其追求共同富裕的历史使命感、投身乡村振兴大潮的家国情怀和为解决乡村社区问题作贡献的社会责任感。

三、教学重点与难点

（一）教学重点

探讨乡村振兴战略与乡村社区治理之间的关系，突出公益金融和金融社工作为一种乡村社区治理方法的重要性及其可行性。

（二）教学难点

阐述清楚公益金融在助力乡村振兴及社区治理中的落地路径，在多个主要备选方案中进行比较和甄别，在方案的创新性与乡村社区基础之间寻找有效的结合点。

四、课程思政案例介绍

乡村振兴背景下的农村公益金融案例比较

（一）经典的格莱珉模式在中国的落地实践及其案例

为了改变普通农民及农村低收入者在信贷市场的边缘地位，从 20 世纪 70 年代开始，一些发展中国家的小额信贷先驱者借鉴传统民间借贷的一些特点和现代管理经验，创造性地构建出一种适合穷人特点且具有可持续性的信贷服务模式，开创了公益金融领域。其中，该领域中的孟加拉“格莱珉”模式在国际公益金融和扶贫领域得到广泛认可。

格莱珉银行被称为“穷人的银行”，旨在消灭贫困，其基本的服务对象是穷人。格莱珉银行认为整借整还的方式不适合穷人，整借零还、每周还款，分期偿还本息可以减轻穷人的还款压力，也降低了银行面临的风险。格莱珉银行不向单独的个人提供贷款，而是要求妇女形成五人小组。多个小组形成一个中心，以每周中心会议的形式进行放款、还款和开展集体活动。小组和中心会议可以对个体的违约行为形成一种约束；小组和中心还形成一种互助机制，进而提升社会资本与社会组织化程度。格莱珉银行不追求利润，但是也不主张以慈善的方式免费给穷人提供帮助，而是支持穷人开展生产性活动。它力争实现在商业上的可持续，遵循市场利率，不进行利息补贴，即一种通过商业模式解决社会问题的“社会企业”思路。格莱珉银行旨在以金融为媒介，介入穷人的生活和乡村社会。为此，格莱珉银行和客户共同商讨通过了旨在实现社会价值的 16 条公约，包括互助、合作、纪律、家庭、教育、卫生、集体活动、生活习惯等方面。

随着格莱珉模式在孟加拉国和全球其他国家的成功，这一制度也扩散到中国，国内的小额信贷行业开始引进、宣传、学习和推广格莱珉模式。早在 20 世纪 90 年代，格莱珉模式就由中国社科院农村发展研究所杜晓山教授引入到国内，在河北易县成立了仿照格莱珉模式的扶贫经济合作社。2006 年，尤努斯获得诺贝尔奖之后，更是出现了一大批格莱珉模式的倡导者。其中，最坚定地信奉格莱珉模式，并被孟加拉格莱珉银行方面认可的是“格莱珉中国”。2014 年，“格莱珉中国”聘请了一位孟加拉籍格莱珉银行专家，帮助建立了一套相对规范的财务体系。该机构组织翻译了大量孟加拉格莱珉银行的制度手册和研究书籍，逐渐摸索出一套符合格莱珉原则的工作流程，并希望在此基础上建立一个全国性的分支机构网络。然而，这个有很多成功经验并被寄予厚望的项目在社区层面进展得并不顺利：它的小额贷款产品在地方社区中的认可度和接受度很低；其为提高乡村社区治理水平而开展的社区动员也收效甚微。

（二）对格莱珉模式的大幅度改造的本土化探索及其案例

有一部分公益性小额信贷机构因为在学习格莱珉模式时遇到了困难，就对其进行了本土化改造。改造后的模式一般会对格莱珉模式进行简化处理，去掉一些程序和要求，作出一些与国内农民的习惯偏好及生产实践相匹配的调整，从而降低成本，增强商业可持续能力。以运行比较成功的中和农信为例，它一开始是以小组贷款为主，因为推广困难，将模式调整为以个人贷款为主。它仍然沿袭了整借零还的基本模式，但还款周期更加灵活，并且有“分期还息，到期还本”等多元化的还款方案。中和农信还在基层坚持使用本地信贷员，以发挥其对社区熟悉的优势。

以中和农信为例，中和农信的业务覆盖全国20个省（直辖市、自治区），共有387家分支机构，在贷客户数42万余人。截至2020年12月，中和农信贷款余额超过122亿元，累计发放贷款超过433万笔。可以说，其服务的客户规模较大，惠及面较广。从深度上来看，它的大部分项目点设在农村地区，包括贫困县，但它在项目所在地选择具体客户时并不要求农户一定是贫困户。从结果上看，一般是当地农村的中高收入者居多，因为这些人创业的能力和借贷需求最旺盛，从而成为其主力客户。但贷款额度越低，越说明是服务了收入水平较低的客户，中和农信的户均贷款额2.8万元，保持在较低的额度。其客户中，79.68%为农户，46.63%为妇女，78.45%为初中及以下文化水平，17.93%为少数民族。总体来看，它确实是在服务落后地区和农民群体，但主力客户在当地处于中等偏上水平。中和农信实现了商业可持续，从2008年起，就已经实现了累计盈利。2014年，实现净利润1943万元，总资产收益率为1.04%，净资产收益率为3.48%，处于保本微利的理想状态。但中和农信以向农户提供信贷服务为主要目标，社会服务并没有和信贷服务相捆绑，只是以锦上添花的方式做一些培训活动，活动的频率、规模都比较有限，对乡村社区治理的直接贡献不大。

（三）社区的合作金融模式及其案例

基于社区合作金融的资金互助社由一定数量的村民组成合作组织，为他们内部的创收活动提供小额贷款，小组的资金由成员自我管理，成员自主决定存贷款利率。在国外，有著名的国际社区资助基金会村银行模式，也叫拉丁美洲村银行模式，是以村为基础的半正规会员制机构，于20世纪80年代中期在拉丁美洲国际社区资助基金会的基础上创建的。该模式的主要特征是：20—50名妇女组成小组，为她们的创收活动提供小额贷款，村银行的资金由成员自我管理，借款人互相担保，成员自主决定存贷款利率，与商业银行相比，存贷款利率都较高。2007年，我国为做好调整放宽农村地区银行业金融机构准入政策的试点工作，银监会制定了《农村资金互助社管理暂行规定》，给予了资金互助社合法地位。农村资金互助社是经银行业监督管理机构批准，由公民自愿入股组成的社区互助性银行业金融业务。农村资金互助社是独立的法人，对社员股金、积累及合法取得的其他资产所形成的法人财产，享有占有、使用、收益和处分的权利，并以上述财产对债务承担责任。

在我国，目前比较成功的案例有著名三农学者李昌平领导的乡建院推动的村社内置金融模式，具体做法是以政府的“种子资金”来引导农户在村社内部创建合作金融，由村党支部和村委会干部牵头，联合村内比较有经济实力和声望的“乡贤”组成核心管理团队。村社内置金融合作社一般是与养老结合起来，发动老年人入社，信贷活动的收益给老年人分红；也利用老年人对村庄的熟悉来筛选借款人和把控风险；还让农户的土地承包权在村社内置金融中实现抵押贷款或股权化。农户以承包权或集体成员权在村社内置金融抵押贷款，如果违约，其土地承包权或集体成员权被村党支部与村委会负责直接收回村社集体，再进行发包或转让。承包权或成员权除了在内置金融中抵押贷款外，也可以折算成现金来入股内置金融，且股权可以随时选择在内置金融中变现退出。这一模式不仅帮助农民把“死资产”变成了“活钱”，解决了其贷款难、融资难的问题，还极大地提升了农民的组织化水平和党支部领导下基层组织服务农民的能力，以及农民和农民组织自主发展的能力。这个模式虽然需要政府的支持和乡建院团队的指导，但主要是靠社区内部力量来具体运营。虽然它以信贷活动为基础，要通过发放贷款来创收，但主要目的是服务于社区养老和乡村建设。

2009—2019 年，该模式已在全国 23 个省市自治区、88 个县、327 个村庄展开，每村平均每年向村民提供贷款约 300 万元。村社内置金融充分发挥了社区内部的资源优势，包括土地资源、熟人社会的优势以及老人的优势，整体上运营成本低，财务压力小。该模式以内置金融来服务乡村振兴，提升社区活力和农村组织化水平，对改善乡村社区治理状况有明显效果。

（四）案例比较结论

公益金融的核心是兼顾公益性与商业可持续性，也就是既要为真正的穷人和中低收入群体提供他们所需要的信贷服务，又能逐步实现机构的“保本微利”和健康发展。所以，公益金融的金融目标与社会目标必须达到均衡，均衡点就在于持续地为穷人和中低收入群体提供信贷服务。对比金融目标与社会目标之间的关系，公益金融的“本”是信贷，中国的公益性小额信贷还是要回到为穷人提供信贷服务这个“本”。如果社会目标严重拖累了金融目标，就需要在社会目标上有所收缩。

每个国家和地区都有特定的文化观念、市场环境与客户需求，公益金融机构需要有用户思维和社区意识，要多从用户的角度出发，贴近社区实际；要从中低收入水平客户的金融需求和行为偏好出发，扎根社区实际、调动社区资源，这样既有利于更直接地帮助客户，也有利于降低客户的成本和机构的成本。中国乡村最重要的社区资源是以党支部为核心的农村基层组织和村社共同体内部的经济资源和社会网络资源。以公益金融介入乡村社区治理，必须要依靠并赋能现有的农村基层组织，充分发现党支部和村委会的积极性，通过金融手段把村民重新凝聚起来，做大、做实村集体经济，并通过合作社等机制实现集中领导与民主监督的统一。

五、教学方法与手段

采用教师主讲、学生主讲和师生讨论相结合的案例教学方法。由教师指定三个案例的选题，提前将学生分为三组，每组学生主讲一个案例。在学生展示完三个案例后，教师引导学生展开讨论。首先由学生对三个案例的优劣进行比较；然后由教师进行点评和补充；最后由教师进行总结。

六、教学实施过程

（1）背景介绍：由主讲教师对案例的理论背景和现实背景进行介绍，引出案例讨论的必要性，并交代案例的选题范围。

（2）案例讨论：由学生按照分组分工对各自负责的案例部分进行介绍、分析和评价；在教师的引导下对三个案例进行比较，由学生选出自己认为最适合中国乡村社区治理的案例，并陈述理由。

（3）案例总结：由主讲教师对学生的案例讨论进行点评、整理和总结，将案例的分析引向课程设计的方向，明确给出教师的观点。

七、考核与评价方式

教师为学生在案例讨论环节的发言质量和发言中体现的“道路自信”程度进行打分，并计入平时成绩。

在期末考试的试卷中，将围绕该部分的案例设置题目，在百分制的卷面分中占 30 分。

八、实施成效

学生通过本案例讨论环节的学习进一步增强了专业素养和社会责任感，对乡村社区治理和公益金融相关议题形成持续兴趣并产生一定成果，每年度在选课学生中至少培养出 4 位学生围绕该领域的议题开展毕业论文选题与写作。

通过案例讨论发言，提高学生的发言能力和积极性，坚定了“道路自信”。经过本案例讨论环节，学生普遍反映增强了对公益金融落地实践的认识程度，更加充分地了解了中国国情，从学理上认清了以党支部为核心的农村基层组织在乡村社区治理与乡村振兴中的重要性。

案例 30：共同富裕会削弱市场经济吗？

——《中国特色社会主义政治经济学》课程思政教学案例

张忠胜
（中央财经大学马克思主义学院副教授）

一、基本信息

课程名称：中国特色社会主义政治经济学
授课对象：马克思主义学院硕士研究生
知 识 点：共同富裕、社会主义市场经济
主讲教师：张忠胜

二、教学目标

（一）知识目标

培养学生掌握共同富裕的科学内涵，理解社会主义市场经济的基本特征，把握共同富裕与社会主义市场经济的内在统一。

（二）能力目标

培养学生自觉运用马克思主义政治经济学方法和原理解释共同富裕、辨析错误观点的能力，科学把握社会主义市场经济的重大创新及其体制优势。

（三）育人目标

引导学生自觉树立马克思主义根本信仰，坚定马克思主义政治经济学理论自信和中国特色社会主义经济建设道路自信，理解中国共产党实现共同富裕的价值追求。

三、教学重点与难点

（一）教学重点

引导学生掌握共同富裕的科学内涵，理解社会主义市场经济的基本特征，把握共同富裕内涵与社会主义市场经济特征的内在统一。

（二）教学难点

培养学生运用马克思主义政治经济学方法和原理在辨析“共同富裕削弱市场经济”的错误观点中把握共同富裕内涵与社会主义市场经济特征的内在统一。

四、课程思政案例介绍

（一）案例概述

首个共同富裕示范区引起国际媒体关注。2021 年 5 月 20 日，党中央、国务院印发《关于支持浙江高质量发展建设共同富裕示范区的意见》。2021 年 6 月 10 日至 11 日，浙江省委十四届九次全体（扩大）会议在杭州举行，系统研究部署高质量发展建设共同富裕示范区，审议并原则通过《浙江高质量发展建设共同富裕示范区实施方案（2021—2025年）》，强调要坚决扛起政治责任，为全国实现共同富裕先行探路。一时间，中国共产党在新时代加快实现共同富裕的话题成为国际媒体关注的焦点。

在相关国际媒体报道中，除了对中国共产党雄心勃勃的目标的赞许外，也有媒体表达了困惑，甚至质疑。比如，有的媒体困惑于到底什么是共同富裕？为什么中国共产党支持建设的第一个共同富裕示范区是在民营经济大省浙江？也有媒体表达了对中国经济接下来改革走向的担忧。比如，华尔街金融家、开放社会研究所主席乔治·索罗斯于 2021 年 9 月在《华尔街日报》撰文呼吁贝莱德集团（Black Rock）等美国投资机构不可再投资中国市场，其理由是："中国近期提出的'共同富裕'计划，旨在通过将富人的财富分配给普通民众来减少不平等，这对外国投资者来说不是好兆头"。另外，英国广播公司在 2021 年 8 月 20 日的报道中声称，"中国对市场经济的干预越来越明显，经济控制的迹象和趋势越来越明显"。美国之音在 8 月 23 日的报道中将中国促进共同富裕的举措，描述为"优待国企、歧视私企的经济发展计划"。也有其他媒体和人士表示，"中国正在进行一场加强国家对经济与社会控制的政策转向""中国控制市场的企图是史无前例的"。这些报道或评论概括起来，实际上就是将新时代加快实现共同富裕曲解为"中国要削弱市场经济"。

显然，这些观点是对中国相关政策的严重误解，暴露出他们并未理解中国的社会主义市场经济体制，陷入了西方仅在西方资本主义市场的思维模式下考虑共同富裕的迷思。

（二）案例简评

习近平总书记多次强调，"发展社会主义市场经济是我们党的一个伟大创造"，同时，也明确指出，"实现共同富裕不仅是经济问题，而且是关系党的执政基础的重大政治问题。"从这个角度讲，案例中提及的市场经济与共同富裕主题，具有深刻的课程思政教育资源。新时代加快实现共同富裕是不是就意味着上述国际报道中所表达的"中国要削弱市场经济"？答案显然是：不是！因此，我们在关于社会主义市场经济和共同富裕理论知识点的教学中，可以由此引导学生直面错误观点，并培养学生自觉运用马克思主义政治经济学方法和原理科学辨析错误观点，帮助学生掌握社会主义市场经济的基本特征，特别是弄清社会主义市场经济与资本主义市场经济的“同与不同”，进而掌握共同富裕的科学内涵及其与社会主义市场经济特征的内在统一。由此，进一步引导学生理解新时代中国共产党把逐步实现全体人民共同富裕摆在更加重要的位置，是中国共产党人不忘初心、牢记使命的体现，是按既定目标、发展方向和战略部署采取的行动，不是要改变发展方向，也不存在否定原有发展方向的问题。

五、教学方法与手段

在教学方法上，探索并实际运用“建设性和批判性相统一”的课程思政教学方法。“中国特色社会主义政治经济学”课程设计本身高度契合教育部印发的《高等学校课程思政建设指导纲要》（以下简称“纲要”）的相关课程思政建设要求。其中，《纲要》第五点“结合专业特点分类推进课程思政建设”中提到，经济学类专业课程，要在课程教学中加强以马克思主义为指导，加快构建中国特色哲学社会科学学科体系、学术体系和话语体系。“不破不立”，新的学科体系、学术体系和话语体系的构建，离不开对错误理论、观点和思潮的批判。本知识点的课程思政教学案例，将抓住与该知识点直接相关的“加快实现共同富裕就是要削弱市场经济”的错误观点作为学术观点的批判对象，基于建设性和批判性相统一的要求，通过精化课堂设计、细化课堂实施、优化课堂调控等，达到知识传授、能力培养和价值塑造紧密融合的课程思政建设目标。

在教学手段上，重点推进并实际运用“问题链”教学模式。第一，通过设计问题以引入教学，注意把握教学问题设计的深浅度，强调以可理解性、针对性的问题吸引学生；第二，细化问题切入方式，通过联系现实经济问题，让学生深入思考相关错误观点出现的现实背景和理论混淆；第三，通过建设性与批判性相统一的教学，引导学生坚持运用马克思主义政治经济学的方法和原理对与社会主义市场经济和共同富裕相关的观点进行科学辨析，形成独立思考的习惯和能力，培养学生掌握共同富裕的科学内涵，理解社会主义市场经济的基本特征，进而在把握共同富裕内涵与社会主义市场经济特征的内在统一的同时，理解中国共产党的价值追求，完成课程思政教育教学的升华。

六、教学实施过程

“建设性与批判性相统一”的教学实施过程如图 30 – 1 所示。

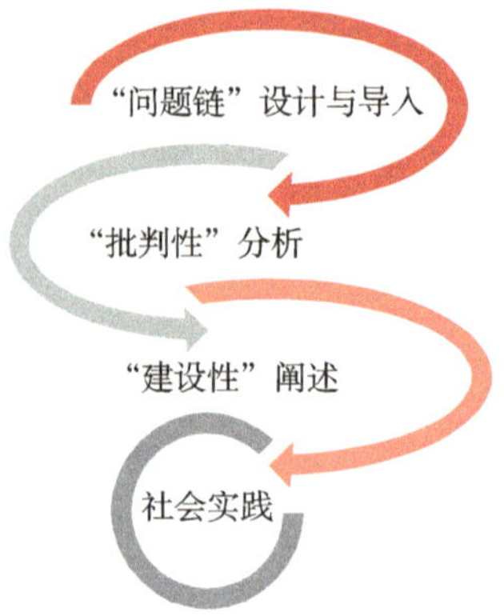

图 30－1　“建设性与批判性相统一”的教学实施过程

（一）“问题链”设计与导入

课程的“问题链”设计如图 30－2 所示。

共同富裕会削弱市场经济吗?		
一、为什么说共同富裕削弱市场经济是错误的?	二、什么是共同富裕?	三、怎样把握社会主义市场经济与共同富裕的内在统一?

图 30－2　“问题链”设计

（二）对错误观点的“批判性”分析与对专业知识点的“建设性”阐述

从对“共同富裕削弱市场经济”错误观点的批判性分析中，建设性地阐述“什么是共同富裕”（见图 30－3）。

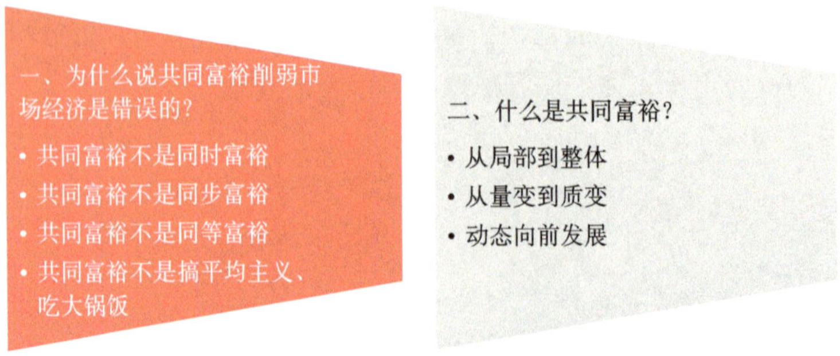

图 30－3　错误观点的批判分析（左侧）与建设性的知识点阐述（右侧）

进一步建设性阐述“社会主义市场经济与共同富裕的内在统一”（见图 30－4）。

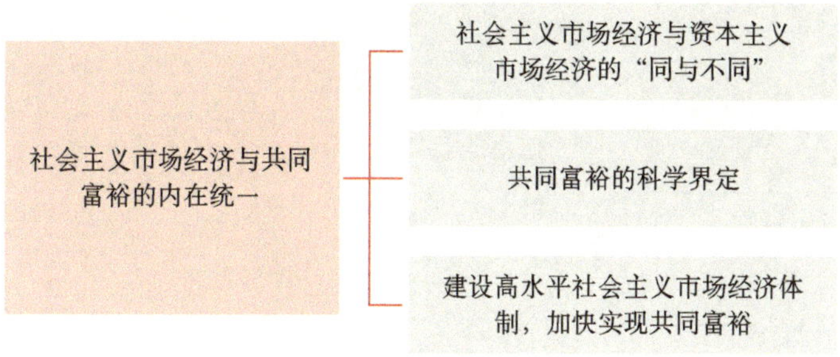

图 30－4　对知识点的进一步阐述

（三）社会实践活动安排与布置

安排主题社会实践，拓展课程思政建设方法和途径。布置学生利用课下时间，针对本次教学内容，围绕“建设高水平社会主义市场经济体制，加快实现共同富裕”，进行社会实践，并结合课程思政教学，形成调研报告。

七、考核与评价方式

本教学案例根据课程思政融入课堂教学建设全过程的要求，将考核与评价方式细化至课堂学习、教学研讨、社会实践、结课考核等各个环节。具体考核主要依据学生课堂交流互动、小组调研报告成果等，对学生作出优秀、良好、及格和不及格等级评价，计入平时成绩。

八、实施成效

（一）学生学习预期成效

学生将在学习掌握社会主义市场经济和共同富裕理论知识点的同时，形成直面错误观点的优良学术素养，并能够运用马克思主义政治经济学方法和原理解释共同富裕的科学内涵，理解社会主义市场经济的基本特征，进而在把握共同富裕内涵与社会主义市场经济特征的内在统一的同时，理解中国共产党的价值追求。

（二）教师教学预期成效

通过创新性探索“建设性与批判性相统一”的课程思政教学方法，以及创新引入“问题链”教学法，将能够增强学生求知欲和兴趣度，有效提升教学创造性，进而结合理论知识的研究与教学特点，完成课程思政建设相关目标要求，呈现课堂独特性。

案例 31：国宝沉浮：古代书画递藏中的国宝经典与爱国收藏

——《书画鉴定专题研究》课程思政教学案例

宗娅琮
（中央财经大学文化与传媒学院副教授）

一、基本信息

课程名称：书画鉴定专题研究
授课对象：一年级研究生
知 识 点：《中国书画》，第二章和第三章
主讲教师：宗娅琮

二、教学目标

（一）知识目标

围绕艺术类专业特色和特色课程建立艺术类专业“课程思政”的教学设计版块，在明确艺术类教学“课程思政”的具体内涵、内容设计和实现路径的基础上，进一步展开实践教学与翻转课堂。熟悉掌握古代书画递藏中的国宝经典作品，以“实践—剖析—再实践”的研究思路和实践维度设计出突出思政教学价值深意的知识体系，将“课程思政”的核心价值行动实践于教学的专业领域和专业前沿。

（二）能力目标

针对具体艺术专业的课程特点，以课堂教学、实践教学以及线上教学相结合的方式展示教学内容，培养学生掌握古代书画递藏中国宝经典作品的书画艺术风格、书画家，以及在中国书画史中的价值和贡献。

（三）育人目标

围绕中华民族文化传承、文化自信等核心价值，紧跟思政价值体系，打磨提炼出成熟的课程教学主体内容和课程特色，突出“思政 + 实践”教学环节的大学生人文精神素质培养体系，重点通过古代书画递藏中的国宝经典作品学习与分析，凝练大学生的爱国情怀与文化强国的使命担当意识。

三、教学重点与难点

（一）教学重点

以理想信念教育、社会主义核心价值观教育、爱国主义教育等为主题，结合专业资源

学习优势，通过对传统文化艺术价值挖掘，围绕文物艺术品的爱国收藏、文物艺术品的爱国捐赠、经典文化艺术的传承、民族文化复兴等相关内容的学习，建立起当代青年学生的爱国情怀，以及对传统文化资源的保护与传承的责任感与使命感。重点体现在树立青年学生爱国护宝的家国情怀和对优秀传统文化精华传承的使命担当意识。

（二）教学难点

在贯穿艺术类专业“课程思政”教学过程中，完成多层次多维度的“单元”版块的教学实践设计，以实现不断提炼和延伸各个单元“课程思政”版块的内容和内涵、特点与特色，实现以专业特色和专业领域特点探索高校思政课的新途径和新方法，推动优秀传统文化与高校思政课的衔接与转化。

四、课程思政案例介绍

《书画鉴定专题研究——国宝沉浮：古代书画递藏中的国宝经典与爱国收藏》课程思政案例介绍。习近平总书记在“全国文艺工作座谈会上的讲话”强调爱国主义的重要内涵和重要意义，“凡作传世之文者，必先有可以传世之心”，在社会主义核心价值观中，最深层、最根本、最永恒的是爱国主义。当前，从文化自信与文化爱国的视角研究与梳理中国书画艺术中的爱国精神和文化传承的内容十分少见，然而在中国传统艺术发展的历史长河中有关爱国收藏，文化传承的经典“国宝”作品与爱国收藏家的爱国事迹是极为震撼国人心灵的，它是增强国人爱国护国信念和民族文化自信的重要历史支撑。诸如爱国收藏家张伯驹先生将其收藏的文物无私捐献给了国家，其中包括西晋陆机《平复帖》卷、隋展子虔《游春图》、杜牧《赠张好好诗》卷、宋范仲淹《道服赞》卷、黄庭坚《诸上座帖》等。在颠沛流离的岁月中，张伯驹先生倾尽家产保护即将流失海外的国宝级艺术收藏品，有关这样的爱国收藏事迹正与当前提倡的爱国主义精神和新时代社会主义核心价值观相契合、相呼应，有助于在青年学生群体中产生价值共鸣，建立起提升民族自信和文化自信的价值观。

基于此，依据本课程特点特色打磨出有厚度、有深度的“课程思政”教学设计，一方面，在课程训练能力方面设计出突出思政内涵教学环节的大学生人文精神素质培养的课程内容，以历史观和社会观的视角感悟思政价值深意；另一方面，在行动能力方面将思政核心价值付诸于实践教学和专业前沿，探讨艺术类专业“课程思政”教学与大学生人才培养、美育培养两者的契合点。

五、教学方法与手段

（一）教学方法

（1）混合教学法：采用线上线下相结合，线下为主、线上为辅授课方式。通过超星智慧教学平台数据统计掌握学情，调整课堂教学，进行课前、课后的预习或巩固。

（2）案例分析法：每一个知识点都由相应的古代书画经典作品引出，比如由《平复帖》《游春图》《张好好诗》等经典传世作品来引导学生学习古代书画鉴定与收藏内容。

（3）启发教学法：在知识讲授中，具有“留白”意识，给学生留出自主思考空间、自主实践空间，使学生自主获得知识。例如，在讲到张伯驹先生多次抢救艺术“国宝”时、宁愿牺牲性命时、将国宝无偿捐献给国家时，让学生联想其爱国藏家的家国情怀，培养学生的爱国信念和文化自信。

（4）实践教学法：带领学生赴学校图书馆特藏库观摩古代书画收藏图录；赴故宫博物院观摩古代书画精品，观摩爱国收藏艺术品的保护与修复工作。

（5）示范教学法：课堂示范古代书画创作技法，培养学生传承古代书画艺术的使命担当精神。延伸思政教学思路，引导青年学生进行以“爱国”为主题的专业创作实践，以书画题跋、书画创作的形式向“爱国精神”致敬。

（二）教学手段

（1）采取翻转课堂理念，以线下为主，线上为辅。线上主要是通过超星学习通网络平台进行教学，引导学生课前自主学习线上课程，课后完成文献阅读和课堂思考题；线下课堂则可展开有效师生互动，构建多样化学习环境。

（2）采取研究型教学模式，运用案例与讨论法等，引导学生发现问题、解决问题，以专题的形式完成知识构建，并在更为宏观的角度认识所学内容。

（3）利用智慧教学的数据化功能实现教学重点决策的有据可依，通过智慧教学平台的功能模块实现师生间的资源共享和立体交流，并及时获取相应的评价反馈。

六、教学实施过程

《书画鉴定专题研究——国宝沉浮：古代书画递藏中的国宝经典与爱国收藏》课程教学的具体实施过程如下：

第一，课程通过描述国宝级古代书画传世之作《平复帖》《上阳台帖》《张好好诗》《游春图》等作品的基本信息展开，逐步将作品的艺术价值、历代递藏脉络、文物价值以及历史影响深入讲授。

第二，在学生掌握《平复帖》《上阳台帖》《张好好诗》《游春图》等作品的基本内容后，通过对《平复帖》《上阳台帖》《张好好诗》《游春图》等作品在递藏流转过程中颠沛流离的收藏事件、历史背景进行生动叙述，将所包含爱国精神的递藏历史和爱国事件内容凝练于教学内容中。在专业内容讲授的基础上进一步以爱国藏家张伯驹先生所言“予所收蓄不必终予身为予有，但使永存吾土，世传有绪”的初衷和爱国精神融入到青年学生的学习和感悟中，并将张伯驹先生无私捐献国家文物的事件进一步展开阐述分析，升华爱国藏家的人生境界与民族情怀，实现爱国精神在青年学生中的传递。

第三，示范、引导学生对具有爱国精神的艺术藏品递藏历史和爱国事件等相关内容进行整理，如爱国收藏家的笔记、信札等反映爱国情怀的史料与文献，在深入研读、分析中提炼出文化自信与爱国精神的永恒价值。

第四，延展教学内容，凝练出以“国宝艺术与爱国精神”为主题的课程思政特色内容和实践成果。比如引导学生自己书写一段关于《平复帖》《上阳台帖》《张好好诗》《游春图》等递藏过程和爱国精神的书法题跋，或者完成一幅以“爱国精神”为主题的书画作品等，升华青年学生的爱国情怀与使命担当意识。

第五，通过课程实践教学，带领学生进入中国国家博物馆、故宫博物院等重要文博机构进行实践教学与考察调研；拜访张伯驹先生后人和研究者，了解收藏家的爱国事迹；拜访故宫博物院古书画修复与保护专家，学习《平复帖》《游春图》等书画修复与保护的历程，不断丰富课程主体讲授，以行动实践深入引导青年学生对中华民族优秀传统文化传承、文化自信和爱国精神的思考，切实实现立德树人的教育目标。

七、考核与评价方式

本课程采用科学的研究方法，设计严谨周密的教学内容和教学步骤，保证“课程思政”效果落实到实处。

（1）贯穿大学生素质教育和思政教育始终。围绕立德树人根本任务，遵循学生认知规律和教育教学规律，按照融会贯通、古今相应的主旨，把中华优秀传统文化全方位融入思想道德教育、人文教育、艺术教育、实践教育环节。

（2）突破艺术本体研究的视野，从文化研究、历史研究层面进一步厘清艺术类专业“课程思政”的精神价值和社会价值。改变单一传输式课程学习，围绕社会主义核心价值观、围绕文化自信，宣传爱国主义，将提升人文主义精神和人格修养的几个要素版块展开课程内容设计和实践教学课程模块互动。课程受到青年大学生的好评，学生积极参与相关实践课程活动，感受到了“课程思政”带来的精神升华。

（3）不断完善艺术类专业“课程思政”教学实践案例库；进一步建立艺术类专业“课程思政”教学实践合作平台与基地，以润物细无声的教学内容和多样多元的教学方式充盈学生的文化价值认同，形成对中国传统文化保护和继承的自觉和担当。

八、实施成效

根据《书画鉴定专题研究》课程教学特点，已与中国国家博物馆、故宫博物院等重要国家文博机构建立课程学习实践教育合作，建立起了《书画鉴定专题研究》“课程思政”教学实践案例库；积极参加相关学术科研工作，任课教师基于课程思政教学积累，参加“文艺评论界学习贯彻习近平总书记在庆祝中国共产党成立100周年大会上的重要讲话精神座谈会”，并进行大会发言，发表文章“担负新时代青年文艺工作者的光荣使命”于国家级中文核心期刊《中国文艺评论》（2021年第8期）。参加中国文联主办的“领航新时代文艺的思想指南——中国评协主席团扩大会议学习贯彻习近平总书记在中国文联十一大、中国作协十大开幕式上的重要讲话精神”，并进行大会发言，发表文章“树立更辽阔的历史视野和更鲜明的文化立场”于《中国艺术报》（2022年1月10日）。基于课程内容承担主持北京市教工委“‘双百行动计划’——青年教师社会调研项目”等。重点参与承担项目“田野调查的传统与创新：书法学专业实践教学体系的改革与突破”获中央财经大学高等教育教学成果奖一等奖。以上工作不断丰富着《书画鉴定专题研究》“课程思政”的内涵与价值，进一步深刻阐明传承发展中华优秀传统文化是建设中国特色社会主义事业的实践之需，不断丰富有中国文化底蕴、中国文化艺术特色的“课程思政”课程教学体系和学术研究成果。

案例32：新媒体助力“三农”

——《新媒体研究》课程思政教学案例

谭云明
（中央财经大学文化与传媒学院教授）

一、基本信息

课程名称：新媒体研究
授课对象：2021级研究生
知 识 点：《新媒体概论》，第十四章
主讲教师：谭云明

二、教学目标

（一）知识目标

了解新媒体在农村普及的背景以及现状，掌握新媒体的发展和应用对“三农”发展的重要性，明确推动农民应用和掌握新媒体的方式。

（二）能力目标

通过学习调研团队在鄂西地区开展的社会调查，引发思考、扩展思维。提高理论联系实际的能力，将新媒体知识与助农实际相结合，提高发现问题、分析问题以及解决问题的能力。

（三）育人目标

以瓦仓生态农业发展为契机，提升对乡村振兴工作以及偏远乡村发展的关注，提升对社会主义新农村建设以及乡村产业发展的理解。感悟红色革命地区发展生态农业的决心，学习革命先烈舍生忘死的精神，学习“新农人”投身家乡建设的伟大情怀。

三、教学重点与难点

（一）教学重点

新媒体的发展和应用对“三农”（农村、农业、农民）发展发挥的作用，新媒体在农村普及的背景和现状，以及如何让农民应用和掌握新媒体。

（二）教学难点

新媒体助力“三农”发展的实现路径；新媒体对乡村振兴产生的影响；乡村振兴对新

媒体的依赖。

四、课程思政案例介绍

（一）课程和案例基本情况

《新媒体研究》是一门讲授关于新媒体概述、特征以及新媒体的发展历程和对社会影响的课程。课程从新媒体的绪论、史论、类型、舆论、经营管理、规制、技术、编辑、文化、伦理等视角，建构了新媒体的内容和体系框架。课程不仅对新媒体的基本知识进行了全面介绍，又结合新媒体实践，深入剖析了新媒体的发展、经营管理、编辑技术、文化伦理以及舆论传播的基本规律，集理论性、实用性和可操作性于一体，力求使学生通过这一课程的学习，能学以致用，掌握新媒体技术的运用与经营管理。

“新媒体助力三农”是“新媒体与新经济”章节的内容，这一节的主要内容包括新媒体的发展和应用对“三农”（农村、农业、农民）的发展是一个有力的促进，农业信息化是农业现代化的重要标志等。新媒体如何在农村普及、如何让农民应用和掌握，是一个战略性课题，乡村振兴不但有赖于新媒体基础设施的完善，更有赖于农村电商等新媒体网络的建设和完善。课程重点在于引导学生发现新媒体的经济价值，学以致用，将理论学习应用于实践之中，启发乡村振兴工作。中国是农业大国，农业问题是国民经济的基础，发展农村、提高农民的收入水平，仍是一项长期而艰巨的任务，需要国家、政府以及人民齐心协力、共同解决，更需要几代甚至几十代人的不懈奋斗。近几年，国家对红色革命地区乡村振兴工作的开展尤为关注，给予了政策扶持，并且开展了评比“红色美丽村庄建设试点村”的工作。“新媒体助力‘三农’”能很好地与思政内容相融合，在讲授这一节内容的时候，容易唤醒学生对“三农”问题的关注，能激励学生投身社会主义新农村实践，做乡村振兴的中坚力量。

（二）思政内容融入的理念和思路

课程思政融合如表 32－1 所示。

表 32－1　　课程思政融合

教学内容	教师活动	课程思政融合点
新媒体在农村普及的背景、现状以及原因	介绍新媒体在农村普及的背景，并分析新媒体在农村发展的现状，思考新媒体在农村普及的原因，与学生探讨新媒体在农村普及的体现，引导学生思考新媒体对农村产生的影响	激发学生学习这一章节的兴趣，并引导其思考新媒体在农村普及的机遇以及遇到的问题，培养学生利用所学知识关注农村实际的能力

续表

教学内容	教师活动	课程思政融合点
新媒体的发展和应用对“三农”（农村、农业、农民）发展发挥的作用	讲授自媒体的发展和应用对“三农”发挥的作用，并用鄂西调研过程中获取的实际案例作为支撑，对课本内容进行延伸	培养学生关注“三农”的社会责任感，促使其联系实际并进行理论创新
如何让农民应用和掌握新媒体	教师讲授教材中的帮助农民应用和掌握新媒体的途径。开启一场头脑风暴，鼓励学生探讨新的方式，并对教材内容进行补充	培养学生理论联系实际的能力，鼓励学生为解决“三农”问题建言献策
新媒体助力“三农”发展的实现路径	讲授理论上新媒体助力“三农”发展的实现路径，补充调研材料，引发学生思考新的实现路径	鼓励学生树立到祖国需要的地方去的正确就业观，培养为祖国建设作贡献的伟大情怀
新媒体与“三农”发展的互动	讲授新媒体对乡村振兴产生的影响，乡村振兴对新媒体的依赖	激发学生对社会现实以及农村发展的关怀，激励学生投身社会主义新农村实践，做乡村振兴的中坚力量

五、教学方法与手段

（一）故事导入法

课程的引入部分采用能引起学生兴趣的生活趣事，这类趣事要包括新媒体的内容，并且要贴合农村实际，从调研过程中选取素材。通过分享趣事的方式，吸引学生注意力，为后续新知识的讲授奠定基础。

（二）讲授法

对于教材中理论性较强的知识点，以讲授法的方式展开讲解，分析较难的知识点。同时，在实际教学过程中还要结合学生的思维习惯和对于知识的理解特点，导入鄂西调研的实例，与学生展开互动和交流，激发学生对于红色革命地区发展生态农业的学习兴趣，更直观地展示鄂西一带生态农业发展的现状以及新媒体在当地农业生产和农民生活当中的运用。

（三）头脑风暴法

尊重学生的主体性地位，唤醒学生课堂主体意识，将课堂交给学生，培养学生自主探究、创新思考的能力，鼓励学生在课堂中结合实际畅所欲言。在学生讨论后进行归纳总结，并对教材中的理论进行创新，帮助学生全面、系统地理解问题。

（四）案例分析法

选取鄂西调研中的典型案例，通过分析案例中呈现的知识要点、思政要点，达成课程目标。

六、教学实施过程

（一）课堂导入（3分钟）

瓦仓，地处江汉平原向鄂西山区过渡的丘陵地带，位于远安县茅坪场镇东部，距离县城21公里。瓦仓山峦起伏，林茂粮丰，因其百姓历来用陶土烧制瓦罐贮粮而得名，素有天然粮仓之美誉（见图32－1），是湖北省名优大米十大品牌“瓦仓大米”的主产区（见图32－2）。瓦仓地区作为革命老区，瓦仓人民有着光荣的革命传统（见图32－3），近年来，一直在红土地上谋求绿色崛起，发展生态农业，并取得了一定的成效。作为传媒学院的学生，我们学习了很多理论知识，面对像瓦仓这样的乡村，我们又该如何用自己的所学去为他们的发展贡献出自己的力量呢？我们今天就来学习“新媒体助力‘三农’”这一节的内容，为瓦仓的发展建言献策，为红土地谋振兴建言献策。

图32－1　瓦仓大米种植基地

图 32－2　瓦仓大米生产加工区

图 32－3　瓦仓起义革命烈士陵园

（二）讲授新媒体在农村普及的背景、现状以及原因（5 分钟）

教师介绍新媒体在农村普及的背景：乡村地区的网络基础设施建设逐渐完善，智能手机普及，农村新媒体用户增加。新媒体作为新兴媒介，凭借全方位的数字化、交互性、个性化以及超时空性，迅速挤压传统媒体，瓜分了大量的市场，用户数量逐年攀升，成为人们生产生活中不可或缺的一部分。

教师分析新媒体在农村发展的现状，引导学生思考新媒体在农村普及的原因，与学生探讨新媒体在农村普及的体现。提问学生：新媒体对农村产生的影响，意在激发学生学习这一章节的兴趣，并引导其思考新媒体在农村普及的机遇以及遇到的问题，培养学生利用所学知识关注农村实际的能力。

（三）新媒体的发展和应用对“三农”发展发挥的作用（5 分钟）

讲授新媒体的发展和应用对“三农”发挥的作用，并用鄂西调研过程中获取的实际案例作为支撑，对课本内容进行延伸。调研案例如下：

新媒体的发展和应用对“三农”发展发挥了很大的作用，农村地区好的产品、好的生态农业，都要依靠媒体来传播。

与传统媒体（报纸、广播、电视和通讯）不同，新媒体具有传播形式多样、个性化突出和实时发布等特点。新媒体平台依托数字电视、电脑和手机等工具，在极短的时间内，就以其“亲民性”迅速占领农村市场，赢得了一众农村用户的青睐，在一定程度上改变了农民的生产生活方式，丰富了农民的生活，更以“润物细无声”之态，在乡村振兴的各个方面发挥着举足轻重的作用。随着远安优质米产业的兴起，瓦仓大米正成为远安名优特产中的一个翘楚走向全国。“中国品牌故事”，《人民日报》《三峡日报》等主流媒体纷纷报道瓦仓大米，从企业发展、科学种植到直播带货、扶贫减贫，各大媒体多角度全方位的对瓦仓大米进行了报道。在湖南卫视热门综艺《中餐厅》中也出现了瓦仓大米的身影，远安县长在节目中亲自带货，黄晓明、赵丽颖等明星嘉宾一起品尝了来自远安的特产（见图 32－4）。这只是借助传统媒体的力量，就已经为提升瓦仓米的品牌效应贡献了很大的力量，在未来的发展中，采用新媒体对瓦仓米进行宣传，效果会怎样呢?（引发学生思考与讨论）。

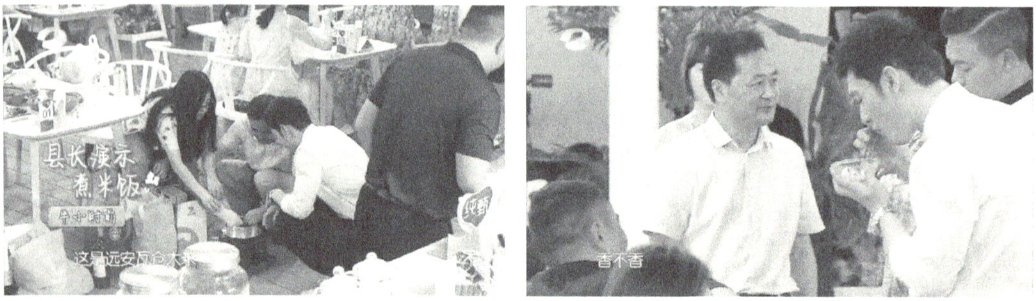

图 32－4　远安县长在《中餐厅》节目上带货

（四）如何让农民应用和掌握新媒体（10 分钟）

教师讲授现有的帮助农民应用和掌握新媒体的途径。提问学生新的途径，组织学生开展头脑风暴，鼓励学生探讨新的方式，并对教材内容进行补充。教师对学生的提议进行记录，培养学生理论联系实际的能力，鼓励学生为解决“三农”问题建言献策。

（五）新媒体助力“三农”发展的实现路径（10 分钟）

讲授理论上新媒体助力“三农”发展的实现路径。以瓦仓谷香米为例，提问学生：新媒体助力“三农”在瓦仓地区实现的现实路径有哪些，引发学生思考新的实现路径。鼓励学生树立到祖国需要的地方去的正确就业观，培养为祖国建设作贡献的伟大情怀。

（六）新媒体与“三农”发展的互动（10 分钟）

教师讲授新媒体对乡村振兴产生的影响，乡村振兴对新媒体的依赖，乡村振兴不但有赖于新媒体基础设施的完善，更有赖于农村电商等新媒体网络的建设和完善。提问学生：对于新媒体与“三农”发展互动的见解。激发学生对社会现实以及农村发展的关怀，激励学生投身社会主义新农村实践，做乡村振兴的中坚力量。

（七）总结并布置课后作业（7 分钟）

（1）抽选学生对本节课的内容进行总结，教师对学生的回答进行点评与补充，总结课程的重点、难点，帮助同学加深记忆。

（2）布置课后作业：搜集有关家乡的资料，谈谈新媒体该如何运用并助力家乡的“三农”发展。

七、考核与评价方式

根据这一章节所学的内容，要求学生结合实际，围绕“新媒体助力‘三农’”，完成一篇不低于 8000 字的课程论文。将学生的完成情况作为考核的依据，教师将对学生的论文进行书面评价，并反馈给学生。

八、实施成效

通过课堂教学，教师基本实现教学目标。学生能较好地掌握“新媒体助力‘三农’”这一章节的内容，了解新媒体在农村普及的背景以及现状，掌握新媒体的发展和应用对“三农”发展的重要性，明确推动农民应用和掌握新媒体的方式。学生通过调研团队在鄂西地区开展社会调查中的案例，更直观地了解了线下西部农村和革命老区的农村发展现状，引导学生将新媒体知识与助农实际相结合，提升学生对乡村振兴工作以及偏远乡村发展的关注，对社会主义新农村建设以及乡村产业发展的理解。激励学生投身社会主义新农村实践，做乡村振兴的中坚力量，培养学生的爱国主义精神与建设乡村的伟大情怀。

案例33：全球疫情发展趋势分析与建模：彰显中国特色社会主义制度优越性

——《商务与经济统计》课程思政教学案例

杨　虎

（中央财经大学信息学院副教授）

一、基本信息

课程名称：商务与经济统计
授课对象：产业经济学、管理信息系统等专业硕士研究生
知 识 点：《时间序列分析及应用——R 语言》中的“时间序列分析”
主讲教师：杨虎

二、教学目标

（一）知识目标

通过学习，使得学生掌握时间序列分析的基本概念、基本原理、基本分析方法以及数据处理与分析过程实现。掌握移动平均、指数平滑、季节模型和 ARIMA 模型等常见时间序列分析模型；掌握时间序列分析结果评价以及模型选择等。

（二）能力目标

通过学习，使得学生具备商务与经济时间序列数据分析的逻辑和思维，能够立足于数据，解释数据中的客观规律，发现数据中的潜在价值，掌握经济活动的一般规律；能够对历史经济数据建模，预测经济数据的未来趋势，为科学决策提供数据和理论支撑。

（三）育人目标

品行端正、尊重事实、立足客观数据分析商务与经济统计数据，揭示社会经济运行中客观规律。

三、教学重点与难点

（一）教学重点

时间序列分析的基本概念、时间序列的描述、时间序列的建模方法，包括移动平均、指数平滑、季节模型和 ARIMA 模型等模型，预测结果的评价以及模型选择。

（二）教学难点

模型的适应性场景、模型选择。

四、课程思政案例介绍

在 2020—2021 学年第一学期《商务与经济统计》课程中，通过对新冠疫情全球分布情况的热力图、疫情发展情况时间序列分析，使得学生认识中国防疫与国外防疫的差异，深刻理解中国防疫政策的伟大成就，从而坚定学生的爱党爱国信念，增强学生的防疫意识。

本章通过新冠疫情发展趋势预测，利用 ARIMA 模型对各国新冠疫情发展趋势进行建模，预测未来疫情发展趋势。具体案例讲解过程通过 PPT 完成。

首先，介绍世界疫情分布情况和发展情况，使得学生掌握空间数据、时间数据的可视化。同时，掌握数据的导入、数据处理、定义研究变量等。第一阶段的 PPT 教案如图 33－1 所示。

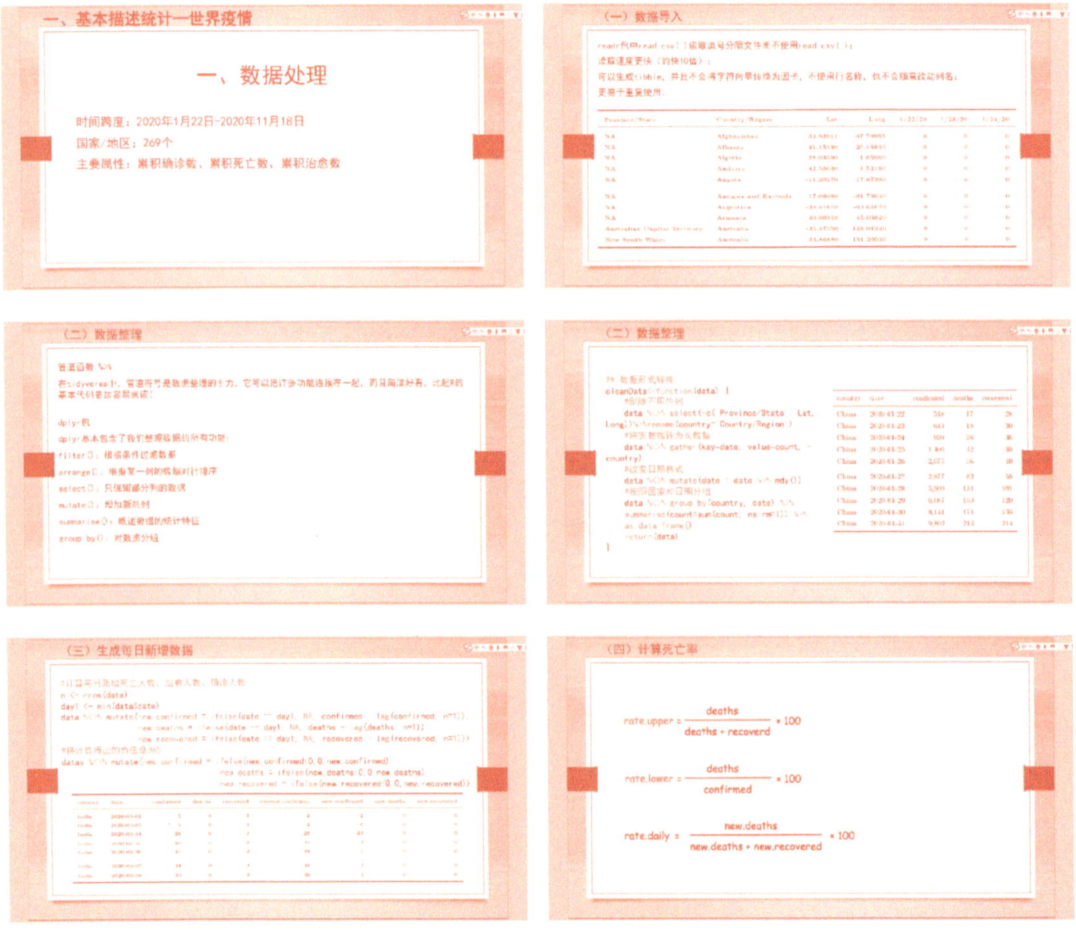

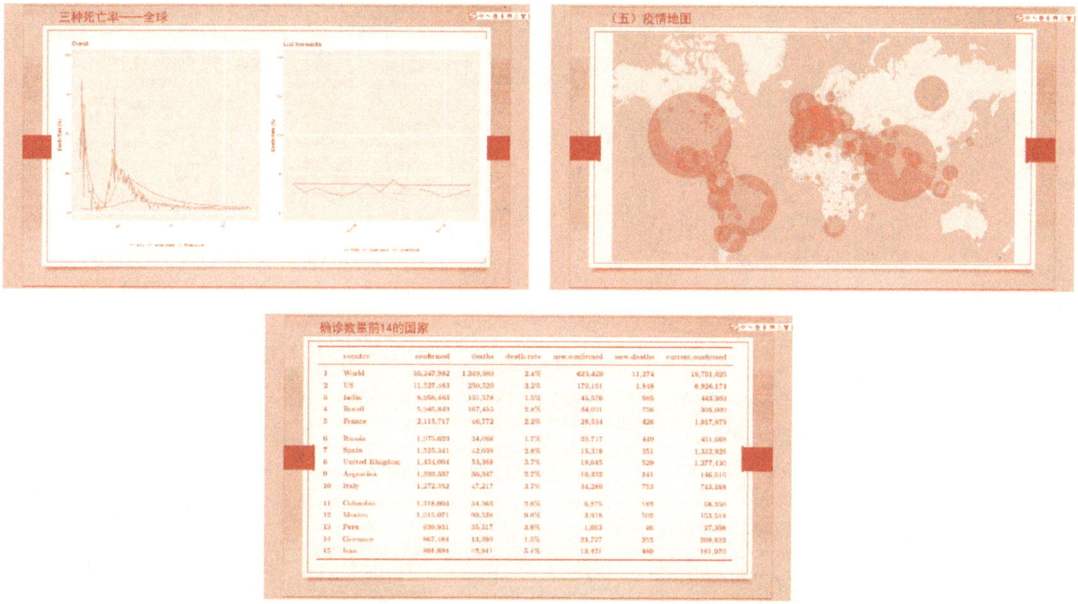

图 33 -1　第一阶段的 PPT 教案

其次，对各国疫情发展趋势建模，使学生掌握时间序列数据的预处理、时间序列趋势的处理和分析方法；能够根据时间序列的特征选择合适模型；掌握时间序列分析方法的基本原理，建模过程和结果解释。第二阶段的 PPT 教案如图 33 -2 所示。

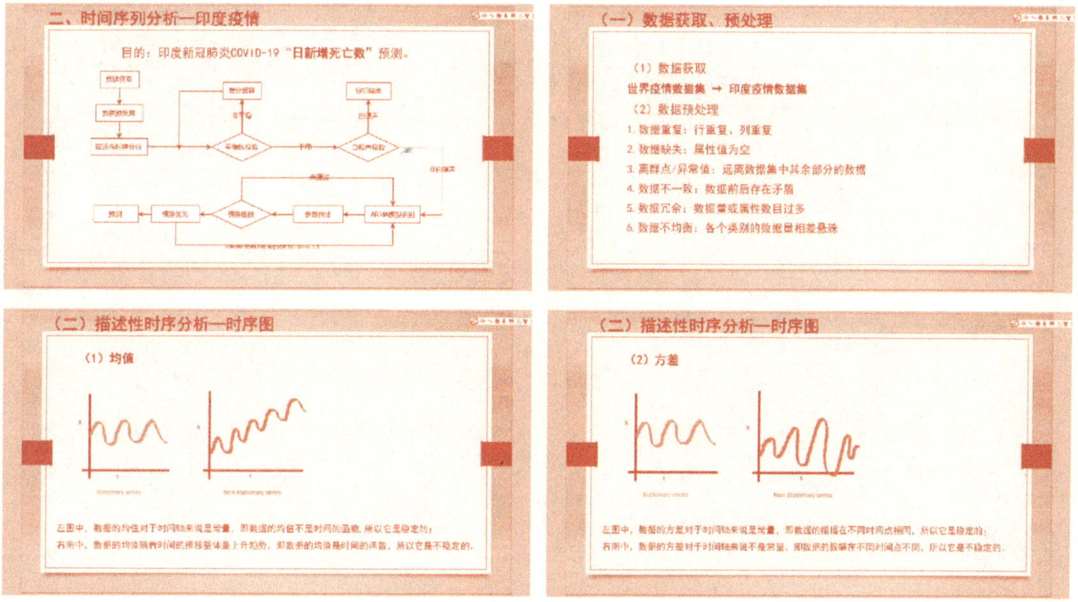

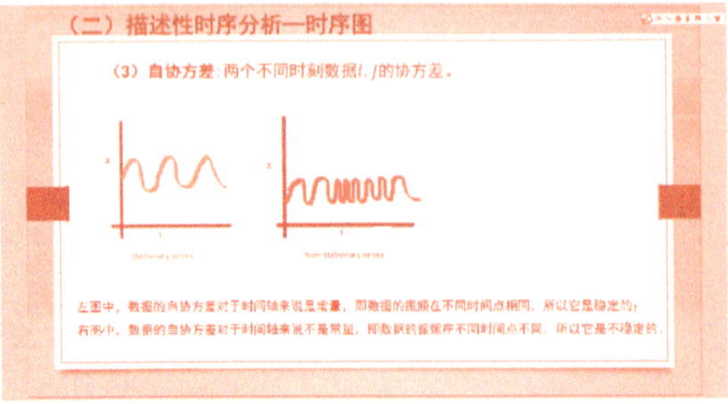
（二）描述性时序分析—时序图
（3）自协方差：两个不同时刻数据i，j的协方差。
左图中，数据的自协方差对于时间轴来说是常量，即数据的振幅在不同时间点相同，所以它是稳定的；
右图中，数据的自协方差对于时间轴来说不是常量，即数据的振幅在不同时间点不同，所以它是不稳定的。

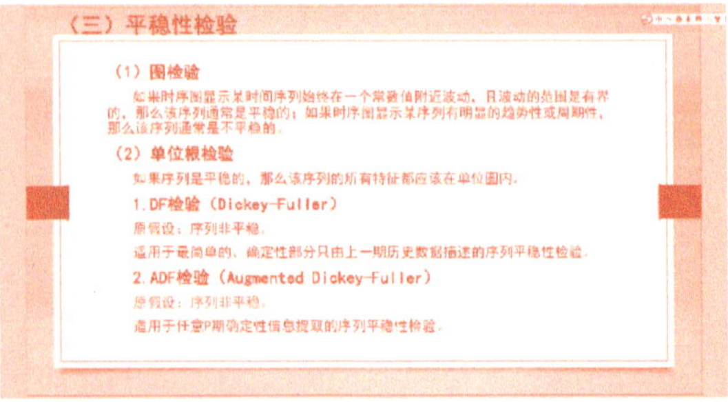
（三）平稳性检验
（1）图检验
如果时序图显示某时间序列始终在一个常数值附近波动，且波动的范围是有界的，那么该序列通常是平稳的；如果时序图显示某序列有明显的趋势性或周期性，那么该序列通常是不平稳的。
（2）单位根检验
如果序列是平稳的，那么该序列的所有特征都应该在单位圆内。
1.DF检验（Dickey-Fuller）
原假设：序列非平稳。
适用于最简单的、确定性部分只由上一期历史数据描述的序列平稳性检验。
2.ADF检验（Augmented Dickey-Fuller）
原假设：序列非平稳。
适用于任意P期确定性信息提取的序列平稳性检验。

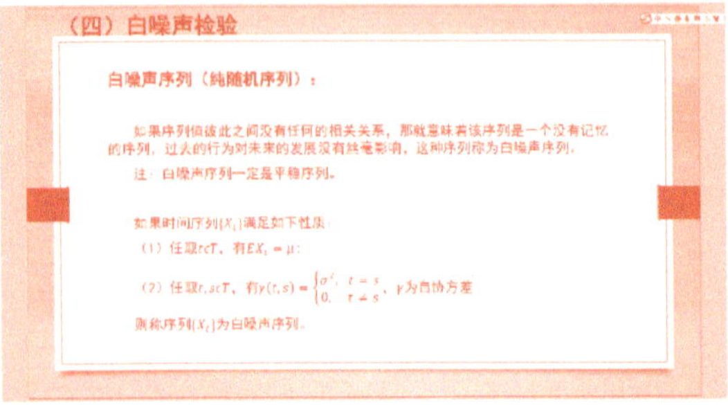
（四）白噪声检验
白噪声序列（纯随机序列）：
如果序列值彼此之间没有任何的相关关系，那就意味着该序列是一个没有记忆的序列，过去的行为对未来的发展没有丝毫影响，这种序列称为白噪声序列。
注：白噪声序列一定是平稳序列。
如果时间序列$\{X_t\}$满足如下性质：
（1）任取$t\epsilon T$，有$EX_t=\mu$；
（2）任取$t,s\epsilon T$，有$\gamma(t,s)=\begin{cases}\sigma^2, & t=s\\ 0, & t\neq s\end{cases}$，$\gamma$为自协方差
则称序列$\{X_t\}$为白噪声序列。

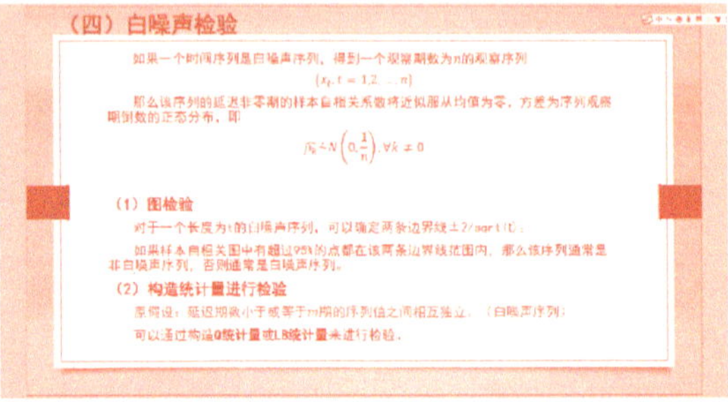
（四）白噪声检验
如果一个时间序列是白噪声序列，得到一个观察期数为n的观察序列
$\{x_t, t=1,2,\dots,n\}$
那么该序列的延迟非零期的样本自相关系数将近似服从均值为零，方差为序列观察期倒数的正态分布，即
$\hat{\rho}_k \sim N\left(0,\frac{1}{n}\right), \forall k\neq 0$
（1）图检验
对于一个长度为t的白噪声序列，可以确定两条边界线±2/sqrt(t)；
如果样本自相关图中有超过95%的点都在该两条边界线范围内，那么该序列通常是非白噪声序列，否则通常是白噪声序列。
（2）构造统计量进行检验
原假设：延迟期数小于或等于m期的序列值之间相互独立。（白噪声序列）
可以通过构造Q统计量或LB统计量来进行检验。

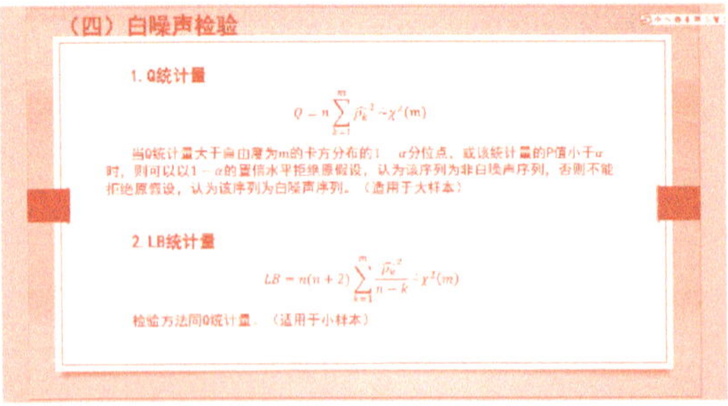
（四）白噪声检验
1.Q统计量
$Q=n\sum_{k=1}^{m}\hat{\rho}_k^2\sim\chi^2(m)$
当Q统计量大于自由度为m的卡方分布的$1-\alpha$分位点，或该统计量的P值小于α时，则可以以$1-\alpha$的置信水平拒绝原假设，认为该序列为非白噪声序列，否则不能拒绝原假设，认为该序列为白噪声序列。（适用于大样本）
2.LB统计量
$LB=n(n+2)\sum_{k=1}^{m}\frac{\hat{\rho}_k^2}{n-k}\sim\chi^2(m)$
检验方法同Q统计量。（适用于小样本）

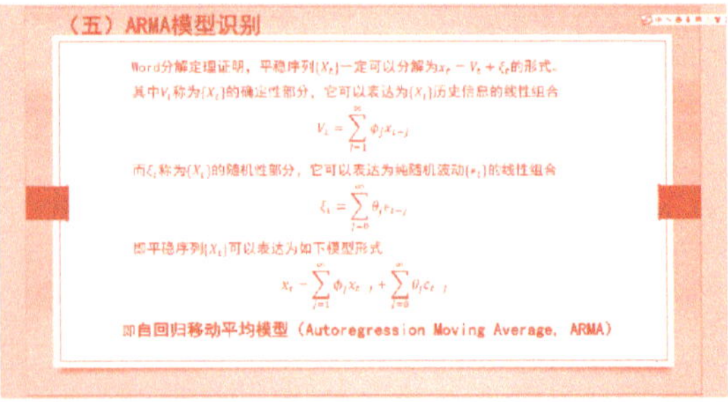
（五）ARMA模型识别
Word分解定理证明，平稳序列$\{X_t\}$一定可以分解为$x_t=V_t+\xi_t$的形式。
其中V_t称为$\{X_t\}$的确定性部分，它可以表达为$\{X_t\}$历史信息的线性组合
$V_t=\sum_{j=1}^{\infty}\phi_j x_{t-j}$
而ξ_t称为$\{X_t\}$的随机性部分，它可以表达为纯随机波动$\{\epsilon_t\}$的线性组合
$\xi_t=\sum_{j=0}^{\infty}\theta_j\epsilon_{t-j}$
即平稳序列$\{X_t\}$可以表达为如下模型形式
$x_t=\sum_{j=1}^{\infty}\phi_j x_{t-j}+\sum_{j=0}^{\infty}\theta_j\epsilon_{t-j}$
即自回归移动平均模型（Autoregression Moving Average，ARMA）

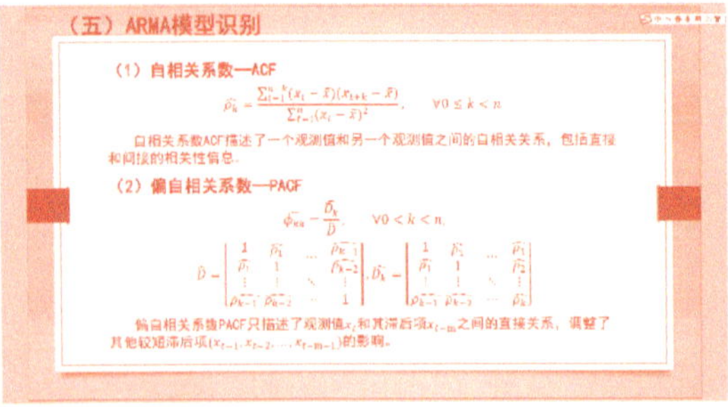
（五）ARMA模型识别
（1）自相关系数—ACF
$\hat{\rho}_k=\frac{\sum_{t=1}^{n-k}(x_t-\bar{x})(x_{t+k}-\bar{x})}{\sum_{t=1}^{n}(x_t-\bar{x})^2}, \quad \forall 0\le k<n$
自相关系数ACF描述了一个观测值和另一个观测值之间的自相关关系，包括直接和间接的相关性信息。
（2）偏自相关系数—PACF
$\hat{\phi}_{kk}=\frac{\hat{D}_k}{\hat{D}}, \quad \forall 0<k<n$
$\hat{D}=\begin{vmatrix}1 & \hat{\rho}_1 & \cdots & \hat{\rho}_{k-1}\\ \hat{\rho}_1 & 1 & \cdots & \hat{\rho}_{k-2}\\ \vdots & \vdots & \ddots & \vdots\\ \hat{\rho}_{k-1} & \hat{\rho}_{k-2} & \cdots & 1\end{vmatrix}, \hat{D}_k=\begin{vmatrix}1 & \hat{\rho}_1 & \cdots & \hat{\rho}_1\\ \hat{\rho}_1 & 1 & \cdots & \hat{\rho}_2\\ \vdots & \vdots & \ddots & \vdots\\ \hat{\rho}_{k-1} & \hat{\rho}_{k-2} & \cdots & \hat{\rho}_k\end{vmatrix}$
偏自相关系数PACF只描述了观测值x_t和其滞后项x_{t-m}之间的直接关系，调整了其他较短滞后项$(x_{t-1},x_{t-2},\dots,x_{t-m-1})$的影响。

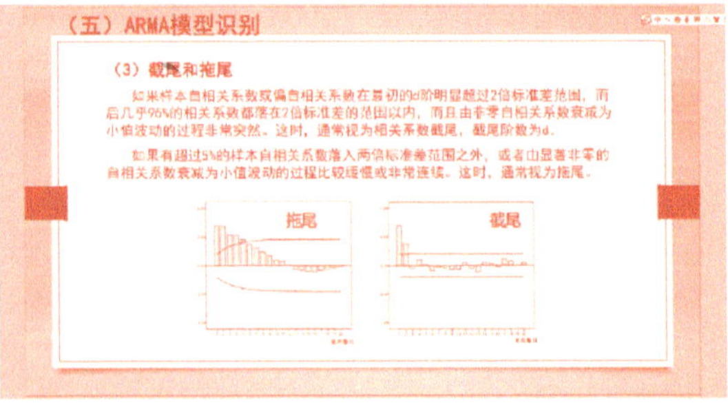
（五）ARMA模型识别
（3）截尾和拖尾
如果样本自相关系数或偏自相关系数在最初的d阶明显超过2倍标准差范围，而后几乎95%的相关系数都落在2倍标准差的范围以内，而且由非零自相关系数衰减为小值波动的过程非常突然。这时，通常视为相关系数截尾，截尾阶数为d。
如果有超过5%的样本自相关系数落入两倍标准差范围之外，或者由显著非零的自相关系数衰减为小值波动的过程比较缓慢或非常连续。这时，通常视为拖尾。
拖尾
截尾

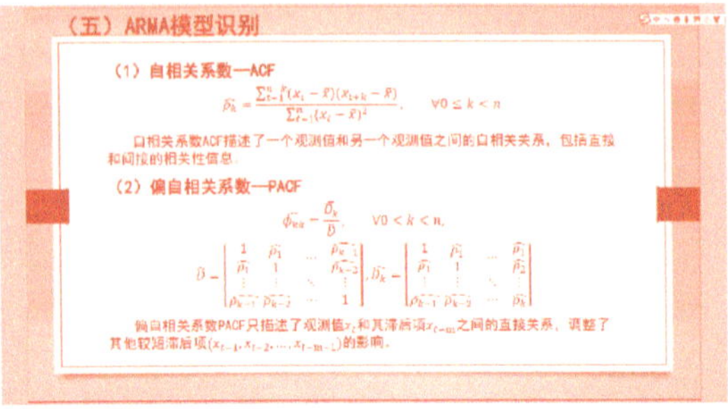
（五）ARMA模型识别
（1）自相关系数—ACF
$\hat{\rho}_k=\frac{\sum_{t=1}^{n-k}(x_t-\bar{x})(x_{t+k}-\bar{x})}{\sum_{t=1}^{n}(x_t-\bar{x})^2}, \quad \forall 0\le k<n$
自相关系数ACF描述了一个观测值和另一个观测值之间的自相关关系，包括直接和间接的相关性信息。
（2）偏自相关系数—PACF
$\hat{\phi}_{kk}=\frac{\hat{D}_k}{\hat{D}}, \quad \forall 0<k<n$
$\hat{D}=\begin{vmatrix}1 & \hat{\rho}_1 & \cdots & \hat{\rho}_{k-1}\\ \hat{\rho}_1 & 1 & \cdots & \hat{\rho}_{k-2}\\ \vdots & \vdots & \ddots & \vdots\\ \hat{\rho}_{k-1} & \hat{\rho}_{k-2} & \cdots & 1\end{vmatrix}, \hat{D}_k=\begin{vmatrix}1 & \hat{\rho}_1 & \cdots & \hat{\rho}_1\\ \hat{\rho}_1 & 1 & \cdots & \hat{\rho}_2\\ \vdots & \vdots & \ddots & \vdots\\ \hat{\rho}_{k-1} & \hat{\rho}_{k-2} & \cdots & \hat{\rho}_k\end{vmatrix}$
偏自相关系数PACF只描述了观测值x_t和其滞后项x_{t-m}之间的直接关系，调整了其他较短滞后项$(x_{t-1},x_{t-2},\dots,x_{t-m-1})$的影响。

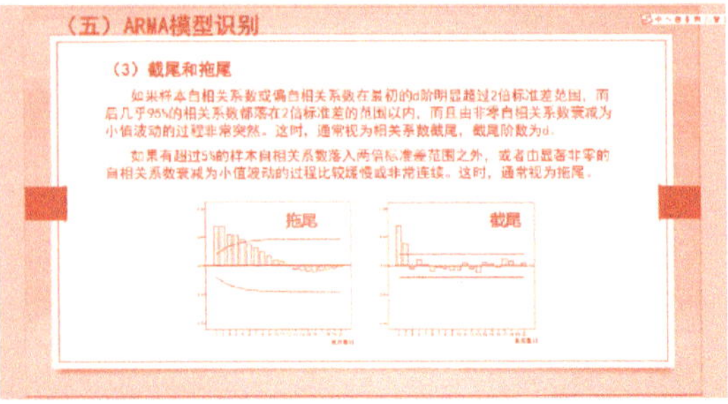
（五）ARMA模型识别
（3）截尾和拖尾
如果样本自相关系数或偏自相关系数在最初的d阶明显超过2倍标准差范围，而后几乎95%的相关系数都落在2倍标准差的范围以内，而且由非零自相关系数衰减为小值波动的过程非常突然。这时，通常视为相关系数截尾，截尾阶数为d。
如果有超过5%的样本自相关系数落入两倍标准差范围之外，或者由显著非零的自相关系数衰减为小值波动的过程比较缓慢或非常连续。这时，通常视为拖尾。
拖尾
截尾

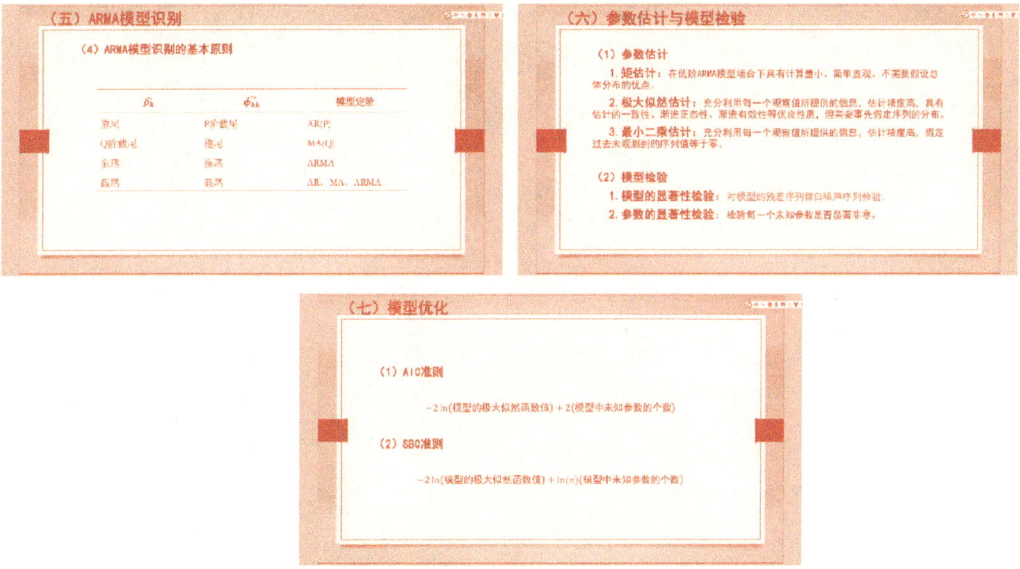

图 33－2　第二阶段的 PPT 教案

最后，通过上机操作，掌握数据分析的实施过程，能够解释软件运行出来的结果。第三阶段的 PPT 教案如图 33－3 所示。

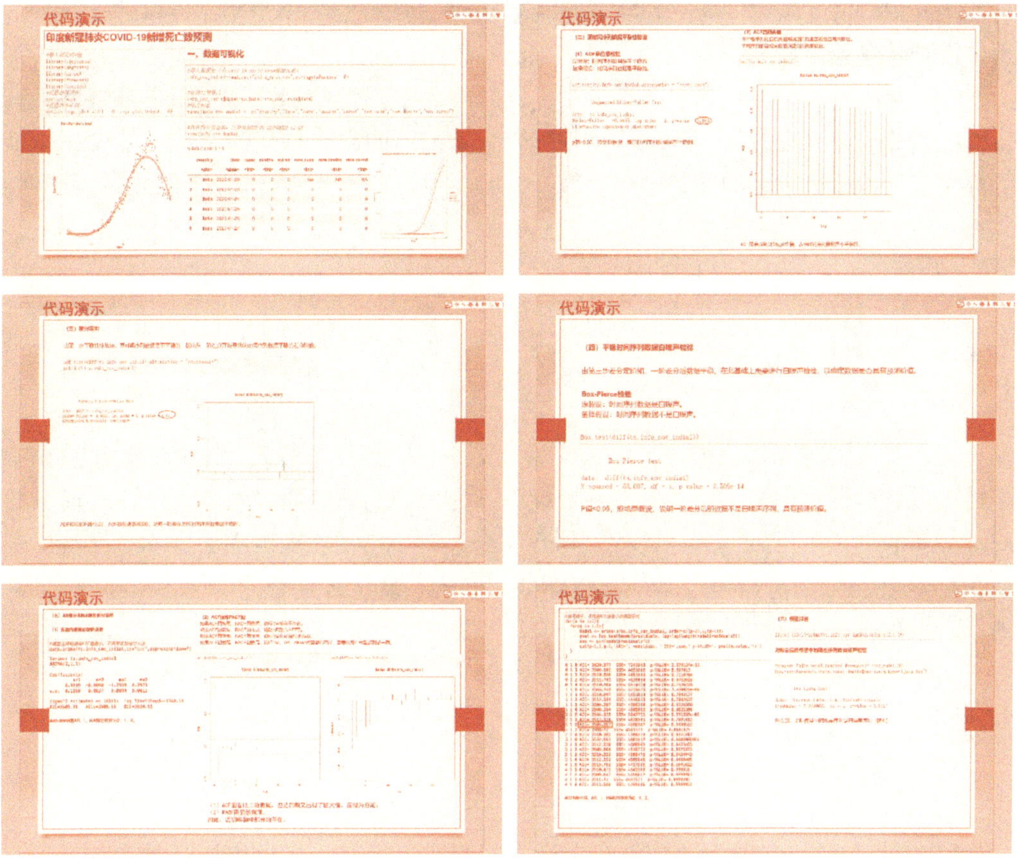

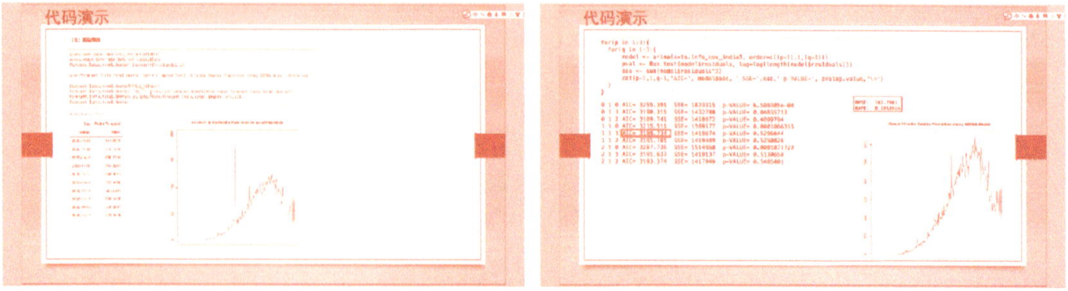

图 33 - 3　第三阶段的 PPT 教案

通过统计建模，不仅帮助学生掌握了统计的基本理论，还帮助学生掌握了知识的应用；通过对比我国与全球其他国家新冠疫情发展趋势，彰显中国特色社会主义制度优越性，加深学生对中国防疫政策的深刻理解，激发学生的爱国主义热情。

五、教学方法与手段

将“以学为中心”的思路确定为教学设计起点，根据《商务与经济统计》课程特点制定教学大纲，借助国内外先进教学实践经验设计《商务与经济统计》的课程教授过程。重点讲授时间序列分析的基本原理、基本方法和模型。

将数据案例融入到教学和实践环节中，结合“实际数据”对全球疫情发展数据进行建模，预测全球疫情发展趋势。在实践中帮助学生掌握时间序列分析的过程，不仅要生动揭示数据客观规律，也要挖掘并总结中国共产党的先进经验，凸显“我国抗击新冠疫情的成就”。

六、教学实施过程

首先，与《商务与经济统计》一线授课教师进行交谈，了解教学现状、学生基础知识掌握情况以及对课程的需求。其次，在贯彻以学为中心的原则的基础上，设计《商务与经济统计》课程并进行课堂实践。此外，课程实施过程中与实验班级的部分学生交流，通过交流了解学生学习动态以及学生对课程内容和布局等方面是否适应，并根据反馈进行修改。

七、考核与评价方式

《商务与经济统计》课程采用平时考勤、平时作业、期末报告相结合的考核方式，成绩组成如下：

课程总成绩 = 平时考勤(10%) + 第一次作业（30%）+ 第二次作业（30%）+ 期末报告(30%)

平时考勤包括：课堂签到、随堂练习、课程进度等（满分 100 分，占总成绩的 10%）。若按时完成学习进度和随堂练习，则给满分。无故缺席每次扣 10 分，三次以上无故缺席则平时成绩为 0 分。

平时成绩和期末报告评定标准包括：作业提交的及时性、数据分析方法的正确性、数据分析内容的完整性、对方法掌握的熟练程度以及报告的规范性四个方面。遵循以下规则进行打分：

（1）90—100 分，及时提交作业、内容完整、方法熟练、数据正确、格式规范。

（2）75—89 分，及时提交作业、内容较为完整、方法熟练、数据分析基本正确、有少量格式错误。

（3）60—74 分，作业延误提交、内容基本完整、方法较为熟练、有少量数据分析和格式错误。

（4）60 分以下，没有按时完成作业、内容不完整、有大量数据分析和格式错误。

（5）0 分，未提交作业。

八、实施成效

在学生培养方面，课程实施以来，已经培养了 8 届硕士研究生，包括产业经济学、信息管理与信息系统、国际贸易等专业硕士。

在课程改革方面，申请了校级在线开放课程《商务与经济统计（基于 python 语言）》，并于 2021 年秋立项。该课程建设将把基于 R 语言的商务与经济统计内容转向以 python 语言为基础，旨在减轻学生语言学习负担，增加统计学模型原理讲解、案例分析和实验内容。目前已经录制了三章的视频。

在课件和案例制作方面，已经形成了系统的教学课件，配套的数据案例、代码，极大地调动了学生学习积极性，学以致用，有效培养了学生动手分析数据的能力。

在课外阅读方面，紧跟前沿，让学生重点阅读相关前沿文献，并把学习的内容与前沿文献相结合，帮助学生明确学习重点和学习方向。

案例 34："一国两制"制度优势 港珠澳大桥 BOT 融资案例

——《城市投融资管理》课程思政教学案例

李向军

（中央财经大学财经研究院副院长、副研究员）

一、基本信息

课程名称：城市投融资管理
授课内容：BOT 项目融资的案例分析
授课对象：区域经济学城市投融资方向硕士研究生
知 识 点：无指定教材
主讲教师：李向军，赵国钦

二、教学目标

（一）知识目标

（1）了解大型基础设施常用的融资模式。
（2）熟悉若干国际知名的大型基础设施的融资模式。
（3）理解港珠澳大桥融资模式选择的逻辑。

（二）能力目标

（1）能够比较大型基础设施投融资模式的适用性。
（2）能够熟悉跨界基础设施 BOT 融资方案的设计。

（三）育人目标

（1）从"公共资产"的角度理解社会主义制度优越性。
（2）从港珠澳大桥融资过程理解技术优势和制度优势互动。
（3）增强对社会主义制度、"一国两制"的制度优势的自信心和自豪感。

三、教学重点与难点

（1）实现"课上＋课下"的链接，通过预先提供基础材料，引导学生通过各类网络资源搜集港珠澳大桥项目和英吉利海峡隧道 BOT 项目的案例资源。

（2）实现"线上＋线下"的互动，在引导学生通过线上资料的收集，对比分析港珠澳大桥项目和英吉利海峡隧道 BOT 项目成败的全方位原因，无缝隙嵌入港珠澳大桥项目的制度优势因素。

（3）"知识线＋思政线"的平行推进，将课程思政育人知识点和目标无缝隙地自然嵌入，引导学生在思考、讨论后自行得出所设计的育人目标知识点。

四、课程思政案例介绍

课程思政融合如表 34－1 所示。

表 34－1　　课程思政融合

案例大纲	专业知识教案	嵌入式思政课育人教案	思政育人目标要点
1. 项目概况	港珠澳大桥全长约 55 公里，工程总投资约 1200 亿元。除三地口岸及连接线建设由粤、港、澳三方政府投资完成外，大桥主体采用"政府全额出资本金，资本金以外部分由粤港澳三方共同组建的项目管理机构通过贷款解决"的融资方式，待大桥建成后实行收费还贷 其中，主体工程造价约 480 亿元，由中央政府支持的资金加粤港澳三地政府投入的资本金共 204 亿元，剩余 276 亿元则以银团贷款方式解决	港珠澳大桥是"一国两制"框架下粤港澳三地首次合作建设的大型跨海交通工程。作为"一国两制"制度下第一个涉及内地及港、澳两个特别行政区的大型跨境基础设施合作项目，港珠澳大桥主体工程是中国工程史上投资金额最多的工程建设。不仅创新了超大基础设施投融资模式，而且为"一国两制"下粤港澳大湾区内下一个"超级工程"投融资模式提供借鉴	港珠澳大桥建设体现的"一国两制"的制度优势
2. PPP + BOT 项目融资	港珠澳大桥主体工程探讨过政府财政直投、建设—经营—移交（BOT）、资产证券化（ABS）、公共部门与私人企业合作（PPP）等诸多投融资模式。BOT 模式是发达国家和地区都比较流行的重大基础设施模式，如英吉利海峡隧道、香港东区海底隧道、马来西亚南北高速公路等，均为世界知名 BOT 项目 经过比较分析，港珠澳大桥前期工作协调小组曾确立港珠澳大桥 BOT 投融资模式，即粤港澳三地政府通过特许经营权协议方式授予港珠澳大桥投资者一定期限的项目特许经营权——PPP 模式下的 BOT 项目融资	2008 年 8 月 5 日，粤港澳联席闭门会议之前，与会代表向守候在外的记者宣布："中央政府决定对大桥主体工程给予资金支持。" "香港特区政府已与澳门特区政府和广东省政府达成突破性共识，将共同组建一家公司，出资建设港珠澳大桥。"	地方政府合作 + 中央政府支持是："一国两制"制度优势的基石
2. 1. PPP 模式	2013 年，全国财政工作会议提出要"修明渠、堵暗道"，有效防范和化解财政风险，推行了 PPP 模式，即在基础设施建设领域中，PPP 模式（Public－Private－Partnership，政府和社会资本合作）的创新可以有效减少公共财政负担、优化财政支出配置、引进先进的技术和管理经验，既是政府基础建设融资的一个重要形式，也是民间资本进入基建项目的主要渠道	港珠澳大桥由原定的"企业投资、政府补贴"投融资模式改为由政府投资建设的 PPP 模式	PPP － BOT 模式在一国两制下的创新

续表

案例大纲	专业知识教案	嵌入式思政课育人教案	思政育人目标要点
2. 2. BOT 模式优势	一方面可弥补港珠澳大桥投资巨大带来的建设资金不足，另一方面也有利于借助利益驱动机制提高大桥建设的效率和生产力	当年港珠澳大桥提出通过 BOT 模式融资时，通过政府和社会资本合作模式（PPP），但当时内地未有相关法律支持，开展起来颇为不易 因为 PPP 模式是 2013 年财政部推动倡导的。采用 PPP 模式在当时是具体的制度创新，也体现了“一国两制”鼓励各类创新模式 对比讨论英吉利海峡隧道 BOT 项目失败	一国两制鼓励各类融资模式创新的时间 远早于大陆在 2013 年推行的 PPP 模式
2. 3. BOT 模式风险	BOT 模式的风险比较多，也存在一些失败的案例，比如，“英吉利海峡隧道项目”，项目公司破产的主要原因在于过多承担无法掌控的风险。合理公平的风险分担是 BOT 模式项目成功的关键因素之一 采用初定 BOT 模式，政府将失去对大桥所有权和经营权的控制；对社会投资者而言，BOT 模式投资回报率不确定，成本回收期过长		
3. 银团贷款	项目资金规模庞大，无法由单一金融机构融资，必须采用银团贷款方式，牵头组建如此大规模的银团，并非每家金融机构都能胜任。中国银行凭借雄厚的实力、优惠的信贷条件以及粤港澳三地一体化的服务优势，以最高评分获得大桥主桥项目唯一贷款牵头行资格，负责大桥主桥项目贷款和备用循环贷款的融资安排，并为项目筹备、建设和运营提供整体金融服务	中央政府促进香港和澳门长久繁荣稳定的决心，使得港珠澳大桥投融资模式发生了深刻变化	社会主义制度优越性和公共资本压舱石的信誉保障
3. 1 中国银行推动谈判	中国银行项目组在 2009 年银团筹建之初，粤港澳三地金融机构对项目银团反应踊跃，累计意向参与金额达银团总金额的 2 倍多。然而，进入 2010 年，就在银团筹组正式启动时，国内资金面开始由松转紧，多家金融机构对项目的意向参与金额较前期大幅下降。每家银行贷款审批都非常困难，经过了艰苦卓绝的银团贷款合同谈判。当时，仅银团合同条款谈判便进行了 20 多场，对合同条款逐条协商。为组建贷款银团，中国银行不仅面向金融同业开展了近 10 次银团路演，还专门为大桥项目在粤港澳三地进行了多次市场测试，并会同三地政府举办广东省规模最大的银团推介会	党中央国务院的坚决支持，给银团贷款增加了强大的信心，吸引了包括国外金融机构在内的金融机构的广泛参与	国有金融机构的担当与公有制经济的社会责任

续表

案例大纲	专业知识教案	嵌入式思政课育人教案	思政育人目标要点
3.2 分阶段固定利率模式创新	港珠澳大桥主体工程银团贷款期限较长，面对长期限的固定资产贷款，按照合同签署日确定长期固定贷款利率，如何化解长期固定利率贷款中的利率风险，对银团组建提出了新的挑战。经过反复磋商和协调，中国银行创造性地提出采取“分阶段固定利率”模式划分贷款合同期限，该创新举措兼顾了各方诉求，获得了银团参与行的一致认可。一方面契合了股东方对未来融资成本控制的考虑，另一方面也保障了商业银行的权益。这一方案也为银团组建扫除了最大障碍	2011 年 1 月 7 日，港珠澳大桥项目方与以中国银行为代表的银团签署《长期固定资产银团贷款合同》及《备用循环贷款合同》	融资过程的技术优势和制度优势互动 粤港澳三地金融机构的融合创新
4. 未来展望	“PPP + BOT”，成为超大型基础设施建设的基本融资模式 未来粤港澳大湾区之内的跨境项目投融资，可以引入更多的社会资本，以 PPP 模式展开，形成政府与社会投资者的共赢局面	一国两制的制度优势的外溢价值 推进粤港澳大湾区的快速发展	社会主义制度和“一国两制”的优越性 增加制度自信

五、教学方法与手段

（一）教学方法

线上、线下立体混合式教学模式下的课程思政融入，在专业知识案例中，“润物细无声”式嵌入思政课素材，在关键知识要点处点睛思政课育人目标要点。

（二）教学手段

（1）从现实问题引导。紧扣 BOT 融资的现实案例和超大型基础设施的现实实践，尤其是社会主义集中力量办大事的制度优势，在“一国两制”下更具有活力，引导学生在繁杂的信息中聚焦本课程思政的育人目标元素。

（2）中外比较讨论。分模块讨论港珠澳大桥，并和英吉利海峡等大型基础设施的融资失败过程比较。通过讨论引导、点拨学生得出“一国两制”的制度优势。

（3）正反比选择。通过国内外案例的比较和港珠澳大桥的成功案例，突出引导学生加深对社会主义制度优势、“一国两制”的制度优势、大湾区一体化发展的经济优势、中西金融模式的创新融合等方面的自信心和自豪感。

六、教学实施过程

（一）课前学习：有准备之战

课前明确教学目标，设置讨论分组，明确每组 A（负责英吉利海峡隧道 BOT 项目）、B 角色（负责港珠澳大桥 BOT 项目）的任务分工。

教案准备过程中，巧妙地将整个案例素材划分为：专业知识案例的素材资料与思政育人知识点素材，使两者互相关联，互相支撑，成为完整案例不可缺少的有机构成，真正做到课程思政的润物细无声。

（二）课中动态：任务驱动

结合 BOT 融资模式原理和要点，同时将“知识线 + 思政线”通过连环问题设置平行推进，引导学生讨论逐渐深入，从融资模式选择穿透到对社会主义制度资源配置、“公有资本”压舱作用、中央政府支持、地方政府联动、国有金融机构担当、中西金融技术方法融合等制度优势的认知。

（三）课后思考：触类旁通

通过布置开放性问题和任务，引导学生关注课程内容、实践和制度因素。思政育人知识点的设问，让学生思考：为何中国在基建领域取得如此巨大的成绩？除了经济因素外，制度优势如何体现？

七、考核与评价方式

课程成绩 = 课堂成绩（40%）+ 作业成绩（10%）+ 期末考试成绩（50%）。

课堂成绩的考核评价如下：在传统的成绩考评中，增加综合能力评价和思政元素的评价，考察学生在讨论、展示中的专业知识掌握情况、项目分析能力、分组讨论中求知探索精神、课程思政知识点反馈情况等综合表现，纳入考核和评价框架。

课堂成绩 = 资料搜集（10%）+ 知识掌握（30%）+ 综合素质（30%）（包括思辨能力、分析能力、团队写作能力、表达能力、沟通能力、理论联系实际能力）+ 课程思政 30%（包括对思政育人问题的积极回应、分析归纳、育人知识点达成等）。

八、实施成效

（一）综合素质提升

注重突出学生的主体地位，强调学生独立思考、自主分析的能力，锻炼学生的团队协作能力、语言表达能力、沟通能力、理论联系实际能力和创新意识。

（二）BOT融资知识的掌握和应用

通过详细的案例研究和国外失败案例的对比分析，提升学生对BOT知识的掌握以及实际综合应用。

（三）强化社会主义制度优势的自豪感和制度自信

通过经典案例的成功实施和国外失败案例的对比分析，增强了学生对社会主义制度优越性的理解。现实中的成功案例提升了同学们对社会主义制度、“一国两制”的制度优势的自信心和自豪感，借助鲜活的案例引导，避免了一般思政课相对空泛的论证。

案例 35：“不忘来路、增强自信、砥砺前行”：区域经济学理论框架中的中国特色理论自信

——《区域经济学》课程思政教学案例

杜纯布
（中央财经大学财经研究院副研究员）

一、基本信息

课程名称：区域经济学
授课对象：财经研究院区域经济学研究生
知 识 点：《区域经济学》，第一章"区域经济学理论框架"
主讲教师：杜纯布

二、教学目标

中国特色区域经济学是在运用马克思主义基本原理指导我国经济发展和改革实践中逐渐形成发展和完善的，中国共产党在运用马克思主义基本原理指导中国特色社会主义经济建设过程中，逐步形成了具有中国特色的区域经济学理论框架。中国特色的区域经济学理论是中国特色社会主义经济理论的重要组成部分。

（一）知识目标

本部分的主要目的是让学生了解中国的区域经济学理论是在运用马克思主义理论指导中国社会主义经济建设过程中形成的，是马克思主义区域经济思想的进一步发展和深化。主要知识内容包括：马克思主义区域经济思想的内涵；马克思主义区域经济思想的中国化运用；中国区域经济理论的研究进展；新时期中国区域经济学理论研究的主要领域等。

（二）能力目标

培养学生能够综合运用马克思主义区域经济思想的基本原理，客观认知和领悟新中国成立以来区域经济发展的内涵和实践，引导学生形成在新时代研究我国区域协调发展的责任感和使命感。

（三）育人目标

课程思政突出三大目标：一是立德树人，从我国区域经济发展的客观实践中提炼正确的价值观，将价值塑造融入教学全过程；二是服务学习，深入挖掘思政价值，引导学生探究研究方向，聚焦于我国区域协调发展所面临的实际问题；三是总结反思，梳理和归纳我国区域发展的实践经验，引导学生在区域发展不平衡、城乡差距和不同阶层差距扩大、区际公平和协作、区域产业结构转型升级等一系列问题上形成后续深入分析的基础。

三、教学重点与难点

（一）本章的重点

把握生产力均衡布局理论、区域经济非均衡发展理论、区域经济协调发展理论、城乡统筹理论、平衡充分发展理论。

（二）本章的难点

如何把这些中国特色区域经济学理论框架与后续不同章节的内容衔接起来。区分西方区域经济学与中国特色区域经济学学科发展的两条脉络主线，辩证看待舶来、吸收、运用、转化的逻辑关系，让学生认识和理解区域经济学基本理论（生产力布局理论、区域经济发展理论、模式和区域产业结构的演进、区际竞争、区际收入差距、区域发展规划、区域经济政策等）在我国区域发展不同时期的实践和成效。

四、课程思政案例介绍

本案例分为三个部分，力求做到课程理论学习与课程思政引领有机结合。

第一部分重点讲述马克思主义经典学者的区域经济思想，它是中国特色的区域经济学理论的重要渊源。带领学生重温《资本论》、恩格斯的《反杜林论》《德意志意识形态》、列宁的《俄国工业改造和经济发展计划》《马克思恩格斯文选》《列宁全集》等马克思主义经典著作，梳理和阐释马克思主义生产力均衡布局和协调发展思想、马克思主义城乡融合发展的思想、马克思主义区际分工与协作的思想。

第二部分重点讲述中国特色的区域经济学理论的形成。回望来路，梳理我国区域经济发展的历程。

改革开放以前，我国区域经济学处于萌芽时期，主要依据马克思主义生产布局理论研究产业布局，毛泽东同志在《论十大关系》中提出了均衡布局生产力思想。带领学生回望“一五”时期、“大三线”建设时期我国生产力布局的实践，以及党的十一届三中全会之前，我国实行高度集中的计划经济体制，通过生产力均衡布局区域经济建设实践，奠定了我国工业化的基础。

党的十一届三中全会以后，中国共产党区域经济发展思想发生了历史性变化，在继承前一代领导集体多年探索的经济发展成果的同时，借鉴西方市场经济国家有关区域经济理论，区域经济发展的指导思想转向非均衡发展，提出“两个大局”的发展战略构想。

随着“两个大局”发展战略的实施和推进，中共中央在“八五”计划中已经开始解决东西部发展差距的问题，“九五”计划和 2010 年远景目标纲要，提出了接下来 15 年我国区域经济协调发展的战略。从“九五”到“十二五”计划中，中国共产党审时度势，为扭转我国区域经济失衡的问题，适时地提出了西部大开发、振兴东北、中部崛起、东部地区率先发展的“四大板块”战略。我国区域经济开始迈入协调与协同发展之路。党的十八大以后，以习近平同志为核心的党中央，又提出“一带一路”、长江经济带以及京津冀协同发展战略，形成了东中西互动、优势互补、相互促进、共同发展的新格局，我国区域经济的协调与协同发展之路进入新篇章。

以毛泽东、邓小平、江泽民、胡锦涛、习近平为核心的中国共产党人领导集体，以马克思和恩格斯的城乡融合思想为依据，在领导全国人民进行社会主义建设过程中，开创性地建立了具有中国特色的社会主义城乡统筹理论体系，丰富和发展了中国特色的社会主义城乡关系理论。首次提出了解决我国“三农问题”的理论、思路与对策；提出了不同于西方发达国家城镇化理论的以“城乡统筹、城乡一体化、产城互动、节约集约、生态宜居、和谐发展为基本特征的，大中小城市、小城镇、新型农村社区协调发展、互促共进”为核心的新型城镇化理论；首次提出了适合于我国社会主义新农村建设的理论、思路与对策；创造了具有中国特色的扶贫脱贫攻坚路径。

党的十八大以来，以习近平同志为核心的党中央不忘初心、砥砺奋进，团结带领全党全国各族人民进行具有许多新的历史特点的伟大斗争，统筹“五位一体”总体布局，协调推进“四个全面”战略布局，推动改革开放和社会主义现代化建设取得新的重大成就，推动党和国家事业发生历史性变革。随着中国特色社会主义进入新时代，党的十九大报告指出：“社会主要矛盾已经转化为人民日益增长的美好生活需要和不平衡不充分的发展之间的矛盾。”进一步强调“贯彻新发展理念，建设现代化经济体系”，提出“实施区域协调发展战略”，注重城乡协调、区域协调、社会群体间的协调以及经济与社会其他方面之间的协调，这成为新时代我国区域发展的基本战略思想。

第三部分梳理和分析新时代中国区域经济学理论研究的主要领域。重点阐释中国特色区域经济理论的新进展和面临的新问题。引导学生在促进区域经济协调、协同发展，以经济带建设构建中国区域发展新格局，坚持主体功能区制度、保障国家和区域生态安全等研究领域进行深层次文献挖掘和理论思辨。启发学生关注我国区际协调发展与区际公平，新型城镇化与城市群，产业转移与转型升级，扶贫开发与区际公平，资源开发与生态环境建设，国家重大区域、国家级重点区、重大基础设施的引领与建设，区域经济政策与区域管理等重大区域经济问题，并与后续不同章节的理论学习和实证应用内容有效衔接。

五、教学方法与手段

教学方法与教学手段有：讲授法、案例教学法、讨论法。

（1）讲授法：对重要的理论知识的教学采用讲授的教学方法，直接、快速、精炼地让学生理解掌握，为学生在实践中能更游刃有余的应用打好坚实的理论基础。

（2）案例教学法：在教师的指导下，由学生对选定的具有代表性的典型案例，进行有针对性的分析、审理和讨论，作出自己的判断和评价。例如，对“一五”期间我国694个工业建设单位的布局，布局的原则和成效进行分析。少数民族学生根据自身所在少数民族地区的区域经济发展历程和现实情况，分析和评价我国区域生产力布局情况。

（3）讨论法：课前发布讨论问题的提纲，比如“特色小镇建设能否成为可持续性扶贫脱贫方式”，以辩论的形式引导学生分成两组讨论。

六、教学实施过程

（一）启发式课堂教学

包括启发式提问、引导提问、知识难点与观点解析。

（二）课堂思辨式讨论

结合PPT课件中各类资讯链接与文献观点解析，提出思辨主题，分组讨论总结。

（三）课后线上线下讨论

结合思辨主题，课后按学生意愿自愿分组进行线上、线下交互讨论。通过区域经济学微信学习群推送学习强国、经济学专业网站、前沿期刊文献、主流经济媒体观点等。

七、考核与评价方式

着重优化考核与评价方式，同时注重成长性评价。课程成绩 = 平时成绩（30%）+ 期末成绩（70%），其中平时成绩的构成为：出勤占20%，课前和课后作业占50%，课堂教学互动占30%。期末考试和平时作业中也融入思政教育。

八、实施成效

通过将思政内容融入课堂教育，区域经济学教研组的任课老师集体学习和备课，重新构建教学设计、重新梳理教学内容、重新组织教学语言。经过一段时间的摸索，课堂教学变得比原来更有温度、更有情怀。学生从课程思政中有了更多的获得感，既“学习到专业理论知识”，又从我国一个个区域发展的客观实际案例中“感受到了中国共产党人带领全国人民进行经济建设的历史脉络和伟大实践"。

《"不忘来路、增强自信、砥砺前行"：区域经济学理论框架中的中国特色理论自信》课程思政建设内容紧紧围绕坚定学生理想信念，以爱党、爱国、爱社会主义、爱人民、爱集体为主线，通过政治认同、家国情怀、文化素养等教学重点优化课程思政内容供给，系统地进行了中国特色社会主义和中国梦教育、社会主义核心价值观教育，提升了师生在教学相长过程中的理论自信和道路自信。

案例 36：全面推进国防和军队现代化

——《国防与军事专题》课程思政教学案例

王沙骋
（中央财经大学财经研究院副教授）

一、基本信息

课程名称：国防与军事专题
授课对象：2021 级国防经济硕士研究生
知 识 点：《新时代的中国国防》白皮书
主讲教师：王沙骋

二、教学目标

（一）知识目标

了解中国人民解放军强军兴军之历程，掌握我国武装力量的构成及发展现状，了解当前国际局势。

（二）能力目标

熟悉中国人民解放军的发展历史，全面了解我国武装力量发展现状，对国际局势有自主分析能力。

（三）育人目标

弘扬爱国主义精神，加强学生的国防观念，让学生掌握必要的国防知识和军事技能，自觉履行国防义务，关心、支持、参与国防建设。

三、教学重点与难点

（一）教学重点

中国人民解放军的发展历程，我国武装力量的构成以及发展现状。

（二）教学难点

对当前国际局势进行分析，结合我国武装力量发展现状，思考我国国防未来发展方向。

四、课程思政案例介绍

习近平总书记曾阐述，中国梦对军队来说也是强军梦，一个国家、一个民族要屹立于世界民族之林，既要有雄厚的经济实力，又要有强大的国防实力做后盾。富国和强军是车之双轮、鸟之两翼，二者缺一不可。强军兴军，全面推进国防和军队现代化，是实现中华民族伟大复兴的必然要求。

（一）强军兴军之历程

从1840年的鸦片战争开始，中国逐渐沦为半殖民地半封建社会。从那时候起，建立一支能够抵御外来侵略的强大军事力量，成为中国人民心中从未磨灭的梦想。1921年，中国共产党应运而生，担负起领导人民，领导军队的历史使命。1927年，八一南昌起义揭开了中国共产党独立领导革命武装斗争的序幕，从此诞生了一支由共产党独立领导的崭新的人民军队。中国共产党及其所带领的人民军队通过土地革命、抗日战争、解放战争，取得新民主主义革命的胜利，建立了新中国，从此开始社会主义现代化建设，在中国特色社会主义道路上阔步前进。

人民军队发展史，就是一部改革创新史。进入新时代，适应世界新军事革命发展趋势和国家安全需求，中国全面推进国防和军队现代化建设，全面深化国防和军队改革，着力解决体制性障碍、结构性矛盾、政策性问题，迈出了强军兴军历史性步伐。我国国防建设水平大幅提升，人民军队已由昔日的“小米加步枪”，发展成为一支具有一定现代化水平的强大军队。搏击长空，我们有运20、歼20等系列战机；迈向深蓝，我们有辽宁舰、山东舰等各类军舰；陆地对抗，我们有各类重型的装甲武器。人民军队实现了百年来未有的钢多、器多的配备。

（二）我国武装力量的构成和发展现状

中华人民共和国的武装力量，由中国人民解放军现役部队和预备役部队、中国人民武装警察部队和民兵组成，是党和人民信赖的坚强柱石和钢铁长城。由中华人民共和国中央军事委员会领导并统一指挥。

中国人民解放军是中国武装力量的主体，中国人民解放军的最高军事机关为中央军事委员会，现役部队由陆军、海军、空军、火箭军、战略支援部队组成。经过1985年以来的三次大规模裁军，目前的总员额保持在230万以内。解放军由现役部队和预备役部队组成。其中，现役部队是国家的常备军，主要担负防卫作战任务，必要时可以依照法律规定协助维护社会秩序，中央军委通过总参谋部、总政治部、总后勤部、总装备部对全军实施作战指挥和建设领导。预备役部队是具有一定战斗力的准正规部队，它以现役军人为骨干，以预备役官兵为基础，按统一编制编成，能在战时迅速转为现役的部队。

陆军对维护国家主权、安全、发展利益具有不可替代的作用，包括机动作战部队、边海防部队、警卫警备部队等，下辖 5 个战区陆军、新疆军区、西藏军区等。东部战区陆军下辖第 71、第 72、第 73 集团军，南部战区陆军下辖第 74、第 75 集团军，西部战区陆军下辖第 76、第 77 集团军，北部战区陆军下辖第 78、第 79、第 80 集团军，中部战区陆军下辖第 81、第 82、第 83 集团军。按照机动作战、立体攻防的战略要求，加快实现区域防卫型向全域作战型转变，提高精确作战、立体作战、全域作战、多能作战、持续作战能力，努力建设一支强大的现代化新型陆军。

海军在国家安全和发展全局中具有十分重要的地位，包括潜艇部队、水面舰艇部队、航空兵、陆战队、岸防部队等，下辖东部战区海军（东海舰队）、南部战区海军（南海舰队）、北部战区海军（北海舰队）、海军陆战队等。战区海军下辖基地、潜艇支队、水面舰艇支队、航空兵旅等部队。按照近海防御、远海防卫的战略要求，加快推进近海防御型向远海防卫型转变，提高战略威慑与反击、海上机动作战、海上联合作战、综合防御作战和综合保障能力，努力建设一支强大的现代化海军。

空军在国家安全和军事战略全局中具有举足轻重的地位和作用，包括航空兵、空降兵、地面防空兵、雷达兵、电子对抗部队、信息通信部队等，下辖 5 个战区空军、1 个空降兵军等。战区空军下辖基地、航空兵旅（师）、地空导弹兵旅（师）、雷达兵旅等部队。按照空天一体、攻防兼备的战略要求，加快实现国土防空型向攻防兼备型转变，提高战略预警、空中打击、防空反导、信息对抗、空降作战、战略投送和综合保障能力，努力建设一支强大的现代化空军。

火箭军在维护国家主权、安全方面具有至关重要的地位和作用，包括核导弹部队、常规导弹部队、保障部队等，下辖导弹基地等。按照核常兼备、全域慑战的战略要求，增强可信可靠的核威慑和核反击能力，加强中远程精确打击力量建设，增强战略制衡能力，努力建设一支强大的现代化火箭军。

战略支援部队是维护国家安全的新型作战力量，是新质作战能力的重要增长点，包括战场环境保障、信息通信保障、信息安全防护、新技术试验等保障力量。按照体系融合、军民融合的战略要求，推进关键领域跨越发展，推进新型作战力量加速发展、一体发展，努力建设一支强大的现代化战略支援部队。

联勤保障部队是实施联勤保障和战略战役支援保障的主体力量，是中国特色现代军事力量体系的重要组成部分，包括仓储、卫勤、运输投送、输油管线、工程建设管理、储备资产管理、采购等力量，下辖无锡、桂林、西宁、沈阳、郑州 5 个联勤保障中心，以及解放军总医院、解放军疾病预防控制中心等。按照联合作战、联合训练、联合保障的要求，加快融入联合作战体系，提高一体化联合保障能力，努力建设一支强大的现代化联勤保障部队。

中国人民武装警察部队组建于 1982 年，武警部队担负着维护国家安全和社会稳定、保卫国家重要目标、保卫人民生命财产安全的任务，战时协助人民解放军进行防卫作战。人民武装警察部队由内卫部队、机动部队、海警部队和院校、研究机构等组成。中国人民武装警察部队由党中央、中央军事委员会集中统一领导。

中华人民共和国民兵是不脱离生产的群众武装组织。民兵工作在国务院、中央军委领导下，平时担负战备执勤、抢险救灾和维护社会秩序等任务，战时担负配合常备军作战、独立作战、为常备军作战提供战斗勤务保障以及补充兵员等任务。

（三）当前国际局势分析

当今世界正经历百年未有之大变局，世界多极化、经济全球化、社会信息化、文化多样化深入发展，和平、发展、合作、共赢的时代潮流不可逆转，但国际安全环境面临的不稳定性、不确定性更加突出，世界并不太平。

国际力量加快分化组合，新兴市场国家和发展中国家力量持续上升，战略力量对比此消彼长、更趋均衡，促和平、求稳定、谋发展已成为国际社会的普遍诉求，和平力量的上升远远超过战争因素的增长。但是，霸权主义、强权政治、单边主义时有抬头，地区冲突和局部战争持续不断，国际安全体系和秩序受到冲击。

国际战略竞争呈上升之势。美国调整国家安全战略和国防战略，奉行单边主义政策，挑起和加剧大国竞争，大幅增加军费投入，加快提升核、太空、网络、导弹防御等领域能力，损害全球战略稳定。北约持续扩员，加强在中东欧地区军事部署，频繁举行军事演习。俄罗斯强化核、非核战略遏制能力，努力维护战略安全空间和自身利益。欧盟独立维护自身安全的倾向增强，加快推进安全和防务一体化建设。

全球和地区性安全问题持续增多。国际军控和裁军遭遇挫折，军备竞赛趋势显现。防止大规模杀伤性武器扩散形势错综复杂，国际防扩散机制受到实用主义和双重标准危害，面临新的挑战。极端主义、恐怖主义不断蔓延，网络安全、生物安全、海盗活动等非传统安全威胁日益凸显。伊朗核问题解决出现波折，政治解决叙利亚问题仍面临困难。各国安全的交融性、关联性、互动性不断增强，没有哪一个国家能够独立应对或独善其身。

国家安全面临的风险挑战不容忽视。中国继续保持政治安定、民族团结、社会稳定的良好局面，综合国力、国际影响力、抵御风险能力明显增强，仍处于发展的重要战略机遇期，同时也面临多元复杂的安全威胁和挑战。

反分裂斗争形势更加严峻，民进党当局顽固坚持“台独”分裂立场，拒不承认体现一个中国原则的“九二共识”，加紧推行“去中国化”“渐进台独”，图谋推动“法理台独”，强化敌意对抗，挟洋自重，在分裂道路上越走越远。“台独”分裂势力及其活动始终是台海和平稳定的最大现实威胁，是祖国和平统一的最大障碍。境外“藏独”“东突”等分裂势力活动频繁，对国家安全和社会稳定构成威胁。

国土安全依然面临威胁，陆地边界争议尚未彻底解决，岛屿领土问题和海洋划界争端依然存在，个别域外国家舰机对中国频繁实施抵近侦察，多次非法闯入中国领海及有关岛礁邻近海空域，危害中国国家安全。中国海外利益面临国际和地区动荡、恐怖主义、海盗活动等现实威胁，驻外机构、海外企业及人员多次遭到袭击。太空、网络安全威胁日益显现，自然灾害、重大疫情等非传统安全问题的危害上升。

中国特色军事变革取得重大进展，但机械化建设任务尚未完成，信息化水平亟待提高，军事安全面临技术突袭和技术代差被拉大的风险，军队现代化水平与国家安全需求相比差距还很大，与世界先进军事水平相比差距还很大。

五、教学方法与手段

（一）教学方法

讲授法、讨论法、练习法、读书指导法、任务驱动法、自主学习法等。

（二）教学手段

采用传统教学手段与现代化教学手段相结合的形式，课前布置阅读相关参考文献，课上通过展示 PPT、播放视频等方式教学。

六、教学实施过程

（一）课前

首先，在超星学习平台发布预习任务，安排学生阅读《新时代的中国国防》白皮书，并搜集我国武装力量发展现状信息，思考当前国际局势变化；其次，准备相关教学素材，结合《新时代的中国国防》白皮书，制作教学 PPT；最后，搜集介绍我国武装力量发展现状的相关视频，如 2019 年国庆阅兵视频等。

（二）课中

首先采用教师讲授的方法，为学生讲授《新时代的中国国防》白皮书相关内容，并结合 2019 年国庆阅兵视频，为学生介绍相关武装力量及武器装备具体信息；然后检查学生课前预习情况，让每名学生介绍自己搜集的关于我国武装力量发展现状的信息，培养学生语言表达能力；接着采用讨论法，与学生共同讨论当前国际局势变化情况，引导学生思考在当前国际局势下，中国的国防应做哪些准备，发展方向如何；最后对每名学生的课前预习及课堂思考情况作出综合性评价，树牢学生的国防观念，加强学生自觉履行国防义务的意识，并引导学生关心、支持、参与国防建设。

（三）课后

督促学生及时巩固课上所学的国防知识；让学生根据课上思考情况，继续拓展学习，并形成书面文字总结。

七、考核与评价方式

（1）为每名学生的课前预习情况以及课堂讨论情况打分。

（2）课后学生需上交一份3000字的学习心得。

（3）课程成绩 = 课前预习（20%）+ 课堂讨论（30%）+ 学习心得（50%）。

八、实施成效

（1）经过系统学习，学生全面掌握了我国武装力量的发展现状，极大地拓展了国防知识，理论水平大幅提升。

（2）通过课上讨论的方式，培养了学生的表达能力，每名学生都能做到踊跃发言、积极思考，并敢于表达自己的想法。

（3）经过本次课程学习，学生树牢了国防观念，对当前国际局势有了更清楚的判断，忧患意识增强，爱国情绪高涨，并表示一定能够做到自觉履行国防义务，关心、支持、参与国防建设。

案例 37：古典时期的中国国防经济思想史

——《国防经济思想史》课程思政教学案例

池志培

（中央财经大学国防经济与管理研究院副研究员）

一、基本信息

课程名称：国防经济思想史
授课对象：一年级硕士研究生
知 识 点：《国防经济思想史》，第 15 章
主讲教师：池志培

二、教学目标

（一）知识目标

了解在鸦片战争以后，清朝末年的知识分子与官僚对国家经济发展与国防建设、国家安全的关系的思考，思考在时代大变局之下，传统知识分子如何寻求国家复兴之路。

（二）能力目标

使学生掌握阅读历史材料、进行思辨分析以及与当前现实进行结合的能力。

（三）育人目标

增强学生对国防经济思想史的理解，激发学生为国效力、拥护党和政府决策的热情，并从历史的角度更好地理解我国当前发展道路的正确性以及民族复兴之路的艰难曲折。

三、教学重点与难点

（一）教学重点

了解从林则徐到洋务派诸多知识分子和官僚关于进入近代以后中国的国家安全与经济建设的关系的观点，学习其思想演变和发展的过程。从历史的角度认识这些思想家不可避免的历史和阶级局限性，并与中国当前的军民融合战略、民族复兴的伟业相关联，体会中国人民对富国强兵的历史追求中的曲折。

（二）教学难点

理解当时的历史环境，从历史的角度去分析清末知识分子对富国强兵的思考的演进过

程，发现思想的延续性与不可避免的局限性。

四、课程思政案例介绍

本次课采用案例来引导学生进行讨论，并以课程思政要素（中国共产党作为历史的选择，中国军民融合、科技自主创新战略的正确性）作为讨论的引导和内核。在课程讨论的环节，引入洋务运动时期关于造军舰还是买军舰的争论。在19世纪六七十年代，洋务派在建厂造军舰时，造出的军舰不堪大用，耗费甚巨，因此时人有论，称造不如买，因为外国制造的军舰可以快速形成战斗力，而且综合成本更低。引申出课堂讨论的问题——发展中国家如何发展国防工业？在什么情况下应该采取什么战略？再具体到我国改革开放后关于先进技术是从国外购买还是应该自主研发的争论。引导学生思考在不同的历史时期和条件下争论各方的观点的主要理由，突出习近平总书记关于“核心技术要掌握在自己手里”的重要论断的正确性，并分析总体国家安全观中的科技安全。同时，也进一步鼓励学生思考，要如何学习和引进先进技术，自主与引进的关系，推荐学生阅读路风的相关著作。

五、教学方法与手段

（一）教师讲授

从鸦片战争的时代背景开始，重点突出清军在鸦片战争中的状况，了解改革的必要性。然后介绍林则徐、魏源等人对于军事和经济的思考，以及如何演化到洋务派。主要内容包括：洋务派如何思考富国强兵的关系，这种思考如何指导其行动，同时这种思考的局限性在哪以及这种局限性跟其阶级属性与认知的关系。

（二）课堂案例讨论

针对造船与买船的例子，讨论相关的军事技术发展的问题，与军民融合、科技安全相联系。

（三）师生对话解惑

学生认真阅读课前材料，并提交讨论问题，教师就学生提前提交的问题进行讨论。

六、教学实施过程

（一）教师讲授

讲授环节内容包括：讲授时代大变局，中国从古代进入近代的重大变化（10分钟）；讲授林则徐、魏源第一代睁眼看世界的官僚知识分子对于时局与军事、经济的看法（10分钟）；太平天国运动中的农民领袖对于军事经济的看法与做法，太平天国运动对于洋务运动的影响（10分钟）；洋务运动的主要领导人对于科技、经济与军事的认知，对于如何解决军费问题等的讨论（25分钟）。

（二）课堂讨论

教师简单介绍案例，引出问题，学生分别发言，最后由教师总结（15分钟）。

（三）课堂师生问答

就学生阅读课前阅读材料提出的问题进行讨论，引导学生发现自己提出的问题的前提，观点以及如何通过进一步研究寻找答案（20分钟）。

七、考核与评价方式

（1）学生在充分阅读教师布置的阅读材料后，在上课前提交讨论问题，教师就问题质量进行评价。

（2）学生积极参加课堂讨论，教师对参与讨论学生的发言质量进行评价。

八、实施成效

增强了学生对思想史的理解，激发了学生为国效力以及拥护党和政府的决策的热情，并从历史的角度更好地理解了我国坚持中国特色社会主义发展道路的正确性。

案例 38：从激励理论看中国国家治理体系和治理能力现代化的内涵逻辑

——《组织理论》课程思政教学案例

阮　睿

（中央财经大学中国财政发展协同创新中心讲师）

一、基本信息

课程名称：组织理论
授课对象：二年级研究生
知 识 点：《组织社会学十讲》，第六讲
主讲教师：阮睿

二、教学目标

（一）知识目标

通过介绍经济学和社会学中对组织激励的研究，让学生理解组织中的激励问题。掌握道德风险问题的基本模型和各种扩展模型的模型设定、推导和求解过程；理解道德风险模型的主要驱动因素；掌握组织管理中解决激励问题的主要工具。

（二）能力目标

能够使用组织激励理论分析现实问题，比如为什么在20世纪90年代和21世纪初要对地方政府官员实施经济增长考核措施，而在近些年淡化了经济增长在官员考核中的权重；为什么企业对一些工人发放计件工资，对一些员工发放绩效工资，而对另一些员工发放固定工资。能够思考并为以下问题提供解决方案，比如，科层组织如何提高决策效率，科层组织如何激励个人努力。

（三）育人目标

能够从组织激励的角度理解我国国家治理体系和治理能力现代化的内在逻辑。

三、教学重点与难点

（一）教学重点

（1）道德风险模型推导。
（2）道德风险模型的扩展模型。
（3）社会学对组织激励问题的理解。

（二）教学难点

（1）激励和风险之间的平衡。

（2）不同代理人风险偏好类型下的最优契约设计。

（3）有限责任约束条件下的次优契约设计。

（4）单调似然率性质。

四、课程思政案例介绍

全面深化改革、推进国家治理现代化，是决定当代中国命运的关键抉择，是实现中华民族伟大复兴的必由之路，同样也是世界和中国现代化历史进程的重大命题。需要优化和创新国家治理的主体格局、体制机制和流程环节，提升治国理政的能力，充分释放我国的根本制度与基本制度内含的价值内容、巨大能量和潜在活力，并且予以切实实现。

国家治理现代化，包括治理体系现代化和治理能力现代化两个方面，这些都和科层组织中的激励问题密切相关。中国国家治理现代化、政府科层组织决策效率和行政效率提升是其中的重要组成部分。在推进中国国家治理现代化的过程中，一方面，需要党中央和国务院立足于我国独特的文化传统、历史命运和基本国情，制定面向现代化的发展目标；另一方面，需要其他各级党组织和政府深入深刻地领会中央的发展意图，并全力执行和实施。科层组织中的激励将会在其中产生巨大影响。

科层组织上下之间信息不对称程度是否顺畅是决定科层组织效率高低的重要因素。在现实中，政府作为一个科层组织，面临多种信息不对称问题：第一，信息在不同层级之间传递过程中会不可避免地产生损失。第二，下级可能为了自身利益故意隐瞒或扭曲本应向上级上报的信息。第三，下级的目标可能与上级并不一致，从而产生推诿卸责问题。

在现实中，不管科学技术发展到何种水平，科层组织中信息收集和传递仍然会存在一定程度的损失，上下级之间的信息不对称问题很难得到完美的解决。因此研究科层组织中基于绩效考核的激励问题就显得尤为必要。通过本节课程的学习，我们认识到，科层组织中基于绩效考核的激励方法，不仅是制定奖励方案，还包括目标设定、考评考核、职业生涯规划等内容。上述内容是治理体系现代化建设中制度建设的重要组成部分。在《关于〈中共中央关于坚持和完善中国特色社会主义制度、推进国家治理体系和治理能力现代化若干重大问题的决定〉的说明》中提到，1980 年，邓小平同志就曾指出：“领导制度、组织制度问题更带有根本性、全局性、稳定性和长期性。”“制度好可以使坏人无法任意横行，制度不好可以使好人无法充分做好事，甚至会走向反面。”

在科层组织激励中，有以下几个原则需要注意：一是有效信息原则，二是激励强度原则，三是监督强度原则，四是平衡激励原则。有效信息原则指的是，委托人和代理人在设计激励契约时，应该选择那些具有有效信息的指标，指标的度量和指标之间的误差越小越好。这一原则在政府科层组织管理中体现为落实每项工作的责任。每项工作由谁负责，需要达成哪些目标，这些目标如何考核；明确这些问题，是落实工作责任的主要内容。在《中共中央关于坚持和完善中国特色社会主义制度、推进国家治理体系和治理能力现代化若干重大问题的决定》中，“责任”一词出现了19次，说明国家治理体系和治理能力现代化这一工作将由全国千千万万党员和政府工作人员去共同完成，这也是国家治理体系和治理能力现代化顺利实现的制度保障。

激励强度原则指的是激励强度与完成目标之间的关系可能并非总是正相关关系，在一些情形下，提高激励强度可能适得其反。因此，在什么条件下应提高或减弱激励的强度，是改善组织绩效的重要问题。在科层组织管理中，业务指标的制定和考核是重要工作之一。根据前文论述的“有效信息原则”，往往会挑选容易计量、观测的指标作为考核指标，导致代理人对这些指标过分关注，甚至全部工作都会用在增加这些指标上；而这些指标和组织的最终目标之间往往存在差异。近年来，我国政府科层组织中出现了“以会议落实会议、以文件落实文件、以讲话落实讲话”的现象，正是因为下级官员发现，虽然落实工作本身不易被上级观察到，但是开会、下达文件和讲话是极易被观察到的。《中共中央关于坚持和完善中国特色社会主义制度、推进国家治理体系和治理能力现代化若干重大问题的决定》再次强调“大力纠治形式主义、官僚主义”，这是激励强度原则的体现。

监督强度原则。在解决科层组织中组织目标和成员目标不一致的问题，监督和激励是可以采用的两种机制。使用监督手段，需要关注监督强度和指标度量两个问题。根据前文所述，应该选择易于观察且与组织目标尽可能接近的度量指标。随着科学技术尤其是信息技术、大数据技术的发展，人们信息获取和甄别信息真假的能力越来越强。中央政府如果能够及时准确地获取基层信息，那么决策效率将会大大提高，也将对基层官员起到一定的震慑作用，减少隐瞒扭曲信息和推诿卸责问题。这是治理能力现代化的重要内容。在《关于〈中共中央关于坚持和完善中国特色社会主义制度、推进国家治理体系和治理能力现代化若干重大问题的决定〉的说明》中，提到重视运用人工智能、互联网、大数据等现代化信息技术手段提升治理能力和治理现代化水平，主要目的就是提高信息传递效率，减少信息传递损失，从而增强中央政府的决策能力，并加强对各级政府官员的监督。

激励平衡原则。组织的目标往往有多项，在组织管理中如果仅仅关注和重视其中一项目标，就会导致组织成员忽视其他目标，从而有损于组织整体的工作成效。正如前文所述，考核指标是否易于观察，是否与考核目标接近，是影响组织激励效率的重要因素。组织的多项目标往往很难在每一项上都找到理想的考核指标，此时如果片面地追求考核管理，追求科层组织中的控制和服从，可能不仅造成组织成员在容易出现成绩的工作上过度用力，从而忽视其他重要工作，而且造成整个组织管理体制僵化，缺乏灵活性。中国国家治理体系和治理能力现代化追求的目标具有系统性和完整性，而非某一方面的单一目标。《中共中央关于坚持和完善中国特色社会主义制度推进国家治理体系和治理能力现代化若干重大问题的决定》特别强调“健全充分发挥中央和地方两个积极性体制机制”“理顺中央和地方权责关系”“赋予地方更多自主权，支持地方创造性开展工作”，这些内容体现了激励平衡原则。

科层组织的难题、根源仍然在于上下级之间目标可能出现差异。如果上下级之间目标没有差异，那么上述信息收集和传递效率损失问题将大大缓解。这也就是为什么《中共中央关于坚持和完善中国特色社会主义制度、推进国家治理体系和治理能力现代化若干重大问题的决定》用大量篇幅强调“不忘初心、牢记使命”，强调“增强‘四个意识’、坚定‘四个自信’、做到‘两个维护’”。只有科层组织成员在思想认识上减少差异，才能够减少内耗，才能够心往一处想，劲往一处使，才能够切实有效提高科层组织运行效率，更好更快地完成组织目标。

五、教学方法与手段

教师讲授，组织学生进行小组讨论。

六、教学实施过程

教学实施过程分为以下三步：

（1）在开课前一周，把提前准备好的课件和课程参考资料发给学生，并把学生分成小组，每组 3 人左右。要求学生预习上课内容，并按小组讨论学习，选取一个案例进行分析。

（2）课程的前半段，老师进行讲解，讲解时长为 2 个课时。

（3）课程的后半段，学生分小组展示讨论学习内容。

七、考核与评价方式

以课堂展示为主要考核方式。组织学生进行小组学习和讨论，每个小组深入研究一个具体的我国推进国家治理体系和治理能力现代化的案例，利用课堂时间展示汇报。教师听取学生汇报以后进行点评，评分计入学生总成绩。

八、实施成效

在实施教学过程中，学生提前阅读课堂教学内容和相关资料，有更长的时间思考专业知识和思政教学内容之间的关系，对思政内容加入了自身学习生活中的思考，不仅入脑，而且入心。在正式上课时，老师对课程内容进行讲解，进一步优化学生的学习成效，纠正学生可能出现的理解偏误，同时加强学生脑海中的理论与现实之间的联系。通过组织学生进行课前和课堂讨论，使学生对知识点和思政教学内容的理解更加深刻。

案例39：福利经济学定理与中国特色社会主义市场经济

——《高级微观经济学》课程思政教学案例

徐　赟
（中央财经大学中国公共财政与政策研究院讲师）

一、基本信息

课程名称：高级微观经济学
授课对象：一年级研究生
知 识 点：《高级微观经济学》，第17章“一般均衡理论和交换经济”中的福利经济学定理
主讲教师：徐赟

二、教学目标

（一）知识目标

理解和掌握福利经济学第二定理，该定理认为在一定的条件下，每一种具有帕累托效率的资源配置均能达到竞争均衡。它表明分配与效率是可以分开来考虑的，任何帕累托有效率配置都能得到市场机制的支持，即任何我们所希望的社会资源配置都可以通过给定的收入分配结构、所有权结构，通过市场达到。当资源配置呈现出一部分人占有绝大多数的资源，而一部分人仅占有少数资源的状态时，就会出现分配不公平的现象。福利经济学第二定理强调政府发挥资源调控职能的重要性和必要性。

（二）能力目标

第一，通过学习福利研究的重要结论——福利经济学定理，学生了解价格、分配、效率和福利等的联系，掌握市场机制的运行规律，充分认识到中国政府在经济体制改革中所执行的政策的理论依据。第二，培养学生分析、判断能力，敢于实践、勇于创新的能力，帮助他们建立用经济学思想看待问题的视角，以适合新时代对专业人才的要求。

（三）育人目标

实现中国经济发展与微观经济学内容的融合，深刻理解“坚持社会主义市场经济改革方向，核心问题是处理好政府和市场的关系，使市场在资源配置中起决定性作用和更好地发挥政府作用”，从专业课视角加强学生们建设中国特色社会主义的信心。

三、教学重点与难点

第一，福利经济学原理主要是对资本主义的生产、消费和市场关系在理论上的总结，

理论分析背景和我国现如今经济的实际情况具有较大差距，在客观上容易造成实践与理论的脱节，需要足够的观察和思考、较强的分析能力才能实现理论与我国社会经济发展的有机结合。

第二，微观经济学教学内容表现出较强的纯理论特点，由于经济社会结构具有复杂性和多变性，经济理论在解释经济社会现象、提出经济社会各要素之间的关系时总是要聚焦主要因素，对次要因素进行简化处理，学好这些内容要求学生具有一定的抽象思维能力。另外，在研究生阶段微观经济学学习中，需要借助数学工具研究和分析，然而学生基础知识储备、学习背景的差异造成了在学习过程中往往存在一定难度。

第三，虽然研究生对经济学专业课程内容学习积极性较大，但学生们更愿意将大多数时间和精力花在了对找工作有帮助的经济学内容上，对课程思政内容的学习主观努力和重视程度不够，课堂主动学习的积极性不高。

四、课程思政案例介绍

在育人视角下，考虑研究生已经具备较强的分析能力，将我国现阶段的经济改革方针政策融入课堂教学中，充分运用中国经济运行发展中的经验，选择相对热点内容作为案例，进行分析讨论。

社会主义市场经济体制是一种史无前例的体制。从理论上说，这是我们党的一次真正的理论创新，是马克思主义中国化的一个光辉典范。计划多一点还是市场多一点，不是社会主义与资本主义的本质区别。计划经济不等于社会主义，资本主义也有计划，市场经济不等于资本主义，社会主义也有市场，计划和市场都是经济手段。在改革开放的伟大设计师邓小平同志看来，计划和市场都不是直接反映社会基本制度性质的范畴，它们表现为社会化大生产条件下实现资源配置的两种不同方式，是经济调节的两种不同手段。

针对中国经济发展面临的新形势和新问题，2022 年 4 月 10 日，《中共中央国务院关于加快建设全国统一大市场的意见》（以下简称《意见》）正式发布，强调在目前推进“双循环”新发展格局中，要突出内循环为主，不仅仅要用好国内市场，更要建设好国内市场，这样，内循环才有资格承担起新发展格局中“为主”的角色。21 世纪的前 20 年，是一个必须紧紧抓住并且可以大有作为的重要战略机遇期。从对外开放角度来看，中国抓住了加入世贸组织带来的机遇，不断挖掘经济全球化带来的红利，因而也成就了中国的贸易大国地位。然而，近年来中国在国际市场和国际分工中也遇到越来越多不确定性因素带来的困扰与挑战。如果在国内国际双循环的新发展格局中不着重强调要以内循环为主，中国就很可能会在发掘新的发展战略机遇过程中受到制约。《意见》回答了许多时代之问，有效市场与有为政府之间的关系就是当下最受关注的问题之一。中共十八届三中全会强调，要让市场在资源配置中起决定性作用，同时要更好地发挥政府作用。至于市场这只“无形之手”对资源配置所起的决定性作用能否达到最优化配置的水平，也需要在建设全国统一大市场过程中适当借助好政府这只“有形之手”。至于政府的“有形之手”如何影响市场这只“无形之手”，最起码需要做到两点：一是不缺位，在产权保护、公平竞争、市场准入、社会信用等方面政府部门要理直气壮地执法，同时也要为市场主体提供必要的公共服务；二是不越位，只有对市场主体的合法经营行为尽可能无事不扰，才能让“有形之手”更加有力。

促进统一大市场的建立，就是要靠政府“有形之手”改善资源配置的环境，打破各地发展的壁垒，以大市场培育生产规模和促进产品类型的多样化，以充满活力的创新环境和激励，达成资源在全国范围内的有效配置，既实现企业的蓬勃发展，更有助于提高消费者的福利水平，实现共同富裕。

五、教学方法与手段

第一，以课堂讲解为主，由于该教学知识点理论性较强、数学分析内容较多，理解有一定难度，因此，通过课堂讲解帮助学生掌握福利经济学定理的概念、理论以及方法。

第二，以案例分析为辅，以“统一大市场的意见”为具体案例，分析我党坚持并不断完善中国特色社会主义市场经济体制所做出的成绩和努力。

六、教学实施过程

（一）课前

课前布置预习内容，提供课程案例，学生在预习阶段通过自主学习提炼核心内容和问题。

（二）课中

采用课堂讲解和案例分析相结合的方式，在讲授理论后，启发学生根据案例做拓展思考和分析。将西方经济学的理论同新时代中国的具体实际相结合，引导学生运用所学的经济学理论和实证方法研究中国的经济问题。

（三）课后

布置课程小论文，将所学理论与思政内容相结合，在习近平新时代中国特色社会主义思想的指引下，在新发展格局下，形成学生对中国经济持续高效发展的思考，以加强他们对所学知识的巩固。

七、考核与评价方式

本课程改进考核方式，设立多维的考核模式，强调平时积累。首先，在课程结课考试时，引入与课程案例相关的思政试题。其次，提高平时成绩比重，将思政课程小论文引入平时成绩中。

八、实施成效

第一，西方经济学是庸俗的、功利主义的，在微观层面倡导个人追求自利行为，认为个人在追求自身利益最大化的同时能实现整体利益的最大化。对于这样的一种经济学价值体系，如果处理不好，学生就会将自利等同于自私。其实，西方经济学中的自利行为并不是纯粹的自私行为。在教学中，必须要让学生理解市场主体的自利行为是存在于市场经济体系中，而有效运行的市场经济必须是法治经济，因此自利是要受到法律约束的。从交易的角度看，市场主体必须在公平交易的基础上实现个人利益最大化。也就是说，市场主体的自利行为是不能以损害他人利益为前提的，而是要与其他主体实现互利共赢。

第二，在宏观层面，正确理解市场与政府的关系。西方经济学经历了从微观到宏观的两个发展阶段，其中，在微观经济学阶段，主张市场自由放任的经济发展模式，但当20世纪二三十年代资本主义世界出现大规模的经济危机后，宏观经济学由此诞生，主张通过国家政策干预来摆脱危机。自此，关于经济发展中市场与政府关系的争论持续不断。但是毫无疑问，在发展市场经济的国家中，不存在绝对的市场自由放任模式，或多或少存在一定程度上的政府干预，经济理论的发展也表明，市场会存在失灵的地方，这时就需要政府对经济的干预。因此，市场经济的有效运行一定依赖于市场与政府的有机配合。政府对经济在多大范围内、多大程度上进行干预是合理的，并没有一个绝对的标准，而是要依据一个国家的具体国情而定。我国政府对经济的干预与西方国家不同，这是由于当前我国的国情与它们不一样，并不违背市场主导资源配置的原则。

第三，在结合当前我国国情发展的基础上，通过课程学习，理论联系实践，激发学生了解国情的现状。在进行实践案例时，注重展示中国共产党为中国改革开放的经济成就和为中华民族繁荣所做出的不懈努力，让学生自觉地坚定对我国经济发展模式的信心，从而增强学生对中国特色社会主义制度的自信。

案例 40：依托专业优势，助力乡村振兴

——《人力资本专题》课程思政教学案例

李海峥

（中央财经大学中国人力资本与劳动经济研究中心特聘教授）

一、基本信息

课程名称：人力资本专题
授课对象：一年级硕士研究生和博士研究生
知 识 点：乡村人力资本测算、乡村振兴主题研究
主讲教师：李海峥

二、教学目标

（一）知识目标

第一，掌握乡村人力资本测算方法；第二，实践运用经济理论与计量方法。

（二）能力目标

加强研究生从社会实际问题的角度出发利用学术科研知识分析解决相关实践政策的能力，深入分析乡村人口人力资本相关结构和数据。并熟练掌握相关软件操作，锻炼自身学术研究能力和实践能力；锻炼团队分工协作，撰写科研报告的能力。

（三）育人目标

学生在参与乡村振兴的过程中，整理素材，更加深入地了解中国社会状况，激发学生社会责任感以及为建设祖国贡献力量的情怀。中国人力资本与劳动经济研究中心（以下简称“中心”）老师们在授课时也经常就相关热点问题，与学生进行讨论，使学生在专业课的学习过程中潜移默化地接受思想政治教育。中心教师引导学生投身乡村振兴事业，切实助力基层发展。

三、教学重点与难点

教学重点与难点：第一，在数据分析中，如何诠释分析结果，如何联系中国实际提出有效的政策建议，加深学生对经济政策的理解。第二，理论模型与实证方法的有机结合，通过实证检验改良理论模型。第三，创新尝试与时间管理的平衡把握。

四、课程思政案例介绍

在中心传统人力资本研究项目的方法和基础上，全面分析我国乡村人力资本的相关数据和动态发展，并将其逐步拓展到以下主题的研究中：乡村人力资本与收入及经济增长的关系研究，乡村人力资本与人口流动及返乡就（创）业的关系研究，乡村人力资本与消费问题研究，乡村人力资本与老龄化问题研究，乡村人力资本与健康支出问题研究等。

在中心年度人力资本国际研讨会上首次设立“乡村振兴”研究生分会场，研讨与“乡村振兴”相关的原创学术论文。学生参与制作乡村振兴宣传视频，并完成《乡村人力资本特刊——“财经人 · 济世路”乡村振兴研究论文集》的编辑入册。

五、教学方法与手段

第一，以课程形式对终身收入法理论模型进行集中讲解，对实证方法进行集中培训。

第二，小组讨论合作，学生在学习了方法之后，自行分组，以小组合作的形式进行数据收集和测算。

第三，组会展示讨论指导，小组成员要进行学术展示，接受老师的提问和指导。

第四，有指导的学术实践，学生独立完成学术报告和学术论文的撰写。

六、教学实施过程

（一）第一阶段

学生分组收集、清理、测算乡村人力资本数据，制作可视化素材。学生与老师定期组会，学生展示汇报结果，老师点评指导评估。

（二）第二阶段

学生分组协作，在老师指导下撰写集体乡村人力资本报告。

（三）第三阶段

学生在老师指导下，独立完成个人乡村振兴研究报告。

（四）第四阶段

研究成果展示，包括人力资本会议遴选优秀的报告展示以及个人报告收录于《乡村人力资本特刊——“财经人 · 济世路”乡村振兴研究论文集》。

七、考核与评价方式

第一，分组测算数据可视化教学部分，老师结合每次组会表现打分考核。

第二，集体报告和个人报告部分，对应指导老师给予“通过”与否的成绩。优秀成果有机会在国际会议上展示。

八、实施成效

中心制作了乡村振兴宣传视频，在2021年12月11日举办的第十三届中国人力资本指数及报告发布暨人力资本国际研讨会上滚动播放。并且在人力资本国际研讨会上，首次设立“乡村振兴”研究生分会场，研讨与“乡村振兴”相关的原创学术论文，并向国内外的在读研究生开放征稿，为优秀乡村振兴研究成果提供展示空间。该分会由中心助理教授张亿主持，共有4篇论文进行宣读以及讨论。

中心于2022年5月编辑《乡村人力资本特刊——“财经人 · 济世路”乡村振兴研究论文集》，收录了乡村振兴团队撰写的乡村人力资本调研报告“乡村人力资本与乡村振兴”。报告依托“人力资本指数研究项目”，运用“Jorgenson－Fraumeni”终身收入法测算乡村人力资本，通过全面分析我国城乡经济、城乡人力资本的差异及其动态发展，展示与探寻乡村之间人力资本的差异及其原因，深入探究乡村经济水平、人力资本与教育水平三者关系及发展规律，从人力资本角度解读我国城乡发展差异及乡村发展趋势 。同时，本论文集还收录了2021—2022学年“乡村振兴创新实践”课程同学们的优秀研究成果。

为助力乡村振兴，中心充分发挥专业优势，依托中心人力资本指数项目以人力资本专题课程，以人力资本的视角探索乡村振兴的内生动力，助力国家乡村振兴战略实施，积极开展具有中心特色的“财经人 · 济世路”乡村振兴研究生服务项目，以青春建功的实际行动为祖国发展贡献青春力量。